这样读左传

龙镇 著

2

河南文艺出版社
· 郑州 ·

图书在版编目（CIP）数据

这样读《左传》. 2/龙镇著. —郑州：河南文艺出版社，2024.7

ISBN 978-7-5559-1575-1

Ⅰ.①这… Ⅱ.①龙… Ⅲ.①《左传》-通俗读物 Ⅳ.①K225.04-49

中国国家版本馆 CIP 数据核字（2024）第 094269 号

策划编辑	杨彦玲　梁素娟
责任编辑	梁素娟
责任校对	梁　晓
书籍设计	书籍/设计/工坊　刘运来工作室
责任印制	陈少强

出版发行	河南文艺出版社
本社地址	郑州市郑东新区祥盛街 27 号 C 座 5 楼
邮政编码	450018
承印单位	郑州印之星印务有限公司
经销单位	新华书店
纸张规格	700 毫米×1000 毫米　1/16
印　　张	25.5
字　　数	354 000
版　　次	2024 年 7 月第 1 版
印　　次	2024 年 7 月第 1 次印刷
定　　价	69.00 元

序

今日痛饮庆功酒，

壮志未酬誓不休。

来日方长显身手，

甘洒热血写春秋。

这是现代京剧《智取威虎山》中的著名唱段，上了年纪的人应该能哼上一两句。杨子荣来到土匪窝，获得了座山雕的信任，荣升老九，土匪参谋长下令拿酒庆贺，杨子荣袍子一撩，眉角一挑，就来了这么一段。

这里有个问题：为什么是写春秋呢？

字面上解释，春秋是季节。春华秋实，春花秋月，春种秋收，中国人给这两个季节赋予了很多美好的意愿。

引申的含义，春秋是历史。

写春秋，即是写历史。

穿林海，跨雪原，智取威虎山，为党为人民立奇功，正是杨子荣甘洒热血去谱写的历史。

于是又有问题来了：为什么写春秋即是写历史？

其一，春秋是古代史书的通名。

这里的古代，是指秦始皇统一中国之前。据唐朝史学家刘知幾推论，夏、商、周三代，官方的史书都叫作《春秋》——当然，也有些诸侯国的史书另有其名。比如在周朝，晋国的史书为《乘》，楚国的史书为《梼杌》，但是笼统地称为《春秋》，是不至于错的。

由于长达数百年的战乱，夏、商、周三代各国的"春秋"，基本上都失

这样读 **左传**

传了。流传于世的,唯有周朝鲁国的《春秋》。

而这本《春秋》也不完整,仅仅是记载了自鲁隐公至鲁哀公年间发生的事情,历经十二代君主,时间跨度约为二百四十年。

后人所说的"春秋时期",即因此而得名。

其二,(据说)孔子是《春秋》的修订者。

后人看到的《春秋》,并不是原版,而是孔子修订过的。

关于孔子修订《春秋》这件事的真实性,史上争论颇多。正方反方的论述,皆有可取之处,在此不作讨论。

姑且站在正方的立场上来理解这件事——

首先,《春秋》经手的史官众多,文风不一。孔子作为鲁国的文化达人,对《春秋》进行修订,使之一气贯通,不足为奇。

其次,孔子曾以《春秋》为教材,讲授他的政治哲学。在授课的过程中,他可能觉得原始的记载并不完全符合他的政治理念,于是加以修正。

既然有至圣先师加持,《春秋》便不是一本简单的史书,而成为儒家的经典著作了。它被列入五经之中,供奉在太学和国子监里,成为后世读书人考取功名的必读书目。

孔子本人对《春秋》极其重视,甚至说:"知我者,其惟《春秋》乎!罪我者,其惟《春秋》乎!"

意思是,只要《春秋》传世,我便得偿所愿。理解我也罢,不理解我也罢,都无所谓了!

大有将一生学说都寄托于《春秋》之意。

其三,《春秋》是有态度的历史。

没有所谓客观的历史。

孔子生活的年代,正值春秋乱世,礼崩乐坏,战乱频仍。他强烈地希望改造社会,恢复秩序,并由此而建立了一整套理论体系。

修订《春秋》,便是将自己的政治立场移植于历史事件中,借事说理,惩恶扬善。

由此而形成的"春秋笔法",即每一句话,甚至每一个字,都有其特定的价值判断。

貌似客观的陈述,其实包含了深刻的道理。

然而,一万六千多字的《春秋》,竟然记载了约二百四十年的历史。平均算来,每年不到七十个字,可谓言简意赅。"微言大义"之说,由此产生。

以如此之少的文字,承载如此之重的道理,对读者的理解能力提出了极高的要求。事实上,如果没有专人传授,读者基本上不可能明白《春秋》究竟说了些啥。

于是,为了诠释《春秋》这本难懂的"经",又出现了所谓的"传",也就是《春秋》的解读本。

其中流传于世的有三本:《左传》《公羊传》和《穀梁传》,合称"春秋三传"。

其四,《左传》是解读《春秋》的权威版本。

《左传》的作者,一般认为是春秋晚期鲁国的史官左丘明。关于这件事,后世史学界众说纷纭,很多人认为老左不可能是《左传》的作者,在此不作讨论。

不可否认的是,二十余万字的《左传》,史料翔实,文字优美,逻辑通顺,立场鲜明,既有史学价值,又有文学价值,也有政治价值。

后人学习《春秋》,首选《左传》。

据《三国志》注引《江表传》:"(关)羽好左氏传,讽诵略皆上口。"连一介武夫都爱读《左传》,可见《左传》在汉朝有多流行。

相比之下,成书于西汉的《公羊传》《穀梁传》,当然也有其价值,但是缺少《左传》的鲜活和厚重。

东汉儒学大师郑玄总结："左氏善于礼，公羊善于谶，穀梁善于经。"

先秦儒家，强调以礼治天下，礼即各种规范的总和。在《左传》中，随处可以看到"礼也"或者"非礼也"的评论。合不合"礼"，是《左传》评判历史最重要的标准。

自秦始皇统一天下，建立皇权，儒家便逐渐蜕变为专制统治的官方学说。"礼"的精神被淡化了，取而代之的是对皇权的极度维护和对思想的严格控制。如谭嗣同所言："二千年来之政，秦政也，皆大盗也；二千年来之学，荀学也，皆乡愿也。"内法而外儒，既是中国传统政治的特色，也是自秦以后中国传统儒学的嬗变与宿命。在这种大环境下对《春秋》进行解读的《公羊传》和《穀梁传》，自然与《左传》是完全不同的味道。

在后世某些学者看来，《左传》的观点已经不合时宜，甚至是有问题的。朱熹便曾经说过："左氏之病，是以成败论是非，而不本于义理之正。"言下之意，《左传》不讲皇权政治！

然而，正因为《左传》不讲皇权政治，少了许多迎合统治者的虚与委蛇，它才原汁原味地保留了儒家最初的思想和本来面目，称之为"儒家的初心"，也未尝不可。

其五，《左传》也在不断地被解释。

你站在桥上看风景，看风景的人在楼上看你。

左丘明解读《春秋》，自成一家；后人研读《左传》，又读出许多心得。千百年来，注解《左传》的专著层出不穷，汗牛充栋。

西晋杜预的《春秋左传集解》、唐朝孔颖达的《春秋左传正义》、清朝高士奇的《左传纪事本末》、现代杨伯峻的《春秋左传注》、日本竹添光鸿的《左氏会笺》等，为世人阅读《左传》，提供了很好的指引与帮助。

一千位读者便有一千个哈姆雷特。注解多了，很难区分这些作品究竟是"我注左传"，还是"左传注我"，抑或兼而有之。

但这并不重要。

重要的是，阅读即浇灌。《春秋》的原义和《左传》的思想，在注解与碰撞中，被延续与深化了。一粒精神的种子，历经千百年来的培育，逐渐成长为参天大树。

它甚至成为中国人精神气质中不可磨灭的印记，就算是外族入侵、大神震怒、基因重组，也不能将它化为无形。

即便在那个史无前例的年代，人们横扫一切牛鬼蛇神，孔子被戴上"头号大混蛋"的帽子，连塑像都被拉出来游街批斗。可是您看，样板戏开演了，革命演员一开腔，还是"甘洒热血写春秋"。一不留神，又回到孔子那里去了。

是为序。

目　录

第九章

鲁襄公（上）

321—396

第六章

鲁文公

鲁文公名兴,是鲁僖公与夫人声姜之子。

鲁文公元年

公元前 626 年,鲁文公元年。

元年春,王使内史叔服来会葬。公孙敖闻其能相人也,见其二子焉。叔服曰:"谷也食子,难也收子。谷也丰下,必有后于鲁国。"

元年春,周襄王派内史(官名)叔服来到鲁国参加鲁僖公的葬礼。公孙敖听说叔服善于看相,就请他到家里,让两个儿子谷、难出来拜见。叔服看过之后说:谷是"食子",难是"收子"。谷的下巴丰满,他的子孙在鲁国必定兴旺发达。

简单解释一下——

公孙敖是公子庆父之子,谥穆,即孟穆伯。

庆父、叔牙、季友都是鲁桓公的儿子,他们的后人在鲁国世代为卿,执掌大权,史称"三桓"。庆父之后,以孟为氏,其宗主又称孟孙氏;叔牙之后,以叔为氏,其宗主又称叔孙氏;季友之后,以季为氏,其宗主又称季孙氏。

这个"孙"字,是鲁国对贵族的特别尊称。春秋史上,鲁国能够缀以"孙"字的世家大族,除了"三桓",便只有臧氏和郈氏了。

谷是公孙敖的长子,史上又称文伯;难是公孙敖的次子,史上又称惠叔。文和惠,是他们的谥号。

谷是"食子",也就是奉送祭祀的儿子;难是"收子",也就是可以安葬父母的儿子。

父子三人的故事,后面还会讲到,这里只是开个头。

于是闰三月,非礼也。先王之正时也,履端于始,举正于中,归余于终。履端于始,序则不愆;举正于中,民则不惑;归余于终,事则不悖。

当年鲁国设定三月为闰月,这是不合习惯的。先王设定时令,以冬至之日为一年之始,以春分、秋分、夏至、冬至所在的月份为每个季度的中月,将剩余的日子归总在一年之末。以冬至为始,则四时有序,不会错乱;以二分二至的月份作为中月,百姓就不会迷惑;将剩余的日子归总在一年之末,行事就不会背离常识。

古人观测天象,通过月亮的圆缺来设置月份,一年 12 个月,大月 30 日,小月 29 日,合计起来,平均一年只有约 354 天。而地球绕太阳公转一周约 365 天,二者相差 11 天。如何将这 11 天补齐?那就是每隔几年设置一个闰月,称为置闰。

商朝将闰月放在年尾,称为"十三月"。周朝将闰月放在年中,目的是"举正于中",也就是使季节与时令适中,让两分两至的月份保持在一年四季的中间。然而,究竟该怎么"举正于中",却没有明确的依据(至少现存文献资料上找不到),基本上是凭感觉置闰。所以,闰三月为什么非礼?恐怕连老左也说不出个一二三四,只能讲几句似是而非的大道理,咱们也就姑妄听之吧。

顺便说一下,中国真正明确置闰的规则,已经是汉武帝时期了。

夏四月丁巳,葬僖公。

四月二十六日,安葬鲁僖公。

王使毛伯卫来锡公命。叔孙得臣如周拜。

> 毛伯字卫，是王室大臣。诸侯即位，虽为内政，但是在名义上仍然必须得到王室的承认，所以周襄王派毛伯卫前来册封鲁文公，鲁国则派叔牙的孙子——叔孙得臣为使臣，前往雒邑拜谢周襄王。

晋文公之季年，诸侯朝晋。卫成公不朝，使孔达侵郑，伐绵、訾及匡。晋襄公既祥，使告于诸侯而伐卫，及南阳。先且居曰："效尤，祸也。请君朝王，臣从师。"晋侯朝王于温。先且居、胥臣伐卫。五月辛酉朔，晋师围戚。六月戊戌，取之，获孙昭子。

> 晋文公末年，诸侯到晋国朝见。卫成公不但不来朝见，反而派大夫孔达率军入侵郑国，攻打绵、訾、匡等地。等到晋襄公即位，为晋文公举行过"小祥"之后，便派人通告诸侯，起兵讨伐卫国。
>
> 所谓"小祥"，是指父母去世周年后，灵位安于宗庙之后的第十三个月举行的祭祀。
>
> 大军抵达南阳，这里是天子脚下。先轸的儿子先且居对晋襄公说："效仿错误的做法，那就是祸害了。"意思是：卫成公不朝见晋文公，是错误的做法。现在晋襄公到了南阳，却不去朝见天子，那就是效仿卫成公的做法。先且居请晋襄公去朝见天子，由他带领部队攻打卫国。
>
> 于是，晋襄公到温地朝见周襄王。先且居和胥臣臼季率军攻卫，五月初一包围戚地，六月八日攻克城池，俘虏卫国大夫孙炎（谥昭，所以又称为孙昭子）。

卫人使告于陈。陈共公曰："更伐之，我辞之。"卫孔达师师伐晋，君子以为古。古者，越国而谋。

卫国遭到进攻，派使者向陈国求救。陈共公说："你们回过头去进攻晋国，我再出面跟他们说话，把这事摆平。"

一个敢说，一个敢听。卫国果然派孔达带兵讨伐晋国。君子以为，这真是食古不化。古时候，邻国唇齿相依，患难相恤，一国有难则求救于邻国，那是没有错的。可现在已经不同啦，就算关系再好的邻居，在晋国这样的超级大国面前，也不敢仗义执言，更不敢出兵相助，只能出个馊主意，你爱听就听吧！

当然，也有人认为原文中的"古"，意思是粗略、心大，所以才会将国事托给别人去出主意。

秋，晋侯疆戚田，故公孙敖会之。

秋天，晋襄公划定戚地的疆界，也就是瓜分戚地。鲁国也分到了一杯羹，所以公孙敖代表鲁国参加。

初，楚子将以商臣为大子，访诸令尹子上。子上曰："君之齿未也，而又多爱，黜乃乱也。楚国之举，恒在少者。且是人也，蜂目而豺声，忍人也，不可立也。"弗听。既，又欲立王子职，而黜大子商臣。商臣闻之而未察，告其师潘崇曰："若之何而察之？"潘崇曰："享江芈而勿敬也。"从之。江芈怒曰："呼，役夫！宜君王之欲杀女而立职也。"告潘崇曰："信矣。"潘崇曰："能事诸乎？"曰："不能。""能行乎？"曰："不能。""能行大事乎？"曰："能。"

当初，楚成王准备立公子商臣为太子，征求令尹斗勃（字子上）的意见。斗勃回答："大王还年轻，宠爱的女人又多，如果哪一天你又有了更喜欢的小孩,再来废黜商臣的话,恐怕会生乱。自古以来,楚国立储君,往往是弃长而立幼。而且,商臣眼睛像黄蜂,声音如豺狼,是个残忍的人,不能立为太子。"楚成王不听。

这应该是多年前发生的事,所以斗勃才会说"君之未齿也"。那时候斗勃也还不是令尹。城濮之战中,斗勃是成得臣的部将。战后,芳吕臣接替成得臣为令尹。芳吕臣退休之后,才轮到斗勃执政。

不管是什么身份,在立太子这种敏感的事情上,发表意见都应该十分谨慎。像斗勃这样直言不讳的,还真罕见。不幸被斗勃言中,楚成王垂老之际,宠爱幼子公子职(楚人自称为王,所以又写作王子职),果真动了废长立幼的念头。

商臣听到了风声,但是没有确凿的证据。他问自己的老师潘崇:"怎么样才能搞清楚究竟有没有这回事?"

潘崇说:"宴请江芈,但是不尊重她。"

江芈是楚成王最喜爱的妹妹,早年嫁到江国,大概是丈夫已经去世了吧,又回到郢都养老。楚成王有什么事情,喜欢跟江芈商量,所以从江芈那里可以打探到确切的消息。

商臣依计而行,宴请姑妈江芈,却又故意对她不敬。

江芈被激怒了,骂道:"吓,你这个贱人!难怪大王想废掉你而立职为太子。"

司马迁大概是觉得楚成王已经出嫁的妹妹住在郢都这件事不太合理,所以在《史记》中对江芈的身份做了调整,写作"王之宠姬江芈",纯属臆断。春秋时期的人们,特别注重"同姓不婚",是以《左传》记载女性,必书娘家之姓,如文姜则为姜姓,怀嬴则为嬴姓。江芈自然是芈姓,楚成王的本家,怎么可能成为他的宠姬呢?

宴会后,商臣告诉潘崇:"我确信有这么回事了。"潘崇说:"既然是这样,你肯屈膝侍奉他(公子职)吗?"商臣说:"不能。"潘崇说:"你肯顺从大王的意思,逃亡他国吗?"商臣说:"不能。"潘崇于是问了最后一个问题:"那你能够做大事吗?"

所谓做大事，是指先下手为强，杀掉楚成王，自立为君。

商臣说："能。"

冬十月，以宫甲围成王。王请食熊蹯而死。弗听。丁未，王缢。谥之曰"灵"，不瞑；曰"成"，乃瞑。穆王立，以其为大子之室与潘崇，使为大师，且掌环列之尹。

十月，商臣发动政变，带领东宫甲士突袭王宫，包围了楚成王的住处。楚成王知道自己要死了，提出一个匪夷所思的请求："让我吃个熊掌吧！"却被商臣拒绝。

就算是死囚，临刑之前也能吃顿饱饭，商臣为什么连个熊掌都不给楚成王吃呢？

答案是：熊掌太难熟了，楚成王不是真的想吃熊掌，而是想拖延时间，等待救援。商臣没有上他的当。

是年十月十八日，楚成王自缢身亡，结束了他叱咤风云的一生。大臣们议定谥号，开始选了个"灵"字。灵是恶谥，意思是"乱而不损"。楚成王不肯瞑目。后来又选了个"成"字，意思是"安民立政"，楚成王这才满意，闭上了眼睛。

平心而论，楚成王作为一国之君，是相当有作为的。楚国在他的领导下，国势日益强盛。楚成王先后与"春秋五霸"中的齐桓公、宋襄公、晋文公交锋：与齐桓公势均力敌，旗鼓相当；玩弄宋襄公于股掌之上，直接破灭了他称霸天下的美梦；虽然在城濮之战中败于晋文公，但是情有可原，而且楚国仍保持了强大的实力，足可与晋国抗衡。我不知道后人为何不肯将楚成王列入"春秋五霸"，反而让那个假仁假义、志大才疏的宋襄公滥竽充数。莫非，唱得好比做得好更重要？

商臣登上王位，是为楚穆王。为了奖励潘崇，楚穆王将他当太子时候的府邸、奴仆、田产一并赏赐给了他，封其为太师，而且让其掌管王宫卫队。

所谓"太师",是古代三公(太师、太保、太傅)之首。春秋时期各国官制不一,官名各异,若以首席军政长官而论,晋国是中军元帅,楚国是令尹。因此,潘崇这个太师职位,更多的是一种荣誉,他的实权所在,还是王宫的警备。

穆伯如齐,始聘焉,礼也。凡君即位,卿出并聘,践修旧好,要结外授,好事邻国,以卫社稷,忠、信、卑让之道也。忠,德之正也;信,德之固也;卑让,德之基也。

公孙敖前往齐国,代表鲁文公进行第一次国事访问,这是合礼的。但凡新君即位,派卿出去聘问各国,继修旧好,团结外援,善待邻国,以保卫社稷,符合忠、信、卑让之道。忠,是德行的正道;信,是德行的巩固;谦卑辞让,是德行的根基。

说句题外话,《左传》中很多关于德行的论述,翻译成现代文是很别扭的——直译很难理解,意译又难以还原当时的情境,就算是大师们的翻译,也有点"四不像"。所以,最好还是对照原文去体会。中国文字的奥妙,就在于事隔几千年,你还能看个八九不离十……

殽之役,晋人既归秦帅,秦大夫及左右皆言于秦伯曰:"是败也,孟明之罪也,必杀之。"秦伯曰:"是孤之罪也。周芮良夫之诗曰:'大风有隧,贪人败类,听言则对,诵言如醉,匪用其良,覆俾我悖。'是贪故也,孤之谓矣。孤实贪以祸夫子,夫子何罪?"复使为政。

鲁僖公二十二年的殽山之战,秦军统帅孟明视丧师辱国,被晋军俘虏。晋国将孟明视等人放回国后,秦国的大夫和左右亲近的人都对秦穆公说:"这一次失败,是孟明视的罪过,一定要杀掉他。"秦穆公却说:"这是孤的罪过。"他引用了周厉王的卿士芮良夫写的一首诗,大概意思是:"大风吹过,摧毁一切;人之贪心,败坏善良。随便听到一句话就应答,听到朗诵诗、书则昏昏欲睡。不听好人的金玉良言,反而使我行悖逆之事。"秦穆公将责任全部揽到了自己身上,认为殽山之败,主要就是因为自己贪心。"是孤的贪婪祸害了他,他又有什么罪过呢?"于是继续重用孟明视,让他执掌军政大权。

军队打了败仗,国君首先自责,检讨自己哪里做错了,而不是一味地将责任推给臣下,这个国家的强大就是不可避免的了。反过来说,如果国君总是正确,臣下总是背锅,这个国家的中坚力量——士大夫阶层很快就会成为乌合之众,败亡只是迟早的事。

鲁文公二年

公元前 625 年,鲁文公二年。

二年春,秦孟明视帅师伐晋,以报殽之役。二月,晋侯御之,先且居将中军,赵衰佐之。王官无地御戎,狐鞫居为右。甲子,及秦师战于彭衙。秦师败绩。晋人谓秦"拜赐之师"。

二年春,秦国孟明视带兵讨伐晋国,以报殽山之仇。二月,晋襄公起兵抗敌,以先且居为中军元帅,赵衰为中军副帅,王官无地为晋襄公御戎,狐鞫居为戎右。七日,两军在彭衙开战,秦军大败。

回想当年,孟明视被释放回国,曾经对前来追赶的阳处父说过"三年将拜君赐"，意思是君子报仇，三年不晚。现在，秦军再一次大败。晋国人得意之余，便奚落秦军为"拜赐之师"了。

战于殽也，晋梁弘御戎，莱驹为右。战之明日，晋襄公缚秦囚，使莱驹以戈斩之。囚呼，莱驹失戈，狼瞫取戈以斩囚，禽之以从公乘，遂以为右。箕之役，先轸黜之，而立续简伯。狼瞫怒。其友曰："盍死之？"瞫曰："吾未获死所。"其友曰："吾与女为难。"瞫曰："《周志》有之：'勇则害上，不登于明堂。'死而不义，非勇也。共用之谓勇。吾以勇求右，无勇而黜，亦其所也。谓上不我知，黜而宜，乃知我矣。子姑待之。"及彭衙，既陈，以其属驰秦师，死焉。晋师从之，大败秦师。君子谓："狼瞫于是乎君子。《诗》曰：'君子如怒，乱庶遄沮。'又曰：'王赫斯怒，爰整其旅。'怒不作乱，而以从师，可谓君子矣。"

　　再追述前事：殽山之战中，晋襄公以梁弘为御戎，莱驹为戎右。交战的第二天，晋襄公将秦国的俘虏捆绑起来，令莱驹挥戈将其斩首。不料俘虏大喝一声，莱驹竟然吓得手抖，戈掉在地上。这是一件非常丢人的事。莱驹身为国君的戎右，应该是晋国的武勇之士，却被一个捆绑着的俘虏吓成这个样子，丢的不仅仅是自己的脸，还让整个晋国部队脸上无光。有个叫狼瞫的家伙，大概是个中下级军官吧，赶紧捡起莱驹的戈，将俘虏斩杀，又抓起莱驹，追赶上晋襄公的戎车，算是给晋国人挽回了一点面子。晋襄公便让狼瞫替代莱驹，当了戎右。

　　同年，狄人入侵晋国，箕之战爆发。先轸为中军元帅，在选择戎右的时候，却废黜狼瞫，而以续简伯为戎右。士可杀，不可辱，狼瞫的愤怒可想而知。狼瞫的朋友问他："何不一死了之？"意思不是要他自杀了事，而是：何不与先轸同归于尽？狼瞫回答："我还没找到可以死的地方。"朋友说："我可以替你发难，共杀先轸。"狼瞫说："《周书》有言：'有勇力杀害在上位之人,死后不能进入明堂。'死在不义之事上,不叫勇敢,为国家而死才叫勇敢。我以勇敢而求得戎右之职,如果杀了先轸,那就是无勇了,遭到废黜也是应该的。如果说上面的人(上文中的先轸)不了解我,但废黜得恰当,也就是了解我。你等着看吧!"

终于,到了彭衙之战的时候,两军列阵完毕,狼瞫带领自己的部属冲入秦军,力战而死。晋军被他这种勇气鼓舞,跟着他冲锋,大败秦军。

君子以为,狼瞫可以称得上君子了。《诗》上说:"君子如果发怒,乱局也就差不多该结束了。"又说:"君王如果发怒,就去整顿军旅。"狼瞫愤怒而不作乱,而是将怒火发泄在敌人身上,可以称为君子。

秦伯犹用孟明。孟明增修国政,重施于民。赵成子言于诸大夫曰:"秦师又至,将必辟之,惧而增德,不可当也。《诗》曰:'毋念尔祖,聿修厥德。'孟明念之矣,念德不怠,其可敌乎?"

秦军在彭衙打了败仗,秦穆公不改初衷,仍然重用孟明视。孟明视也憋足了劲,进一步修明政事,给百姓多多的好处。晋国的赵衰(谥成,即成子)听到了,对各位大夫说:"假如秦军再来,必须躲开他们。由于心有所畏而增修德政,这是不可抵挡的。《诗》上说'怀念祖先,修明德行',孟明视想到了。想到德行而勤修不怠,这样的人岂可抵挡?"

我倒是觉得,修德仅仅是一方面,秦穆公和孟明视最可怕的地方,在于沉得住气。

关键时刻,定力比什么都重要。

丁丑,作僖公主。书,不时也。

"主"是神主,即死者的牌位。

二月十四日,制作鲁僖公的神主。《春秋》记录在案,是因为这件事做得不及时。

这件事情,早在鲁僖公三十三年的《左传》中就已经写过了。但凡国君去世,"卒哭"之后,要将死者的神主附祭于宗庙。时隔几年,鲁国现在才办这件事,当然是晚了。

晋人以公不朝来讨,公如晋。夏四月己巳,晋人使阳处父盟公以耻之。书曰"及晋处父盟",以厌之也。适晋不书,讳之也。

晋国派人到鲁国,对鲁文公即位之后没有去晋国朝见提出严肃批评。鲁文公赶紧乖乖地去了。但是,晋国仍然不满意。四月十三日,晋国派阳处父和鲁文公盟誓。以臣盟君,乃是故意羞辱鲁国。所以《春秋》记载,鲁文公"及晋处父盟"。不书阳处父的姓氏,是表示讨厌;也不记载鲁文公去晋国之事,则是嫌丢人,干脆不写了。

此后一百多年,鲁国丢人的事还很多,不着急,慢慢看。

公未至,六月,穆伯会诸侯及晋司空士縠盟于垂陇,晋讨卫故也。书士縠,堪其事也。

丢人归丢人,侍奉晋国还得勤快。六月,鲁文公还未从晋国回来,公孙敖已经代表鲁国前往垂陇,与宋成公、陈共公、郑穆公一道,与晋国的士縠举行了会盟,这是因为晋国要讨伐卫国。

士縠是士芳的儿子,时任司空。本来,以臣子的身份和诸侯会盟,按例应该写作"晋人"。但是,《春秋》特别点出士縠的名字,是赞许他能胜任其事。

晋国作为召集国,要求各路诸侯前来开会,自己却只派了一个大夫(晋国以各军元帅为卿,司空只能算作一般大夫)来主持,可以说是史无前例的无礼。不管士縠如何"堪其事",也不能减轻各路诸侯头上的耻辱。鲁国史官这样写，只能算是一种自我安慰了。

陈侯为卫请成于晋，执孔达以说。

去年卫国遭到晋国进攻，派使者向陈国求救。陈共公要卫国反攻晋国，他再出面摆平。卫国于是派孔达进攻晋国，被老左讥笑为"越国而谋"。现在，陈共公倒是兑现了自己的承诺，出面为卫国向晋国说情，将责任全部推到孔达身上，逮捕孔达以取悦晋国。

这叫缺德！

秋八月丁卯，大事于大庙，跻僖公，逆祀也。于是夏父弗忌为宗伯，尊僖公，且明见曰："吾见新鬼大，故鬼小。先大后小，顺也。跻圣贤，明也。明、顺，礼也。"

君子以为失礼。礼无不顺。祀，国之大事也，而逆之，可谓礼乎？子虽齐圣，不先父食久矣。故禹不先鲧，汤不先契，文、武不先不窋。宋祖帝乙，郑祖厉王，犹上祖也。是以《鲁颂》曰："春秋匪解，享祀不忒，皇皇后帝，皇祖后稷。"君子曰礼，谓其后稷亲而先帝也。《诗》曰："问我诸姑，遂及伯姊。"君子曰礼，谓其姊亲而先姑也。

八月十三日，鲁国在太庙举行祭祀，升鲁僖公的灵位于鲁闵公之上，这是所谓的"逆祀"，也就是不按规定的顺序祭祀。

凡事讲个先来后到。鲁僖公和鲁闵公都是鲁庄公的儿子，鲁闵公是哥哥，鲁僖公是弟弟。如果不是庆父作乱，鲁闵公被弑，根本轮不到鲁僖公上台。鲁文公将鲁僖公摆在鲁闵公上面，当然是不对的。可是，任何时候都不乏这种人，领导想干什么事，也不管有多扯淡，他都会千方百计去证明领导是正确的。时任宗伯（祭祀典礼官）的夏父弗忌就主张以僖公为尊,而且信誓旦旦地告诉大家他所见到的:"新鬼大于旧鬼(僖公比闵公后死,僖公为新鬼,闵公为旧鬼)!先大后小,这是顺。让圣贤升位,这是明智。明智而顺,就是合礼的!"

君子对夏父弗忌这番鬼话极为反感,以为这件事是大大的失礼——

礼,就是讲究秩序,没有不按顺序的。祭祀是国之大事,搞乱顺序,还可以叫作合礼吗?儿子就算聪明圣智,也不能排在父亲前面享受祭祀,这是长久以来的规矩。所以禹不排在鲧前面,汤不排在契前面,周文王、周武王不排在不窋前面。宋国以帝乙为祖,郑国以周厉王为祖,这还是对祖先的尊崇。是以《鲁颂》有言:"春秋四时,不敢懈怠;奉礼祭祀,没有差错。祈福于伟大的天帝,祈福于祖先后稷。"君子认为这是合礼的,说后稷虽亲,还是要将天帝排在前面。《诗》上说:"问候我的诸位姑妈,于是又问到姐姐们。"君子认为这是合礼的,说姐姐虽亲,还是要将姑妈排在前面。

关于这段话,有必要解释一下:

禹是鲧的儿子。尧、舜之时,洪水滔天,尧命鲧治水,九年不成。舜处死鲧而起用禹,十三年乃成。

契是商人的先祖,汤是商朝的建立者。

不窋是周人的先祖弃的儿子,周文王、周武王是周朝的建立者。

这三组对比说明,后人就算有功于天下,享受祭祀的时候也只能排在祖先后面。

宋国的第一任国君是微子。帝乙是微子的父亲,也是商朝的倒数第二任天子。

郑国的第一任国君是郑桓公。周厉王是郑桓公的父亲。

这两组对比说明,就算是帝乙和周厉王这样的不肖之君,因为父亲的身份,也要排在微子和郑桓公这样的明君前面。

原文中所引《鲁颂》之诗,见十《诗经·鲁颂》的"閟宫"。后稷即周人的先祖弃。"皇皇后帝,皇祖后稷",大概是周人祭祀先祖的常用语。"问我诸姑,遂及伯姊"则见于《诗经·邶风》的《泉水》。

君子引经据典，只为说明一个道理：不管关系多亲，不管是不是明君，都不能乱了秩序。

仲尼曰：“臧文仲，其不仁者三，不知者三。下展禽，废六关，妾织蒲，三不仁也。作虚器，纵逆祀，祀爰居，三不知也。”

夏父弗忌为了讨好鲁文公而歪曲礼仪，连带臧孙辰（臧文仲）躺着中枪。孔子批评：“臧文仲为人做事，不仁不义的有三件，不明智的也有三件。让展禽居于下位，废除六座关卡，小妾织蒲席贩卖，这是‘三不仁’。家里安设虚器，纵容不合顺序的祭祀，祭祀爰居，这是‘三不智’。”

事实上，对于臧孙辰的为人，孔子总体上是认可的。但是，人无完人，臧孙辰的缺点也很明显。不重用展禽（柳下惠），有可能是嫉贤妒能，也有可能是听信了别人的谗言。废除六关，是为了博取虚名。小妾贩卖蒲席，现在看来是自己动手，丰衣足食，在那个年代却被认为是与民争利的丑事。这是“三不仁”。

而所谓“作虚器”，便是《论语》里说的“臧文仲居蔡，山节藻棁”。臧孙辰在家里养了一只蔡地出产的大乌龟，又专门为乌龟盖了一间房子，有雕刻成山形的斗拱和画着藻草的梁柱，皆为天子用来装饰太庙的图案，相当不理智。

“纵逆祀”，就是指纵容鲁文公将鲁僖公的牌位排在鲁闵公前面。

爰居则是一种海鸟，大如马驹。据《国语》记载，有一次爰居飞来鲁国，在曲阜东门外停留三天，臧孙辰叫国人去祭祀它，遭到展禽批评。展禽以为，祭祀是国之大事，祭什么，怎么祭，都有严格的规定，不能随意增减。

说到底，“礼”是严肃的，有些事情一点也不能含糊。

冬，晋先且居、宋公子成、陈辕选、郑公子归生伐秦，取汪及彭衙而

还，以报彭衙之役。卿不书，为穆公故，尊秦也，谓之崇德。

冬天，晋国先且居、宋国公子成、陈国辕选、郑国公子归生讨伐秦国，攻克汪地，占领彭衙，然后回师，算是报了彭衙之战的仇。《春秋》记载："晋人、宋人、陈人、郑人伐秦。"先且居等卿领兵但不被记载名字，是为了秦穆公的原因，对秦表示尊重，这叫崇尚德行。

襄仲如齐纳币，礼也。凡君即位，好舅甥，修昏姻，娶元妃以奉粢盛，孝也。孝，礼之始也。

襄仲即公子遂，是鲁庄公的儿子，又称为东门襄仲或东门氏。

二年冬，公子遂前往齐国致送财礼，为鲁文公求亲，这是合礼的。但凡新君即位，加强甥舅之间的友好关系，修好婚姻，娶夫人一起主持祭祀，这是孝道，也是礼的肇始。

齐鲁两国自古结亲。鲁侯娶齐国公主为妻，已成传统，所以两国有甥舅之亲。只不过，齐国的舅舅对鲁国的外甥，似乎总是不太友好。

鲁文公三年

公元前 624 年，鲁文公三年。

三年春，庄叔会诸侯之师伐沈，以其服于楚也。沈溃。凡民逃其上曰溃，在上曰逃。

庄叔(叔孙得臣,庄为其谥号,叔为其排行)是叔牙之孙。自鲁文公年代开始,以叔孙氏、孟孙氏、季孙氏号称的"三桓"在鲁国政治舞台上逐渐活跃起来。

三年春,晋国发动诸侯讨伐沈国,那是因为沈国投靠了楚国。叔孙得臣代表鲁国参战。沈国崩溃。《春秋》的说法,老百姓抛弃了自己的君主而逃亡,叫作"溃";君主自己逃亡,叫作"逃"。

卫侯如陈,拜晋成也。

去年,陈共公给卫成公出了个缺德主意,出卖卫国大夫孔达以讨好晋国,果然使得晋国答应与卫国媾和。事成之后,卫成公亲往陈国拜谢。

夏四月乙亥,王叔文公卒,来赴,吊如同盟,礼也。

王叔文公即王子虎,时任王室太宰。需要特别说明的是,王叔并非"天子的叔叔"之意,而是王子虎家族的氏。

四月十二日,王子虎去世。他是王室官员,本来无所谓同盟。但是,由于他曾经参加践土之盟和翟泉之盟,所以鲁国收到讣告后,如同对待同盟诸侯一般,派人前去吊唁。这是合于礼的。

秦伯伐晋,济河焚舟,取王官及郊。晋人不出,遂自茅津济,封殽尸而还。遂霸西戎,用孟明也。

君子是以知"秦穆之为君也,举人之周也,与人之壹也;孟明之臣也,其不解也,能惧思也;子桑之忠也,其知人也,能举善也。《诗》曰,'于以采蘩? 于沼于沚。于以用之? 公侯之事',秦穆有焉。'夙夜匪解,以事一人'，孟明有焉。'诒厥孙谋，以燕翼子'，子桑有焉"。

秦国再次向晋国实施复仇行动，秦穆公亲自出马，渡过黄河之后就烧掉船只，以示不成功便成仁的决心。秦军气势如虹，一举攻克王官及郊地。晋国则按照赵衰的建议，避而不战。秦军于是南下，从茅津渡过黄河，在殽山安葬并祭奠当年战死的同袍，然后回国。

经此一役，秦国声威大震。当时，中原各国包括齐、鲁、宋、郑、卫等主要国家，无不屈服于晋国的霸权。楚国自城濮之战后，也一直处于守势，没有和晋国发生大的冲突。在这种形势下，秦国敢于向晋国开战，而且将晋国打得闭关不出，可以说是相当"硬核"了。由此而带来的一个结果是：西戎部落闻风而降，秦国成为西戎的霸主。这一切，都是因为秦穆公重用了孟明视。

君子由此知道，秦穆公作为国君，选拔人才考虑周全，任用人才专一不疑。孟明视尽为臣之力，坚持不懈，能够有所畏惧，勤于思考。公孙枝（字子桑）忠心耿耿，善于识人，能够举荐贤能。"于以采蘩？于沼于沚。于以用之？公侯之事"，出自《诗经·召南·采蘩》一诗，意思是：去哪里采白蒿？去池塘，去小洲。在哪里使用它？在公侯的祭祀典礼上。秦穆公有这样的品质。"夙夜匪解，以事一人"，出自《诗经·大雅·烝民》，意思是：夙夜在公，不敢懈怠，专心致志地侍奉一人。孟明视有这样的品德。"诒厥孙谋，以燕翼子"，出自《诗经·大雅·文王有声》，意思是：将智慧谋略传给子孙，以此辅佐他们治国安邦。公孙枝有这样的品行。

秋，雨螽于宋，队而死也。

秋天，宋国有螽斯如雨落下，坠地则尸死。

楚师围江，晋先仆伐楚以救江。

冬，晋以江故告于周，王叔桓公、晋阳处父伐楚以救江，门于方城，遇息公子朱而还。

楚穆王上台后，第一次对外发动战争，目标是今河南的小国——江国。晋国迅速反应，派大夫先仆进攻楚国，以救援江国。

冬天，晋国向王室报告江国遭到攻击的事。王室派王叔桓公（王子虎的儿子）出面，和晋国的阳处父一道伐楚救江。晋军进攻楚国方城山的关口，遇到息公子朱，遂退兵。

息公子朱，即楚国息县的县公，字子朱，是当时进攻江国的将领。阳处父遇到息公子朱，意味着楚国放弃了对江国的进攻，所以晋国也就罢兵了。

晋人惧其无礼于公也，请改盟。公如晋，及晋侯盟。晋侯飨公，赋《菁菁者莪》。庄叔以公降、拜。曰："小国受命于大国，敢不慎仪？君贶之以大礼，何乐如之？抑小国之乐，大国之惠也。"晋侯降，辞。登，成拜。公赋《嘉乐》。

去年，鲁文公到晋国朝见，晋国派阳处父和鲁文公盟誓，大大地羞辱了鲁文公一番。现在，晋国人却对自己的无礼行为感到害怕了，请求重新来一次盟誓。于是鲁文公又从山东跑到山西，和晋襄公举行了盟誓。晋襄公设宴招待鲁文公，当场赋了《菁菁者莪》一诗，其中"既见君子，乐且有仪"之句，给鲁文公戴了一顶高帽子。叔孙得臣在场，赶紧要鲁文公下台阶，下拜，说："小国听命于大国，岂敢不谨慎行礼？君侯以如此大礼相待，还有什么比这更高兴的事呢？小国高兴，都是因为大国的恩惠啊！"这真是太谦卑了，鲁国好歹是周公之后，就算是客气，也不能这样低三下四啊！好在晋襄公也给足了面子，下台阶拉住鲁文公，不让他下拜。两位国君携手登台，互拜成礼。鲁文公于是赋了《嘉乐》一诗，以"显显令德,宜民宜人,受禄于天"之句,将高帽子还给了晋襄公。

鲁文公四年

公元前 623 年,鲁文公四年。

四年春,晋人归孔达于卫,以为卫之良也,故免之。

夏,卫侯如晋拜。

曹伯如晋会正。

晋襄公继续做好人,拉拢诸侯。

四年春,晋国将孔达放回卫国,因为孔达是卫国的良臣,所以赦免了他带兵进攻晋国的罪过。

夏天,卫成公到晋国拜谢。

接着,曹共公也来到晋国。"会正"之意,就是会商向霸主交纳贡赋的定额。晋襄公尝到了以德服人的甜头。

逆妇姜于齐,卿不行,非礼也。君子是以知出姜之不允于鲁也。曰："贵聘而贱逆之,君而卑之,立而废之,弃信而坏其主,在国必乱,在家必亡。不允宜哉?《诗》曰'畏天之威,于时保之',敬主之谓也。"

夏天,鲁文公迎娶了齐国公主姜氏,却没有派卿出面迎亲,这是非礼的。

依周礼,国君娶妻于大国,当以上卿迎亲;娶妻于同等级别的国家,当以下卿迎亲。齐大鲁小,鲁文公为什么会如此怠慢齐国,连个卿都不派呢?如果是一开始就对这桩婚事抱有消极态度的话,那为什么前年纳币的时候,又派公子遂这么尊贵的人物前往呢? 前卑后倨,必有隐情,具体是什么原因,则不得而知了。

君子由此判断,这位姜氏在鲁国不会有善终。她是鲁国历史上第二位"哀姜"(前一位哀姜是鲁庄公的夫人,也是公子庆父的情妇),君子在这里又写作"出姜",其实也就预告了她总有一天会被逐出鲁国。

君子分析:郑重其事地下聘礼却敷衍了事地迎亲,贵为小君(君夫人又称为小君)却遭受轻视,立为夫人却又废弃其礼,背信弃义而损害后宫之主。这种事情发生在国家层面,则国必乱;发生在卿大夫家里,则家必亡。姜氏没有好结果,可以说是必然的事。《诗》曰:"敬畏天威,可保福禄。"说的就是要尊重后宫之主。

秋,晋侯伐秦,围邧、新城,以报王官之役。

秋天,晋襄公起兵讨伐秦国,包围邧地和新城,作为去年在王官战败的报复。

楚人灭江,秦伯为之降服,出次,不举,过数。大夫谏。公曰:"同盟灭,虽不能救,敢不矜乎? 吾自惧也。"君子曰:"《诗》云'惟彼二国,其政不获;惟此四国,爰究爰度',其秦穆之谓矣。"

楚国还是灭掉了江国。秦穆公为此穿上素服,不住自己的寝宫,降低伙食标准,吃饭也不让人奏乐,他所做的一切,远远超过了应尽的礼数。大夫们劝他,认为没有必要。秦穆公回答:"同盟国被灭,虽然不能相救,岂能没有同情之心? 寡人这也是在警醒自己啊!"

君子对秦穆公此举给予了极高的评价。"惟彼二国，其政不获；惟此四国，爰究爰度"见于《诗经·大雅·皇矣》，大意是：那两个国家，为政不得人心；四方的国家于是以此为鉴，研究谋划，不要重蹈覆辙。秦穆公身为一国之君，居安思危，夕惕若厉，当然是值得表扬的。

问题是，江国不是晋国的盟国吗？怎么又变成秦国的盟国了？可能是因为江国嬴姓，与秦国同为一脉吧。

卫宁武子来聘，公与之宴，为赋《湛露》及《彤弓》。不辞，又不答赋。使行人私焉。对曰："臣以为肄业及之也。昔诸侯朝正于王，王宴乐之，于是乎赋《湛露》，则天子当阳，诸侯用命也。诸侯敌王所忾而献其功，王于是乎赐之彤弓一，彤矢百，旅弓矢千，以觉报宴。今陪臣来继旧好，君辱贶之，其敢干大礼以自取戾。"

卫成公派宁俞访问鲁国，鲁文公设宴招待宁俞。

大概是去年在晋国和晋襄公赋诗酬对的后遗症吧，鲁文公当场为宁俞赋了《湛露》和《彤弓》两首诗。本以为宁俞会闻弦歌而知雅意，赶紧下拜致谢。没想到，宁俞既不辞谢，也不赋诗作答。鲁文公很郁闷：这家伙不按套路出牌啊！话说以宁俞的学识，早就名闻天下，他不可能不懂这些的。问题到底出在哪里呢？鲁文公百思不得其解，于是派外交人员私下去找宁俞询问。

宁俞回答："哎呀！我以为那是为了练习而演奏的。从前诸侯在正月去朝见天子，天子设宴奏乐，那个时候赋《湛露》，意味着天子对着太阳治理天下，诸侯无不用命。诸侯与天子同仇敌忾，战胜归来向天子表功，于是天子赏赐给他们红弓一把、红箭百支以及黑弓十把、箭矢千支，为表彰功勋而赋《彤弓》。现在我作为卫子的陪臣来修旧好，承蒙鲁侯赐宴，岂敢触犯大礼，傻乎乎地以为那两首诗是为我而赋，自取其祸呢？"

说白了，《湛露》和《彤弓》是天子赋给诸侯的诗，既轮不到鲁文公来赋,也轮不到宁俞来听。鲁文公附庸风雅没错,但是用力过猛啦!

冬,成风薨。

冬天,鲁僖公的母亲成风去世。

鲁文公五年

公元前 622 年,鲁文公五年。

五年春,王使荣叔来含且赗,召昭公来会葬,礼也。

"含",是在死者口中放置珠玉,古人以为这样可以使其魂魄不散。"赗",是赠送车马束帛等奠仪。去年冬天成风去世,五年春,周历正月,周王室派荣叔来鲁国送上死者所含的珠玉,并赠送奠仪,三月,安葬鲁国夫人成风。周襄王派召昭公来参加葬礼,这是合礼的。

初,鄀叛楚即秦,又贰于楚。夏,秦人入鄀。

当初,鄀国背叛楚国,投靠秦国,但是又三心二意,和楚国暗通款曲。这一年夏天,秦军入侵鄀国。

六人叛楚即东夷。秋,楚成大心、仲归帅师灭六。

冬,楚公子燮灭蓼。臧文仲闻六与蓼灭,曰:"皋陶、庭坚不祀忽诸。德之不建,民之无援,哀哉!"

六人不是六个人,而是六国人。六国也不是六个国家,而是一个国家。六国地处安徽,据传为皋陶之后。蓼是一个小国,据传为上古时期圣人庭坚之后。

六国背叛楚国而与东夷亲近。秋天,楚国派成大心、仲归(字子家)带兵灭了六国。冬天,楚国又派公子燮带兵灭了蓼国。

臧孙辰听说六、蓼被灭,闷闷不乐地说:"皋陶和庭坚突然就没了祭祀。德行不建立,百姓无援助,真是伤心啊!"

晋阳处父聘于卫,反过宁,宁嬴从之,及温而还。其妻问之,嬴曰:"以刚。《商书》曰:'沉渐刚克,高明柔克。'夫子壹之,其不没乎,天为刚德,犹不干时,况在人乎? 且华而不实,怨之所聚也。犯而聚怨,不可以定身。余惧不获其利而离其难,是以去之。"

晋国的阳处父访问卫国,回来的时候经过宁地。当地贵族宁嬴决定追随阳处父,跟他一起去绛都做大事。可是走到温地的时候,宁嬴改变主意,又回来了。他老婆觉得很奇怪,问他原因。宁嬴回答:他的性格太过刚硬了。

《商书》上说,一个人如果深沉内敛,当以刚强来平衡;一个人如果爽朗外向,当以阴柔来平衡。可是阳处父一味刚强,宁嬴怕他没有好下场。老天为至刚之德,犹且不触犯四季运行的规则,何况一介凡人? 而且,阳处父华而不实,难免招致怨恨。触犯他人而聚集怨恨,不可以自安其身。

跟随一个人,当然是期盼有更好的前途。宁嬴通过短短几天相处,便担心自己不但得不到什么好处,反而要跟着阳处父受牵连获罪,所以赶紧跑了。

晋赵成子、栾贞子、霍伯、臼季皆卒。

晋国流年不利,中军副帅赵衰(赵成子)、下军元帅栾枝(栾贞子)、中军元帅先且居(霍伯,先轸之子)、下军副帅臼季(胥臣)先后去世,一下子损失了四位卿级重臣。

鲁文公六年

公元前 621 年,鲁文公六年。

六年春,晋蒐于夷,舍二军。使狐射姑将中军,赵盾佐之。阳处父至自温,改蒐于董,易中军。阳子,成季之属也,故党于赵氏,且谓赵盾能,曰:"使能,国之利也。"是以上之。宣子于是乎始为国政,制事典,正法罪。辟狱刑,董逋逃。由质要,治旧洿,本秩礼,续常职,出滞淹。既成,以授大傅阳子与大师贾佗,使行诸晋国,以为常法。

六年春,晋国在夷地检阅部队,撤销新上军和新下军。

此前晋军的编制为五军,每军设正、副元帅各一名,总共是十名元帅,也就是晋国十卿。这些年来,十卿相继凋零,硕果仅存的只有箕郑和先都。这个时候裁撤部队,可以说正当其时。为什么这么说呢? 古时,中国人当官的传统是能上不能下,功劳越大、资格越老的官员,越是如此。国家对待这类老人家，不能得罪，只能采取哄着养着的方式。十名元帅就是十个活菩萨，个个都有性格，个个都不好对付。晋襄公想裁撤他们，但是又不敢。那就只能耗着，等到他们都走得差不多了，再来个釜底抽薪，干脆缩减编制，不设那么多"神位"，免得麻烦。

三军之中，中军为尊，同时中军元帅也是晋国的执政卿，人选至关重要。开始颁布的人事任命，是狐偃的儿子狐射姑（字季，获封贾地，又写作贾季）为中军元帅，赵衰的儿子赵盾为中军副帅。等到阳处父从温地回来，便说服晋襄公在董地再搞一次"大蒐"，改任赵盾为中军元帅，狐射姑为中军副帅。

阳处父这么做，有结党营私之嫌。因为他曾经是赵衰的属下，赵衰对他有知遇之恩。据说，当年阳处父想投靠晋文公，托狐偃推荐，三年不成；托赵衰推荐，三天就上班了。现在阳处父为了回报赵氏，一个劲儿地在晋襄公面前称赞赵盾"有能力"，而且说"任用能人，于国有利"，硬是把赵盾抬了上去。

赵盾，也就是原文中的"宣子"，从这个时候开始掌握晋国的军政大权。他倒真是有作为，一上台就风风火火地制定各项规章制度，修正刑法律令，清理官司积案，监督追查罪责，推行使用契约，清理积弊沉疴，恢复等级秩序，重设废弃官职，选拔民间贤能。政令制定完成之后，交给太傅阳处父和太师贾陀，使之在全国推行，成为日常之法。

晋国从此进入了赵氏当政的年代。

臧文仲以陈、卫之睦也，欲求好于陈。夏，季文子聘于陈，且娶焉。

臧孙辰看到陈、卫两国和睦，觉得有必要和陈国搞好关系。搞好关系的办法是结亲。但是鲁文公已经娶了齐国公主，结亲的事只能由卿大夫去完成了。夏天，季友的孙子季孙行父访问陈国，并且在那里娶妻。

原文中的"季文子"即季孙行父——季为其氏，文为其谥，子则是对卿大夫的尊称。在《左传》的记载中，类似的人名还有很多，赵宣子、孟献子、叔孙宣子……这些形形色色的"子",均是各国的名门望族,位高权重,甚至凌驾于国君之上,构成了春秋时期政治舞台上一道独特的风景线。

　　秦伯任好卒。以子车氏之三子奄息、仲行、鍼虎为殉,皆秦之良也。国人哀之,为之赋《黄鸟》。

　　君子曰:"秦穆之不为盟主也宜哉!死而弃民。先王违世,犹诒之法,而况夺之善人乎!《诗》曰:'人之云亡,邦国殄瘁。'无善人之谓。若之何夺之?古之王者知命之不长,是以并建圣哲,树之风声,分之采物,著之话言,为之律度,陈之艺极,引之表仪,予之法制,告之训典,教之防利,委之常秩,道之礼则,使毋失其土宜,众隶赖之,而后即命。圣王同之。今纵无法以遗后嗣,而又收其良以死,难以在上矣。"君子是以知秦之不复东征也。

　　　　秦穆公任好去世,以子车氏的三个儿子奄息、仲行、鍼虎殉葬,这三个人都是秦国的贤臣。秦国人为此而感到悲哀,为他们赋了《黄鸟》这首诗——

　　　　"交交黄鸟,止于棘。谁从穆公?子车奄息。维此奄息,百夫之特。临其穴,惴惴其栗。彼苍者天,歼我良人!如可赎兮,人百其身!交交黄鸟,止于桑。谁从穆公?子车仲行。维此仲行,百夫之防。临其穴,惴惴其栗。彼苍者天,歼我良人!如可赎兮,人百其身!交交黄鸟,止于楚。谁从穆公?子车鍼虎。维此鍼虎,百夫之御。临其穴,惴惴其栗。彼苍者天,歼我良人!如可赎兮,人百其身!"

　　　　而据《史记》记载,当时为秦穆公殉葬的,不只是子车氏三兄弟,而是多达一百七十七人!秦穆公在世的时候,以仁义著称,死后却以活人殉葬。不管是他本人的遗愿还是后人的安排,这种做法都极其愚蠢,极其恶心!

也有这样一种解读:秦穆公在世的时候,礼贤下士,贵信重义,有很多人受其恩惠,感其仁义,主动要求以死相殉,追随其于地下。但是无论如何,儒家对人殉一事,是持坚决否定态度的。孔子甚至说:"始作俑者,其无后乎?"连以人形陶俑殉葬都反对,以为那是断子绝孙的事。《左传》则借君子之口评论:"秦穆公没有当上盟主,也是应该的,因为他死了之后还抛弃百姓。先王离世的时候,还给百姓留下治世的法则,何况夺去他们的好人?《诗》上说:'贤人之亡,乃国之殇。'就是哀叹缺少贤能之士,怎么还去夺走他们呢?古代的王者知道寿命不能永久,因此建立神圣而睿智的法则,为百姓树立风气教化,分给他们旌旗服饰,将对他们有益的话记载于史册,为他们制定准则,对他们公布法度,设立表率以引导他们的行为,教他们遵守规章制度,告诉他们先王的遗训,教育他们不要过于追逐利益,给他们安排一定的职责,引导他们合乎礼仪,让他们不要脱离实际,让大家信赖他们,然后才离开世上。圣人和先王就是这么做的!现在秦穆公没有好的法则留给后世也就算了,反而带走他们的贤能之士以为殉葬,这便很难处于上位,领袖群伦了。"君子以此知道,秦国不能够再向东发展了。

确实,自秦穆公去世很长一段时间,秦国便成为西北边陲一个默默无闻的国家,在春秋时期基本没有存在感,直到战国时期通过商鞅变法才又重新崛起。

秋,季文子将聘于晋,使求遭丧之礼以行。其人曰:"将焉用之?"文子曰:"备豫不虞,古之善教也。求而无之,实难,过求,何害?"

秋天,鲁国的季孙行父将访问晋国,出发之前给手下安排了一项奇怪的任务:准备一些丧事用的礼仪物品再出发。手下人说:"要这个有什么用啊?"季孙行父说:"预备不虞之事,是古人的金玉良言。假如遇到事

29　　　　　　　　　　第六章　鲁文公

情了,求而不得,那就真的处于困境了。所以,多准备一点,又有什么害处?"

对照后文来看,季孙行父还真是未卜先知。

八月乙亥,晋襄公卒。灵公少,晋人以难故,欲立长君。赵孟曰:"立公子雍。好善而长,先君爱之,且近于秦。秦,旧好也。置善则固,事长则顺,立爱则孝,结旧则安。为难故,故欲立长君。有此四德者,难必抒矣。"贾季曰:"不如立公子乐。辰嬴嬖于二君,立其子,民必安之。"赵孟曰:"辰嬴贱,班在九人,其子何震之有?且为二君嬖,淫也。为先君子,不能求大,而出在小国,辟也。母淫子辟,无威;陈小而远,无援,将何安焉?杜祁以君故,让偪姞而上之,以狄故,让季隗而已次之,故班在四。先君是以爱其子,而仕诸秦,为亚卿焉。秦大而近,足以为援;母义子爱,足以威民。立之,不亦可乎?"使先蔑、士会如秦逆公子雍。贾季亦使召公子乐于陈。赵孟使杀诸郫。

八月十四日,晋襄公去世了。太子夷皋,即后来的晋灵公,当时年龄尚幼。晋国群臣以国家有难为由,谋求立年长的公子也就是晋襄公的兄弟为君。

晋国有什么难?从这几年的记载来看,晋国安稳得很啊!既无强敌入侵,也无天灾人祸,在外交上屡屡得分,一团和气,天下太平。要说有难,倒是这班卿大夫各怀鬼胎,在继承人的问题上各持己见,指手画脚,越俎代庖,存心把问题搞复杂,好谋取私利。

赵盾的意见是立公子雍:"公子雍亲近贤人,而且年长,先君宠爱他,又与秦国亲近。秦国是晋国的老朋友了。安排好人上位,国家政权就巩固;侍奉年长的君主,办起事来就顺利;立先君喜爱的公子,符合孝道;结交旧友,可得安定。咱们因为国家有难而谋立长君,如果立有这四种品德的人,则国难也就缓解了。"

狐射姑则认为,不如立公子乐:"(母亲)辰嬴有宠于两位君主,立辰嬴的儿子,百姓必然安定。"

赵盾说:"辰嬴地位卑微,在先君文公的妻妾中排名老九,她的儿子能有什么威望?而且受到两位国君的宠爱,那叫淫贱。公子乐作为先君的儿子,不能求得大国而出居小国,那叫鄙陋。母亲淫贱,儿子鄙陋,哪里来的威严?陈国小且远,一旦有事也不能救援,怎么能够安定呢?公子雍的母亲杜祁由于国君的缘故,让位给偪姞而使其在上位;又因为狄人的缘故,让位给季隗而自己屈居其下,所以在先君的妻妾中排名第四。先君因此喜欢她的儿子(公子雍),让他在秦国做官,做到了亚卿。秦国大且近,一旦有事足可相救。母亲有道义,儿子受到宠爱,足以威慑万民。立公子雍,难道不是很好吗?"

这段对话的信息量很大,有必要分析一下——

第一,赵衰和狐偃同为晋文公的心腹老臣,他们同舟共济,为晋文公争夺君位、振兴晋国、称霸天下做出了杰出贡献。但是,到了他们的下一代,就开始因为争权夺利而反目成仇了。赵盾和狐射姑在谁来当国君的问题上各执一词,并非真正为晋国的未来考虑,而是谁支持的一方能在这场较量中获胜,谁就掌握了晋国的未来。很明显,赵盾的嗓门比狐射姑大。

第二,前面说过,晋国自晋献公以来,就有驱逐群公子的传统。为了避免出现君位争端,往往将太子的兄弟们全部送到国外去居住。所以晋襄公的兄弟公子雍被送到秦国,公子乐被送到陈国。

第三,晋文公有很多女人。公子雍的母亲杜祁,排名原本靠前。但是为了礼让晋襄公的母亲偪姞和翟国来的季隗,所以才排名第四。那么,公子乐的母亲辰嬴又是什么身份呢?史上公认,辰嬴就是怀嬴,也就是曾经嫁给晋怀公,后来又嫁给晋文公的秦国公主,所以说她"嬖于二君"。但这是说个过去的。"嬖"的意思是贱而有宠。怀嬴是秦穆公的女儿,当年晋文公为了坐稳君位,把她当个宝贝迎回晋国。殽山之战后,她还说服晋襄公将孟明视等秦军将领放回秦国。这样一个女人,怎么可能是地位卑微呢？如果偪姞、季隗、杜祁在晋文公的后宫分别排名第二、第三、第四的话,排名第一的又是谁? 非怀嬴莫属。只不过是怀嬴没有生育,所以才让晋襄公当上了嗣君罢了。所以可以肯定,怀嬴和辰嬴,绝非同一个人。

那么,辰嬴究竟是什么人?

别忘了,鲁僖公二十三年,晋文公还是流亡在外的公子重耳的时候,"秦伯纳女五人,怀嬴与焉"。

秦穆公一股脑将五个女儿嫁给晋文公。其中怀嬴是主打产品,其余四个是充话费送的,也就是所谓的"媵妾"。由此不难推测,辰嬴便是媵妾中的一位,晋文公喜欢她。晋文公死后,晋襄公又"烝"了她。这才是"嬖于二君"的准确意思。

赵盾和狐射姑各持己见,互不相让,干脆各自行动。赵盾派先蔑、士会前往秦国迎接公子雍,狐射姑也派人到陈国去迎接公子乐。

赵盾派刺客埋伏在郫地,暗杀了公子乐。

贾季怨阳子之易其班也,而知其无援于晋也,九月,贾季使续鞫居杀阳处父。书曰"晋杀其大夫",侵官也。

晋国的政治斗争进入白热化。狐射姑记恨当时阳处父说服晋襄公调换他和赵盾的位置,也知道阳处父这个人其实在晋国没有人支持——这一点很有意思,阳处父给赵盾帮了一个大忙,赵氏家族难道不是阳处父的后援吗? 对照前面的记载,我们只能这样猜测,阳处父确实是太过刚硬了,硬到连和他站在一个战壕里的同党都不喜欢他——这一年九月,狐射姑派本族人续简伯杀死了阳处父。

《春秋》记载,"晋杀其大夫"不是说狐射姑,而是谴责阳处父逾越了职权,因为当时晋襄公都已经任命狐射姑为中军元帅了,阳处父硬要改变,侵夺了人家的官职。

冬十月,襄仲如晋葬襄公。

十月,鲁国派公子遂来到晋国,参加晋襄公的葬礼。

十一月丙寅,晋杀续简伯。贾季奔狄。宣子使臾骈送其帑。夷之
蒐,贾季戮臾骈,臾骈之人欲尽杀贾氏以报焉。臾骈曰:"不可。吾闻《前
志》有之曰:'敌惠敌怨,不在后嗣,忠之道也。'夫子礼于贾季,我以其宠
报私怨,无乃不可乎? 介人之宠,非勇也。损怨益仇,非知也。以私害
公,非忠也。释此三者,何以事夫子?"尽具其帑,与其器用财贿,亲帅扞
之,送致诸竟。

十一月,赵盾发动反攻,杀续简伯。狐射姑逃亡到狄人部落。

狐射姑逃亡的时候,形势想必已经十分危急,所以家室都被落在了
晋国。事后,赵盾派臾骈将狐射姑的家人给护送过去,这显然是一个没
安好心的安排——"夷之蒐"的时候,狐射姑曾经当众侮辱过臾骈,这不
是正好给机会让臾骈报仇嘛! 臾骈的手下也都摩拳擦掌,准备杀尽狐射
姑的家人。臾骈却不同意:"我听说《前志》有言:'对待恩惠或怨恨,都与
后世无关。这才是忠诚之道。'他老人家(指赵盾)对狐射姑表示有礼,我
却因为他的信任而借机报复自己的私人恩怨,恐怕不好吧! 借别人的信
任而施以报复,这也不叫勇敢。消减我的怨气而增加别人对我的仇恨,
这也不叫聪明。以个人恩怨而损害公事,这也不叫忠诚。舍弃了这三种
品德,又拿什么去侍奉夫子?"于是他将狐射姑的妻子儿女以及家里的器
用财物全部整理好,亲自带兵护送到边境。

闰月不告朔,非礼也。闰以正时,时以作事,事以厚生,生民之道于
是乎在矣。不告闰朔,弃时政也,何以为民?

朔是月初。每月初一日，国君祭祀鬼神，称为告朔；告朔之后，听取臣下汇报工作，发号施令，称为听朔，又称视朔；然后到宗庙献祭，称为朝庙。

告朔、听朔、朝庙都是规定动作。闰月不告朔，当然是非礼。前面说过，闰月用来补足岁差，根据四时八节来安排农事，农事合于时令则百姓富裕，所谓生民之道，也就在这里了。闰月不告朔，也就丢弃了施政的时令，还怎么治理百姓？

鲁文公七年

公元前 620 年，鲁文公七年。

七年春，公伐邾，间晋难也。
三月甲戌，取须句，置文公子焉，非礼也。

七年春，鲁文公趁着晋国有难，无暇处理诸侯事务，出兵讨伐邾国。

三月十七日，鲁军攻占须句，令邾文公的儿子镇守此地，这是非礼的。至于邾文公的儿子为什么会成为鲁国之臣，据杜预推测，这个不孝之子应该是早就叛逃到鲁国，当了带路党。

夏四月，宋成公卒。于是公子成为右师，公孙友为左师，乐豫为司马，鳞矔为司徒，公子荡为司城，华御事为司寇。

昭公将去群公子,乐豫曰:"不可。公族,公室之枝叶也;若去之,则本根无所庇荫矣。葛藟犹能庇其本根,故君子以为比,况国君乎?此谚所谓'庇焉而纵寻斧焉'者也。必不可。君其图之!亲之以德,皆股肱也,谁敢携贰?若之何去之?"不听。穆、襄之族率国人以攻公,杀公孙固、公孙郑于公宫。六卿和公室,乐豫舍司马以让公子印,昭公即位而葬。书曰"宋人杀其大夫",不称名,众也,且言非其罪也。

四月,宋成公去世,宋昭公即位。当时宋国最有权力的六个人是——

右师:宋庄公的儿子公子成。

左师:公子目夷的儿子公孙友。

司马:宋戴公的玄孙乐豫。

司徒:宋桓公之孙鳞矔。

司城(司城即司空,因宋武公名司空,为避讳而改为司城):宋桓公之子公子荡。

司寇:华父督之孙华御事。

两师四司,构成了宋国六卿,全部由公族人士担任,也可以说是宋国的元老院。

又据司马迁记载,宋昭公名杵臼,是宋成公的幼子,本不应当继承君位。宋成公死后,其弟公子御结党作乱,杀死太子,自立为君。国人起来造反,杀死公子御,才又立杵臼为君。因为有这么一段故事,宋昭公上台之后,便想要"去群公子",也就是将公族人士中的反对派、阴谋家和可疑分子消灭掉,以巩固自己的地位。

乐豫以为不可,在他看来,公族有如公室的枝叶,如果把枝叶都砍掉了,树干和树根亦无所遮蔽。葛藟尚且能够遮蔽树干和树根,所以君子以它作为比喻,何况是国君?这就是俗话所说的"受到树荫遮蔽,偏偏对它用斧子"。这是一定不行的!他请求宋昭公务必认真考虑,"这些公族人士,如果用仁德去亲近他们,都是肱股之臣,谁又敢有二心? 您为什么要消灭他们呢?"

所谓君子以葛藟为比喻,当指《诗经·王风·葛藟》一诗。"绵绵葛藟,在河之浒。终远兄弟,谓他人父。谓他人父,亦莫我顾。"正是讽刺那些疏远兄弟,到处认爸爸的人。

宋昭公不肯听乐豫的建议,一定要消灭群公子,结果公族人士反弹,宋穆公、宋襄公的后人发动国人围攻宋昭公,在公宫杀死公孙固和公孙郑。事情闹到这个分儿上,还是六卿出面摆平,促成反对派和公室讲和。为了给宋昭公一个面子,乐豫主动让出司马之位给宋昭公的弟弟公子卬。宋昭公这才正式即位,为宋成公举行葬礼。

《春秋》记载:"宋人杀其大夫。"不记载名字,是因为被杀者众多,而死者无罪。

宋昭公的混乱开局,预示了他的悲惨结局。

秦康公送公子雍于晋,曰:"文公之入也无卫,故有吕、郤之难。"乃多与之徒卫。

秦康公是秦穆公的儿子。

既然赵盾强烈主张立公子雍为君,又赶走了政敌狐射姑,公子雍便从秦国启程回国了。秦康公亲自送公子雍,说:"当年您父亲晋文公从秦国回去,没有人护卫,所以吕甥和郤芮阴谋作乱。"于是给公子雍加派步兵卫士。

秦康公自有先见之明,只是他没想到,晋国的局势比之前还复杂。

穆嬴日抱大子以啼于朝,曰:"先君何罪? 其嗣亦何罪? 舍□嗣不立,而外求君,将焉置此?"出朝,则抱以适赵氏,顿首于宣子,曰:"先君奉此子也而属诸子,曰:'此子也才,吾受子之赐;不才,吾唯子之怨。'今君

虽终,言犹在耳,而弃之,若何?"宣子与诸大夫皆患穆嬴,且畏逼,乃背先蔑而立灵公,以御秦师。箕郑居守。赵盾将中军,先克佐之;荀林父佐上军;先蔑将下军,先都佐之。步招御戎,戎津为右。及堇阴。宣子曰:"我若受秦,秦则宾也;不受,寇也。既不受矣,而复缓师,秦将生心。先人有夺人之心,军之善谋也。逐寇如追逃,军之善政也。"训卒,利兵,秣马,蓐食,潜师夜起。戊子,败秦师于令狐,至于刳首。

穆嬴是晋襄公的夫人,太子夷皋的母亲。

父死子替,天经地义。夷皋作为太子,本来应该顺理成章地成为国君,但是因为朝中这班卿大夫胡作非为,他被冷落到一边。穆嬴也豁出去了,她知道,一旦别人当上了国君,她和夷皋就会成为眼中钉,只有死路一条。她决定背水一战,每天抱着夷皋在朝堂上大哭:"先君有什么罪过?他的儿子又有什么罪过?放着先君的嫡子不立,而到外国去请求国君,你们打算怎么安置这个孩子?"在朝堂哭完,又抱着孩子到赵盾家里,对着赵盾下拜,说:"先君捧着这个孩子托付给诸位大夫,说:'如果这孩子以后成材,我就是受了你们的恩惠;如果不成材,我就唯你们是怨。'现在先君虽然去世了,他的话还在耳边,而你们就背弃他?"

您别说,这一哭一闹,还真起作用了。赵盾和诸位同僚都怕了这个女人,一看到她就头皮发麻,一听到她哭就浑身起鸡皮疙瘩,而且害怕她的步步紧逼,于是来了个一百八十度的大转弯,决定不顾先蔑(去年赵盾派先蔑、士会前往秦国迎接公子雍),立夷皋为君,是为晋灵公。

但是,如果真认为一个寡妇的哭闹能够让赵盾害怕的话,那就大错特错了!如此心软的赵盾,怎么能够轻而易举地击败狐射姑,成为晋国的实际控制人?如此心软的赵盾,怎么会借刀杀人(虽然没有成功),不安好心地派臾骈去送狐射姑的家人出境?如此心软的赵盾,怎么敢派刺客在半路截杀公子乐?如此心软的赵盾,难道不知道他的改弦易辙,等于过河拆桥,将先蔑和士会这两位搭桥的伙计丢到了河中间?算了吧,所有的剧情,都是赵盾一手安排好的。

在狐、赵两人的政治斗争中,赵盾先是安排别人抛出"国家有难,当立长君"的话题,提出要立公子雍为君。他知道狐射姑必然会跳出来反对,也就等着狐射姑跳出来反对,这叫引蛇出洞。然后,他用下三烂的手段,派人刺杀了公子乐,进一步激怒狐射姑。狐射姑果然沉不住气,以同样下三烂的手段刺杀了阳处父。这样一来,赵盾就抓住把柄,掌握主动权了。两三个回合下来,狐射姑被迫出局,逃亡国外。

击败了狐射姑之后,赵盾已经是一手遮天,权倾晋国。他难道真的希望公子雍来当他的主子? 当然不是。正如赵盾自己所说,公子雍为人仁厚,深受先君晋文公喜爱,又在秦国为官多年,有丰富的从政经验,而且有强大的秦国作为其后援——这样一位公子雍,如果当上国君,岂是赵盾能够左右的? 赵盾心目中的理想主人,不是别人,正是嗷嗷待哺的太子夷皋。公子雍不过是一颗棋子。利用这颗棋子,赵盾成功地打败了狐射姑。而当公子雍即将回国的时候,他又利用穆嬴这颗棋子,转而反对公子雍上台。只不过这样一来,秦国和晋国之间的战争就不可避免了。

晋国以上军元帅箕郑留守绛都,发兵迎击护送公子雍的秦军。当时,赵盾以中军元帅的身份统率全军,先且居的儿子先克为中军副帅,荀林父为上军副帅,先蔑为下军元帅,先都为下军副帅。步招为赵盾御戎,戎津为戎右。大军来到堇阴,赵盾对大伙儿说:"我们如果接受公子雍,秦军就是宾客;不接受,秦军就是敌人。既然已经决定不接受,而又慢慢吞吞地进军,秦人将会发现不对劲儿,提高警惕。抢在敌人之前动手,在气势上压倒敌人,夺取敌人的战心,这是兵家善谋;追逐敌寇如同追捕逃犯,这是兵家善政。"说白了,就是利用秦国人还没搞清楚状况,发动突然袭击。于是抓紧训练士卒,厉兵秣马,饱餐一顿,隐蔽行动,连夜起兵。四月初一日,晋军在令狐打败秦军,并乘胜追击,直至刳首。

己丑,先蔑奔秦,士会从之。

先蔑之使也,荀林父止之,曰:"夫人、大子犹在,而外求君,此必不行。子以疾辞,若何? 不然,将及。摄卿以往可也,何必子? 同官为寮,吾尝同寮,敢不尽心乎?"弗听。为赋《板》之三章。又弗听。及亡,荀伯尽送其帑及其器用财贿于秦,曰:"为同寮故也。"

赵盾赢了战争,输了道义。

就在令狐之战的次日,四月初二,时任下军元帅的先蔑丢下部队逃往秦国,士会也跟着逃去了。

回想当初,赵盾派先蔑去秦国迎接公子雍,荀林父曾经阻止先蔑,说:"夫人、太子都还在,而向外国求取国君,这显然是不可行的。"

荀林父在城濮之战中崭露头角,担任晋文公的御戎。鲁僖公二十八年,晋国于三军之外,又建立三行,荀林父为中行元帅,其后人遂以此官职为氏,称为"中行氏"。

荀林父劝先蔑:"您借口生病不去,怎么样? 否则的话,祸将及身。这样的事情,派个代理卿去就可以了,何必您亲自去? 我们同在一个部门做官,我和您曾经同僚(鲁僖公二十八年,先蔑为左行元帅),岂敢不对您尽心!"

对于赵盾的心思,荀林父可谓洞若观火。然而,先蔑不听他的建议。荀林父又赋诗相劝。所谓"《板》之三章",就是《诗经·大雅·板》的第三章:"我虽异事,及尔同僚。我即尔谋,听我嚣嚣。我言维服,勿以为笑。先民有言,询于刍荛。"意思是:同事好言相劝,你不要当作开玩笑!先蔑还是不听。

等到先蔑逃亡秦国,荀林父将他的妻子儿女和器用财物全部送去,说:"这都是为了同僚之情啊!"

值得 提的是,赵盾通过政治斗争,先后迫使狐射姑和先蔑流亡国外,都没有对他们的家人下手,也没有没收他们的私产。贵族自有贵族的游戏规则,在当时也许不足为奇。

士会在秦三年,不见士伯。其人曰:"能亡人于国,不能见于此,焉用之?"士季曰:"吾与之同罪,非义之也,将何见焉?"及归,遂不见。

士会在秦国三年,不见先蔑(士伯)之面。手下人很奇怪:"您能够和他一起逃亡到这个国家,却又不和他见面,何苦呢?"士会说:"我和他一起逃亡,是因为和他同罪,并不是因为他有道义,见面干吗!"直到后来回国,两个人都没相见。

狄侵我西鄙,公使告于晋。赵宣子使因贾季问酆舒,且让之。酆舒问于贾季曰:"赵衰、赵盾孰贤?"对曰:"赵衰,冬日之日也。赵盾,夏日之日也。"

狄人入侵鲁国西部边境,鲁文公派使者向晋国告急。赵盾派人到狄人部落,要狐射姑问狄人的首领酆舒,并表示谴责。酆舒大概觉得很奇怪,狐射姑不是被赵盾赶出来的吗,怎么还替赵盾办事?于是问了狐射姑一个问题:"你认为赵衰、赵盾父子,谁贤?"

狐射姑回答:"赵衰是冬天的太阳,赵盾是夏天的太阳。"

冬天的太阳暖洋洋,晒得人很舒服;夏天的太阳热辣辣,晒得人直想躲。父子之间的区别,一目了然。

秋八月,齐侯、宋公、卫侯、郑伯、许男、曹伯会晋赵盾盟于扈,晋侯立故也。公后至,故不书所会。凡会诸侯,不书所会,后也。后至,不书其国,辟不敏也。

秋八月,齐昭公、宋昭公、卫成公、郑穆公、许昭公、曹共公与赵盾在扈地会盟，这是因为晋国有了新的主人——晋灵公，安定了。《春秋》记载："公会诸侯、晋大夫盟于扈。"是因为鲁文公去晚了，所以不记载参会国的名字。但凡与诸侯相会，不记载所会之国，就是迟到了。晚到，不记载国名，是为了避免记错。

穆伯娶于莒，曰戴己，生文伯，其娣声己生惠叔。戴己卒，又聘于莒，莒人以声己辞，则为襄仲聘焉。

冬，徐伐莒。莒人来请盟，穆伯如莒莅盟，且为仲逆。及鄢陵，登城见之，美，自为娶之。仲请攻之，公将许之。叔仲惠伯谏，曰："臣闻之：'兵作于内为乱，于外为寇。寇犹及人，乱自及也。'今臣作乱而君不禁，以启寇雠，若之何？"公止之。惠伯成之，使仲舍之，公孙敖反之，复为兄弟如初。从之。

这段故事可以和鲁文公元年的第一段记载对照来看。

当年公孙敖在莒国娶老婆，史上称为戴己。戴己生孟谷（文伯），戴己的妹妹声己生孟难（惠叔）。戴己死后，公孙敖又到莒国下聘礼，想再娶个老婆。莒国人以为，戴己死了，应该由声己继任正室，拒绝了公孙敖的请求。公孙敖想，来都来了，不能无功而返啊！于是转而为公子遂下聘。

公孙敖和公子遂是什么关系呢？公子遂是鲁庄公之子，公孙敖是鲁庄公之弟庆父的儿子。所以，两个人是堂兄弟。

堂兄为堂弟娶个老婆，当然是好事。可是，意外发生了。这一年冬天，徐国讨伐莒国，莒国派人到鲁国来请求结盟。鲁文公派公孙敖到莒国参会会盟，同时帮公子遂把老婆给娶回来。公孙敖到了鄢陵，登城见到那个女人——哇！好漂亮！立刻做了个令人大跌眼镜的决定：这个女人，我娶了。

莒国人不敢得罪这位鲁国的全权特使，只能答应。

公子遂得到消息，一下子就炸了。所谓"杀父仇、夺妻恨，不共戴天"，没过门儿的老婆也是老婆啊！于是向鲁文公请求，要攻打公孙敖。

鲁文公也觉得公孙敖不像话，想要答应公子遂的请求。大夫叔仲惠伯赶紧劝住了鲁文公："下臣听说，刀兵起于内部叫作乱，起于外部叫作寇。外寇若来，双方都不免伤亡；内部作乱，伤的可全是一家人。现在臣子作乱而国君不加禁止，因此而给敌寇进攻的机会，该如何是好？"鲁文公于是制止公子遂动武。惠伯出面斡旋，想出了解决矛盾的办法：都不要了。公子遂不再要求娶那个女人，公孙敖则将她送回去，两个人重新做兄弟，和好如初。

这还真是"兄弟如手足，女人如衣服"啊！

晋郤缺言于赵宣子曰："日卫不睦，故取其地。今已睦矣，可以归之。叛而不讨，何以示威？服而不柔，何以示怀？非威非怀，何以示德？无德，何以主盟？子为正卿，以主诸侯，而不务德，将若之何？《夏书》曰：'戒之用休，董之用威，劝之以《九歌》，勿使坏。'九功之德皆可歌也，谓之九歌。六府、三事，谓之九功。水、火、金、木、土、谷，谓之六府。正德、利用、厚生，谓之三事。义而行之，谓之德、礼。无礼不乐，所由叛也。若吾子之德莫可歌也，其谁来之？盍使睦者歌吾子乎？"宣子说之。

郤缺对赵盾说："当年卫国不亲附我们，所以占领了它的土地。现在卫国已经归顺，可以将这些土地还回去了。背叛我们而不去讨伐，何以向天下展示我们的威严？臣服了而不加以安抚，何以展示我们的胸怀？没有威严，没有胸怀，何以展现我们的美德？没有美德，何以主持盟会，号令诸侯？你现在是晋国的正卿，主持诸侯事务而不致力于德行，打算怎么办呢？《夏书》上说，用喜庆的事鼓励他，用威刑督促他，用《九歌》劝谕他，不要让他学坏。九种功德皆可歌颂，所以叫作《九歌》。什么是九种功德？'六府'和'三事'是也。水、火、金、木、土、谷，各有所用，称为'六府'；端正品德、利而用之、造福于民，称为'三事'。在道义的框架下推广它们，就叫作德、礼。不讲礼，也就没有什么值得歌颂的，叛乱由此而产生。如果你的品德没有可歌颂的，谁又会来亲近晋国？何不让那些归顺的人歌颂你？"

郤缺这番话，絮絮叨叨，有点卖弄，但是又语重心长，情真意切。赵盾听了很受用。

鲁文公八年

公元前619年，鲁文公八年。

八年春，晋侯使解扬归匡、戚之田于卫，且复致公婿池之封，自申至于虎牢之竟。

郤缺的话起了作用。八年春，晋灵公派解扬归还卫国的匡、戚两地，而且又把公婿池划定的土地，从申地直至虎牢的土地，归还郑国。

公婿是楚国地名。公婿池是晋国大夫，以地名为氏，大概是楚国人跑到晋国去做官吧。公婿池所划定的，原本是郑国的土地，一度被晋国强占，现在又归还郑国。

夏，秦人伐晋，取武城，以报令狐之役。

夏天，秦国派兵讨伐晋国，攻取武城，这是为了报复去年的令狐之役。

秋，襄王崩。

秋天，周襄王去世。太子壬臣即位，是为周顷王。

晋人以扈之盟来讨。冬，襄仲会晋赵孟盟于衡雍，报扈之盟也。遂会伊雒之戎。书曰"公子遂"，珍之也。

去年在扈地会盟，鲁文公去迟了，晋国因此讨伐鲁国。这里有个问题：鲁文公虽然去迟，毕竟还是去了，晋国当时在会上不说，现在却派兵来讨伐，合乎情理吗？竹添光鸿推测，去年鲁文公所谓的"后至"，可能是根本没去。会开完了，才给晋国写个报告："不好意思，路上塞车，听说会已经开完了，那我就回去了。"这种态度，当然要讨伐！

不过仗没打起来，鲁国先低头认错。冬天，公子遂前往晋国拜会赵盾，在衡雍举行会盟，作为对鲁国缺席扈地会盟的补救。借此机会，公子遂还会见了伊、洛的戎人。《春秋》记载："公子遂会雒戎盟于暴。"注明"公子"，是因为他外交办得好，值得珍视。

穆伯如周吊丧，不至，以币奔莒，从己氏焉。

公子遂办外交，公孙敖也办外交，相比之下，就不太靠谱了。周襄王去世后，鲁文公派公孙敖前去吊丧，他却没有到雒邑：这位老先生出门拐弯，带着吊丧的礼物，直奔莒国投奔心爱的己氏去了！

这是什么操作？就算是为了爱情，你也不能抛弃对国家的责任，更不能携款潜逃啊！更何况，那还是吊丧的钱……

宋襄夫人，襄王之姊也，昭公不礼焉。夫人因戴氏之族，以杀襄公之孙孔叔、公孙钟离及大司马公子卬，皆昭公之党也。司马握节以死，故书以官。司城荡意诸来奔，效节于府人而出。公以其官逆之，皆复之。亦书以官，皆贵之也。

宋襄公的夫人，是周襄王的姐姐。

宋昭公即位后，对祖母无礼。这位老太太可不是好惹的，一怒之下，借助宋戴公的后人，也就是华、乐、皇等几大家族，杀死了宋昭公的亲信，包括宋襄公的两个孙子——孔叔和公孙钟离，以及大司马公子卬。公子卬临危不惧，手持国君授予的符节而死，所以《春秋》注明他的官职，以示褒扬。司城荡意诸（公子荡之孙）逃到鲁国，临走将符节还给掌管国库的官员，然后才逃亡。

依周礼，对于从外国逃亡而来的官员，接待的标准要降级。原来是省部级的，只能按厅级接待；原来是厅级的，只能按处级接待。但是，对于荡意诸及其同僚，鲁国一律按照他们原来的级别接待。《春秋》记载"宋司城来奔"，特别写上荡意诸的官名，都是表示尊重他们。

任何时候，忠于职守都是一种美德。就算不想干了，也要做好交接；就算面临危险，也要从容不迫。

夷之蒐，晋侯将登箕郑父、先都，而使士縠、梁益耳将中军。先克曰："狐、赵之勋，不可废也。"从之。先克夺蒯得田于堇阴。故箕郑父、先都、士縠、梁益耳、蒯得作乱。

晋国的权力纷争，依旧没有尘埃落定。

回想当年的"夷之蒐"，晋襄公原本是想提拔箕郑父、先都，让士縠、梁益耳分别任中军元帅和副帅。先克说："狐、赵两家的功劳，不可以忘记。"晋襄公听从了，所以让狐射姑、赵盾当中军元帅和副帅。后来，阳处父又横插一杠，将狐射姑和赵盾的职务对换，让赵盾当了中军元帅。晋襄公这个国君，当得实在是憋屈。这也是晋文公去世之后，晋国政治的常态——卿大夫功高盖主，几大家族你争我抢，轮番执政，公室沦为摆设，国君只是傀儡。然而，奇怪的是，就是在这样一种看似尾大不掉的违反礼制的内部环境中，晋国变得越来越强大了。晋文公建立的霸业，经晋襄公以及后人之手，一直延续到春秋末期，将近两百年。

回到正题。先克因为这件事，得罪了箕郑父、先都、士縠、梁益耳；又因为抢夺蒯得在董阴的土地，得罪了蒯得。所以这五个人联合起来作乱。

鲁文公九年

公元前618年，鲁文公九年。

九年春王正月己酉，使贼杀先克。

乙丑，晋人杀先都、梁益耳。

接着上年的事。九年春天，正月初二，晋国箕郑父、先都、士縠、梁益耳、蒯得作乱，派刺客杀死先克。正月十八日，晋国人杀了先都、梁益耳。

毛伯卫来求金，非礼也。不书王命，未葬也。

二月，庄叔如周葬襄王。

王室派毛伯卫来到鲁国,求取周襄王的奠仪,这是非礼的!《春秋》不说毛伯卫是奉了王命,是因为周襄王还未下葬。

堂堂王室,死乞白赖地向诸侯要求赙金,真是丢人。但是,鲁国作为周公之后,号称当时保存周礼最完备的国家,天子死了都不主动去吊唁慰问,还要王室专门派人来问,也确实是够呛。事实上,鲁文公哑巴吃黄连,有苦说不出:他一早就派公孙敖带着财礼去奔丧,谁知道这家伙奔到莒国找女人去了……没办法,鲁文公只好又派叔孙得臣为使者,到雒邑会葬周襄王。

三月甲戌,晋人杀箕郑父、士縠、蒯得。

晋国内乱持续发酵。三月二十八日,箕郑父、士縠、蒯得被杀。至此,作乱的五人全部被灭。

范山言于楚子曰:"晋君少,不在诸侯,北方可图也。"楚子师于狼渊以伐郑。囚公子坚、公子龙及乐耳。郑及楚平。

公子遂会晋赵盾、宋华耦、卫孔达、许大夫救郑,不及楚师。卿不书,缓也,以惩不恪。

夏,楚侵陈,克壶丘,以其服于晋也。

秋,楚公子朱自东夷伐陈,陈人败之,获公子茷。陈惧,乃及楚平。

自城濮之战后,楚国一直休养生息,蛰伏了十几年。现在,楚国的元气恢复得差不多了,看到晋国内部乱成一团,难免又动了争霸中原的念头。大夫范山对楚穆王说:"晋侯年少,心思没有用在称霸上,北方是可以图谋的。"楚穆王正有此意,于是亲率大军,自狼渊北上讨伐郑国,俘虏了郑国大夫公子坚、公子龙、乐耳。郑国抵挡不住,与楚国媾和。

晋国赶紧召集诸侯救援郑国。鲁国派公子遂出马,与晋国的赵盾、宋国的华耦、卫国的孔达,以及不知名的许国大夫会合。联军赶到郑国的时候,楚军已经撤走。《春秋》对此记载:"公子遂会晋人、宋人、卫人、许人救郑。"对赵盾等人不书其名,是批评他们去得太晚了,以此惩戒那些办事不认真的人。

夏天,楚军卷土重来,入侵陈国,攻克壶丘,那是因为陈国归顺了晋国。

秋天,楚国又派公子朱从东夷讨伐陈国,被陈国人打败,公子茷成为俘虏。可是,一场战争的胜利不足以改变大局。陈国终归是害怕楚国,又主动与楚国媾和。

冬,楚子越椒来聘,执币傲。叔仲惠伯曰:"是必灭若敖氏之宗。傲其先君,神弗福也。"

楚穆王一边攻打陈国、郑国,一边拉拢鲁国。冬天,子越椒访问鲁国。

子越椒即斗椒,斗氏,名椒,字子越,又字伯棼。其父子良,是斗伯比的儿子,令尹子文的弟弟。斗氏一族,始出若敖,所以又称为若敖氏,是楚国的名门望族。

斗椒来到鲁国拜见鲁文公,手里拿着财礼,神色却很傲慢。叔仲惠伯以为,此人必定会使若敖氏的宗族灭亡。所谓"傲其先君",是使臣出访之前,必先告于宗庙,而斗椒拿着礼物却一脸傲慢,可以说是对先君傲慢,鬼神不会赐福。

秦人来归僖公、成风之襚,礼也。诸侯相吊贺也,虽不当事,苟有礼焉,书也,以无忘旧好。

秦国派人来送鲁僖公和成风的寿衣。老左以为,这是合礼的。并不尽然,所谓"赠死不及尸,吊生不及哀",丧事办完再来送礼,纯属给人添堵。鲁隐公元年,王室派人给鲁惠公赠赗,不过晚了几个月,鲁国人就大书特书,极尽嘲讽之能事。现在,鲁僖公都死了十年了,成风也死了六年,秦国才来送寿衣,咋就合礼了?

老左又解释:诸侯之间,丧事相吊,喜事相贺,虽然时间不对,只要有礼就行啦!将这件事记载于史册,主要是表示不忘旧好。

秦国难道真的不知道这件事很搞笑?当然知道。秦国之所以这么做,是为了拉拢鲁国。高明之处,在于体贴。

晋国目前最大的敌人,就是南方的楚国和西方的秦国。这两个国家不约而同地想到要拉拢鲁国,以分化晋国建立的同盟。楚国毫不掩饰自己的目的,派了斗椒过来。而秦国考虑,如果直接派使者访问鲁国的话,晋国必然紧张,很有可能对鲁国施加压力,甚至进行武力威胁,这样的话,鲁国就难做了。所以,秦国想出这么一个办法,以吊唁鲁僖公夫妇的名义,和远在山东的鲁国发生了联系。

对此,晋国睁只眼闭只眼,当作没看到。毕竟,吊死问生是人之常情,也不好指手画脚。

鲁文公十年

公元前 617 年,鲁文公十年。

十年春,晋人伐秦,取少梁。
夏,秦伯伐晋,取北征。

十年春,晋国派兵讨伐秦国,攻取少梁。

夏天,秦康公讨伐晋国,攻取北征。

世人以"秦晋之好"比喻两家结亲。事实上,秦、晋两国打得多,和得少。

初,楚范巫矞似谓成王与子玉、子西曰:"三君皆将强死。"城濮之役,王思之,故使止子玉曰:"毋死。"不及。止子西,子西缢而县绝,王使适至,遂止之,使为商公。沿汉溯江,将入郢。王在渚宫,下,见之。惧,而辞曰:"臣免于死,又有谗言,谓臣将逃,臣归死于司败也。"王使为工尹,又与子家谋弑穆王。穆王闻之。五月,杀斗宜申及仲归。

当初,楚国范地的巫师矞似预言:楚成王、成得臣(子玉)、斗宜申(子西)都将死于非命。城濮之战后,楚成王致信成得臣,说:"大夫如果有脸回来,将怎么面对申、息两县的父老乡亲?"逼成得臣自杀了。后来楚成王又想起那个预言,心想:这不是让矞似的乌鸦嘴说中了吗?赶紧派人去制止成得臣,说:"千万不要死!"可是已经来不及了。又去制止斗宜申。斗宜申正好也上吊了,大概是因为身体太重吧,绳子断了。使者及时赶到,制止了他,遂由司马降职为商公,也就是商县的县公。

按理说,斗宜申应该感谢楚成王才对。毕竟,命捡回来了,官职虽然比原来小了一点,好歹也是个"公"啊!可是斗宜申不这么想。他认为自己受到了侮辱,决定以血来洗刷,于是沿汉水而下,溯长江而上,准备潜入郢都刺杀楚成王。楚成王大概是觉察到了他的阴谋,突然驾临渚宫(楚国的行宫),下来接见正好路过此地的斗宜申。

斗宜申心下害怕,找借口说:"下臣幸免于死,可是又听说有人进谗,说下臣将要逃跑。所以下臣这就赶回郢都,到司败(司法官)那里去请死。"楚成王哪里敢要他死?赶紧哄着他,又让他当了工尹,负责管理百工。

饶是如此，楚成王还是没有逃脱横死的命运，而且是死在自己儿子手上。而斗宜申，则一直在朝着自己被预言的命运狂奔。这一年夏天，他又和大夫仲归阴谋刺杀楚穆王，结果阴谋败露，被楚穆王杀死。

秋七月，及苏子盟于女栗，顷王立故也。

这条记录无头无尾。

苏子是王室大臣。谁与苏子在女栗会盟？老左语焉不详，只说是因为周顷王即位了。

陈侯、郑伯会楚子于息。冬，遂及蔡侯次于厥貉，将以伐宋。宋华御事曰："楚欲弱我也，先为之弱乎？何必使诱我？我实不能，民何罪？"乃逆楚子，劳且听命。遂道以田孟诸。宋公为右盂，郑伯为左盂。期思公复遂为右司马，子朱及文之无畏为左司马，命夙驾载燧。宋公违命，无畏抶其仆以徇。或谓子舟曰："国君不可戮也。"子舟曰："当官而行，何强之有？《诗》曰：'刚亦不吐，柔亦不茹。''毋纵诡随，以谨罔极。'是亦非辟强也。敢爱死以乱官乎！"

陈共公、郑穆公跑到楚国的息县拜会楚穆王。冬天，楚、陈、郑、蔡四国联军驻扎在厥貉，准备讨伐宋国。

宋国司寇华御事说："楚国想要我们屈服，那我们主动屈服就是了，何必摆出这副阵仗来威逼我们？我们确实是没有能力保卫国家，只不过老百姓又有何罪呢？"于是迎接楚穆王，犒劳联军，听命于楚国。

楚穆王一看，孺子可教也！接受了宋国的投诚。华御事引导联军，带他们到宋国著名的风景区孟诸湖去狩猎。

前面说过，春秋时期的狩猎，不仅仅是打猎，同时也是军事演习。这一次，当然是楚穆王为主将。宋昭公以地主的身份居于其次，率领右军圆阵。郑穆公则率领左军圆阵。楚国期思县的县公复遂为右司马，公子朱和文之无畏为左司马。

文之无畏是楚文王的后人，以文为氏，名无畏，字子舟。他确实对得起自己的名字。打猎之前，楚穆王发布命令，要求各车都携带引火之物，大概是用来熏猎物的。宋昭公不知出于什么原因，没有带。这是违反军法啊！文之无畏也不顾对方地位尊贵，下令责打宋昭公的仆人，而且在全军示众。当时有人劝文之无畏，说"国君不可侮辱"。意思是你别太强横，给宋公一点面子吧！文之无畏回答："我这是履行自己的职责，有什么强横？《诗》上说：'硬的不吐，软的不吞。'又说：'不要放任狡猾的人，以警示放荡的行为。'这也是不畏强横的意见，我岂敢只爱惜生命而放弃职责！"

执法必严，当然没错。可是，执法的对象并非自己的臣民，而是外国元首，还不讲任何情面的话，那就有点问题了。

厥貉之会，麇子逃归。

麇是湖北小国，子爵。

厥貉之会，麇子不知道出于什么考虑，逃回自己国家去了。

鲁文公十一年

公元前 616 年，鲁文公十一年。

十一年春,楚子伐麇。成大心败麇师于防渚。潘崇复伐麇,至于锡穴。

十一年春,楚穆王讨伐麇国。成得臣的儿子成大心在防渚打败麇军。此后,楚穆王的老师、太师潘崇再度率军讨伐麇国,到达锡穴。

夏,叔仲惠伯会晋郤缺于承匡,谋诸侯之从于楚者。

夏天,鲁国大夫叔仲惠伯和晋国的郤缺在承匡会面,商量怎么对付那些跟随楚国的诸侯,也就是陈、郑、蔡、宋等国家。

秋,曹文公来朝,即位而来见也。

曹共公于前年秋天去世。曹文公去年正式即位为君,今年来朝见鲁文公,所以说是"即位而来见也"。

襄仲聘于宋,且言司城荡意诸而复之,因贺楚师之不害也。

公子遂继续活跃于外交舞台,受命出访宋国,祝贺去年楚国大军压境却没有造成危害。全天下人都知道,楚军之所以"不害",是因为宋国屈服了,宋昭公成了楚穆王的小兄弟。鲁国和晋国"谋诸侯之从于楚者",宋国首当其冲。所谓祝贺,既是试探,也是施压。春秋时期的外交,讲究一个"礼"字,遮遮掩掩的,拐弯抹角的,指桑骂槐的,欲说还休的,总之就是不说破。

借此机会,公子遂还向宋国人提起了人前年流亡到鲁国的司城荡意诸,促成其回国。

鄋瞒侵齐，遂伐我。公卜使叔孙得臣追之，吉。侯叔夏御庄叔，绵房甥为右，富父终甥驷乘。冬十月甲午，败狄于咸，获长狄侨如。富父终甥摏其喉以戈，杀之。埋其首于子驹之门，以命宣伯。

初，宋武公之世，鄋瞒伐宋。司徒皇父帅师御之。耏班御皇父充石，公子谷甥为右，司寇牛父驷乘，以败狄于长丘，获长狄缘斯。皇父之二子死焉，宋公于是以门赏耏班，使食其征，谓之耏门。晋之灭潞也，获侨如之弟焚如。齐襄公之二年，鄋瞒伐齐，齐王子成父获其弟荣如。埋其首于周首之北门。卫人获其季简如。鄋瞒由是遂亡。

鄋瞒是狄人的一支，又称长狄。

这一年冬天，鄋瞒入侵齐国，顺势讨伐鲁国。鲁文公为派叔孙得臣追击而占卜，得了一个"吉"字。于是叔孙得臣出兵，侯叔夏为御戎，绵房甥为戎右，富父终甥为驷乘（一车四人，有别于当时一车三人的战车编制，驷乘相当于戎右的助手）。十月初三日，叔孙得臣在咸地打败鄋瞒，俘虏其首领侨如。富父终甥以长戈抵住侨如的咽喉，将他杀死，并把他的首级埋在曲阜城西的子驹之门下。

有意思的是，叔孙得臣为了纪念这次战功，就将他的长子命名为侨如了。原文中的"宣伯"，便是叔孙侨如，宣为其谥，伯为其排行。后人看来，此举未免离奇，而且也不太吉利。但在春秋时期，这种"待事而名之"的命名法，还真是百无禁忌。假如某人出门踩到一堆牛屎，是很有可能由此给儿子取名的。

关于鄋瞒，有必要多说两句。据《国语》记载，多年后吴国讨伐越国，在会稽得到一根异常长大的骨头，仅骨节就载满一车，无人能识，于是派人把骨头带到鲁国，向博学多才的孔子请教。孔子认出这是防风氏的骨头。上古时期，大禹治水的时候，命群神会集会稽山，防风氏迟到，被大禹处死，骨头埋在会稽。防风氏的后人，在商朝为汪芒氏，到了周朝则被称为长狄。也就是说,鄋瞒乃是防风氏的后裔。

鄋瞒为害中原,非近年之事。早在一个半世纪之前,就有鄋瞒入侵宋国的记录。宋武公曾命司徒皇父充石带兵迎击,耏班为御戎,公子谷甥为戎右,司寇牛父为驷乘,在长丘大败鄋瞒,俘虏长狄缘斯,也就是长狄侨如的祖先。皇父充石的两个儿子战死。战后,宋武公论功行赏,将城门赏赐给耏班,让他享受城门税收,并将城门改名为耏门。

长狄侨如之死,是鄋瞒灭亡的开始。后来,晋国消灭狄人建立的潞国时,俘获侨如的弟弟焚如。齐襄公二年,鄋瞒讨伐齐国,王子成父又俘虏了侨如的弟弟荣如,将其首级埋于周首的北门。鄋瞒退兵,经过卫国,侨如的另一个弟弟简如被卫国俘虏。鄋瞒由此灭亡——老左的这段记载,有一个大大的问题:齐襄公和王子成父是一百年前的人物,侨如的弟弟荣如怎么会在一百年前被俘呢?司马迁写到这件事,改成"齐惠公二年,鄋瞒伐齐,齐王子城父获其弟荣如",也就是九年之后。这便说得过去了。

由此可见,即便是正史的记载,也不能全信。

郕大子朱儒自安于夫钟,国人弗徇。

郕国太子朱儒自把自为,居住在夫钟,自以为安定,国人对此很有意见,不服他。

鲁文公十二年

公元前 615 年,鲁文公十二年。

十二年春，郕伯卒，郕人立君。大子以夫钟与郕邦来奔。公以诸侯逆之，非礼也。故书曰："郕伯来奔。"不书地，尊诸侯也。

十二年春，郕伯去世。既然太子"自安于夫钟"，郕国人便另外立了一名国君。太子自绝于国家，以夫钟和郕邦两地作为投名状，投靠鲁国。鲁文公喜出望外，以对诸侯之礼接待太子，这当然是非礼的！

《春秋》记载："郕伯来奔。"不写奉献土地的事情，又故意把太子写作郕伯，说是尊重诸侯。这是揣着明白装糊涂，只有一个目的，掩盖鲁文公难看的吃相。

杞桓公来朝，始朝公也。且请绝叔姬而无绝昏，公许之。
二月，叔姬卒。不言"杞"，绝也。书"叔姬"，言非女也。

杞桓公的母亲杞伯姬，是鲁庄公的女儿，杞成公的夫人。杞桓公于鲁僖公二十三年即位，并于鲁僖公三十一年娶鲁国公主，是为杞叔姬。

这一年春天，杞桓公前来鲁国，这是他自鲁文公即位以来第一次朝见，顺带提出一个请求：让他和叔姬离婚，但是又不断绝两国的婚姻关系。这是啥意思呢？

意思是，这个老婆我不要了，再换个年轻的吧。

鲁文公竟然答应了。

现在已经无从推测这段婚姻究竟是出了什么问题。总之，这位叔姬离婚之后，还没来得及回娘家，就去世了。《春秋》记载："子叔姬卒。"不写她是"杞叔姬"，是因为她已经离婚了。写她是"叔姬"，说明她已经嫁出去，不是家里的女儿了。

楚令尹大孙伯卒，成嘉为令尹。群舒叛楚，夏，子孔执舒子平及宗子,遂围巢。

大孙伯即成得臣的儿子成大心。成嘉是成大心的弟弟,字子孔。

"群舒"是今天安徽省境内的几个偃姓小国,包括舒国、宗国、巢国等,以舒国为首,大概是同宗之国吧。

楚国令尹成大心去世,成嘉继任令尹。新旧交替之际,群舒背叛楚国。夏天,成嘉处理叛乱,逮捕舒子(名平)以及宗子,并包围巢国。

秋,滕昭公来朝,亦始朝公也。

秋天,滕昭公前来朝见,也是第一次朝见鲁文公。

秦伯使西乞术来聘,且言将伐晋。襄仲辞玉,曰:"君不忘先君之好,照临鲁国,镇抚其社稷,重之以大器,寡君敢辞玉。"对曰:"不腆敝器,不足辞也。"主人三辞。宾客曰:"寡君愿徼福于周公、鲁公以事君,不腆先君之敝器,使下臣致诸执事,以为瑞节,要结好命,所以借寡君之命,结二国之好,是以敢致之。"襄仲曰:"不有君子,其能国乎?国无陋矣。"厚贿之。

鲁文公九年,秦国派人到鲁国赠送鲁僖公和成风的寿衣,实际上是投石问路,企图拉拢鲁国,共同对付晋国。今年,秦康公又派西乞术不远千里来到鲁国,明确告知:秦国将讨伐晋国。

这就是要鲁国表态了。对鲁国来说,晋国这个霸主,一是开罪不起,二是有所依赖。特别是近几年来,楚穆工挥鞭北上,连续收服郑、陈、蔡、宋等国,南风烈烈,势不可当。如果没有晋国这根支柱,整个中原都将成为楚国的势力范围。无论是从文化上讲,还是从感情上讲,或是从利益上讲,这都是鲁国不愿意看到的。维护和晋国的关系,拥护晋国的领导,是鲁国当前的基本外交政策。因此,对于秦康公隔空伸过来的橄榄枝,鲁文公只能礼貌地拒绝。

原文中的"辞玉",是当时外交礼仪中的一个重要环节。我们不妨还原一下——

西乞术身着礼服,手捧圭玉(秦康公送给鲁文公的国礼)神态肃穆地走入中庭。鲁文公派外交老手公子遂出面,在中庭与西乞术见礼。寒暄几句后,西乞术奉上圭玉。公子遂进入内庭,向鲁文公汇报,然后出来说:"君侯不忘和先君的友好之情,派您光临鲁国,镇抚我们的社稷,十分厚重地赠予如此名贵的器物,寡君实在是不敢接受。"西乞术说:"不是什么贵重的器物,不值得辞谢。"这是中国人都懂的送礼套路,后人名为"使不得",一个不肯收,一个硬要给,拉拉扯扯,最后还是收了。当然,春秋时期不兴拉扯,外交场上尤其要淡定,辞谢的话也要说得温文尔雅。一般而言,辞谢一次也就够了。没想到,鲁文公这次是真的不肯收。公子遂辞谢了三次,西乞术急了,说:"寡君愿意求福于周公、鲁公(周公的儿子伯禽、鲁国的始封君),以侍奉君侯,拿着先君的一点不厚重的器物前来,派下臣致送于执事之前,以此作为祥瑞的信物,希望结成友好的关系。用它来表达寡君的命令,缔结两国之好,所以才敢送上的。"言下之意,我大老远从陕西跑到山东来送礼,你不肯收,我怎么回去复命?公子遂这才收下,说:"不是有了这样的君子,怎么能够治理国家?秦国真不是鄙陋之国啊!"于是以重礼回赠。

收了礼,又加倍回礼,不欠人情,其实也就是婉拒了。

秦为令狐之役故,冬,秦伯伐晋,取羁马。晋人御之。赵盾将中军,荀林父佐之。郤缺将上军,臾骈佐之。栾盾将下军,胥甲佐之。范无恤御戎,以从秦师于河曲。臾骈曰:"秦不能久,请深垒固军以待之。"从之。

秦人欲战,秦伯谓士会曰:"若何而战?"对曰:"赵氏新出其属曰臾骈，必实为此谋，将以老我师也。赵有侧室曰穿，晋君之婿也，有宠而弱，不在军事，好勇而狂，且恶臾骈之佐上军也，若使轻者肆焉，其可。"秦伯以璧祈战于河。

十二月戊午，秦军掩晋上军。赵穿追之，不及。反，怒曰："裹粮坐甲，固敌是求。敌至不击，将何俟焉？"军吏曰："将有待也。"穿曰："我不知谋，将独出。"乃以其属出。宣子曰："秦获穿也，获一卿矣。秦以胜归，我何以报？"乃皆出战，交绥。

秦行人夜戒晋师曰："两君之士皆未憗也，明日请相见也。"臾骈曰："使者目动而言肆，惧我也，将遁矣。薄诸河，必败之。"胥甲、赵穿当军门呼曰："死伤未收而弃之，不惠也。不待期而薄人于险，无勇也。"乃止。

秦师夜遁。复侵晋，入瑕。

西乞术无功而返，但不影响秦康公的决心。这一年冬天，为了报复五年前的令狐之役，秦康公率军入侵晋国，攻取羁马。晋国发兵抵抗。

《左传》的体例，外交也罢，战争也罢，如果是国君亲自出马就写明是"秦伯""晋侯""宋公"等；如果是卿大夫出马，就写"人"。原文中的"晋人御之"，说明晋灵公没有亲自出战。这不怪他，他还是个孩子。

晋国方面，赵盾统帅中军，荀林父为中军副帅；郤缺统帅上军，臾骈为上军副帅；栾盾统帅下军，胥甲为下军副帅。范无恤为赵盾御戎，在河曲迎战秦军。

臾骈建议："秦军远道而来，必不能打持久战，请深挖壕沟，高筑堡垒，等着他们来进攻。"被赵盾采纳。

所谓兵法，无非就是知己知彼，找到敌人的弱点，巩固自己的优势。臾骈这一招，对秦军来说是相当厉害的。当时秦国的实力并不雄厚，后勤保障相当薄弱，确实没办法支撑一场远离国土的持久战。秦军急于出战，但是攻击晋军的堡垒显然是不明智的，所以秦康公问士会："这个仗该怎么打?"也就是问:该怎么把晋军引诱出来作战?

秦康公问对了人,士会太了解晋国了。

士会分析:"赵盾新近提拔他的下属,名为臾骈,必定是此人给他出了这个主意来使我军疲乏。赵家有个旁支的子弟,名叫赵穿,是晋襄公的女婿,受到赵盾的宠信,年少气盛,不懂军事,喜好勇猛而且狂妄。最重要的,是他嫉妒臾骈当了上军副帅,必定反感臾骈的计谋。如果派一支轻装部队去侵袭,也许就可以把他们引出来了吧。"

秦康公将玉璧投入黄河,祈求河神保佑战争胜利。

十二月初四日,秦军突袭晋国上军。臾骈按兵不动,秦军占不到便宜,主动撤走。赵穿追赶秦军,没有追上,回来之后就发脾气:"咱们带着粮食,披着盔甲,就是等着和敌人交战。敌人来了又不打,这是在等什么呢?"军吏回答:"这是在等待机会啊!"赵穿更气了,说:"我不知道什么计谋,你们不肯去,我自己去!"于是带着自己的部属冲出堡垒。赵盾得知,气得不轻,但是又放不下这个同族的驸马爷,说:"秦国如果俘虏了赵穿,相当于俘虏了晋国的一个卿。他们获胜而去,我拿什么回报国家?"下令全军出击。秦军本来只想吃掉赵穿这一支部队,没想到晋军会倾巢而出,不想陷入恶战,赶紧撤走。晋军也不想和秦军苦战,又怕秦军有埋伏,也收兵回营。原文所谓"交绥",就是双方短暂交兵,各自退去。

夜里,秦康公派使者到晋营挑战:"今天两位国君的勇士都没有打痛快,明天请再相见。"臾骈从使者的神色中看出了问题:"使者眼珠子乱转,说话声音失常,这是害怕我们。秦军恐怕是要逃跑了。咱们赶紧追上去,把他们逼到黄河边上,必定大获全胜。"

胥甲和赵穿得知部队要出动,挡在营门口大声呼喊:"死伤的将士还没有收回就将他们抛弃,这是不仁;不等约定的战期就把敌人逼到险地,这是无勇!"晋军于是停止出击。

秦军果然连夜遁逃。不久又杀了个回马枪,攻取瑕地。

臾骈真是个将才,但是摊上赵穿这样的猪队友,又有什么办法呢?而且,赵穿两次自把自为,破坏军纪,甚至胳膊肘朝外拐,将军机泄露给秦国人,却没有受到任何惩罚,这又说明什么问题呢?

说明赵盾公私不分、奖惩不明,将家族利益凌驾于国家利益之上了。

城诸及郓,书,时也。

鲁国在诸地和郓地筑城。《春秋》记载此事,是因为合于时令。

鲁文公十三年

公元前 614 年,鲁文公十三年。

十三年春,晋侯使詹嘉处瑕,以守桃林之塞。

十三年春,由于感受到秦国的威胁越来越大,晋灵公将瑕地赐给大夫詹嘉,以防守桃林要塞。

桃林要塞即函谷关,是秦国出入中原的必经之路。截断桃林交通,则秦国无法与中原各国发生外交及商贸往来,彻底孤立于"天下"之外。晋灵公这一手,确切地说是赵盾这一手,做得相当漂亮,极具战略眼光。纵观春秋历史,自秦康公之后,秦国便基本上沉寂了,成了一个无足轻重的西陲之国。因为缺乏交流,秦国变得越来越封闭,越来越落后。虽然它还在不断地与晋国为故,给晋国带来威胁和麻烦,但是从长远来看,它的未来已经被扼杀掉了。战国初年,晋国分裂为赵、魏、韩三个国家。单是一个魏国,就压着秦国欺负了近百年,甚至差点灭掉它。直到商鞅变法,秦国才浴火重生。

　　晋人患秦之用士会也,夏,六卿相见于诸浮。赵宣子曰:"随会在秦,贾季在狄,难日至矣,若之何?"中行桓子曰:"请复贾季,能外事,且由旧勋。"郤成子曰:"贾季乱,且罪大,不如随会,能贱而有耻,柔而不犯;其知足使也,且无罪。"

　　乃使魏寿余伪以魏叛者以诱士会。执其帑于晋,使夜逸。请自归于秦,秦伯许之。履士会之足于朝。秦伯师于河西,魏人在东,寿余曰:"请东人之能与夫二三有司言者,吾与之先。"使士会。士会辞,曰:"晋人,虎狼也。若背其言,臣死,妻、子为戮,无益于君,不可悔也。"秦伯曰:"若背其言,所不归尔帑者,有如河。"乃行。绕朝赠之以策,曰:"子无谓秦无人,吾谋适不用也。"既济,魏人噪而还。秦人归其帑。其处者为刘氏。

　　河曲之战让赵盾明白一件事:只要士会留在秦国,晋国的日子就不好过。于是晋国六卿,也就是三军的正副统帅齐聚诸浮,专题讨论这件事。

　　赵盾抛出问题:"士会在秦国,狐射姑在狄人部落,只要有他们两个在那里,灾难每天都有可能到来,你们说说怎么办吧!"说来好笑,这两个人都是被他排挤走的,现在却要问别人怎么办。

　　关于士会这个人,有必要介绍一下:他是晋献公时期的名臣士蒍的孙子,名会,字季,谥武。因获封随地和范地,所以又称为随会或范会,有时候也写作随季、范子、范会、武季、随武子、范武子……

　　狐射姑的爷爷狐突、父亲狐偃,在晋国都是栋梁之材。所以在六卿会议上,中行桓子,也就是荀林父提出:"请让狐射姑回来吧,他深知境外之事,而且家族有过去的功劳。"

　　郤缺(成子)则认为应该让士会回来:"狐射姑喜欢作乱,而且罪名重大，不如让士会回来。此人贵为名门之后，但是能够安心处于下位，而且知道耻辱，柔弱而不可侵犯，他的智慧堪当大任。而且，最重要的是，他并没有罪。"

会议研究决定，召士会回国。但那并不是一件容易的事，以秦晋两国当时的敌对状态，单是把信息传给士会已经很难，何况也不知道他乐不乐意回来。

一个名叫寿余的人充当了信使。此人名不见经传，老左也没有介绍他的来历。但是既然前缀了一个"魏"字，估计是毕万的后人、魏犨的近亲吧。

为了让寿余见到士会，晋国人使了个苦肉计。寿余假装带领魏地的人叛乱，遭到镇压，妻子儿女都被逮捕，只有他孤身一人连夜逃往秦国。见到秦康公后，寿余请求以魏地归附秦国。秦康公不虞有诈，欣然接受。也就是在这个时候，寿余见到了士会。两个人免不了要打招呼，寒暄几句。寿余暗中踩了一下士会的脚。士会何等聪明，立马心领神会。

秦康公亲自率军去接收魏地，屯兵于河西，与河东的魏地隔岸相望。寿余向秦康公提出："请求派一位东边的人，能够和魏地几位管事者说得上话的，我跟他一起先去交涉一下。"秦国在西，晋国在东。所谓"东人"，自然是指晋国人。晋国人在秦国为官，又能与魏地的官员说得上话，那便只有士会了。秦康公派士会前去。士会却不同意，说："晋国人有如虎狼，恐怕言而无信。如果违背他们所说的，下臣就算死在那里，下臣的妻子儿女也将因此而受诛戮。这种事情，对国君没有任何好处，而且追悔莫及。"秦康公便发誓："假如晋国人违背了他们所说的，把你扣押在那里，我又不将你的妻子儿女送过去，请河神惩罚我！"

士会于是和寿余一道出发。临行前，秦国大夫绕朝送给士会一根马鞭，低声说："你不要以为秦国无人，只不过我的建议不被采用罢了。"由此推测，绕朝对于晋国人的计谋是有所察觉的，而且向秦康公提出过不要让士会回去，只不过秦康公没有接受。

原文所谓"绕朝赠之以策"，有人以为，"策"非马鞭，而是竹简书册。

临行赠书,亦无不可。唐朝大诗人李白在他的两首诗中用到了这一典故。其一为"敢献绕朝策,思同郭泰船",见于《赠宣城宇文太守兼呈崔侍御》;其二为"莫道词人无胆气,临行将赠绕朝鞭",见于《送羽林陶将军》。可见李白以为,绕朝送给士会的还是马鞭。

且说士会过了黄河,魏地之人齐声欢呼,敲锣打鼓地将他接走了。秦康公知道自己上了当,其恼怒可想而知。但是君子一言,驷马难追,他还是遵守了自己的诺言,将士会的家属遣送回晋国。士家人中,也有不愿意回国的,就留在了秦国,遂以刘为氏,即秦国的刘氏。

士会之后,为什么会以刘为氏呢?

原来,士氏一族,自以为是上古尧帝的后裔。据传夏朝的时候,尧帝有一位后人刘累,因驯龙有术,为夏王孔甲所用。这位刘累,便是士氏的先祖。士会的后人以刘为氏,也算是认祖归宗了。后来,秦国的刘氏不断迁徙。战国时期,有一位后人在泗水之滨的丰邑定居下来。此人生如草芥,死亦无闻,但是汉朝建立后,却将他的灵位供在太庙中,冠以"丰公"的尊称。他就是汉高祖刘邦的爷爷。由此说来,如果没有士会流亡秦国的这一段往事,中国的历史也许又是另一番面貌了吧。

邾文公卜迁于绎。史曰:"利于民而不利于君。"邾子曰:"苟利于民,孤之利也。天生民而树之君,以利之也。民既利矣,孤必与焉。"左右曰:"命可长也,君何弗为?"邾子曰:"命在养民。死之短长,时也。民苟利矣,迁也,吉莫如之!"遂迁于绎。

五月,邾文公卒。君子曰:"知命。"

邾文公想将国都迁到绎地,为此而举行占卜,得到的结果是"利于民而不利于君"。一般而言,当统治者的利益和百姓的利益发生冲突的时候,统治者往往会选择自己而抛弃百姓的利益。邾文公却说:"只要有利于民的事,就是有利于我的事。上天养育万民而为他们树立君主,是为了对他们有利。只要百姓得到了利益,我必定也得到了。"左右纷纷相劝:"生命是可以延长的,您为什么不这样做?"邾文公说:"君主活着就是为了替上天抚养百姓。什么时候死,那是命。百姓如果能够得到利益,迁都就是了。没有比这更吉利的事了。"

邾国于是迁都于绎。五月,邾文公去世。

君子以为,他是知道天命了。

什么是天命?

一方面,上天养育万民,老百姓的生存权是上天赋予的,不是统治者恩赐的;另一方面,君权天授,上天派君王来统治万民,目的是有利于万民,这也是君王存在的唯一意义。当君王的利益和万民的利益发生冲突的时候,必须毫不犹豫地站在万民这一边。邾文公很清楚地知道这一点,而且在行动上遵从了这个原则,当然是"知命"了。

秋七月,大室之屋坏,书,不共也。

大室即宗庙的正屋。

七月,鲁国宗庙的正屋损坏。《春秋》记载此事,是因为"不共",也就是不恭敬。

谁不恭敬?是鲁文公对祖先不恭敬,还是鲁国的臣子对国君不恭敬?据杜预解释,应该是臣子不恭敬。管理宗庙的官员玩忽职守,才会出现这样的事情。

冬,公如晋朝,且寻盟。卫侯会公于沓,请平于晋。公还,郑伯会公于棐,亦请平于晋。公皆成之。郑伯与公宴于棐。子家赋《鸿雁》。季文子曰:"寡君未免于此。"文子赋《四月》。子家赋《载驰》之四章。文子赋《采薇》之四章。郑伯拜。公答拜。

冬天,鲁文公前往晋国朝见晋灵公,同时重温过去的誓约。路过卫国的时候,卫成公与鲁文公在沓地相会,请求鲁文公出面斡旋,与晋国媾和。鲁文公回国路上,又与郑穆公在棐地相见,郑穆公也提出了与晋国媾和的愿望。鲁文公都答应了他们的要求,而且做到了——为卫国斡旋,是顺路;为郑国说项,则必须又返回晋国,以当时的交通条件,可谓劳苦矣!

郑穆公在棐地宴请鲁文公的时候,郑国大夫公子归生(字子家)赋了一首《鸿雁》之诗。"鸿雁于飞,肃肃其羽。之子于征,劬劳于野。爰及矜人,哀此鳏寡。"这是将郑国比作鳏夫寡妇,恳请鲁文公不辞辛劳,为郑国奔波。

季孙行父说:"寡君也不能免于这种境地啊!"意思是,郑国可怜,鲁国难道就不可怜?天下诸侯,不是被晋国欺负就是被楚国欺负,同是天涯沦落人!作为回应,季孙行父赋了《四月》之诗,其句云:"四月维夏,六月徂暑。先祖匪人,胡宁忍予?秋日凄凄,百卉俱腓。乱离瘼矣,爰其适归?冬日烈烈,飘风发发。民莫不穀,我独何害?"大意是,老子夏天就陪国君出门办外交,顶风雨,冒寒暑,颠簸劳累,到了冬天还不能回国。我的祖先难道就不是人吗?你们难道就忍心看我不能回去祭祀他们吗?

公子归生又赋了《载驰》的第四章。这首诗是当年许穆公夫人所作,鲁闵公二年的记载中已有描述,在此不赘。其第四章写道:"控于大邦,谁因谁极?"还是哀求:郑国受楚国威胁,想要求援于大国,只能靠鲁侯穿针引线,请千万不要推脱。

季孙行父一看,这也没办法了。人家这么低三下四,不再跑一趟都不行了,于是又赋了《采薇》的第四章:"戎车既驾,四牡业业。岂敢定居,一月三捷。"听到"岂敢定居"四个字,郑穆公赶紧朝鲁文公下拜。鲁文公答拜,随后返回晋国。

鲁文公十四年

公元前613年,鲁文公十四年。

十四年春,顷王崩。周公阅与王孙苏争政,故不赴。凡崩、薨,不赴,则不书。祸、福,不告亦不书,惩不敬也。

鲁文公八年,周襄王去世,周顷王即位。十四年春,周顷王驾崩,其子班即位,是为周匡王。王室政局不稳,周公阅与王孙苏争夺执政大权,所以没有发布讣告。但凡天子崩、诸侯薨,如果不发布讣告,《春秋》就不予记载。无论是祸事还是喜事,如果没有正式通告,也不予记载。这是为了谴责不恭敬。

邾文公之卒也,公使吊焉,不敬。邾人来讨,伐我南鄙,故惠伯伐邾。

去年邾文公去世,鲁文公派人前去吊唁,使者言行不敬。邾国人为此讨伐鲁国,入侵南部边境。鲁国则派叔仲惠伯讨伐邾国。

子叔姬妃齐昭公,生舍。叔姬无宠,舍无威。公子商人骤施于国,而多聚士,尽其家,贷于公有司以继之。夏五月,昭公卒,舍即位。

鲁国公主叔姬嫁给齐昭公为夫人,生太子舍。然而,叔姬并没有得到齐昭公的宠爱，所以太子舍没有威望。这也是当时的风气。所谓"母宠者子抱"，母亲在后宫的地位直接决定儿子的地位。即便贵为太子，也不能超然物外。

公子商人是齐桓公的儿子，太子舍的叔叔。其母密姬，是齐桓公的六位"如夫人"之一。此人素有野心，屡屡在国内施舍财物，而且蓄养了很多死士，把家产花光了，又向公室掌管财务的官员借贷，拼了命做好事。借钱行善，非奸即盗。可是对老百姓来说，实惠莫问出处，谁给我派红包谁就是好人。因此，公子商人在齐国的威望远远高于太子舍。

这一年五月，齐昭公去世，太子舍即位。

郑文公元妃齐姜，生定公；二妃晋姬，生捷菑。文公卒，郑人立定公。捷菑奔晋。

六月，同盟于新城，从于楚者服，且谋郑也。

再来说郑国的事。

郑文公的大老婆齐姜生世子貜且，二老婆晋姬生公子捷菑。郑文公死后，郑国人立貜且为君，是为郑定公。捷菑则跑到晋国的外公家。

《春秋》记载："六月，公会宋公、陈侯、卫侯、郑伯、许男、曹伯、晋赵盾。癸酉，同盟于新城。"这么多诸侯和晋国的赵盾在新城会盟，一是因为原来跟随楚国的陈国、郑国、宋国，现在改换门庭，认晋国做了大哥；二是商量怎么干涉郑国的内政，为捷菑出头。

秋七月乙卯，夜，齐商人杀舍而让元。元曰："尔求之久矣。我能事尔，尔不可使多蓄憾，将免我乎？尔为之！"

七月的一个夜晚，齐国发生政变。公子商人杀了新君舍，假惺惺地请公子元当国君——公子元是公子商人的同父异母哥哥，其母少卫姬，也是齐桓公的六位"如夫人"之一。

就算是傻瓜，也知道这是一个火坑。公子元很直接地回绝了公子商人："兄弟，你想当这个国君已经很久了。我能够躬身侍奉你，而你的人生不能够有那么多的遗憾。假如我当了国君，你能够放过我吗？算了吧，还是你上！"

有星孛入于北斗。周内史叔服曰："不出七年，宋、齐、晋之君皆将死乱。"

在这个纷纷攘攘的多事之秋，又发生了一件怪事：有一颗彗星拖着巨大的尾巴扫过北斗。据现代天文学家考证，这颗彗星便是大名鼎鼎的哈雷彗星，这条记录便成了史上最早的哈雷彗星记录。

古人对于彗星来访有两种认识：一是彗星带来灾难，二是彗星预示着除旧布新。当时王室的内史叔服便预测：不出七年，宋国、齐国、晋国的国君都将死于内乱。

晋赵盾以诸侯之师八百乘纳捷菑于邾。邾人辞曰："齐出貜且长。"宣子曰："辞顺而弗从，不祥。"乃还。

新城会盟后，赵盾带着诸侯联军讨伐邾国，要为公子捷菑抢夺君位。联军声势浩大，拥有兵车八百乘，比当年城濮之战中的晋军还多一百乘。用这样一支部队来对付区区一个邾国，可以说是杀鸡用牛刀。

邾国派人来交涉，只摆明一个事实：齐姜所生的貜且是长子（而且是嫡长子）。长子即位，有什么问题吗？

赵盾竟然通达："人家说得有道理啊！假如不听从的话，恐怕不祥。"于是就带着部队回去了。也许，他根本就没打算替公子捷菑出头，只不过想借此机会威风一把，顺便看看那些新投靠的诸侯是否卖力吧。

周公将与王孙苏讼于晋,王叛王孙苏,而使尹氏与聃启讼周公于晋。赵宣子平王室而复之。

王室政权之争愈演愈烈,周公阅和王孙苏也不嫌丢人,将官司打到了晋国。周匡王一开始站在王孙苏这边,现在却改变了立场,转而支持周公阅,派大夫尹氏和聃启到晋国,为周公阅站台说理。赵盾采取和稀泥的方法,调和双方的矛盾,平定王室的纠纷,让他们各复其职。

楚庄王立,子孔、潘崇将袭群舒,使公子燮与子仪守,而伐舒蓼。二子作乱。城郢,而使贼杀子孔,不克而还。八月,二子以楚子出。将如商密,庐戢梨及叔麇诱之,遂杀斗克及公子燮。

初,斗克囚于秦,秦有殽之败,而使归求成。成而不得志,公子燮求令尹而不得,故二子作乱。

去年,楚穆王去世,《春秋》《左传》均未记载。

今年,楚穆王的儿子熊旅正式即位,是为楚庄王。这个不到二十岁的年轻人坐在那个尊贵的王座上,显得有点颟顸,有点迟钝,甚至有点郁闷。人们不知道他想要干什么,摸不透他的脾气,更搞不准他的施政纲领。事实上,压根就没有什么施政纲领。他心不在焉地听大夫们奏事,脸上的表情阴晴不定。一开始人们还以为他在思考,后来才发现他是在神游太虚。有几次,大夫们把事情说完,等待他裁决的时候,发现他已经睡着了。朝会在他的鼾声中悄然结束。但是,每当宴饮的音乐响起来,舞女们踩着轻快的步伐跳起楚地特有的巫祀之舞,曼妙的身姿在席间欢快地转动,他便从昏昏欲睡的状态中走出来了。于是他的目光变得热烈,整个人都焕发出年轻的活力。他痛饮佳酿,高声谈笑,左拥右抱,有时候还会亲自下场,在烛光的照耀下和舞女们一道翩翩起舞。他寻欢作乐,夜以继日,仿佛青春就是用来挥霍的——对不起,这并不是老左的记载。老左并没有过多描写楚庄王刚刚即位时的颓靡生活。司马迁则在《史记》中一笔带过:"庄王即位三年,不出号令,日夜为乐。"但这就够了。

后人都知道,楚庄王这是在韬光养晦,在装疯卖傻,在等待机会。他为什么要这么做? 因为他所处的环境,迫使他不得不这样做。

且说这一年秋天,令尹成嘉和太师潘崇谋划袭击"群舒",也就是今天安徽省境内的几个偃姓小国,令公子燮和斗克(字子仪)镇守郢都,以防生变。

在某些史料中,公子燮又记为王子燮,这是因为楚子僭越称王,楚国的公子自然也就称为王子了。另外需要说明的是,《左传》对于楚国的公子,也是有时候记为公子,有时候记为王子,并无定规。公子燮也罢,王子燮也罢,是个有野心的人。鲁文公十二年,令尹成大心去世,公子燮想继任令尹,却被成嘉捷足先登,因而怀恨在心。

至于斗克,原本是申县的县公。鲁僖公二十五年秋,秦、晋联军讨伐鄀国,斗克和息公屈御寇奉楚成王之命戍守商密,被秦军俘虏。殽山之战后,秦晋反目,秦穆公想联合楚国对付晋国,派斗克回国求和。秦楚两国于是媾和,但是"成而不得志",也就是斗克没能说服楚成王与秦穆公联手出兵讨伐晋国。现代人也许觉得不算一回事,然而对古人来说,这就是奇耻大辱了。

趁着成嘉和潘崇带兵在外,公子燮和斗克发动了叛乱。他们加筑郢都的城墙,又派刺客去刺杀成嘉,没有成功。八月,二人挟持楚庄王出城,打算逃往商密。经过庐地的时候,当地贵族庐戢梨和叔麋设计引诱他们,杀死了斗克和公子燮,楚庄王这才转危为安。

穆伯之从己氏也,鲁人立文伯。穆伯生二子于莒,而求复,文伯以为请。襄仲使无朝听命。复而不出。三年而尽室以复适莒。文伯疾而请曰:"谷之子弱,请立难也。"许之。文伯卒,立惠叔。穆伯请重赂以求复。

惠叔以为请,许之。将来,九月,卒于齐。告丧,请葬,弗许。

接着来说说公孙敖这位情圣。

鲁文公八年,周襄王去世,公孙敖奉命前往雒邑吊唁,中途携款潜逃,跑到莒国去找他的梦中情人己氏,当了倒插门的女婿。鲁国人于是让公孙敖的儿子谷继承了家业,是为孟孙谷。

公孙敖在莒国和己氏生了两个儿子。也许是思念故国,也许是赘婿不好当,也许是钱财挥霍完了,他提出了回国的请求。对于这样一个不负责任的父亲,孟孙谷的态度可以说是过于孝顺了——他以孟氏宗主的身份,在朝堂上向鲁文公和各位权臣为公孙敖求情。作为公孙敖的政敌和情敌,公子遂也表现出了宽容的一面,他准许公孙敖回国,条件是不得上朝参与政事。

公孙敖回到鲁国,并且依照约定,闭门不出。事实证明,公子遂的防范是多余的。公孙敖根本不想参与政事。他在鲁国当了三年"寓公",控制不住对己氏的思念,再度叛逃莒国。而且,将家财席卷一空。

可怜的孟孙谷,摊上这样一个"坑子"的父亲,只能将苦水往肚子里吞。没过多久,他就病倒了。眼看无力回天,孟孙谷向鲁文公请求:"下臣的儿子还小,请立难为宗主,主持家事。"

鲁文公答应了。

孟孙谷去世之后,孟孙难继承家业。这时候,公孙敖在莒国又过得不舒服了,再度请求回国。这当然不容易,所以他要"请重赂以求复",也就是要孟孙难以重礼贿赂鲁文公和诸位大臣。孟孙难答应了,在朝堂上为父亲请命,又获得同意。于是公孙敖准备回国继续祸害小儿子。但是这一次,连老天都看不过眼了——九月,公孙敖死于齐国。

齐国派人向鲁国通报公孙敖的死讯。孟孙难向鲁文公请求,让他父亲回国安葬,遭到拒绝。

允许其回国度日,却不许其回国安葬,这个逻辑令人费解。杜预推测:孟氏请求仍以"卿"的礼仪安葬公孙敖,当然是不能接受的。可是对照明年的记载来看,杜预的推测显然站不住脚。

宋高哀为萧封人,以为卿,不义宋公而出,遂来奔。书曰"宋子哀来奔",贵之也。

> 高哀是宋国萧地的大夫,字子哀。宋昭公提拔他为卿,他认为宋昭公为君不义,辞官出逃到鲁国。《春秋》记载:"宋子哀来奔。"是表示尊重。

齐人定懿公,使来告难,故书以"九月"。
齐公子元不顺懿公之为政也,终不曰"公",曰"夫己氏"。

> 齐懿公即公子商人。
>
> 公子商人弑新君舍而自立,发生在七月。三个月过去了,他终于稳定了政局,坐稳了君位,才派人向各国通报齐国发生的祸难。所以,《春秋》将"齐公子商人弑其君舍"这件事记为九月。
>
> 当然,齐懿公所谓的稳定,也只是表面现象。他的哥哥公子元就不买他的账,不服他的领导,始终不称之为"公",而是称为"夫己氏",也就是"那个人"。

襄仲使告于王,请以王宠求昭姬于齐。曰:"杀其子,焉用其母?请受而罪之。"
冬,单伯如齐请子叔姬,齐人执之。又执子叔姬。

> 昭姬即齐昭公的夫人叔姬,也就是舍的母亲,原本是鲁国公主。这是一个不幸的女人,作为妻子不被丈夫宠爱,作为母亲又失去了儿子。还好娘家人惦记着她,想把她接回鲁国安度晚年。当然这不容易——鲁

国在齐国面前，历来是抬不起头的。而且，叔姬既然嫁到齐国，便是齐国人，鲁国想要她回去，多少是"非礼"的。

公子遂想了一个主意，派人向刚刚即位的周匡王报告，请求借助天子的尊荣来向齐国求取叔姬，说："杀了儿子，还留着母亲有什么用？请让她回鲁国，由鲁国来惩办她。"

周匡王答应了。于是这一年冬天，王室大臣单伯来到齐国请求送回叔姬。

公子遂这一招，看似高明，实则乱来。你倒是想想，齐懿公弑君自立，又不是什么光彩的事，只恨不能掩住天下人的嘴，不让人们说这件事。鲁国如果私下向他请求，低调处理，或许还有成功的希望。现在却反其道而行之，告到天子那里，由天子出面斡旋，这不是公开打齐懿公的脸吗？

齐懿公一怒之下，不但扣留了单伯，而且将叔姬也抓了起来。

鲁文公十五年

公元前 612 年，鲁文公十五年。

十五年春，季文子如晋，为单伯与子叔姬故也。

接着上年的事说，鲁国营救叔姬失败，还搭上一个王室大臣单伯。十五年一开春，季孙行父便前往晋国，请求晋国帮忙解决单伯和叔姬的问题。

三月，宋华耦来盟，其官皆从之。书曰"宋司马华孙"，贵之也。

公与之宴。辞曰："君之先臣督得罪于宋殇公，名在诸侯之策。臣承其祀，其敢辱君？请承命于亚旅。"鲁人以为敏。

> 三月，宋国司马华耦前来会盟，他的部属都跟着来了。《春秋》记载："宋司马华孙来盟。"是表示尊重。
>
> 鲁文公设宴招待华耦，他辞谢道："君侯的先臣督，得罪了宋殇公，名字记载在诸侯的史册上。下臣承办他的祭祀，岂敢使君侯蒙受耻辱？请在亚旅那里接受命令。"
>
> 解释一下：华耦是华父督的曾孙。当年华父督为了一个女人，杀孔父嘉，弑宋殇公，留下千古骂名。华耦自认为是罪臣之后，不敢接受鲁文公的宴请，只敢接受"亚旅"也就是上大夫这一级官员的招待。

夏，曹伯来朝，礼也。诸侯五年再相朝，以修王命，古之制也。

> 夏天，曹文公前来朝见鲁文公，这是合礼的。诸侯五年一次互相朝见，共同重温天子的命令，这是古代的制度。

齐人或为孟氏谋，曰："鲁，尔亲也，饰棺置诸堂阜，鲁必取之。"从之。卞人以告。惠叔犹毁以为请，立于朝以待命。许之。取而殡之。齐人送之。书曰："齐人归公孙敖之丧。"为孟氏，且国故也。葬视共仲。

声己不视，帷堂而哭。襄仲欲勿哭，惠伯曰："丧，亲之终也。虽不能始，善终可也。史佚有言曰：'兄弟致美。救乏、贺善、吊灾、祭敬、丧哀，情虽不同，毋绝其爱，亲之道也。'子无失道，何怨于人？"襄仲说。帅兄弟以哭之。

他年，其二子来，孟献子爱之，闻于国。或谮之，曰："将杀子。"献子以告季文子。二子曰："夫子以爱我闻，我以将杀子闻，不亦远于礼乎？远礼不如死。"一人门于句鼆，一人门于戾丘，皆死。

去年，公孙敖去世，尸骨不能还乡安葬。对于孟孙难来说，这是一块心病。不管公孙敖有多荒唐，毕竟是自己的父亲啊！齐国有人给他出主意："鲁侯是您的宗亲。假如将令尊的饰棺放在堂阜，鲁国必定会派人去取回去的。"

所谓"饰棺"，就是以布装饰的棺材。自天子以至士人，依照不同的等级，有不同的装饰图纹。

堂阜是齐鲁边境的齐国城市。

齐国人将公孙敖的饰棺停在堂阜。鲁国卜邑的大夫得知此事，向国君做了汇报。

孟孙难仍然穿着孝服，因居丧悲哀而容颜憔悴，再度向鲁文公请求取回其父的灵柩，立在朝堂之上等候命令，大有不达目的誓不罢休之意。他这身打扮，一方面是为了博取同情，另一方面也是故意恶心鲁文公和一干权臣。谁也不好批评他。毕竟，人家的老爹还没下葬，不除孝服也是无可厚非的。

这一招果然见效。过了几天，大伙都受不了，答应了他的请求，派人把公孙敖的灵柩从堂阜取回来。齐国人送其入境。《春秋》记载："齐人归公孙敖之丧。"这既是为了孟氏的颜面，也是为了国家的颜面。

公孙敖终于得以魂归故土，在鲁国下葬。给予他的葬礼等级，视同其父公子庆父。换句话说，也就是按照罪臣的标准下葬了。

回想起来，鲁文公元年，王室内史叔服给公孙敖的两个儿子看相，曾经说过"谷也食子，难也收子"。事实确是如此——谷奉养了公孙敖，难则为公孙敖办了丧事，虽然都很为难。父亲再不好，儿子也要唯唯诺诺，尽心侍奉，这便是中国人最为看重的孝道。

儿子能够原谅父亲的荒唐，妻子却对丈夫的背弃难以释怀。公孙敖出殡之前,他的第二任老婆声己坚决不肯去看他的灵枢,只在帷堂里哭泣。这样一来,丧事便办得有点尴尬了。更为尴尬的是,作为公孙敖的堂兄弟(同时也是他的政敌和情敌),公子遂也不想到他的灵前哭泣。公子遂权倾一时,他不去哭,则族中诸位昆仲也不敢去孟氏家吊唁。中国人办丧事,讲究一个热闹。如果重要的人物都不到场,死者寂寞,生者脸上亦无光。于是叔仲惠伯劝公子遂:"丧事,是一段亲情的结束。你和他有矛盾,虽然不能善始,但是可以善终。史佚有言:'兄弟之间,尽善尽美。救助困乏,祝贺喜庆,吊问灾难,恭敬地祭祀祖先,悲哀地举办丧事,各人的感情虽然不同,不要断绝相互之间的友爱,这便是待亲之道。'你自己不要丢弃这种品德就行了,何必怨恨别人呢?"公子遂被说服了,这才带领一班兄弟上门哭吊公孙敖。

接下来是预告——

公孙敖在莒国生了两个儿子。若干年后,这对兄弟来到鲁国,认祖归宗。其时孟孙难已经去世,接任孟氏宗主的孟献子(即仲孙蔑,孟孙谷之子)对这两位小叔叔关爱有加。孟氏宗亲这种团结友爱的关系,全国闻名。但也有人使坏,在仲孙蔑面前说这对兄弟的坏话:"他们是来杀你的。"仲孙蔑告诉了季孙行父。不久,这对兄弟也知道了,他们商量道:"他老人家以爱护我们而闻名,我们以将要杀害他老人家而闻名,这不也是有违于礼吗? 有违于礼,不如死。"后来发生战争,兄弟俩拼死作战,一个在句鼆坚守城门,一个在戾丘坚守城门,皆战死。

六月辛丑朔,日有食之。鼓、用牲于社,非礼也。日有食之,天子不举,伐鼓于社;诸侯用币于社,伐鼓于朝,以昭事神、训民、事君,示有等威,古之道也。

六月初一,发生日食。于是击鼓,杀牲口祭祀土地神,这是非礼的。为什么呢? 依照古礼,发生日食的时候,天子裁减膳食,不兴宴乐,在神社中击鼓；诸侯则以玉帛贡献于神社，在朝堂上击鼓，以表侍奉神灵、教育民众、侍奉国君之意；同时也是表示威仪各有等级，不可逾越。说白了，鲁文公用天子的礼仪来应对日食，是不合适的。

齐人许单伯请而赦之，使来致命。书曰："单伯至自齐。"贵之也。

去年冬天，王室大臣单伯奉命前往齐国，请求齐国放叔姬回鲁国，被齐国扣留，叔姬也被逮捕。今年春天，季孙行父前往晋国，请晋国出面协调解决这件事。

季孙行父这一趟没白跑。齐国人答应了单伯的请求，释放了叔姬，让他到鲁国复命。《春秋》记载："单伯至自齐。"是为了表示尊重。

新城之盟，蔡人不与。晋郤缺以上军、下军伐蔡，曰："君弱，不可以怠。"戊申，入蔡，以城下之盟而还。凡胜国，曰灭之；获大城焉，曰入之。

去年六月，晋国的赵盾在新城会盟诸侯，原来跟随楚国的陈国、郑国、宋国改换门庭，投入晋国的怀抱。但是，蔡国没有参与。一年之后，晋国的郤缺统率上军、下军讨伐蔡国，说："国君还没有成年，我们这些做臣子的不可以懈怠。"六月初八日，晋军入侵蔡国，逼迫蔡国签订城下之盟后回来。

《春秋》的体例，两国交兵，一国战胜另一国，收其土地，绝其祭祀，叫作"灭"；得到大城，叫作"入之"。

秋，齐人侵我西鄙，故季文子告于晋。

冬十一月，晋侯、宋公、卫侯、蔡侯、郑伯、许男、曹伯盟于扈，寻新城之盟，且谋伐齐也。齐人赂晋侯，故不克而还。于是有齐难，是以公不会。书曰"诸侯盟于扈"，无能为故也。凡诸侯会，公不与，不书，讳君恶也。与而不书，后也。

齐人来归子叔姬，王故也。

齐侯侵我西鄙，谓诸侯不能也。遂伐曹，入其郛，讨其来朝也。季文子曰："齐侯其不免乎？己则无礼，而讨于有礼者，曰：'女何故行礼？'礼以顺天，天之道也。己则反天，而又以讨人，难以免矣。《诗》曰：'胡不相畏？不畏于天。'君子之不虐幼贱，畏于天也。在周颂曰：'畏天之威，于时保之。'不畏于天，将何能保？以乱取国，奉礼以守，犹惧不终；多行无礼，弗能在矣。"

秋天，齐国派兵入侵鲁国西部边境，所以鲁国派季孙行父向晋国报告。

晋国倒是不含糊，立马做出反应。十一月，晋、宋、卫、蔡、郑、许、曹七国诸侯在扈地会盟，重温新城的盟约，同时谋划攻打齐国。这是年少的晋灵公第一次出现在国际舞台上，声威颇壮。有意思的是，鲁文公竟然没有参加这次会盟，理由是齐国正在进攻鲁国，脱不开身。苦主本人不到场，事情自然办得马虎。齐国人给晋灵公赠送了一笔财物，晋灵公便带着诸侯回去了。原文中的"不克"，意思是目的没达到，没有战胜齐国。鲁国人对此颇为不满。《春秋》记载："诸侯盟于扈。"不一一说明是哪些诸侯，是因为会盟虎头蛇尾，没能救援鲁国。举凡诸侯相会，鲁侯不参加，就不加以记载，这是为了隐瞒国君的过失。参加了也不记载，那就是因为迟到了。

话虽如此，齐国人还是送回了叔姬，这是因为天子有命令。说句题外话，老左这样写，未免不客观。天子确实曾经有意搭救叔姬，而且派了单伯到齐国交涉，可是齐国并不买天子的账，反而把单伯扣押了。后来释放单伯，现在又归还叔姬，无非都是给晋国一个面子，与天子有什么关系呢？你不能因为扈之会没有达到目的，就全盘否定晋国的功劳啊！

第六章　鲁文公

齐懿公认定晋国不会插手鲁国事务，诸侯不可能救援鲁国，于是变本加厉，亲自率军入侵鲁国西部边境，又顺势攻打曹国，直至其国都的外城，理由是曹文公曾经到鲁国朝见。

　　季孙行父以为，齐懿公恐怕不得好死了，他自己无礼，而讨伐有礼的人，说："你为什么要依礼行事？"礼是用来敬顺上天的，也就是天道的体现。自己违反天理，而且又以此讨伐别人，难以免于祸患。《诗》上说："为什么不相互畏惧？因为不畏惧上天。"君子之所以不虐待弱小者和卑贱者，就是因为畏惧上天。《周颂》有言："畏惧上天的威严，于是可以保有福气。"如果不畏惧上天，还有什么能够保得住？此人因叛乱而取得国家，就算是奉礼守国，犹且担心不得善终；现在反而多行无礼之事，那就肯定不能善终了。

鲁文公十六年

公元前 611 年，鲁文公十六年。

　　十六年春王正月，及齐平。公有疾，使季文子会齐侯于阳谷。请盟，齐侯不肯，曰："请俟君间。"

　　夏五月，公四不视朔，疾也。公使襄仲纳赂于齐侯，故盟于郪丘。

　　有蛇自泉宫出，入于国，如先君之数。秋八月辛未，声姜薨。毁泉台。

　　十六年春，鲁国和齐国媾和。两国元首相约会盟，不巧鲁文公得病，只能派季孙行父到阳谷去会见齐懿公。季孙行父请求与齐懿公盟誓,被拒绝。齐懿公说:"还是等君侯病好了再说吧。"

齐懿公不肯与季孙行父盟誓,无可厚非,因为双方的身份不对等。他甚至可以怀疑:鲁文公是不是装病,故意不出面呢?事实当然不是这样的。这一年五月,鲁文公已经连续四次"不视朔"。前面说过,天子、诸侯每月初一日祭告祖庙后,在太庙听政,称为"视朔",乃是行使君权的标志性事务。鲁文公连续四个月不能视朔,说明他真是病得很重了。但是齐国还得应付,于是派公子遂向齐懿公赠送礼物,齐懿公表示理解,所以在郪丘举行了会盟。

接着又有怪事发生:有群蛇自郎地的泉宫游出,进入曲阜。蛇有多少条?不多不少,正好十八——这是鲁国自开国以来的先君数量。三个月之后,鲁文公的母亲声姜去世。鲁文公以为,声姜之死是由于蛇妖作怪,于是下令捣毁泉宫。他没有想到,十八条蛇的寓意是他在位十八年……

楚大□,戎伐其西南,至于阜山,师于大林。又伐其东南,至于阳丘,以侵訾枝。庸人帅群蛮以叛楚,麇人率百濮聚于选,将伐楚。于是申、息之北门不启。

楚人谋徙于阪高。蒍贾曰:"不可。我能往,寇亦能往,不如伐庸。夫麇与百濮,谓我□不能师,故伐我也。若我出师,必惧而归。百濮离居,将各走其邑,谁暇谋人?"乃出师。旬有五日,百濮乃罢。

自庐以往,振廪同食。次于句澨。使庐戢棃侵庸,及庸方城。庸人逐之,囚子扬窗。三宿而逸,曰:"庸师众,群蛮聚焉,不如复大师,且起王卒,合而后进。"师叔曰:"不可。姑又与之遇以骄之。彼骄我怒,而后可克,先君蚡冒所以服陉隰也。"又与之遇,七遇皆北,唯裨、鯈、鱼人实逐之。

庸人曰："楚不足与战矣。"遂不设备。楚子乘驲，会师于临品，分为二队，子越自石溪，子贝自仞，以伐庸。秦人、巴人从楚师。群蛮从楚子盟，遂灭庸。

楚国流年不利，发生了大饥荒。国无粮则不稳。楚国周边的小国和少数民族部落，多年以来饱受楚国的欺压，现在纷纷起来造反。戎人自西南入侵楚国，攻占阜山。楚军在大林御敌。戎人转而向东，又从东南入侵，攻占阳丘，准备进攻訾枝。与此同时，庸国人鼓动各路蛮族背叛楚国，麇国人带领百濮部众聚集于选地，准备讨伐楚国。这是楚国的"至暗时刻"，为了提防晋国趁火打劫，申、息两县的北门全部关闭，此乃前所未有的举措。想当年，就算齐桓公带领八国联军前来问罪，楚国也不曾闭关锁国，紧张到这个程度。

危难之中，大伙商量要将国都迁至阪高，遭到芳贾的反对。芳贾以为："不管是什么地方，我们能迁都过去，敌人也能打到那里，不如讨伐庸国。麇国和百濮认为我们闹饥荒，不能组织部队抵抗，所以进攻我们。如果我们出兵，他们必定害怕而回去。百濮分散居住，到时候各归其地，谁还有空来打别人的主意?"

楚国于是出兵讨伐庸国，只过了半个月，百濮果然退兵而回。

楚军自庐地出发后，每到一地，便打开粮仓，将士同食。部队驻扎在句澨，派庐戢棃入侵庸国，抵达庸国的方城。庸国人出兵驱赶楚军，俘虏了庐戢棃的部属子扬窗（名窗，字子扬）。被关了三夜之后，子扬窗逃了出来，说："庸兵众多，群蛮齐聚，不如再起大军来征讨，而且要出动王卒，合兵来攻。"

所谓王卒，就是楚王的亲兵。王卒出动，意味着楚王亲自出战，这恐怕就是子扬窗的本意——关键时刻，需要楚王亲临战场，鼓舞士气。大夫潘尪（字师叔）表示反对："姑且再与他们交战，让他们骄傲。他们骄傲，我们发奋，然后可以战胜他们。先君蚡冒就是这样使陉隰投降的。"

蚡冒是楚武王的哥哥,在位期间征服陉隰,后为楚武王所杀。

楚军于是又与庸军交战,七战皆败(当然是佯败)。庸军与其同盟发动追击,实际上只有裨、鯈、鱼等蛮人部族真正追赶楚军。

庸国人于是以为楚国已经不堪一战,不再设防。他们没有想到,就在这个时候,那位沉迷于酒色的楚庄王已经乘坐驿站的传车,偷偷地来到临品与大军会合。在他的亲自指挥下,楚军分为两队:一队由斗椒率领,自石溪发动进攻;一队由子贝率领,自仞地讨伐庸国。秦国、巴国也发兵帮助楚国。群蛮见楚军势大,临阵变节,与楚庄王结盟。这样一来,主客易位,楚军大获全胜,灭亡了庸国。

这一年,正好是楚庄王即位的第三年。又据《史记》记载,楚庄王即位三年,不理朝政,日夜作乐,而且下令:"有敢进谏者,杀无赦!"大夫伍举偏偏要进谏。楚庄王左抱郑姬,右抱越女,在钟鼓之间接见了他。伍举一看这个架势,知道不能硬来,于是问楚庄王:"下臣听说,山上有一只鸟,三年不飞也不鸣,大王知不知道那是什么鸟?"楚庄王如果真是个昏君,当场就可以将伍举"咔嚓"了:将寡人比作鸟,那还得了?当然他不是昏君,所以回答伍举:"三年不飞,一飞冲天;三年不鸣,一鸣惊人。你退下吧,寡人知道了。"话虽如此,几个月过去,他还是不理政事,而且玩得更过分了。大夫苏从又去进谏。楚庄王说:"你没有听到寡人的号令吗?"苏从回答:"杀身以让君王清醒,那是下臣的愿望。"楚庄王于是撤掉乐队舞女,开始正儿八经地办理国事,杀了数百名不法之徒,选拔了数百名贤能之士,楚国由大乱走向大治。

司马迁的记载,自是正史。但是,楚庄王如何由昏君变成明君,写得过于戏剧化。相比之下,我更倾向于接受老左的记载——一场突如其来的危机,给了楚庄王一个证明自己、树立威望的机会。

宋公子鲍礼于国人,宋饥,竭其粟而贷之。年自七十以上,无不馈饴也,时加羞珍异。无日不数于六卿之门。国之才人,无不事也;亲自桓以下，无不恤也。公子鲍美而艳，襄夫人欲通之，而不可，乃助之施。昭公无道，国人奉公子鲍以因夫人。

于是，华元为右师，公孙友为左师，华耦为司马，鳞矔为司徒，荡意诸为司城，公子朝为司寇。

初，司城荡卒，公孙寿辞司城，请使意诸为之。既而告人曰："君无道，吾官近，惧及焉。弃官则族无所庇。子，身之贰也，姑纾死焉。虽亡子，犹不亡族。"

既，夫人将使公田孟诸而杀之。公知之，尽以宝行。荡意诸曰："盍适诸侯？"公曰："不能其大夫至于君祖母以及国人，诸侯谁纳我？且既为人君，而又为人臣，不如死。"尽以其宝赐左右而使行。

夫人使谓司城去公。对曰："臣之而逃其难，若后君何？"

冬十一月甲寅，宋昭公将田孟诸，未至，夫人王姬使帅甸攻而杀之。荡意诸死之。书曰："宋人弑其君杵臼。"君无道也。

文公即位，使母弟须为司城。华耦卒，而使荡虺为司马。

宋昭公在位期间，政局一直不稳。鲁文公七年，他刚刚即位，就想消灭群公子，引发政变，导致公孙固和公孙郑丧命，最后还是靠六卿出面把事情摆平。鲁文公八年，他又因为对祖母宋襄公夫人无礼，遭到老太太的报复，导致大司马公子卬等人丧命，司城荡意诸逃亡鲁国，三年后才回国。鲁文公十四年，宋昭公封高哀为卿，高哀却以为宋昭公"不义"，拒不受命，出逃鲁国。宋昭公的人品之差，由此可见一斑。在这种情况下，就难免有人觊觎他的君位了。

此人叫公子鲍，是宋昭公的同父异母弟弟。宋昭公刻薄寡恩，天怒人怨，公子鲍便刻意讨好，对国人礼遇有加。宋国发生饥荒，公子鲍把家里所有粮食拿出来施舍。年纪七十以上的老人家，没有不馈送的，还依时节加赠珍贵食品。无一日不登门拜访六卿。对于有才能的人,没有不去交往的。自宋桓公(公子鲍的曾祖父)以下的亲族人士,没有不去周济的。更有一桩奇事——公子鲍生得"美而艳"(如果没有记错的话,老左笔下还有一位"美而艳"的人物,那就是鲁隐公时期宋国大司马孔父嘉的夫人),具体如何美,如何艳,无图无真相,只知道他的祖母(当然是法律意义上的,而不是血缘关系上的)宋襄公夫人很喜欢他,以至于想和他私通!想想看,宋襄公夫人是周襄王的姐姐,宋襄公已经死了二十六年,而周襄王在位三十四年,亦于八年前去世,掰着手指粗粗一算,这位老太太至少也是六十以上的高龄了。公子鲍再孝顺,也没法接受这种不伦之恋,只能拒绝。没想到,老太太竟是动了真情,不但不生气,反而更加喜欢他,把棺材本都掏了出来,帮助他施舍行善。有了老太太的经济资助和政治加持,公子鲍如虎添翼。加上宋昭公无道,国人自然而然地将选票投给了公子鲍。

当时的宋国六卿:华元(华父督的曾孙)为右师,公孙友为左师,华耦为司马,鳞鱹为司徒,荡意诸为司城,公子朝为司寇。回想当年,宋昭公刚刚即位的时候,司城一职本由公子荡担任。按照父死子替的原则,公子荡死后,司城该由其嫡长子公孙寿接任。公孙寿脑洞清奇,转而将这个尊贵的职务直接让给了自己的儿子荡意诸,然后告诉别人:"国君无道,司城这个官位接近国君,恐怕祸将及身。但是又不能弃官不做,那样会使得家族失去庇护。儿子呢,是父亲的附属物,或者说是父亲的替身。姑且让儿子去做这个危险的官,本人则可以缓死。就算失去了儿子,本人犹存,不至于亡族。"荡意诸便是本着这种"替父从军"的牺牲精神去当司城的。且不说公孙寿如何无耻,宋昭公当政时期的政治氛围之压抑,由此可见一斑。

这一年冬天,宋襄公夫人下定决心要除掉宋昭公,计划是趁宋昭公到孟诸湖打猎的时候派人杀死他。宋昭公知道了,带上全部财宝出行。荡意诸建议:"何不到别的诸侯国去避难?"宋昭公这时候反倒豁达了,说:"寡人不能得到自己的卿大夫以至君祖母以及国人的支持,诸侯又有谁肯接纳寡人？而且，既为人君，又为人臣，那还不如死了算了。"于是将财宝全部分给左右，要他们离开，自谋出路。

宋襄公夫人不忍心荡意诸殉死，派人要荡意诸离开宋昭公。荡意诸回答："以臣事君，在他危难的时候却离开他，我又将如何侍奉后来的国君？"

十一月二十二日，宋昭公将去孟诸湖打猎，还没有到达，宋襄公夫人派"帅甸"也就是当时的军政长官带兵袭击，杀死了宋昭公。荡意诸跟随宋昭公而死。《春秋》记载："宋人弑其君杵臼。"是因为宋昭公无道。

回想起来，鲁文公十四年，哈雷彗星掠过北斗，王室内史叔服就曾预测：不出七年，宋公、齐侯、晋侯都将死于内乱。现在，在宋昭公身上已经应验了。

宋昭公死后，公子鲍如愿当上了国君，是为宋文公。他命胞弟公子须为司城，替代荡意诸。华耦死后，又命荡意诸的弟弟荡虺为司马，也算是对忠臣的奖励吧。

鲁文公十七年

公元前 610 年，鲁文公十七年。

十七年春，晋荀林父、卫孔达、陈公孙宁、郑石楚伐宋，讨曰："何故弑君？"犹立文公而还。卿不书，失其所也。

宋国的内乱引发国际干预。十七年春，晋国荀林父、卫国孔达、陈国公孙宁、郑国石楚带领诸侯联军讨伐宋国，说："为什么要杀死你们的国君？"然后，还是立了宋文公就回来了。这是什么搞法？大张旗鼓地讨伐弑君之贼，结果却是去为弑君之贼正名？！个中原因，不难猜测。一百年前，华父督弑宋殇公而立宋庄公，不就是拿着国家的宝器去贿赂各诸侯国，把乱局变成了定局吗？一百年后，历史重演。《春秋》对此记载："晋人、卫人、陈人、郑人伐宋。"荀林父等人都是卿级贵族，之所以不书其名，是因为他们立场不坚定。

夏四月癸亥，葬声姜。有齐难，是以缓。

齐侯伐我北鄙，襄仲请盟。六月，盟于谷。

晋侯蒐于黄父，遂复合诸侯于扈，平宋也。公不与会，齐难故也。书曰"诸侯"，无功也。

声姜于去年八月去世，推迟到今年四月才下葬，是因为有齐国带来的祸难。

齐懿公亲率大军入侵鲁国北部，鲁文公派公子遂前去请求会盟——说穿了就是去求和。于是这一年六月，两国国君在谷地会盟。

这时候，作为霸主的晋国在干什么呢？

在搞阅兵。

晋灵公在黄父检阅部队，然后又在扈地召集诸侯相会，正式与宋国媾和。鲁文公没有参加这次聚会，还是因为齐国的事情——齐国屡次欺负鲁国，晋国都不闻不问，鲁文公自然觉得没必要再去给晋灵公捧场了。《春秋》冷冷地记载"诸侯会于扈"，是讽刺他们无功而返。

于是晋侯不见郑伯，以为贰于楚也。

郑子家使执讯而与之书，以告赵宣子，曰："寡君即位三年，召蔡侯而与之事君。九月，蔡侯入于敝邑以行。敝邑以侯宣多之难，寡君是以不得与蔡侯偕。十一月，克减侯宣多，而随蔡侯以朝于执事。十二年六月，归生佐寡君之嫡夷，以请陈侯于楚，而朝诸君。十四年七月，寡君又朝以蒇陈事。十五年五月，陈侯自敝邑往朝于君。往年正月，烛之武往，朝夷也。八月，寡君又往朝。以陈、蔡之密迩于楚，而不敢贰焉，则敝邑之故也。虽敝邑之事君，何以不免？在位之中，一朝于襄，而再见于君。夷与孤之二三臣相及于绛，虽我小国，则蔑以过之矣。今大国曰：'尔未逞吾志。'敝邑有亡，无以加焉。

"古人有言曰：'畏首畏尾，身其余几。'又曰：'鹿死不择音。'小国之事大国也，德，则其人也；不德，则其鹿也，铤而走险，急何能择？命之罔极，亦知亡矣，将悉敝赋以待于鯈，唯执事命之。

"文公二年六月壬申，朝于齐。四年二月壬戌，为齐侵蔡，亦获成于楚。居大国之间而从于强令，岂其罪也。大国若弗图，无所逃命。"

晋巩朔行成于郑，赵穿、公婿池为质焉。

　　当时，晋灵公拒绝与郑穆公相见，认为他暗地里与楚国勾搭，对晋国有二心。

　　为此，郑国的公子归生派信使到晋国给赵盾送信，说："寡君即位的第三年，把蔡侯拉上，和他一起侍奉晋侯。九月，蔡侯经过敝国前往晋国朝见。因为当时侯宣多作乱，所以寡君没能和蔡侯一起去。十一月，消灭了侯宣多之后，寡君立即跟随蔡侯朝见您。第十二年六月，我归生辅佐寡君的世子夷，到楚国请求陈侯一起朝见诸君。第十四年七月，寡君又到贵国朝见，以办妥陈国之事。第十五年五月，陈侯从敝国过境去朝见晋侯。去年正月，烛之武前往贵国，这是为世子夷朝见晋侯打前站。八月，寡君又前往贵国朝见。陈国、蔡国这样靠近楚国，而不敢对贵国有二心，那是因为敝国的缘故啊！像敝国这样侍奉贵国，为什么还不能免于祸患呢？寡君在位以来，一次朝见贵国先君襄公，两次朝见当今晋侯。

世子夷与寡君的几位臣下相继来到绛都。我们小国这样侍奉贵国,也算是无以复加了。现在贵国说:'你未能让我满意。'敝国唯有等待灭亡,没办法做得更好了。

"古人有言:'畏首畏尾,身子还剩多少?'又说:'鹿之将死,顾不上发出什么好听的声音。'小国侍奉大国,如果大国以德相待,则小国如人一般恭顺;如果大国不以德相待,则小国如鹿一般铤而走险,急不择路。贵国的命令没有极限,敝国也知道面临灭亡了,只能集中所有兵士在儵地(晋郑边境)待命,任凭您发落吧!

"敝国先君文公二年六月二十日,到齐国朝见。四年二月,敝国为齐国攻打蔡国,同时也和楚国媾和。敝国处于大国之间而屈服于强权,难道是敝国的罪过吗?大国如果不能谅解,我们是没有办法逃避责难的。"

这封信写得很长,归纳起来,有三个要点:其一,郑国侍奉晋国,尽心尽力;第二,郑国夹在大国之间,两头受气,两面讨好,你要理解;第三,实在不能理解,那就放马过来吧!读完这封信,赵盾的态度来了一个一百八十度的大转弯:命大夫巩朔到郑国媾和,而且派赵穿和公婿池到郑国去当人质。

鲁文公十二年的秦晋河曲之战,由于赵穿从中作梗,晋军错失战机,而赵穿未受任何惩罚。现在,赵盾派赵穿到郑国当人质,大概也是为了堵住某些人的嘴吧。

秋,周甘歇败戎于邘垂,乘其饮酒也。

秋天,王室大夫甘歇在邘垂打败戎人,这是乘他们喝酒的时候发动突然袭击而取得的战果。

喝酒误事啊!

冬十月,郑大子夷、石楚为质于晋。

十月，郑国的世子夷和大夫石楚到晋国当人质。

襄仲如齐，拜谷之盟。复曰：“臣闻齐人将食鲁之麦。以臣观之，将不能。齐君之语偷。臧文仲有言曰：‘民主偷，必死。’”

六月，公子遂与齐懿公在谷地会盟，结束两国战事。现在，公子遂又到齐国拜谢齐懿公，回来之后向鲁文公汇报：“下臣听说齐国人将要吃鲁国的麦子。在下臣看来，恐怕是不可能的了。齐侯说起话来，苟且应付。臧文仲说过，人民的主人说话不严肃，必死。”

所谓“齐人将食鲁之麦”，意思当然是齐国将占领鲁国的土地。齐懿公作为一国之君，在接见鲁国使臣的时候都心不在焉，在公子遂看来，这便是一副死相了。

鲁文公十八年

公元前 609 年，鲁文公十八年。

十八年春，齐侯戒师期，而有疾。医曰：“不及秋，将死。”公闻之，卜，曰：“尚无及期。”惠伯令龟，卜楚丘占之曰：“齐侯不及期，非疾也。君亦不闻。令龟有咎。”二月丁丑，公薨。

十八年春，齐懿公准备再度入侵鲁国，已经发布了出兵的日期，突然得了病。医生看过之后，以为他不到秋天就会死去。对鲁文公来说，这当然是个好消息,为此而举行占卜,祝愿说:"希望他还不到那个时候就死吧!"

叔仲惠伯到太庙,将鲁文公的愿望告诉了用来占卜的龟甲——占卜之前,将所卜之事告龟,并举行相应的仪式,这是当时通行的做法,称为"令龟"或"命龟"。

卜楚丘占卜,得到三个信息:

其一,齐懿公不到秋天就会死,只不过并非因为生病。

其二,鲁文公听不到齐懿公的死讯,因为他比齐懿公死得更早。

其三,将鲁文公的愿望致告龟甲的人,也将有灾祸。

果然,二月二十三日,鲁文公去世了。

鲁文公之死,当然是医学上的死亡。但是,透过老左的笔触,我们不难发现,这其实也是政治上的死亡。"民主偷,必死",齐懿公因为语言苟且而被公子遂断言将死,鲁文公又何尝不苟且?长期以来,鲁国一直被齐国欺负。齐懿公几次三番入侵鲁国,不但蛮横无理,而且反复无常:刚刚会盟媾和,转身便又兴兵重来。对鲁国来说,齐懿公死了当然好,可是并不能改变两国之间的力量对比,下一任齐侯还会继续欺负鲁国。长远之计,是要苦练内功,以自身的强大来争取长期的和平稳定。鲁文公如果目光远大,便不会因为齐懿公将死而高兴,更不会祈祷他早点死。鲁文公为了齐懿公的死而占卜,说穿了,就是苟且偷生的心理在作怪,是弱者的逻辑,得不到鬼神的赐福。叔仲惠伯为此而"令龟",也将受到惩罚。

齐懿公之为公子也,与邴歜之父争田,弗胜。及即位,乃掘而刖之,而使歜仆。纳阎职之妻,而使职骖乘。

夏五月,公游于申池。二人浴于池。歜以扑抶职。职怒。歜曰:"人夺女妻而不怒,一抶女,庸何伤?"职曰:"与刖其父而弗能病者何如?"乃谋弑懿公,纳诸竹中。归,舍爵而行。齐人立公子元。

齐懿公是怎么死的呢?

答案是蠢死的。

他还是公子的时候,与邴歜的父亲因为土地问题发生纠纷,没搞赢。即位之后,齐懿公想报仇,但是老家伙已经死了。没关系,跑得了和尚跑不了庙,把他的尸体挖出来处以刖刑,不亦快哉!

掘墓刖尸的事,虽然做得很缺德,但还算不上很蠢。蠢的是,齐懿公挖了邴歜的祖坟之后,又命邴歜当了自己的车夫。另外,他还将阎职的老婆纳入宫中,又命阎职当了自己的随车保镖。所谓"杀父仇,夺妻恨,不共戴天",齐懿公将两个仇人放在如此贴身的位置,如果不是脑子进了水,就只能说是变态了。也许,他很享受那种"你看不惯我又干不掉我"的快乐吧!

这一年五月,齐懿公在申池游玩。邴歜和阎职在池子里泡澡。邴歜突然用马鞭抽了阎职一下。阎职大怒。邴歜说:"人家抢了你老婆你都不生气,我打你一下,用得着这么生气吗!"阎职反唇相讥:"比那种父亲被刖而不敢怨恨的人怎么样?"两人当场定计,就在申池谋杀了齐懿公,将尸体藏在竹林中。然后,两人回去,在各自的祖庙中祭祀,摆放好酒杯,大摇大摆地逃走了。

齐国人立公子元当了国君,是为齐惠公。

六月,葬文公。

秋,襄仲、庄叔如齐,惠公立故,且拜葬也。

文公二妃。敬嬴生宣公。敬嬴嬖,而私事襄仲。宣公长,而属诸襄仲,襄仲欲立之,叔仲不可。仲见于齐侯而请之。齐侯新立,而欲亲鲁,许之。

冬十月,仲杀恶及视,而立宣公。书曰"子卒",讳之也。

仲以君命召惠伯。其宰公冉务人止之,曰:"入必死。"叔仲曰:"死君命可也。"公冉务人曰:"若君命,可死;非君命,何听?"弗听,乃入,杀而埋之马矢之中。公冉务人奉其帑以奔蔡,既而复叔仲氏。

夫人姜氏归于齐,大归也。将行,哭而过市,曰:"天乎! 仲为不道,杀嫡立庶。"市人皆哭,鲁人谓之哀姜。

六月,鲁国为鲁文公举行葬礼。

秋天,公子遂和叔孙得臣到齐国恭贺齐惠公即位,同时拜谢齐国派人来参加鲁文公的葬礼。

鲁文公有两位妃子。元妃(即夫人)姜氏,生公子恶和公子视;次妃敬嬴,生公子俀。敬嬴颇受鲁文公宠爱,而且和权倾一时的公子遂私下勾结。公子俀年长,敬嬴将他托付给公子遂。因为有这层说不清道不明的关系,等到鲁文公去世,公子遂便想立公子俀为君,遭到叔仲惠伯的反对。

毫无疑问,叔仲惠伯占优势:一来公子俀是庶子,本来就没有继承权;二来姜氏是齐国公主,有娘家撑腰。无论是讲道理还是讲权势,公子遂的赢面都很小。但是,公子遂不愧是外交高手,他想出了一条匪夷所思的妙计。

趁着访问齐国的机会,公子遂直接向齐惠公请求支持立公子俀为君。

啊,这不是与虎谋皮吗? 齐惠公怎么会胳膊肘朝外拐,帮着外人来抢自己外甥的君位?

可齐惠公偏偏就答应了。

老左解释:齐惠公刚刚上台,想和鲁国亲近,所以应允了公子遂的要求。但这还是说得不明白。唐朝的孔颖达进一步分析:公子恶是齐国的外甥没错,可是他是鲁文公的嫡长子,继承君位是天经地义的事,与齐国的恩惠无关。公子俀就不一样了,他是鲁文公的庶子,齐国如果扶助他当上国君,乃是大大的人情。所以,齐惠公要卖一个天大的人情给公子俀,好进一步控制鲁国。

有了齐惠公的支持,公子遂便放手行动。这一年十月,他杀死公子恶和公子视,立公子俀为君,是为鲁宣公。《春秋》含含糊糊地记载:"子卒。"好像公子恶是自然死亡似的,这当然也是为尊者讳,不揭鲁宣公的面皮了。

从法理上讲,鲁文公既死,公子恶便已经是国君,只不过还没有举行即位仪式罢了。公子遂杀死公子恶,假传君命,宣叔仲惠伯入宫。那时候,大概已经有风声传出来了。叔仲惠伯的家宰(家臣之长)公冉务人劝他不要去,说:"去了必死无疑。"叔仲惠伯说:"死于君命也是可以的。"公冉务人说:"如果真是君命,当然可以死;如果不是君命,为什么要听从呢?"

叔仲惠伯不听,于是入宫,果然惨遭杀害,尸体被埋在马粪中。公冉务人保护他的家人逃奔蔡国。后来,鲁国人又将他们召回来重建家业,是为叔仲氏。

最可怜的是鲁文公的夫人齐姜。两个儿子被杀之后,她只能回到齐国,当然是一去不复返,所以叫作"大归"。将要离开的时候,她哭泣着经过曲阜的街市,说:"天哪! 襄仲无道,杀嫡立庶。"街市上的人无不掩面而泣。鲁国人因此而称她为哀姜。算起来,她已经是鲁国历史上第二位哀姜了。再回想鲁文公四年,当她出嫁的时候,鲁文公没有派卿去齐国迎亲,这种"非礼"的待遇,也许早就预示着她在鲁国不可能得到善终吧。

莒纪公生大子仆,又生季佗,爱季佗而黜仆,且多行无礼于国。仆因国人以弑纪公,以其宝玉来奔,纳诸宣公。公命与之邑,曰:"今日必授!"季文子使司寇出诸竟,曰:"今日必达!"公问其故。季文子使大史克对曰:"先大夫臧文仲教行父事君之礼,行父奉以周旋,弗敢失队,曰:'见有礼于其君者,事之,如孝子之养父母也;见无礼于其君者,诛之,如鹰鹯之逐鸟雀也。'先君周公制《周礼》曰:'则以观德,德以处事,事以度功,功以食民。'作《誓命》曰:'毁则为贼,掩贼为藏。窃贿为盗,盗器为奸。主藏之名,赖奸之用,为大凶德,有常,无赦。在《九刑》不忘。'行父还观莒仆,莫可则也。孝敬、忠信为吉德,盗贼藏奸为凶德。夫莒仆,则其孝敬,则弑君父矣;则其忠信,则窃宝玉矣。其人,则盗贼也;其器,则奸兆也。保而利之,则主藏也。以训则昏,民无则焉。不度于善,而皆在于凶德,是以去之。

"昔高阳氏有才子八人,苍舒、隤敳、梼戬、大临、龙降、庭坚、仲容、叔达,齐圣广渊,明允笃诚,天下之民谓之'八恺'。高辛氏有才子八人,伯奋、仲堪、叔献、季仲、伯虎、仲熊、叔豹、季狸,忠、肃、共、懿、宣、慈、惠、和,天下之民谓之'八元'。此十六族也,世济其美,不陨其名,以至于尧,尧不能举。舜臣尧,举八恺,使主后土,以揆百事,莫不时序,地平天成。举八元,使布五教于四方,父义、母慈、兄友、弟共、子孝,内平、外成。昔帝鸿氏有不才子,掩义隐贼,好行凶德,丑类恶物,顽嚚不友,是与比周,天下之民谓之浑敦。少暤氏有不才子,毁信废忠,崇饰恶言,靖谮庸回,服谗蒐慝,以诬盛德,天下之民谓之穷奇。颛顼氏有不才子,不可教训,不知话言,告之则顽,舍之则嚚,傲很明德,以乱天常,天下之民谓之梼杌。此三族也,世济其凶,增其恶名,以至于尧,尧不能去。缙云氏有不才子,贪于饮食,冒于货贿,侵欲崇侈,不可盈厌,聚敛积实,不知纪极,不分孤寡,不恤穷匮,天下之民以比三凶,谓之饕餮。舜臣尧,宾于四门,流四凶族,浑敦、穷奇、梼杌、饕餮,投诸四裔,以御魑魅。是以尧崩而天下如一,同心戴舜,以为天子,以其举十六相,去四凶也。故《虞书》数舜之功,曰'慎徽五典,五典克从',无违教也。曰'纳于百揆,百揆时序',无废事也。曰'宾于四门,四门穆穆',无凶人也。舜有大功二十而为天子,今行父虽未获一吉人,去一凶矣。于舜之功,二十之一也,庶几免于戾乎!"

鲁国杀嫡立庶，莒国也发生人伦悲剧。

莒纪公生了世子仆，又生了公子季佗。因为喜欢季佗，所以他废黜了世子仆。而且，莒纪公还在国内做了很多非礼的事。世子仆依靠国人杀死莒纪公，拿着他的宝玉逃到鲁国，献给鲁宣公。

鲁宣公一方面同情世子仆的遭遇，一方面也因为收了人家的重礼，下令赏赐给他城邑，而且事不宜迟："今天一定要给！"季孙行父却下令司寇将世子仆驱逐出境，说："今天一定要执行！"这就是公开对着干了。鲁宣公问他为什么要这么做，季孙行父便让太史克给鲁宣公上了一堂课——

先大夫臧文仲教导行父侍奉君主之礼，行父奉若圭臬，依靠它内外周旋，不敢丢弃。他说："看到对他的国君有礼的，如同孝子奉养父母一般侍奉他；看到对他的国君无礼的，如同老鹰追逐鸟雀一般诛杀他。"先君周公制定《周礼》的时候说："礼仪是用来衡量人的品德的，人的品德是处事的基础，考察办事的成绩则可以衡量一个人的功劳，根据他的功劳而取食于民。"又制作《誓命》说："废弃礼法叫作'贼'，包庇贼人叫作'藏'，偷人财物叫作'盗'，盗取国家宝器叫作'奸'。担当包庇贼人的恶名，收受奸人盗取的宝器，都是极大的凶德。对此，国有常法，不能赦免，而且记载于《九刑》之中，不可遗忘。"

行父认真观察那位莒国来的世子仆，没有可取之处。孝敬父母，忠于君主，诚实可信，都是吉德；偷盗财物，废弃礼法，包庇贼人，盗取国家宝器，都是凶德。这位莒世子仆，从孝敬父母的角度来看，他杀死了君父；从忠信的角度来看，他偷了国家的宝玉。他作为人，是盗贼；他的东西，是赃物。如果将他收留下来，并且接受他的好处，则犯了包庇之罪。如果鲁国人都向他学习，将会导致混乱，国人将失去准则。以上所述，都不能归为善事，全是凶德，所以要将他赶走。

上古时期，高阳氏有才子八人：苍舒、隤敳、梼戭、大临、龙降、庭坚、仲容、叔达，他们为人肃敬，知识渊博，心地宽广，深谋远虑，洞察世事，持之以恒，行为端庄，诚实可信，天下人称他们为"八恺"；高辛氏也有才子八人,分别叫作伯奋、仲堪、叔献、季仲、伯虎、仲熊、叔豹、季狸,他们为人忠信,行为谨慎,注重修养,思想纯厚,考虑周详,仁慈博爱,扶危救难,讲求和谐,天下人称他们为"八元"。上述十六人之族,美德代代相传,不辱先辈的名声。到了尧主政天下的年代,尧没有用他们为官。后来舜成了尧的臣子,举荐"八恺"主管水土,制定各种规章制度,使各种事务都能有条不紊地推进,以至于地平天成,达到了天、地、人的和谐;又举荐"八元"主持文教工作,天下人从此知道父亲应该以义教育子女,母亲以慈爱抚养子女,兄长以友爱对待弟弟,弟弟则以恭顺对待兄长,儿子以孝顺侍奉父母,以至于内平外成,社会因此和睦安定。

上古时期,帝鸿氏有一个不肖之子,此人对于有德之士避而不见,对于乱臣贼子则收留隐匿,喜欢做那些凶德之事,以丑恶的事物为同类,愚昧奸诈之人,和他沆瀣一气,天下人称之为"浑敦"。少皞氏也有一个不肖之子,此人不讲信义,不忠不敬,花言巧语,听信谗言,任用奸邪,造谣中伤,掩饰罪恶,诬陷有德之士,天下人称之为"穷奇"。颛顼氏也有一个不肖之子,此人难以教化,不知道什么是好话;教育他吧,他冥顽不化;不教育他吧,他又奸诈作恶,蔑视美德,扰乱天道,天下人称之为"梼杌"。这三人之族,世世代代以恶相传,名声越来越坏,到了尧的年代,尧也拿他们没办法。缙云氏也有个不肖之子,好吃懒做,贪得无厌,穷奢极欲,聚敛财物,从来不照顾孤寡之人,更不会救济穷人,天下人称之为"饕餮",与上述三族共称为"四凶"。舜成为尧的臣子后,礼贤下士,将四凶族流放到四方蛮荒之地,让他们去抵御山林中的妖怪。所以尧死之后,天下稳定,有如一家,同心同德,拥戴舜为天子,就是因为舜能够举贤避邪,重用八恺八元,驱除四凶。所以《虞书》历数舜的功劳,"谨慎地发扬父义、母慈、兄友、弟恭、子孝五种伦理,能够服从五伦",这是说不违教化。"处理各种事务,各种事务井然有序",这是说没有荒废任何工作。"打开四门迎接宾客,从四里来的都恭敬肃穆",这是说没有坏人。

舜起用八恺八元,铲除四凶,有大功二十件,所以能为天子。现今行父虽然没有推荐一个贤人,但是替您去除一个恶人,相对舜的功劳来说,也有二十分之一了,大概也可以免予处罚了吧!

　　季孙行父说这番大道理,刚刚即位的鲁宣公自然是无法反驳。他不得不面对的一个现实是,因为他的君位是公子遂用卑鄙的手段为他抢来的,以"三桓"为首的世家大族都没有将他放在眼里。也就是从他开始,鲁国公室的大权旁落便有了加速度,朝着无可逆转的方向发展了。

　　宋武氏之族导昭公子,将奉司城须以作乱。十二月,宋公杀母弟须及昭公子,使戴、庄、桓之族攻武氏于司马子伯之馆,遂出武、穆之族。使公孙师为司城。公子朝卒,使乐吕为司寇,以靖国人。

　　宋国的局势依然动荡。宋武公的后人领着宋昭公的儿子,打算拥护宋文公的胞弟、司城公子须作乱。十二月,宋文公杀死公子须和宋昭公的儿子,命宋戴公、宋庄公、宋桓公的后人在司马华耦(字子伯)的客馆里攻打宋武公的后人,于是将宋武公、宋穆公的后人驱逐出去。其后,命公孙师为司城。司寇公子朝去世后,命乐吕为司寇,以安抚国人。说起来都是亲戚,打起来都是仇家,这也算是春秋乱世的特色之一吧。

第七章

鲁宣公

鲁宣公名倭，是鲁文公次妃敬嬴之子。

鲁宣公元年

公元前 608 年，鲁宣公元年。

元年春王正月，公子遂如齐逆女，尊君命也。

三月，遂以夫人妇姜至自齐。尊夫人也。

鲁宣公正式即位，第一件事是派公子遂到齐国去迎娶齐国公主。其时距鲁文公去世不过一年，大办喜事显然操之过急，不符合周礼的规定。但是鲁宣公已经顾不上这么多繁文缛节了。他之所以能够当上国君，是因为公子遂和齐惠公做了一笔政治交易。现在他必须兑现承诺，向齐国表达亲近之意。

三月，公子遂带着鲁国的新夫人姜氏从齐国回来。

这里要注意两点：

其一，公子遂的称谓，原文前段写作"公子遂"，是为了表示对国君的尊重；后段写作"遂"，是为了表示对夫人的尊重。这是春秋笔法之一。

其二，原文中的"夫人妇姜"，之所以有个"妇"字，是表明她的婆婆还健在。如果婆婆已经去世，就应该写成"夫人姜氏"了。

夏，季文子如齐，纳赂以请会。

夏天,季孙行父又前往齐国,进献礼物请求齐惠公与鲁宣公会盟。所谓会盟,就是要齐惠公为鲁宣公的合法性背书,花点钱也是应该的。但是,从后面的记载来看,鲁国为此付出的代价,恐怕不只是"花点钱"那么简单。

晋人讨不用命者,放胥甲父于卫,而立胥克。先辛奔齐。

晋国惩罚不听命令的人,也就是鲁文公十二年的河曲之战中轻举妄动、导致晋军无功而返的赵穿和胥甲(即胥甲父)。赵穿是赵盾的族人,又是晋襄公的女婿,已于两年前被赵盾安排到郑国当人质,自然不用受罚。胥甲就没那么好命了,被流放到卫国。他的儿子胥克继承了家业,家臣先辛逃奔齐国。

会于平州,以定公位。

东门襄仲如齐拜成。

六月,齐人取济西之田,为立公故,以赂齐也。

鲁宣公的"孝心"收获了回报,齐惠公终于在平州会见了他,承认了鲁宣公是鲁国的合法君主。

为此,公子遂又来到齐国,拜谢齐惠公的成全。

六月,齐国派人收取了鲁国的济西之地——这是鲁宣公为了确保自己的地位,给齐惠公的回报。

宋人之弑昭公也,晋荀林父以诸侯之师伐宋,宋及晋平,宋文公受盟于晋。又会诸侯于扈,将为鲁讨齐,皆取赂而还。郑穆公曰:"晋不足与也。"遂受盟于楚。

陈共公之卒,楚人不礼焉。陈灵公受盟于晋。

秋,楚子侵陈,遂侵宋。晋赵盾帅师救陈、宋。会于棐林,以伐郑也。楚芳贾救郑,遇于北林。囚晋解扬,晋人乃还。

晋欲求成于秦,赵穿曰:"我侵崇,秦急崇,必救之。吾以求成焉。"冬,赵穿侵崇,秦弗与成。

晋人伐郑,以报北林之役。于是,晋侯侈,赵宣子为政,骤谏而不入,故不竞于楚。

鲁文公十六年,宋昭公被弑,宋文公即位。次年,晋国派荀林父率领诸侯联军讨伐宋国,结果却"犹立文公而还",反倒是承认了宋文公的合法地位。宋国和晋国实现和平,宋文公跑到晋国接受了盟约。鲁文公十五年,因为齐国入侵鲁国,晋国在扈地会盟诸侯,打算为鲁国讨回公道,讨伐齐国,也是因为接受了贿赂,无功而返。郑穆公据此认为,晋国不值得跟随,于是背叛晋国,跑到楚国接受了盟约。

鲁文公十三年,陈共公去世,楚国没有派人参加葬礼,实为"不礼"。因此,陈灵公跑到晋国接受了盟约。

在晋楚争霸的局面下,地处中原要冲的郑国、陈国、蔡国等国家,时刻处于两个大国的威胁之下,有如风箱中的老鼠——两头受气。朝晋暮楚也罢,朝楚暮晋也罢,都是不得已的选择。什么时候投靠谁,完全看风向,晋强则从晋,楚强则从楚。

这一年秋天,楚庄王终于挥鞭北上,入侵陈国,接着又入侵宋国。晋国派赵盾率军救援这两个国家,与宋、陈、卫、曹等诸侯在棐林相会,以讨伐郑国。楚国则派芳贾救郑,与诸侯联军在北林相遇。战争的结果,楚国获胜,晋国大夫解扬成为楚军俘虏。晋军于是撤退回国。

经此一战,晋国认识到战略优势已经失去。为了解除后顾之忧,全力与楚国一战,晋国产生了向宿敌秦国求和的愿望。这个想法当然是好的,但是实际行动却是背道而驰。刚刚回国的赵穿建议:"我们入侵崇国

（秦国的附庸小国），秦国着急，必然发兵相救。那时候我们再以放过崇国为条件与秦国和谈，其事必成。"赵穿的逻辑可以概括为：你如果要和别人谈判，那就先打他一耳光，然后再去示好，事半功倍。他也确实那么做了，亲自率军攻打崇国。结果可想而知，秦国人拒绝了和谈。

与此同时，晋国发动反击，出兵进攻郑国，以洗刷北林之战的耻辱。那个时候，晋灵公奢侈，赵盾作为执政大臣，多次劝谏而不被采纳，所以晋国不能与楚国抗衡。

鲁宣公二年

公元前 607 年，鲁宣公二年。

二年春，郑公子归生受命于楚伐宋。宋华元、乐吕御之。二月壬子，战于大棘。宋师败绩。囚华元，获乐吕，及甲车四百六十乘，俘二百五十人，馘百。

二年春，郑国大夫公子归生受楚庄王之命讨伐宋国。宋国派华元、乐吕起兵抵抗。二月，双方在大棘交战，宋军大败。郑军俘虏了华元，斩获了乐吕，俘获兵车四百六十乘、战俘二百五十人，并割下一百名死者的耳朵，战果相当了得！

需要说明的是，春秋时期以干支纪日，《左传》亦多有记录。可是据后人反推，老左很多地方是记错了。比如这一条记录，以为大棘之战在"二月壬子"日，而经推算，那一年的二月是没有壬子日的。这也不能怪老左，用干支纪日，本来就容易搞错，何况是如此久远的历史记录。所以本书中的干支纪日并未严格地一一推算。

狂狡辂郑人，郑人入于井。倒戟而出之，获狂狡。君子曰："失礼违命，宜其为禽也。戎，昭果毅以听之之谓礼。杀敌为果，致果为毅。易之，戮也。"

将战，华元杀羊食士，其御羊斟不与。及战，曰："畴昔之羊，子为政；今日之事，我为政。"与入郑师，故败。君子谓："羊斟非人也，以其私憾，败国殄民，于是刑孰大焉？《诗》所谓'人之无良'者，其羊斟之谓乎！残民以逞。"

宋军在大棘战败，既因为郑军英勇善战，又与自己人"搞乌龙"不无关系。

宋国大夫狂狡迎战一名郑国人，郑国人被打得东奔西跑，慌不择路，掉到一口井里。狂狡倒持长戈，垂向井内，让那个郑国人拽着戈柄爬上来。郑国人一出来，立即持戈冲向狂狡，反倒将他俘虏了。君子对此发表议论，以为狂狡失礼，而且违背了君命，被俘也是应该的。战场之上，发扬果断勇毅的精神以服从命令就叫作礼，杀敌就是果断，达到果断的就勇毅，如果反其道而行之，就要被诛戮。

狂狡的妇人之仁，只不过是这场大战中的一个插曲。真正影响战局的人物，是宋军统帅华元的御戎羊斟（字叔牂）。战前，华元下令杀羊犒赏将士，没给羊斟分一杯羹。开战之后，羊斟对华元说："前天分羊，是您做主；今天打仗，是我做主。"驾车直奔郑军，让华元做了郑军的俘虏，所以宋军大败。君子认为："羊斟不是个人，因为个人的小小仇怨，导致国家战败，百姓受害，难道还有比这更人的罪行吗？《诗》上写的'人之无良'，就是羊斟这种人，残害百姓以图自己一时之快。"

宋人以兵车百乘、文马百驷以赎华元于郑。半入，华元逃归。立于门外，告而入。见叔牂，曰："子之马然也。"对曰："非马也，其人也。"既合而来奔。

宋城，华元为植，巡功。城者讴曰："睅其目，皤其腹，弃甲而复。于思于思，弃甲复来。"使其骖乘谓之曰："牛则有皮，犀兕尚多，弃甲则那？"役人曰："从其有皮，丹漆若何？"华元曰："去之！夫其口众我寡。"

华元是宋国的右师，六卿之首，相当于晋国的中军元帅，也可以说是宋国的首席执政官。华元被俘，对宋国来说非同小可，所以宋国以兵车百乘、毛色光鲜的骏马四百匹作为条件，向郑国赎取华元。这是一笔巨额的赎金。宋国已经在战争中损失了兵车四百六十乘，仓促之间，要再拿出一百乘兵车来赎人，显然不太容易。郑国也体谅宋国的难处，允许分期付款。当这笔赎金付到一半的时候，意外发生了——华元竟然摆脱看守，逃回宋国，为国家节省了一大笔开支。

华元狼狈不堪地逃回睢阳城下，却不急着进去，而是整顿衣冠，郑重其事地向守门官通报，然后才进城。这叫讲究。身为贵族，哪怕是逃跑归来，也要归得帅气，不能让人笑话。入城之后，华元见到了羊斟，他也不加指责，只是轻描淡写说了一句："那是因为您的马啊！"言下之意，他的被俘是战马不听话。这种雍容大度使羊斟大为惭愧，主动说："事不在于马，而在于人。"说完就逃到了鲁国。

论气量，华元可说是当世屈指可数。大棘之战后，宋国加筑睢阳的城墙，以备不虞。华元亲自主持，巡查工作。筑城的民工看到这位败军之将来了，唱歌嘲笑："大眼儿突突，大肚皮挺挺，丢了皮甲往回跑。胡须长得真茂盛，丢了皮甲又回来。"华元让随从反驳："有牛就有皮，犀兕多的是，丢了皮甲又有什么了不起？"民工们不依不饶："就算有那么多牛皮，上哪去找丹漆？"华元赶紧对随从说："快离开这里，他们那么多张嘴，咱们这几个人不是对手。"

古人以牛皮制甲，上涂丹漆。华元以为牛皮易得，民工讥讽丹漆不够。

秦师伐晋，以报崇也，遂围焦。夏，晋赵盾救焦，遂自阴地，及诸侯之师侵郑，以报大棘之役。

楚斗椒救郑，曰："能欲诸侯，而恶其难乎？"遂次于郑，以待晋师。赵盾曰："彼宗竞于楚，殆将毙矣。姑益其疾。"乃去之。

秦国讨伐晋国，以报复晋国去年入侵崇国，因此包围了焦地。夏天，晋国赵盾率军救援焦地，并以此行动为掩护，从阴地会同诸侯部队入侵郑国，以报大棘之仇。

楚国令尹斗椒率军救援郑国，说："难道可以想得到诸侯的拥戴而又逃避分担他们的困难吗？"遂驻军于郑国，等待晋军前来。

前面说过，斗椒是若敖氏的后人。自楚成王年代子文执政以来，若敖氏世代担任令尹，权势极盛。赵盾以为："斗椒的宗族在楚国肆无忌惮地争权，恐怕是要完蛋了，姑且避其锋芒，让他自鸣得意，更加疯狂吧！"于是撤军回国。

晋灵公不君：厚敛以雕墙；从台上弹人，而观其辟丸也；宰夫胹熊蹯不熟，杀之，置诸畚，使妇人载以过朝。赵盾、士季见其手，问其故，而患之。将谏，士季曰："谏而不入，则莫之继也。会请先，不入则子继之。"三进，及溜，而后视之，曰："吾知所过矣，将改之。"稽首而对曰："人谁无过？过而能改，善莫大焉。《诗》曰：'靡不有初，鲜克有终。'夫如是，则能补过者鲜矣。君能有终，则社稷之固也，岂唯群臣赖之。又曰：'衮职有阙，惟仲山甫补之。'能补过也。君能补过，衮不废矣。"

赵盾不与斗椒争锋,或许有他的难言之隐:晋灵公没有做国君的样子,闹得实在太不像话了。怎么闹?

第一,加重税收,把钱花在彩绘宫墙上。

第二,坐在高台上用弹弓打人,看他们躲避弹丸的狼狈样子。

第三,厨师烹饪熊掌,没煮熟,就杀了厨师,放在畚箕里,让女人抬着经过朝堂。

赵盾和士季看到厨师的手垂在外面,当然吃惊,拦住问是怎么回事。问明白之后感到很担心,准备进谏。士季以为,如果赵盾直接去劝的话,晋灵公不听,那就没有人能够接着去劝了(因为没有人比赵盾的官更大),所以请求由自己先去,"国君听不进去,您再接着去劝谏"。

士季入宫求见晋灵公,前进了三次:第一次是进门,这时候应该有内侍通报,国君则降阶迎候,以示尊重。但是,晋灵公装作没看见,士季只好硬着头皮,继续前进。第二次是由门入庭,晋灵公还是没看到。第三次是由庭院上到台阶,人已经在屋檐下了,晋灵公才抬起头来看着他,也不等他开口便说:"我知道过错了,将会改正。"

这话一听就是敷衍应付,完全没有要改正的意思。士季叩首道:"人谁会不犯错误? 有错能改,那就没有比这更好的事了。《诗》上说:'事情无不由良好的愿望开始,但是结果却很少是好的。'如果是这样,能够弥补过失的人就很少了。国君能够有好结果,社稷就有保障了,难道仅仅是咱们这些做臣子的依靠它?《诗》上又说:'衮服有了破洞,仲山甫来缝补。'这是说能够弥补过失。国君能够弥补过失,衮服就不会废弃了。"

所谓衮服,是天子的礼服。仲山甫是周宣王时候的卿士,周朝著名的贤臣。士会引用"衮职有阙,惟仲山甫补之",是以衮服比喻晋国的社稷,希望晋灵公像仲山甫一样弥补过失,以保社稷。这是好话,但是晋灵公左耳进,右耳出,压根没听进去。

犹不改。宣子骤谏,公患之,使鉏麑贼之。晨往,寝门辟矣,盛服将

朝。尚早,坐而假寐。麑退,叹而言曰:"不忘恭敬,民之主也。贼民之主,不忠;弃君之命,不信。有一于此,不如死也。"触槐而死。

士季语重心长,晋灵公却还是改不了。赵盾不得不亲自出马,几次劝谏之后,晋灵公就烦了,派了一位名叫鉏麑的刺客去刺杀赵盾。

鉏麑大清早潜入赵府,看到赵盾的卧室已经开门了。赵盾穿得整整齐齐,准备前去上朝。但是时间还早,所以就坐在那里打个盹儿。鉏麑悄然退出,叹着气说:"时时不忘恭敬,真是百姓的主人啊!刺杀百姓的主人,是为不忠。丢弃国君的使命,是为不信。二者必居其一,不如死了算了。"于是一头撞上槐树,死了。

这段记载殊为可疑——

其一,以常识而论,行刺应该选晚上,所谓"月黑风高"之时,哪有一大清早跑去行刺的?

其二,以赵盾的地位和权势,家里应该是戒备森严,上朝也是前呼后拥。人都起床了,门都打开了,身边岂能没有几个侍卫?

秋九月,晋侯饮赵盾酒,伏甲,将攻之。其右提弥明知之,趋登,曰:"臣侍君宴,过三爵,非礼也。"遂扶以下。公嗾夫獒焉,明搏而杀之。盾曰:"弃人用犬,虽猛何为!"斗且出,提弥明死之。

初,宣子田于首山,舍于翳桑,见灵辄饿,问其病。曰:"不食三日矣。"食之,舍其半。问之。曰:"宦三年矣,未知母之存否,今近焉,请以遗之。"使尽之,而为之箪食与肉,置诸橐以与之。既而与为公介,倒戟以御公徒而免之。问何故。对曰:"翳桑之饿人也。"问其名居,不告而退,遂自亡也。

晋灵公暗杀赵盾不成,就明着来了。

九月，秋高气爽，晋灵公请赵盾饮酒，预先在宫中埋伏了甲士，准备击杀他。赵盾的车右提弥明在殿下侍候，觉察到不对劲，快步上殿，说："臣下陪同国君饮酒，超过三杯就不合乎礼了。"于是扶着赵盾下殿。

晋灵公嗾使恶犬追上去。提弥明与恶犬搏斗，将它们都杀死。在这种紧急关头，赵盾还是不忘揶揄晋灵公："不用人而用狗，就算猛又有什么用？"和提弥明边斗边退，逃出公宫。提弥明为了保护赵盾，力斗而死。

回想当初，赵盾到首山打猎，住在一个叫翳桑的地方，遇到一个叫灵辄的人。当时，灵辄已经饿得奄奄一息。赵盾以为他是得了什么病，一问才知道是三天没有吃饭了。赵盾于是给他吃的。灵辄吃了一半，将另外一半放下。赵盾问他这是为什么，回答是："服侍人家已经三年了，不知道老娘还在不在，现在快到家了，请让我把这个留给她。"赵盾很感动，让灵辄将食物吃完，又装了一筐饭和肉，放在袋子里给了他。

后来，灵辄当了晋灵公的甲士。在追击赵盾的时候，灵辄倒戈一击，为赵盾抵御晋灵公的其他甲士，帮助赵盾逃出险境。赵盾问他为什么这样做，他回答："在下就是翳桑那个饿人。"又问他姓名和住处，但他不告而退，然后逃亡了。

乙丑，赵穿杀灵公于桃园。宣子未出山而复。大史书曰："赵盾弑其君。"以示于朝。宣子曰："不然。"对曰："子为正卿，亡不越竟，反不讨贼，非子而谁？"宣子曰："呜呼！《诗》曰'我之怀矣，自诒伊戚'，其我之谓矣！"孔子曰："董狐，古之良史也，书法不隐。赵宣子，古之良大夫也，为法受恶。惜也，越竟乃免。"

九月二十六日，赵穿在桃园刺杀了晋灵公。这位屡次给赵盾带来麻烦的年轻人，终于为赵盾解决了一个大麻烦。

当时，赵盾正在逃亡的路上，尚未出境，得到消息赶紧回来了。晋国的太史董狐记载："赵盾弑其君。"并在朝堂上展示。赵盾说："不是这样。"意思是，人不是我杀的啊！董狐毫不客气地回答："您是正卿，逃亡没有越境，回来又不讨伐乱臣贼子，不是您又是谁？"这也就是在春秋时期，如果在秦朝之后，这样的太史估计不是被乱棍打死，就是被下狱阉割了。而赵盾竟然拿董狐没一点办法，只能哀叹："哎哟，《诗》上说，'因为怀恋，自寻烦恼'，恐怕就是说我这种人了。"言下之意，因为怀恋晋国，所以迟没有越境，反倒给自己添麻烦了。

孔子评价："董狐真是古代的好史官，按法度书写历史，无所隐瞒。"又说："赵盾也是古代的好大夫，因为法度而蒙受恶名。可惜了，如果走出国境就可以免予弑君之名了。"

说实话，就算赵盾越过国境，晋灵公也是他指使赵穿杀的，这是大伙都心知肚明的事。孔子以为"越境乃免"，也不过是一种自欺欺人。但是不管怎么说，讲原则总比没原则好。

宣子使赵穿逆公子黑臀于周而立之。壬申，朝于武宫。

初，丽姬之乱，诅无畜群公子，自是晋无公族。及成公即位，乃宦卿之□而为之田，以为公族，又宦其余子，亦为余子，其庶子为公行。晋于是有公族、余子、公行。

赵盾请以括为公族，曰："君姬氏之爱子也。微君姬氏，则臣狄人也。"公许之。冬，赵盾为旄车之族，使屏季以其故族为公族大夫。

赵盾派赵穿前往京师，迎接公子黑臀回国，立为国君，也就是晋成公。

晋成公是晋文公的儿子、晋襄公的弟弟，其母为王室公主。据《国语》记载，晋成公在出生的时候，其母梦见神在他的小屁屁上用墨汁写了"使有晋国"四个字，所以命名为"黑臀"。这真是说梦话。春秋时期不知道有多少贵人叫作"黑肩""黑臀"，只不过是因为肩上、屁股上有块胎记罢了。

十月三日，晋成公前往晋国公室的发祥地曲沃，祭拜了武宫（晋武公的宗庙）。这也是晋国的传统，新君即位，必先到武宫祭拜，不忘晋武公建国之功。

回想当年，骊姬作乱，诅咒晋国不能蓄养群公子。从那个时候起，晋国就没有公族了。所谓公族，乃是以公室为核心的宗族共同体。一位国君生下若干个儿子，世子继承君位，世子之外的"群公子"及其后人则为公族。而晋国自晋献公年代消灭"桓庄之族"以来，就形成了驱逐群公子的传统。没有群公子就没有公族，公室成为没有树枝的树干。好处是一股独大，没有兄弟阋墙的烦恼；坏处是独木不成林，卿大夫家族反而超越公室，成为晋国的主宰。赵盾弑君，固然是因为晋灵公"不君"，但是也充分说明了公室衰微的困境。因此，晋成公上台之后，起了一个念头，要重新建立晋国的公族。无奈公族已经凋零，重建谈何容易？卿大夫家族也不会答应。只能面对现实，与各位权臣妥协，以卿的嫡长子为"公族"，并授予土地；卿的其他嫡子也授予官职，称为"余子"；卿的庶子则封为"公行"。这样一来，晋国就有了公族、余子、公行三种新的官职。

当年，赵盾的父亲赵衰随同晋文公逃亡至狄人建立的翟国，与翟女生下赵盾。后来，晋文公又将女儿（原文所说的"君姬氏"）嫁给赵衰，生了赵同、赵括、赵婴三兄弟，因其封地之名，又称为原同、屏括、楼婴。君姬氏温良恭让，主动要求赵衰将翟女接到晋国，并且让赵盾当了赵衰的继承人。现在，赵盾以德报德，请求让赵括担任公族，说："这是君姬氏最喜爱的儿子。如果不是因为君姬氏，下臣现在就是狄人了。"

晋成公答应了赵盾的请求。

这一年冬天，赵盾被委任掌管"旄车之族"。旄车即国君的戎车，旄车之族代指余子。赵盾作为赵衰的嫡长子，本来应该担任公族大夫，掌管公族。既然让贤于赵括，那就只好委屈自己，将公族大夫让给赵括担任了。

鲁宣公三年

公元前606年，鲁宣公三年。

三年春，不郊，而望，皆非礼也。望，郊之属也。不郊，亦无望可也。

郊是郊祭，春季惊蛰前后，国君带领众臣前往城郊举行祭祀众神的活动，祈祷风调雨顺，五谷丰登。

望是山川之祭，鲁国祭泰山、祭东海、祭淮水，称为三望。

《春秋》记载："三年春王正月，郊牛之口伤，改卜牛。牛死，乃不郊。犹三望。"

郊祭要杀牛，选牛要占卜。这一年正月，本来已经选定的郊祭之牛，口受伤了。于是通过占卜，另外选择了一头牛。不料这头牛又死了，于是不举行郊祭，但仍然举行了望祭。

老左以为，不举行郊祭是非礼的。牛死了没关系，再选一头就是了，不能因为两次选牛出了点小问题就放弃郊祭。在不举行郊祭的情况下而举行望祭，也是非礼的。望祭是郊祭的一种，既然不举行郊祭，也就没有必要举行望祭了。

晋侯伐郑，及郔。郑及晋平，士会入盟。

晋成公率军讨伐郑国，到达郔地。郑国与晋国媾和，士会进入新郑结盟。

楚子伐陆浑之戎，遂至于雒，观兵于周疆。定王使王孙满劳楚子。楚子问鼎之大小、轻重焉。对曰："在德不在鼎。昔夏之方有德也，远方图物，贡金九牧，铸鼎象物，百物而为之备，使民知神、奸。故民入川泽、山林，不逢不若。螭魅罔两，莫能逢之。用能协于上下，以承天休。桀有昏德，鼎迁于商，载祀六百。商纣暴虐，鼎迁于周。德之休明，虽小，重也。其奸回昏乱，虽大，轻也。天祚明德，有所底止。成王定鼎于郏鄏，卜世三十，卜年七百，天所命也。周德虽衰，天命未改。鼎之轻重，未可问也。"

鲁僖公二十二年，秦国和晋国将本来居住在今天甘肃酒泉一带的陆浑之戎迁到河南的伊川。三十二年后，楚庄王挥师北上，讨伐陆浑之戎，于是抵达洛水流域，在王畿内检阅部队，耀武扬威。

楚庄王此举颇具深意。当年秦国和晋国将陆浑之戎迁至伊川，目的是"以戎制戎"，让陆浑之戎成为王室的屏障，抵御其他戎族对王室的侵扰。就当时而言，这一举措确实起到了作用，但也留下了后遗症——戎人毕竟是戎人，不会因为生活环境的改变而发生本质的改变。陆浑之戎来到中原腹地，并没有接受中原文化，而是保留了自己的风俗习惯。久而久之，他们便淡忘了当年与秦晋两国的盟约，恢复了游牧民族的本性，开始侵扰劫掠王畿，成为王室的大患。

自齐桓公提出"尊王攘夷"的口号以来，欲成霸业者，莫不以讨伐"四夷"为功。齐国北御狄夷，讨伐山戎；晋国大败赤狄、白狄，虏其首领；秦国则讨伐西戎，开疆辟土。而楚国，多年以来被视为蛮夷之国，在"尊王攘夷"的游戏中，是被"攘"的对象，这也是楚成王纵横中原，所向披靡，有霸主之实却无霸主之名的主要原因。楚庄王意识到，欲称霸于天下，必先洗脱蛮夷的身份，获得王室乃至中原各国的普遍认同。最好的办法，便是为天子解忧，也就是向陆浑之戎开刀了。

周匡王于去年去世，现任天子周定王，乃是周匡王的弟弟。对于楚庄王的这份心意，周定王当然要表示感谢，于是派王孙满出城犒劳楚庄王。楚庄王问了王孙满一个意想不到的问题："请问九鼎有多大？有多重？"

九鼎是什么？是王室的宝器，象征着周天子统治天下的至高无上的权力。当年齐桓公称霸天下，天子赏给他一块祭肉就感动得不得了；郑厉公帮助天子复辟，得到的奖赏是一面铜镜；晋文公打败楚成王，向天子要求的赏赐也不过是请求将来以王者之礼下葬；秦穆公称霸西戎，天子奖给他十二面金鼓便乐不可支。相比之下，楚庄王的胃口实在是太大了。所谓"问鼎之大小轻重"，实际上就是想将九鼎据为己有。否则的话，难道仅仅是因为好奇？

王孙满直接告诉楚庄王："所谓鼎的大小轻重，在于朝廷之德，而不在于鼎本身。从前，夏朝正是有德的时候，描绘远方的各种物象，令天下九州的州牧（州长）进贡青铜，铸造成九鼎，并将九州的物象铸入鼎身，各种事物都在此齐备，让百姓知道什么是神，什么是奸。所以百姓进入山林川泽之地，不会遇到不利的事物。魑魅魍魉这些鬼怪，统统不会遇上。因而能够上下协调，受到上天的护佑。后来，夏桀昏庸无道，九鼎迁到了商朝，传承了六百年。商纣荒淫暴虐，九鼎又迁到了周朝。一个王朝，如果德行美好而光明，则九鼎虽小，也是重不可迁的；如果奸邪昏乱，则九鼎虽大，也是轻易可动的。上天赐福于明德之人，皆有定数。周成王将九鼎安放在郏鄏的时候，为此而占卜，结果是传世三十代，享国七百年，此乃上天之命。现在，周朝的德行虽然有所衰落，但是天命并没有改变。九鼎的轻重，不是您能够打听的。"

王孙满说得对，楚庄王其实也明白，九鼎不是什么法力无边的神器，谁得到它们就可以号令天下。一个王朝的兴衰存亡，主要取决于它的德行是否上应大意、下顺民心。作为承载这种德行的九鼎，既不是夏朝的，也不是商朝的，甚至也不是周朝的，它们是风水轮流转，谁家有德就去谁家。从这种意义上讲，你说它们重也行，说它们轻也行。你觊觎它们，硬要抢走它们，一点也不难。可是如果你没有那个德行，即使得到它们，也不过是一堆废铜，反而招来天下人嫉恨，成为千夫所指，可谓得不偿失。以楚庄王的聪明，自然不会干这样的傻事儿。打败陆浑之戎，体现了"尊王攘夷"之意，展示了楚国大军的威武，这就够了。至于"问鼎之大小轻重"，也许只是试探一下王室的底线，没其他意思。

夏，楚人侵郑，郑即晋故也。

> 夏天，楚国派兵入侵郑国，是因为郑国依附了晋国。
>
> 可怜的郑国。

宋文公即位三年，杀母弟须及昭公子，武氏之谋也。使戴、桓之族攻武氏于司马子伯之馆，尽逐武、穆之族。武、穆之族以曹师伐宋。秋，宋师围曹，报武氏之乱也。

> 宋国内乱不休。鲁文公十八年，也就是宋文公即位的第三年，宋武公的后人（即武氏）领着宋昭公的儿子，拥护宋文公的胞弟、司城公子须作乱。十二月，宋文公杀死宋昭公的儿子和公子须，命宋戴公、宋桓公的后人在司马华耦（字子伯）的客馆里攻打武氏，将宋武公、宋穆公的族人全部驱逐出国。宋武公、宋穆公的族人领着曹国的军队攻打宋国。这一年秋天，宋军包围曹国，以报复武氏的叛乱。

冬，郑穆公卒。

初，郑文公有贱妾曰燕姞，梦天使与己兰，曰："余为伯鯈。余，而祖也。以是为而子。以兰有国香，人服媚之如是。"既而文公见之，与之兰而御之。辞曰："妾不才，幸而有子。将不信，敢征兰乎？"公曰："诺。"生

穆公,名之曰兰。

> 冬天,郑穆公去世。
>
> 当初,郑穆公的父亲郑文公有一个贱妾,名叫燕姞——燕是南燕国的
> 燕,姞是娘家的姓。有一天晚上,燕姞梦见天使给她一枝兰花,说:"我是
> 伯儵。我,是你的祖先,把这枝兰花作为你的儿子。因为兰花有国色天
> 香,你佩戴着它,人们会像爱兰花一样爱你。"怪事发生了,不久之后,郑
> 文公看到燕姞,送给她一枝兰花,临幸了她。燕姞告诉郑文公:"妾身地
> 位低贱,侥幸怀了您的孩子。将来如果别人不信的话,敢请将兰花作为
> 凭证。"郑文公说:"可以啊。"后来生了郑穆公,遂命名为兰。

文公报郑子之妃曰陈妫,生子华、子臧。子臧得罪而出。诱子华而
杀之南里,使盗杀子臧于陈、宋之间。又娶于江,生公子士。朝于楚,楚
人酖之,及叶而死。又娶于苏,生子瑕、子俞弥。俞弥早卒。洩驾恶瑕,文
公亦恶之,故不立也。公逐群公子,公子兰奔晋,从晋文公伐郑。石癸
曰:"吾闻姬、姞耦,其子孙必蕃。姞,吉人也,后稷之元妃也。今公子兰,
姞甥也,天或启之,必将为君,其后必蕃。先纳之,可以亢宠。"与孔将鉏、
侯宣多纳之,盟于大宫而立之,以与晋平。

> 郑文公的后宫,大概是有些淫乱的。否则的话,燕姞怎么会担心别人
> 不相信她怀的是国君的孩子?
>
> 郑文公是郑厉公的儿子。鲁庄公十四年,郑厉公从栎城进攻新郑,
> 杀死当时的国君,也就是他的弟弟公子仪。这位公子仪,便是原文中的
> "郑子"。公子仪的夫人娶自陈国,史称"陈妫"。
>
> 从辈分上讲,陈妫是郑文公的婶婶。但是,郑文公显然不在意这种
> 亲属关系,大大方方地将陈妫给"报"了。"报"的意思是与亲属的妻子通

奸,当然是相当出格的行为。但是在春秋时期,儿子迎娶父亲的小老婆都屡见不鲜,"报"个婶婶就更不足为奇了。

陈妫为郑文公生了世子华、公子臧。鲁僖公二十四年,公子臧得罪郑文公,出逃宋国,后来又被郑文公派人刺杀于陈、宋两国边境。而早在鲁僖公十六年,世子华便被郑文公派人诱骗至南里而杀死。

郑文公又在江国娶妻,生了公子士。公子士到楚国朝见,楚国人在他的酒里下了毒,走到叶地就死了。

郑文公又在苏国娶妻,生了公子瑕、公子俞弥。俞弥早死。大夫洩驾讨厌公子瑕,郑文公也讨厌公子瑕,所以没有立之为世子。

作为郑文公的儿子,生下来就是悲剧,他们或者被父亲厌恶,或者被父亲驱逐,或者遭到暗杀。当郑文公将公子们赶出国的时候,公子兰投奔了晋国。鲁僖公三十年,晋文公和秦穆公联手围攻郑国,将公子兰也带在军中,最终迫使郑文公派石甲父、侯宣多迎接公子兰回国,立为世子。

石甲父名癸,甲父是他的字。此人颇有心计。当年迎立公子兰为世子,石甲父以为:"我听说姬、姞两姓,配偶天成,他们所生的子孙必然兴旺茂盛。姞,就是吉人的意思。周人的先祖后稷,原配便是姞氏。如今公子兰是姞氏的外甥,上天想必是要起用他,必将成为郑国的国君,他的后世必定蕃盛。如果先接纳他,可以长久地受到他的宠信。"

抱着这样的想法,石甲父与孔将鉏、侯宣多前往迎接公子兰,在祭祀列祖列宗的大宫里盟誓,立公子兰为嗣君,以此与晋国媾和。

穆公有疾,曰:"兰死,吾其死乎,吾所以生也。"刈兰而卒。

关于郑穆公的死,老左真是不惜笔墨——

郑穆公病笃,说:"兰花死了,我恐怕也要死了吧!我是因为它才出生的。"下令割掉兰花后,就死了。

好自恋啊,郑穆公。

鲁宣公四年

公元前 605 年，鲁宣公四年。

四年春，公及齐侯平莒及郯，莒人不肯。公伐莒，取向，非礼也。平国以礼，不以乱。伐而不治，乱也。以乱平乱，何治之有？无治，何以行礼？

四年春，因为莒国和郯国闹矛盾，鲁宣公和齐惠公出面斡旋，希望两国坐下来好好谈谈，莒国居然不给面子。鲁宣公一怒之下，亲自率军讨伐莒国，攻取向地。这是非礼的。调停诸侯的矛盾，当以"礼"服人，而不是以"乱"逼人。使用武力讨伐而不是讲道理获得和平，这就是"乱"。以乱平乱，怎么可能得到太平？没有太平，又怎么可能贯彻和实施"礼"？

邻居闹矛盾了，出面调解是对的。调解不成，自己也上火了，抡着拳头就打，那不叫调解，叫添乱。

楚人献鼋于郑灵公。公子宋与子家将见。子公之食指动，以示子家，曰："他日我如此，必尝异味。"及入，宰夫将解鼋，相视而笑。公问之，子家以告。及食大夫鼋，召子公而弗与也。子公怒，染指于鼎，尝之而出。公怒，欲杀子公。子公与子家谋先。子家曰："畜老，犹惮杀之，而况君乎?"反谮子家,子家惧而从之。夏,弑灵公。书曰"郑公子归生弑其君夷",权不足也。君子曰:"仁而不武,无能达也。"凡弑君,称君,君无道也;称臣,臣之罪也。

郑穆公死后,世子夷即位,是为郑灵公。

为了祝贺新君即位,楚国派人送来了一只野生的大甲鱼。恰逢大夫公子宋(字子公)和公子归生(字子家)前来求见郑灵公。公子宋的食指突然动了几下,于是举起来给公子归生看,说:"往日我出现这样的情况,必定尝到特别的美味。"进去之后,看到厨子正准备将煮熟的甲鱼卸开,二人不禁相视一笑。郑灵公看到了,便问他们笑什么,公子归生如实相告。

这本来是一件有趣的事。后人以"食指大动"形容美味勾起食欲的馋样,即由此而来。可是,郑灵公偏偏是个无趣的人。等到请大夫们吃甲鱼的时候,他故意要公子宋参加,却又不给他吃,让他坐在一旁流口水。对一个吃货而言,这简直是要了他的命!公子宋按捺不住,将手指伸到煮甲鱼的鼎里沾了点汁水,放进嘴里尝了尝味道,然后才不胜留恋地走出去了。

即便如此,也不是什么大事。郑灵公却大为恼怒,想杀公子宋,事情就发生了质的变化。

公子宋与公子归生商量,有意先下手为强,干掉郑灵公。公子归生有点犹豫,说:"畜生老了,犹且不忍杀掉,何况是自己的国君?"公子宋马上反咬一口,在郑灵公面前诬告公子归生想谋反。公子归生大为害怕,顺从了公子宋。

这一年夏天,郑灵公被弑。《春秋》记载:"郑公子归生弑其君夷。"这是因为公子归生的权谋不足——他与公子宋同朝为官,就算爵位略低于公子宋,只要有一定的权谋,也不至于被公子宋控制,成为弑君的同党。

君子以为,公子归生"仁而不武,无能达也"。仁是指他不忍弑君,不武是批评他没有勇气对抗公子宋,所以最终不能坚持仁之初心,得到仁的结果。史官记事的规矩:但凡弑君的行为,如果只记载国君的名字,是因为国君无道;记载臣下的名字,则是因为臣下有罪。

郑人立子良。辞曰:"以贤,则去疾不足;以顺,则公子坚长。"乃立襄公。

襄公将去穆氏,而舍子良。子良不可,曰:"穆氏宜存,则固愿也。若将亡之,则亦皆亡,去疾何为?"乃舍之,皆为大夫。

郑灵公死后,群臣商议大事,想立郑穆公的庶子公子去疾(字子良)为君。公子去疾辞谢:"如果论贤能,去疾是不够资格的;如果论年龄,则公子坚年长。"

公子坚也是郑穆公的庶子,年长于公子去疾。郑国人于是立公子坚为君,是为郑襄公。

郑襄公一上台,便想驱逐"穆氏",也就是郑穆公的后人、他本人的兄弟,但是不包括公子去疾,算是对公子去疾让位给他的回报。

公子去疾建议郑襄公不要这样做:"我本来以为,穆公的子孙都应该留在郑国。如果要让他们都逃离郑国,那就一起逃亡,去疾为什么要单独留下呢?"言下之意,兄弟共同进退,一荣俱荣,一损俱损,绝不独善其身。郑襄公被感动了,于是放弃了原来的想法,将兄弟们留下,让他们都做了大夫。

初,楚司马子良生子越椒。子文曰:"必杀之!是子也,熊虎之状而豺狼之声;弗杀,必灭若敖氏矣。谚曰:'狼子野心。'是乃狼也,其可畜乎?"子良不可。子文以为大戚。及将死,聚其族,曰:"椒也知政,乃速行矣,无及于难。"且泣曰:"鬼犹求食,若敖氏之鬼不其馁而?"

及令尹子文卒，斗般为令尹，子越为司马。苏贾为工正，谮子扬而杀之，子越为令尹，己为司马。子越又恶之，乃以若敖氏之族，圄伯嬴于辕阳而杀之，遂处烝野，将攻王。王以三王之子为质焉，弗受。师于漳澨。秋七月戊戌，楚子与若敖氏战于皋浒。伯棼射王，汰辀，及鼓跗，著于丁宁。又射汰辀，以贯笠毂。师惧，退。王使巡师曰："吾先君文王克息，获三矢焉，伯棼窃其二，尽于是矣。"鼓而进之，遂灭若敖氏。

当初，楚国的司马子良生了斗椒子越。令尹子文建议子良杀掉这个儿子，理由是：斗椒长得像虎熊，声音像豺狼，不杀的话，必定会使若敖氏灭亡。谚语所谓"狼子野心"，说的便是斗椒这种人。豺狼怎么能够养在家里？

若敖是楚武王的爷爷熊仪的称号，其后人以若敖为氏，是楚国的名门望族。若敖的儿子斗伯比效力于楚武王，为楚国开疆拓土立下汗马功劳。斗伯比生了子文、子玉、子良。子文即斗縠於菟，在楚成王年代为令尹，协助楚成王对抗齐桓公，堪称楚国的管仲；子玉即成得臣，继子文为令尹，在城濮之战中败于晋文公，后自杀；子良虽然没有当上令尹，但是贵为司马，也是卿一级的大官。若敖氏在楚国的权势，可谓盛极一时。

子良当然不会因为子文的一句话就杀掉自己的儿子。子文则因为这件事而大为忧虑，临终之际，将自己的族人都召集起来，特别交代：有朝一日假如斗椒执政，你们就赶紧逃离楚国，以免受到牵连，遭受祸患。他越说越伤心，又哭着说："鬼如果要求食物的话，若敖氏的鬼岂不是要挨饿了吗？"言下之意，家族灭亡，祖先就无人祭祀了。

令尹子文死后，其子斗般（字子扬）为令尹，斗椒为司马——老左这句话写得有点含糊，容易让人产生误解。事实上，子文还没去世，就将令尹之位让给了成得臣子玉。成得臣自杀后，苏吕臣继任令尹，接着是斗勃子上、成大心、成嘉，然后才轮到斗般。这个时候，子文已经去世有些年头了。

斗椒和斗般是堂兄弟，但是因为子文说过那样的话，我们不难想象，这对堂兄弟之间的关系并不好。当时芳吕臣的儿子芳贾（字伯嬴）担任工正，和斗椒串通一气，在楚庄王面前说斗般的坏话，诱使楚庄王杀了斗般。于是斗椒当上了令尹，芳贾当上了司马。但是很快，斗椒又与芳贾产生了矛盾。斗椒凭借着若敖氏的强大武力，在辕阳囚禁芳贾，将他杀掉，顺势屯兵烝野，准备进攻楚庄王。

这就是明目张胆地造反了。斗椒来势汹汹，楚庄王提出和谈，并打算以楚文王、楚成王、楚穆王的后人（也就是王室的近亲）作为人质交给斗椒，遭到拒绝。

王军与叛军在漳水之滨对峙。七月初九日，双方在皋浒交战。斗椒引弓射楚庄王，箭飞过车辕，穿过鼓架，钉在铜钲上。其弓之强，其箭之利，简直是骇人听闻。楚庄王还没回过神，斗椒又射一箭，飞过车辕，射透车盖。楚庄王强自镇定，士兵们却害怕了，开始退却。楚庄王派人巡视部队，四处宣告说："当年我们的先君文王打败息国，得到三支箭，伯棼（斗椒）窃取了其中的两支，现在已经用完啦！"同时擂起战鼓，向叛军发动进攻，结果大获全胜，就此消灭了若敖氏。

顺便提一下，斗椒虽然兵败身亡，他的儿子苗贲皇却逃到了晋国。此人将给楚国带来巨大的威胁，此乃后话。

初，若敖娶于䢵，生斗伯比。若敖卒，从其母畜于䢵，淫于䢵子之女，生子文焉。䢵夫人使弃诸梦中。虎乳之。䢵子田，见之，惧而归。夫人以告，遂使收之。楚人谓乳穀，谓虎於菟，故命之曰斗穀於菟。以其女妻伯比。实为令尹子文。

其孙箴尹克黄使于齐，还及宋，闻乱。其人曰："不可以入矣。"箴尹曰："弃君之命，独谁受之？君，天也，天可逃乎？"遂归，复命，而自拘于司败。王思子文之治楚国也，曰："子文无后，何以劝善？"使复其所，改命曰生。

回想当初，若敖在邓国娶妻，生了斗伯比。若敖死后，斗伯比跟着他的母亲在邓国生活，和邓子的女儿私通，生下一子。这当然是见不得光的，邓夫人为了给女儿遮丑，命人将孩子扔在云梦泽中，任其自生自灭。奇怪的事情发生了，有一只母老虎看到了，竟然没有吃了他，而是用自己的乳汁抚养了他。

后来，邓子出门打猎，看到了这副场景，不知道是什么妖孽，心下害怕，赶紧回去了。邓夫人于是将女儿的事情告诉了邓子，夫妻俩一合计，派人将这孩子接了回来。楚地方言，将乳汁叫作"彀"，将虎叫作"於菟"，所以将这孩子命名为"斗彀於菟"。邓子干脆将女儿嫁给了斗伯比。斗彀於菟就是令尹子文。

斗椒造反的时候，子文的孙子箴尹（官名）克黄正在访问齐国。回国途中，经过宋国的时候，听到叛乱的消息。手下人以为楚国是不能再回去了，建议他逃亡他国。克黄说："丢弃国君的使命，谁又会接受我呢？国君，就是上天，上天难道是可以逃避的吗？"于是回到楚国复命，并主动跑到司败那里请求囚禁。对于这样一位臣子，楚庄王是恨不起来的。他又想起了子文辅佐楚成王治理楚国的丰功伟绩，说："如果连子文都没有后代在楚国，还用什么来劝人为善？"于是让克黄官复原职，将他的名字改为"生"。

冬，楚子伐郑，郑未服也。

同年冬天，刚刚结束叛乱的楚庄王讨伐郑国。这是因为前年楚国入侵郑国，郑国没有臣服。

鲁宣公五年

公元前 604 年,鲁宣公五年。

五年春,公如齐,高固使齐侯止公,请叔姬焉。

夏,公至自齐,书,过也。

秋九月,齐高固来逆女,自为也。故书曰:"逆叔姬。"即自逆也。

冬,来,反马也。

五年春,鲁宣公访问齐国。

前面说过,鲁宣公之所以能够上台,是因为得到了齐惠公的默许。因此,上台以来,立即娶齐国公主为妻,将济西之地割让给齐国,去年第一次访问齐国(老左没有记载),今年又访问齐国,孝心委实可嘉。不料,这一次访问却出了点小状况——齐国的上卿高固要齐惠公留住鲁宣公,不让他回国。为什么?当然不是热情好客,而是向鲁宣公提出,要将鲁国的公主叔姬嫁给高固为妻。

这就很欺负人了,且不说鲁国的公主嫁给齐国的上卿合不合适,就算是门当户对,也不能用这种无赖的方式求婚啊!

直到夏天,鲁宣公才回国。当然是屈服了,否则也回不来。《春秋》记载此事,是因为他有过错。

同年九月,高固来到鲁国迎接公主,这是为了他自己。当时的规矩,诸侯娶妻,派卿出境迎亲,这样的记载比比皆是。所以《春秋》记载"逆叔姬",是特别说明卿亲自迎娶自己的妻子,以免引起误会。

到了冬天,高固又来到鲁国,而且带上了新娘子叔姬,是为了"反马"。这是当时的婚俗:大夫以上的贵族娶妻,新娘子坐娘家的车,驾娘家的马,去到新郎家。婚后三个月,将车留在夫家,马则遣返娘家,称为"反马"。留车的意思,是娘家提醒新娘子,如果不守妇道,被夫家赶出来,还得坐这个车回去;反马的意思,是夫家表态,会好好看待媳妇,不至于发生休妻之事,请亲家放心。

说白了,都是客气。

楚子伐郑,陈及楚平。晋荀林父救郑,伐陈。

继去年讨伐郑国后,楚庄王再度出兵讨伐郑国。原本顺从晋国的陈国害怕了,与楚国媾和。晋国派荀林父带兵救援郑国,讨伐陈国。

鲁宣公六年

公元前 603 年,鲁宣公六年。

六年春,晋、卫侵陈,陈即楚故也。

六年春,晋国、卫国入侵陈国,是因为陈国依附了楚国。

夏,定王使子服求后于齐。

夏天，周定王派大夫子服向齐国求婚，也就是请齐国将公主嫁给周定王为王后。

秋，赤狄伐晋，围怀及邢丘。晋侯欲伐之。中行桓子曰："使疾其民，以盈其贯，将可殪也。《周书》曰：'殪戎殷。'此类之谓也。"

秋天，赤狄入侵晋国，包围了怀地和邢丘。晋成公想出兵讨伐赤狄，荀林父（即中行桓子）说："让赤狄祸害他们的百姓，使其恶贯满盈，就可以一举歼灭了。《周书》上说，'灭掉大殷'，说的就是这一类事情。"

话虽如此，晋国之所以对赤狄的进攻保持忍耐，最主要的原因还是——自打楚庄王解决了国内的叛乱，楚国的国势日益强大，晋国必须集中精力对付楚国的威胁了。

冬，召桓公逆王后于齐。

冬天，王室卿士召桓公前往齐国，为天子迎娶王后。

楚人伐郑，取成而还。

楚国讨伐郑国，与郑国媾和后，撤军回国。

郑公子曼满与王子伯廖语，欲为卿。伯廖告人曰："无德而贪，其在《周易》《丰》☲之《离》☲，弗过之矣。"间一岁，郑人杀之。

郑国大夫公子曼满与王子伯廖交谈，说到自己想要成为郑国的卿。王子伯廖对别人说，公子曼满无德，而且贪婪，应于《周易》的"丰之离"，过不了多久就要灭亡了。

《丰》卦的上卦为《震》☳，下卦为《离》☲；《离》卦的上卦、下卦皆为《离》☲。所谓"丰之离"，是《丰》卦的第六爻发生了变化，其爻辞为："丰其屋，蔀其家，窥其户，阒其无人，三岁不觌。凶。"周易的爻辞极为难懂，似是而非，很难翻译成现代文。这句话的大概意思是，人无德而扩大家宅，不过三年就要灭亡。

果然，两年之后，郑国人杀了公子曼满。

鲁宣公七年

公元前 602 年，鲁宣公七年。

七年春，卫孙桓子来盟，始通。且谋会晋也。

孙桓子是卫国的卿，名良夫，桓为其谥号。

七年春，卫国派孙良夫到鲁国结盟。这是鲁宣公即位以来，两国第一次修好，同时也是为了商量与晋国会盟的事。

夏，公会齐侯伐莱，不与谋也。凡师出，与谋曰"及"，不与某曰"会"。

对鲁国来说，晋国当然是要讨好的。可是晋国很遥远，相比之下，更为迫切的是讨好齐国。所以这一年夏天，鲁宣公和齐惠公会师，共同讨伐莱国。原文所谓"不与谋也"，是因为莱国与鲁国并不接壤，攻打莱国完全是齐惠公的主意,最终获利的也只是齐国,鲁国占不到任何便宜。《春秋》记事,但凡军队出动,如果是两国商量好的,写作"及",例如"公及齐侯伐莱";如果不是两国商量好的,写作"会",也就是"公会齐侯伐莱"了。

赤狄侵晋,取向阴之禾。

赤狄再度入侵晋国,割走了向阴的谷子。晋国还是采取荀林父的策略,戒急用忍,等待机会。

郑及晋平,公子宋之谋也,故相郑伯以会。冬,盟于黑壤,王叔桓公临之,以谋不睦。

郑国与晋国媾和,这是出于公子宋的主意。所以这一年冬天,晋、鲁、宋、卫、郑、曹六国诸侯在黑壤举行会盟。公子宋辅佐郑襄公前来参加会议。天子则派王叔桓公为使者莅临会场,谋划对付那些不肯臣服的国家。

晋侯之立也,公不朝焉,又不使大夫聘,晋人止公于会。盟于黄父,公不与盟。以赂免。故黑壤之盟不书,讳之也。

晋成公即位的时候,鲁宣公没有前去朝贺,也没有派大夫前去聘问,晋成公对此耿耿于怀。这次黑壤之会,晋国人便扣留了鲁宣公。诸侯们在黄父盟誓,鲁宣公也没有参加,后来还是贿赂了晋国人,才得以重获自由。所以《春秋》记载此事,只记载"公会晋侯、宋公、卫侯、郑伯、曹伯于黑壤",却不说举行了盟誓,这是因为有所忌讳。

鲁宣公八年

公元前 601 年，鲁宣公八年。

八年春，白狄及晋平。夏，会晋伐秦。晋人获秦谍，杀诸绛市，六日而苏。

八年春，白狄与晋国媾和。夏天，白狄出兵与晋军会合，共同攻打秦国。晋国人抓获了秦国的间谍，在绛都的街市公开处死。诡异的是，六日之后，这名间谍竟然复活了……

有事于大庙，襄仲卒而绎，非礼也。

这一年夏天，鲁国的阴谋家、政客、权臣公子遂去世了。据《春秋》记载，公子遂是在前往齐国访问的路上发病，中途折返，死于齐国的垂地。鲁国为他连续两天举行祭祀，这是非礼的。

还有一件事老左没有记载：公子遂死后不久，鲁宣公的母亲敬嬴也去世了。想当年，鲁文公还在世的时候，敬嬴便"私事"公子遂。具体如何"私事"，仅仅是政治结盟，还是另有私情，则不得而知。但是，敬嬴正是凭借着公子遂的帮助，才将鲁宣公扶上君位，这是不争的事实。现在，公子遂刚刚去世，敬嬴便撒手西去，让人难免猜测：这两个人之间的感情，竟然是生死与共的。

楚为众舒叛，故伐舒蓼，灭之。楚子疆之。及滑汭，盟吴、越而还。

> 楚国因为舒姓诸国背叛，所以讨伐并消灭了舒国、蓼国。楚庄王为
> 此界定新的边界，抵达滑水拐弯处，与吴国、越国结盟，而后返回。

晋胥克有蛊疾。郤缺为政。秋，废胥克，使赵朔佐下军。

> 晋国的下军副帅胥克得了蛊疾。
>
> 蛊是一种毒虫，随食物或水进入人的肠胃，毒害人体器官，并导致人
> 形容憔悴、精神错乱，其症状有如中邪。胥克得了这样的病，当然不能视
> 事。当时赵盾已经去世，郤缺接替了他担任中军元帅。秋天，郤缺罢免胥
> 克的职务，改任赵盾的儿子赵朔为下军副帅。
>
> 因为这件事，胥家和郤家结下了梁子，也为后来郤氏的灭门种下了前
> 因。

冬，葬敬嬴，旱，无麻，始用葛茀。雨，不克葬，礼也。礼，卜葬，先远
日，避不怀也。

> 冬天，鲁国为敬嬴举行葬礼。
>
> 茀即绋，也就是牵引棺材的绳索。古人送葬，不兴抬棺，而是以执绋
> （拉着绳子）表示对死者的尊重和惜别之情。"周礼"对此有明确规定：天
> 子可以用六绋，诸侯四绋，卿大夫及士用二绋。茀本来是用麻绳。但是
> 因为这一年大旱，没有产麻，所以第一次用葛来做茀。那也就意味着，鲁
> 国此后都是以葛做弗了。
>
> 有意思的是，这一年大旱，到了敬嬴出殡的时候，却又下起雨来，以
> 至于不能安葬。老左以为，这是合礼的。为什么？因为按照周礼，在通

过占卜选择下葬的日期的时候,要优先考虑比较远的日期,尽量推迟下葬,这是为了避免让人们认为对死者没有怀念之情。换言之,这一年冬天的雨并不大,至少不会大到让葬礼无法举行。但是鲁宣公为了表现对母亲的怀念,故意将葬礼推迟了。

城平阳,书,时也。

鲁国在平阳筑城。《春秋》加以记载,是因为冬天农闲,役使民力是符合时令的。

陈及晋平。楚师伐陈,取成而还。

陈国和晋国媾和。楚国立即做出反应,出兵讨伐陈国,迫使陈国又臣服楚国,而后退兵。

晋楚两国之间的竞争,又开始升温了。

鲁宣公九年

公元前600年,鲁宣公九年。

九年春,王使来征聘。夏,孟献子聘于周。王以为有礼,厚贿之。

九年春,王室派使者访问鲁国。原文所谓"征聘"的意思,是示意鲁国该派使者前往雒邑问个安,送点贡品,表达一下敬意啦!

　　说来令人寒心,鲁国作为姬姓诸侯,又是周公之后,而且自诩知礼,却长期对王室不闻不问。鲁宣公即位之后,从未想过要去朝见一下天子,只是一门心思讨好齐惠公,三天两头往齐国跑。据《春秋》记载,就在这一年正月,鲁宣公还屁颠儿屁颠儿地跑到齐国去拜年,住了好些天才回来。对于王室的请求,他好歹算是有个回应:这一年夏天,"三桓"之一的仲孙蔑(孟献子)受命访问王室。周定王大为感动,以为仲孙蔑有礼,赏赐给他一大笔财物。

秋,取根牟,言易也。

　　秋天,鲁国攻取周边小国根牟。之所以用"取"字,是说明很容易。

滕昭公卒。

　　滕昭公去世。

会于扈,讨不睦也。陈侯不会。晋荀林父以诸侯之师伐陈。晋侯卒于扈,乃还。

　　《春秋》记载:"九月,晋侯、宋公、卫侯、郑伯、曹伯会于扈。"会于扈的目的,是对付那些不顺从晋国而追随楚国的国家。陈灵公没有参加这次会议。会后,晋国的荀林父便带领各诸侯国军队讨伐陈国。意外发生了,晋成公突然在扈地去世,荀林父只得领兵回国。

　　晋成公的太子据即位,是为晋景公。

冬,宋人围滕,因其丧也。

冬天,宋国人趁火打劫,趁着滕国操办滕昭公的丧事,出兵围攻滕国。

陈灵公与孔宁、仪行父通于夏姬,皆衷其祖服,以戏于朝。泄冶谏曰:"公卿宣淫,民无效焉,且闻不令,君其纳之!"公曰:"吾能改矣。"公告二子。二子请杀之,公弗禁,遂杀泄冶。

孔子曰:"《诗》云:'民之多辟,无自立辟。'其泄冶之谓乎。"

晋国和楚国争霸,最苦的是地处河南的陈国、郑国、蔡国。投靠晋国吧,楚军随时到来;投靠楚国吧,晋国时不时组织诸侯大军来讨伐,可以说是风箱中的老鼠,两头受气。以陈国为例——

鲁宣公五年:"楚子伐郑,陈及楚平。晋荀林父救郑,伐陈。"

鲁宣公六年:"晋、卫侵陈,陈即楚故也。"

去年:"陈及晋平。楚师伐陈,取成而还。"

今年:"晋荀林父以诸侯之师伐陈。"

陈国基本上每年都在挨打,日子过得甭提有多憋屈了。可就是在这种环境下,陈灵公竟然过得很潇洒——确切地说,是过得很荒淫。

他喜欢上了一个叫夏姬的女人。夏姬是郑穆公的女儿,嫁给一个叫子蛮的人,子蛮死后又嫁给陈国大夫御叔为妻。御叔的祖上,曾经有一位名叫少西的,字子夏。因此,御叔以夏为氏,有时又被称为少西氏。其时夏御叔已经去世,家业由他和夏姬的儿子夏征舒继承。

寡妇门前是非多,夏姬又是个不甘寂寞的漂亮女人,和陈灵公搞到一起也就不足为奇了。奇的是,不仅仅是陈灵公和夏姬有事儿,陈灵公的宠臣孔宁、仪行父和夏姬也不清不楚。大伙肯定以为,一个女人有三位情夫,时间管理想必很难吧? 答案却是一点也不难。因为夏姬的这三位情夫,互相是知情的。三个人甚至都穿着夏姬的贴身汗衣,公然在朝堂上嬉皮笑脸地打闹。此间种种不堪，各位尽管脑补。

大夫泄冶看不过眼，直言劝谏陈灵公："国君和卿宣扬淫乱，百姓就没有可以仿效的榜样了。而且这种行为，传出去名声也不好，您还是把它收起来吧！"陈灵公说："我知道错了，我改。"回头将这件事告诉孔宁和仪行父。这两个人便请求陈灵公允许他们杀了泄冶。陈灵公"弗禁"，也就是不反对。于是孔宁和仪行父派人杀了泄冶。

孔子对这件事的评价颇有意思，他引用了《诗经·大雅》中的一句"民之多辟，无自立辟"来形容泄冶。诗句的意思：既然国人多行邪恶，就不要自立法度惹祸上身。这也是孔子一直秉持的人生哲学："国有道，其言足以兴；国无道，其默足以容。"举国皆狂的年代，保持沉默并不可耻，所谓直言不讳，除了惹祸上身，并没有什么实际意义。

楚子为厉之役故，伐郑。

晋郤缺救郑。郑伯败楚师于柳棼。国人皆喜，唯子良忧曰："是国之灾也，吾死无日矣。"

所谓"厉之役"，杜预以为即鲁宣公六年楚国讨伐郑国，双方在厉地谈判、媾和，郑宣公中途逃跑。因此，楚庄王再度兴师讨伐郑国。

晋国迅速反应，派郤缺率军救郑。郑襄公得到强援，竟然雄起，在柳棼大败楚军。捷报传来，举国欢庆，唯有公子去疾（子良）忧心忡忡，以为这是国家的灾难，"我们离灭亡恐怕不会太久了"。

公子去疾为什么有这样的忧虑？道理很简单：楚强郑弱。一次偶然的胜利，并不足以改变双方的力量对比。楚国经此一败，势必采取更严厉的措施来对付郑国。而晋国不可能每次都及时派兵援救，郑国面临的形势不容乐观，一场巨大的风暴即将来临。

鲁宣公十年

公元前 599 年, 鲁宣公十年。

十年春, 公如齐。齐侯以我服故, 归济西之田。

十年春, 鲁宣公再度访问齐国, 这也是他即位以来第四次访问齐国, 孝心委实可嘉。

齐惠公则因为鲁国已经臣服, 将当年鲁国割让的济西之地又还给了鲁国。

夏, 齐惠公卒。崔杼有宠于惠公, 高、国畏其逼也, 公卒而逐之, 奔卫。

书曰"崔氏", 非其罪也; 且告以族, 不以名。凡诸侯之大夫违, 告于诸侯曰: "某氏之守臣某, 失守宗庙, 敢告。"所有玉帛之使者则告; 不然, 则否。

齐惠公肯归还鲁国的济西之地, 也许是"人之将死, 其言也善"——这一年夏天, 齐惠公去世了。太子无野即位, 是为齐顷公。

齐惠公有个宠臣, 名叫崔杼。宠到什么地步? 连高氏、国氏都害怕他。要知道, 高、国二氏可是齐国的两根台柱子, 崔杼即便再受宠爱, 也不该骑到他们头上。这不, 齐惠公刚去世, 高、国二氏便联合起来驱逐崔杵,迫使他逃奔卫国。

《春秋》记载:"齐崔氏出奔卫。"是因为罪不在崔杼。而且齐国向其他诸侯通报这件事,也是说崔氏而非崔杼。但凡诸侯有大夫离开本国,向诸侯通报说:"某氏的守臣某某,失守宗庙,谨此通报。"凡是有友好关系的国家便发通报,否则就不发。

公如齐奔丧。

鲁宣公第五次去齐国,是为齐惠公奔丧。

陈灵公与孔宁、仪行父饮酒于夏氏。公谓行父曰:"征舒似女。"对曰:"亦似君。"征舒病之。公出,自其厩射而杀之。二子奔楚。

陈国的事情,越来越荒诞。

据《国语》记载:去年冬天,周定王派单襄公出访宋国和楚国,途经陈国。时值十月,单襄公看到陈国一片萧条景象:道路上杂草丛生,路旁没有绿化,负责到边境迎送宾客的官员不见踪影,主管建设的司空不巡视道路,塘堰上没有水利设施,河流上没有桥梁,田野里的粮食也没有收割完毕,庄稼长得像草。首都的国宾馆已经荒废,一般的城市也没有像样的旅舍,陈国人对于天子的使臣不闻不问,连最起码的伙食都不能安排。要问陈国人都到哪里去了? 回答是,给夏家筑亭台楼阁去了。夏家贵客盈门,陈灵公、孔宁、仪行父戴着楚国时兴的帽子,相约前往夏家参加派对。单襄公由此判断,陈国快要灭亡了。

今年五月,陈灵公又带着孔宁和仪行父到夏家饮酒作乐。席间,陈灵公看着仪行父,突然说道:"咦,夏征舒长得很像你耶!"仪行父嬉皮笑脸地回答:"也像国君您啊!"

对夏征舒来说,这是奇耻大辱。本来他就对陈灵公的无耻感到愤怒,又为母亲的荒淫感到羞愧,而在愤怒和羞愧之后,也只能是忍气吞声。现在人家跑到家里来,肆无忌惮地侮辱自己的父亲,这个年轻人无论如何都咽不下这口气了。等到陈灵公出来的时候,夏征舒躲在马厩里,一箭射死了陈灵公。

孔宁和仪行父逃到了楚国。

滕人恃晋而不事宋,六月,宋师伐滕。

去年滕昭公去世,宋国趁火打劫,入侵滕国。

滕国觉得可以依靠晋国这个霸主主持公道,不肯屈就宋国。这一年六月,宋国再度出兵讨伐滕国。

郑及楚平,诸侯之师伐郑,取成而还。

去年,郑国在柳棼打败楚国。今年,郑国又主动与楚国媾和了。晋国马上组织诸侯部队讨伐郑国。郑国又向晋国低头,双方媾和,而后晋国退兵。说句题外话,这便是春秋时期的猫鼠游戏——楚国和晋国是猫,郑国、陈国、蔡国等中原小国都是老鼠。晋猫和楚猫自打城濮之战后,没有正面冲突,总是拿郑鼠、陈鼠出气。而郑鼠、陈鼠也学会了生存之道:晋猫来了就投靠晋猫,楚猫来了就投靠楚猫,总之保命要紧,立场随时可变。而且,时间一长,老鼠也精了,它们猜准了猫的心思,知道猫大老远来一趟也不容易,来了也不敢把老鼠逼得太急——万一把老鼠逼到另外一只猫那边去了,得不偿失。老鼠由此而获得了回旋的空间,应付起猫来得心应手,有时候竟然分不清是猫戏老鼠还是老鼠戏猫了。

秋,刘康公来报聘。

报聘即回访。王室派刘康公到鲁国来访问，是对去年仲孙蔑访问王室的回应。礼尚往来，本当如此，只不过鲁国对于王室，始终是应付态度；对于齐国，那才是真正的"有礼"。请接着往下看——

师伐邾，取绎。

季文子初聘于齐。

冬，子家如齐，伐邾故也。

国武子来报聘。

鲁国出兵讨伐邾国，攻取绎地。

齐顷公即位后，季孙行父（季文子）第一次访问齐国。

冬天，公孙归父（子家）又访问齐国，是为了解释鲁国为什么要讨伐邾国。说实话，鲁国攻打邾国，不是一次两次，也不是三次四次，而是十次八次。以前从来不向齐国通报，现在却要派使者专程去解释，只能说是谄媚。

齐顷公很欣赏鲁宣公的这份孝心，派上卿国佐回访鲁国。

楚子伐郑。晋士会救郑，逐楚师于颍北。诸侯之师戍郑。

猫又来了。

这一年冬天，楚庄王亲率大军讨伐郑国。晋国派士会率军救援，诸侯联军在颍水之北追击楚军，并停留驻扎，戍守郑国。

郑子家卒。郑人讨幽公之乱，斫子家之棺，而逐其族。改葬幽公，谥之曰"灵"。

郑国的公子归生（子家）去世。

鲁宣公四年，公子宋、公子归生弑郑灵公。当时给郑灵公定的谥号是"幽"。这是个恶谥，意思是壅遏不通，动祭乱常。现在，郑国人秋后算账，砍开公子归生的棺材，暴尸示众，而且驱逐他的族人。然后又改葬先君，将谥号改为"灵"。这其实也是个恶谥，意思是乱而不损，但是总比"幽"稍微好一点吧。

鲁宣公十一年

公元前 598 年，鲁宣公十一年。

十一年春，楚子伐郑，及栎。子良曰："晋、楚不务德而兵争，与其来者可也。晋、楚无信，我焉得有信。"乃从楚。

夏，楚盟于辰陵，陈、郑服也。

十一年春，楚庄王讨伐郑国，大军抵达郑国的陪都栎城。公子去疾以为，晋国和楚国不修德政而致力于武力竞争，谁打过来听谁的就是了。"他们既无诚信可言，我们为什么要讲信用？"于是向楚国屈服。

夏天，楚国、陈国、郑国在辰陵举办会盟，是因为陈国和郑国臣服了。至于是不是真的臣服，恐怕不只楚庄王心里没底，陈成公和郑襄公自己心里也没底。

楚左尹子重侵宋，王待诸郔。

楚庄王显然明白,如果立即撤军回国,过不了多久,陈国和郑国又会反水。于是派左尹公子婴齐(楚庄王的弟弟,字子重)入侵宋国,楚庄王本人则在郔地等待。

令尹蒍艾猎城沂,使封人虑事,以授司徒。量功命日,分财用,平板干,称畚筑,程土物,议远迩,略基趾,具糇粮,度有司。事三旬而成,不愆于素。

令尹蒍艾猎,是蒍贾的儿子,又名敖,字孙叔,又字艾猎,史上一般称为孙叔敖。关于此人,最为人熟知的有两段典故:

其一是孟子的名篇,入选中学语文课本的《生于忧患,死于安乐》,里面写道:"管夷吾举于士,孙叔敖举于海,百里奚举于市……"将孙叔敖与管仲、百里奚等人相提并论,以为他是在海滨隐居而被楚庄王起用,这真是笑话。蒍氏在楚国也是名门望族,孙叔敖的祖父蒍吕臣当过令尹,父亲蒍贾当过司马,他作为一个根正苗红的公子哥儿,原本就是统治集团中的一员,怎么可能隐居海滨呢?

其二是西汉刘向所记孙叔敖杀两头蛇的故事,同样入选小学语文课本,在此不赘。

回到正题:孙叔敖主持修建沂城,命当地官员做好工程筹划,报告给司徒。计量工程,规定日期,分配资源,用夹板和支柱平整城墙,使土方与进度相称,预先准备材料,就地取材,巡视城基合理选址,准备粮食,审核监工人选,三十天完成工作,没有浪费人力物力。

晋郤成子求成于众狄。众狄疾赤狄之役,遂服于晋。秋,会于欑函,众狄服也。

是行也,诸大夫欲召狄。郤成子曰:"吾闻之,非德,莫如勤,非勤,何以求人?能勤,有继。其从之也。《诗》曰:'文王既勤止。'文王犹勤,况寡德乎?"

晋国的郤缺向狄人各部抛出橄榄枝,谋求友好合作。

狄人是中原诸国对北方游牧民族的通称。事实上,他们并不见得是同一个种族、同一种文化、同一个政权。当时,狄人中最强大的是赤狄。赤狄不仅侵略中原,也奴役其他部落。这些部落饱受其害,也想向晋国寻求支援,所以就顺服了晋国。

这一年秋天,晋景公前往狄人控制的欑函,会见了狄人各部首领。此番会见,晋国的诸位大夫本来是想将狄人召到晋国来的。郤缺不同意,说:"我听闻,如果德不能服人,那就只能自己勤快点。自己不勤快,凭什么要求别人勤快? 能够勤快,才有好的结果,还是我们去狄人那里吧!"又引《诗经·周颂》中的一句"文王既勤止"道:"周文王有那么高的德行,尚且勤快,何况我们这些寡德之人呢?"

关于这件事,有必要多说两句。以晋国的强大,将狄人召至绛都来会见,其实也未尝不可。但是强大和有德,并不是一回事。强大令人敬畏,有德令人钦服。国与国之间交往,如果总是端起架子,摆出一副居高临下的态度,是交不到真正的朋友的;保持谦虚谨慎,反而有利于团结。郤缺作为晋国的首席执政官,对这一点有着相当清醒的认识。他要晋景公放下大国元首的架子,主动跑到欑函去会见狄人,果然赢得了狄人的尊重。原文中的狄人"遂服于晋",是因为受到赤狄的欺负,出于功利的考虑,寻求晋国的帮助;后来的"众狄服也",则是因为晋景公亲自前来,态度诚恳,大伙都心悦诚服了。

冬,楚子为陈夏氏乱故,伐陈。谓陈人:"无动! 将讨于少西氏。"遂入陈,杀夏征舒,轘诸栗门。因县陈。陈侯在晋。

申叔时使于齐,反,复命而退。王使让之,曰:"夏征舒为不道,弑其君,寡人以诸侯讨而戮之,诸侯、县公皆庆寡人,女独不庆寡人,何故?"对曰："犹可辞乎?"王曰："可哉!"曰："夏征舒弑其君,其罪大矣,讨而戮之,君之义也。抑人亦有言曰:'牵牛以蹊人之田,而夺之牛。'牵牛以蹊者,信有罪矣;而夺之牛,罚已重矣。诸侯之从也,曰讨有罪也。今县陈,贪其富也。以讨召诸侯,而以贪归之,无乃不可乎?"王曰："善哉! 吾未之闻也。反之,可乎?"对曰："吾侪小人所谓'取诸其怀而与之'也。"乃复封陈,乡取一人焉以归,谓之夏州。故书曰"楚子入陈。纳公孙宁、仪行父于陈",书有礼也。

去年,夏征舒弑陈灵公,孔宁和仪行父逃至楚国。对楚庄王来说,这正是控制陈国的一个绝好机会。这一年冬天,楚庄王以夏氏作乱为由,出兵讨伐陈国,而且对陈国人宣称:"你们不要害怕,我是来讨伐少西氏的。"

少西氏即夏氏。陈国的百姓不喜欢陈灵公,也不拥护夏征舒。楚庄王很轻易地进入了陈国,杀死夏征舒——为了显示伸张正义,夏征舒是在陈国首都上蔡的栗门被车裂而死的。楚庄王为陈灵公报了仇,便奖励自己,将陈国变成了楚国的一个县。这也是楚国历来的搞法,楚国著名的申县、息县、叶县等,哪一个原本不是诸侯国?

陈灵公的世子午,此时正在晋国。

楚国大夫申叔时奉命出使齐国,回来之后,向楚庄王复命,然后退下。楚庄王觉得很不爽,派人责备申叔时:"夏征舒大逆不道,弑其国君,寡人带领诸侯讨伐而诛杀了他。诸侯和县公们都向寡人表示祝贺,只有你不贺寡人,这是为什么?"申叔时说:"我还可以申述吗?"楚庄王说:"可以!"申叔时说:"夏征舒弑君,这个罪行是很大,讨伐他而且诛杀他,这正是君王应该做的事。不过呢,人们也有这样一句话:'牵着牛踩坏了人家的田地,就把他的牛抢过来。'牵牛踩田的人,当然是有罪的;可是把他的牛抢过来,这个处罚就太重了。诸侯跟随您,说是为讨伐有罪之人。现在您却把陈国设置为县,这就是贪图它的富庶了。以讨罪召集诸侯,而以贪婪来结束，恐怕不可以这样吧？"楚庄王说："对哦！我咋就没听说过这些话呢？那我把陈国还给他们，可以吗？"申叔时说："这就是我们这些小人所说的'从谁怀里拿出来的就还给他'啊！"

楚庄王于是重新封建陈国，派人到晋国迎接世子午回来为君，是为陈成公。为了纪念这次丰功伟绩，楚庄王又下令从陈国每一个乡都带回一个人到楚国，让他们集中居住在一起，称为"夏州"。

《春秋》记载："楚子入陈。纳公孙宁、仪行父于陈。"是表彰楚庄王做得有礼。

又据《史记》记载，孔子读到这段历史的时候，对楚庄王赞不绝口，以为其"轻千乘之国而重一言"。对照晋景公对狄人的举动，不难看出，晋楚争霸发展到这个时期，双方在保持武力扩张的同时，又不约而同地开启了"贤者模式"，开始以德服人了。

厉之役，郑伯逃归，自是楚未得志焉。郑既受盟于辰陵，又徼事于晋。

鲁宣公六年，楚国讨伐郑国，双方在厉地谈判、媾和，郑宣公中途逃跑。从那时候开始，楚国就没有得志于郑国，也就是没有使郑国真正顺服。这一年夏天的辰陵之盟，郑襄公虽然也参加了，接受了楚国的盟约，但是背地里又向晋国讨好，请求侍奉晋国。这只风箱里的老鼠，已经变得越来越滑头了。

鲁宣公十二年

公元前 597 年,鲁宣公十二年。

十二年春,楚子围郑,旬有七日。郑人卜行成,不吉;卜临于大宫,且巷出车,吉。国人大临,守陴者皆哭。楚子退师。郑人修城。进复围之,三月,克之。入自皇门,至于逵路。郑伯肉袒牵羊以逆,曰:"孤不天,不能事君,使君怀怒以及敝邑,孤之罪也,敢不唯命是听? 其俘诸江南以实海滨,亦唯命;其翦以赐诸侯,使臣妾之,亦唯命。若惠顾前好,徼福于厉、宣、桓、武,不泯其社稷,使改事君,夷于九县,君之惠也,孤之愿也,非所敢望也。敢布腹心,君实图之。"左右曰:"不可许也,得国无赦。"王曰:"其君能下人,必能信用其民矣,庸可几乎!"退三十里而许之平。潘尪入盟,子良出质。

郑襄公滑头,楚庄王却不是那么好忽悠的。

十二年春,楚庄王亲率大军讨伐郑国。楚军日夜围攻新郑,长达十七日。郑国人受不了,想求和,为此而占卜,结果是不吉。那就只能跑到宗庙大哭,把战车都摆到巷道上,准备决一死战了,又为此而占卜,结果是吉。于是全城人跑到宗庙前大哭,城墙上守卫者不能参与,也都哭。回想当年,郑庄公纵横河雒,打遍中原无敌手,一百多年后,他的子孙却只能以号啕大哭的方式来做困兽之斗,真是令人唏嘘。

鄭伯行成於楚

楚庄王听到这凄惨的哭声,下令部队停止进攻,撤退。郑国人趁机修缮城池。楚军又来进攻,围城三月,终于攻克。楚庄王自皇门进入,到达新郑的"逵路",也就是城中大街。郑襄公则按照古人的做法,袒露上身,牵着一只羊来迎接楚庄王,说:"孤不顺应天意,不能够侍奉君王,使得君王怀着怒气来到敝国,这是孤的罪过,岂敢不唯命是从?如果要将孤俘虏到江南,流放于海滨,也全凭君王吩咐;要灭亡郑国,分割土地来赏赐诸侯,让郑国人作为奴婢,也听君王吩咐。如果承蒙君王念及从前的友好,向周厉王、周宣王、郑桓公、郑武公祈福,而不灭绝敝国,让敝国改而侍奉君王,同列于楚国的诸县,这就是君王的恩惠,也是孤的心愿,但又不是孤所敢指望的了。谨此吐露心声,请君王发落。"

楚国的大臣们都说:"不可以答应,好不容易得到这个国家,岂能赦免?"楚庄王却说:"他们的国君能够低三下四,必然能够取信和役使百姓,这个国家还是很有希望的吧!"于是退军三十里,同意郑国媾和。楚国派大夫潘尪进入新郑结盟,郑国则派公子去疾到楚国当人质。

楚庄王去年灭陈而复陈,今年亡郑而存郑,表现得颇有君子之风。不能否认,楚庄王是位有德之君。但是,所谓"德"并非良好的愿望,更非克己复礼的隐忍,而是经过周密的权衡之后,所能选择的最为理性的道路。要知道,陈国和郑国不是一般的小国,楚国如果用武力消灭这两个国家,势必引起中原各国的警醒,会导致齐、鲁、卫、宋等国死心塌地地追随晋国,对楚国形成压倒性的威胁。以楚庄王的智慧,怎么会做这样的傻事呢?所以,不妨做个顺水人情,让天下人看到楚国的宽大,增强楚国的向心力,团结更多的盟友来对付晋国。

夏六月,晋师救郑。荀林父将中军,先縠佐之;士会将上军,郤克佐之;赵朔将下军,栾书佐之。赵括、赵婴齐为中军大夫,巩朔、韩穿为上军大夫,荀首、赵同为下军大夫,韩厥为司马。及河,闻郑既及楚平,桓子欲还,曰:"无及于郑而剿民,焉用之?楚归而动,不后。"随武子曰:"善。会闻用师,观衅而动。德、刑、政、事、典、礼不易,不可敌也,不为是征。楚军讨郑,怒其贰而哀其卑。叛而伐之,服而舍之,德、刑成矣。伐叛,刑也;柔服,德也,二者立矣。昔岁入陈,今兹入郑,民不罢劳,君无怨讟,政有经矣。荆尸而举,商、农、工、贾不败其业,而卒乘辑睦,事不奸矣。蒍敖为宰,择楚国之令典;军行,右辕,左追蓐,前茅虑无,中权,后劲。百官象物而动,军政不戒而备,能用典矣。其君之举也,内姓选于亲,外姓选于旧。举不失德,赏不失劳。老有加惠,旅有施舍。君子小人,物有服章。贵有常尊,贱有等威,礼不逆矣。德立、刑行,政成、事时,典从、礼顺,若之何敌之? 见可而进,知难而退,军之善政也。兼弱攻昧,武之善经也。子姑整军而经武乎! 犹有弱而昧者,何必楚? 仲虺有言曰:‘取乱侮亡。’兼弱也。《酌》曰:‘於铄王师! 遵养时晦。’耆昧也。《武》曰:‘无竞惟烈。’抚弱耆昧,以务烈所,可也。”彘子曰:“不可。晋所以霸,师武、臣力也。今失诸侯,不可谓力;有敌而不从,不可谓武。由我失霸,不如死。且成师以出,闻敌强而退,非夫也。命为军帅,而卒以非夫,唯群子能,我弗为也。”以中军佐济。

楚国攻打郑国,晋国便来救援郑国,只不过来得晚了一点——楚军春季攻城,前后将近四个月。晋国大军赶到,却已经是六月,郑国已经投降了。

晋军由中军元帅荀林父统领,先縠(先且居之孙,受封于彘,原文中又称作彘子)为中军副帅;士会为上军元帅,郤克(郤缺之子,即郤献子)为上军副帅;赵朔为下军元帅,栾书(栾盾之子,即栾武子)为下军副帅。赵括、赵婴齐(均为赵盾的同父异母兄弟,即屏括、楼婴)为中军大夫;巩朔、韩穿为上军大夫;荀首(荀林父的弟弟,受封为智,智通知,原文中又称作知庄子)、赵同(也是赵盾的同父异母兄弟,即原同)为下军大夫。韩厥

(韩简之子,即韩献子)为司马。可以说是人才济济,而且个个都是根正苗红、血统高贵的世家子弟。然而,问题就出在高贵的血统上了。

晋军到了黄河,打听到郑国和楚国已经媾和,荀林父便想回去,说:"没能救援郑国而劳累百姓,我们这些人跑到这里来干吗?不如等到楚军撤退了我们再出兵讨伐郑国,为时不晚。"

士会对荀林父的意见称善,他以为:但凡用兵,伺机而动。如果敌人的德行、刑罚、政令、事务、典则、礼义都合乎其道,是不可抵挡的,不能进攻这样的国家。

士会分析:楚庄王讨伐郑国,愤恨其两面讨好、三心二意,而又哀怜其弱小卑微、不能自主。因为郑国背叛,就讨伐它;郑国服了,就放过它,可以说是有德有刑。讨伐背叛,这是有刑;安抚顺服,这是有德。现在看来,楚庄王的德和刑都已经树立了。去年入陈,今年入郑,虽连续作战,百姓没有感觉疲乏,国君没有招致怨恨,说明政令有常。整顿部队发动战争,行商、农民、工匠、店主都不废其业,步兵与乘车的武士和睦相处,各安其职,互不相犯。孙叔敖为令尹,执政楚国,择其善法而从之。行军布阵,右军以主帅之车辕所向而进攻,左军负责粮草辎重,前军高举旌旗开路以备不虞,中军分析形势、权衡利弊,后军以精兵为预备队。各级军官根据物象而行动,军队管理无须号令即井然有序,这就是能用典则了。楚庄王选拔人才,同姓中选择亲近支系,外姓中选择故旧之臣。选拔不遗漏有德之士,赏赐不错失有功之臣。对老人恩惠有加,对旅客有所赐予。君子小人,各有其服色。尊贵者享有一定的礼仪,低贱者亦有一定的等级,这就是礼节没有不顺了。由此观之,楚庄王德行已立,刑罚施行,政事有成,事务合时,典则顺从,礼仪顺当,怎么能够抵挡他呢?

士会又说"见可而进,知难而退",此乃用兵的基本原则;吞并弱者,攻击昏昧,则是动武的基本原则。他建议荀林父:"您还是知难而退,整顿军备,筹划怎么攻击弱者吧!这里还有弱小而昏昧的国家,为什么一定要攻打楚军呢?仲虺(商汤的谋臣)有言:'攻取动乱之国,欺侮灭亡之国。'说的就是吞并弱者。《酌》(《诗经·周颂》篇名)之诗云:'天子的军队多么壮观啊,带着他们去攻取那些昏昧的国家吧!'说的就是攻击昏昧。《武》(亦为《诗经·周颂》篇名)之诗云:'功业无有复加。'安抚弱小的国家,进攻昏昧的国家,以求建功立业,这就可以了啊!"

士会啰啰唆唆说了一堆话,其实就是一个意思:楚国咱们是打不过的,拣个软柿子捏捏倒是正经事。这是聪明的做法,然而先縠不认同荀林父和士会的观点,他以为:"晋国之所以能够称霸诸侯,主要是因为军队武勇,臣下尽力。现在对楚军避而不战,就会失去诸侯的支持,不能说是尽力;有敌人而不去战斗,不能说是武勇。因为我们这些人而失去霸主的地位,不如去死。而且整顿部队出兵,听说敌人强大就后退,非大丈夫所为。获任军队的统帅,却以非大丈夫而告终,这种事情只有各位能做得到,我是不会这样做的。"

军中议事,有分歧很正常,摆在台面上说,说完了,还是要听命于最高指挥官,也就是中军元帅荀林父。但是,先縠不是这么干的。荀林父不同意他的意见,他就以中军副帅的身份,带着"中军佐",也就是自己统率的那一部分中军部队,擅自渡过了黄河。

回想起来,晋国军中这种目无统帅、自把自为的搞法,并非先縠首创。早在十八年前(鲁文公十二年)的河曲之战,赵穿便不顾将令,擅自出战,后又泄露军机给秦国使者,导致晋军无功而返。然而,由于赵穿是赵氏子弟,又是晋襄公的女婿,竟然没有受到任何惩罚。自打那时候起,晋国的军纪在这些世家子弟面前便形同虚设。先縠此举,也不过是有样学样罢了。

知庄子曰:"此师殆哉!《周易》有之,在《师》之《临》☲,曰:'师出以律,否臧,凶。'执事顺成为臧,逆为否。众散为弱,川壅为泽。有律以如己也,故曰律。否臧,且律竭也。盈而以竭,夭且不整,所以凶也。不行谓之《临》,有帅而不从,临孰甚焉?此之谓矣。果遇,必败,彘子尸之,虽免而归,必有大咎。"韩献子谓桓子曰:"彘子以偏师陷,子罪大矣。子为元帅,师不用命,谁之罪也？ 失属、亡师,为罪已重,不如进也。事之不捷,恶有所分。与其专罪,六人同之,不犹愈乎?"师遂济。

　　荀首以为,先縠的这支部队必定是完蛋了,并以《周易》的"师之临"来剖析这件事——

　　《周易》的师卦,上卦为坤☷,下卦为坎☵,初爻由阴变阳,则上卦为坤☷,下卦为兑☱,变成了临卦,这就是所谓的"师之临"。师卦初父其爻辞为:"师出以律,否臧,凶。"大意是:但凡出兵,宜号令整齐,不如此则凶。

　　做任何事情,顺其道而行之为"臧",逆其道而行之为"否"。坎卦为水,为河流,有聚众之象。兑卦为少女,为沼泽,有柔弱之象。由坎卦而变成兑卦,有如众人离散而变柔弱,又如流水堵塞而为沼泽。依靠法令来指挥三军,有如指挥自己,这就叫作"律"。指挥不顺畅,"律"就成为一句空话,有如流水从充盈到枯竭,堵塞而不整齐,这便是凶象了。流水堵塞不动而形成临卦,先縠上有统帅却不听从命令,难道还有比这更为严重的"临"吗？ 所以说,先縠的部队如果遇到敌军,必定失败。先縠为罪魁祸首,就算是侥幸逃脱,也必有大灾。

　　荀首是荀林父的弟弟,他的这番话说得没错,如果先縠战败,责任在其本人。但是,仅仅是先縠担责任吗？ 韩厥一针见血地向荀林父指出:"先縠率领偏师被消灭,您的罪才是最大的。您是元帅,部队不听指挥,是谁的罪过？ 失掉郑国,又丢掉部队,这两个罪已经够重了,还不如前进。就算打不赢,责任大家一起分担。与您一个人背负所有的罪责相比,六个人来共同承担,不是更好一点吗？"

　　韩厥的逻辑:第一,先縠自把自为,偏师犯险,主要是因为荀林父治军不严。如果先縠失败,第一责任人不是先縠,而是荀林父。这个逻辑,是先秦儒家的逻辑,管理上出了任何问题,首先追究领导责任,也就是所谓的"万方有罪,罪在朕躬"。秦汉之后就不一样了,国家出了任何问题,不是最高领导者的责任,而是下属和基层的责任,也就是所谓的"经是好经，歪嘴和尚念经歪了"。第二，荀林父如果要摆脱管理失职的责任，最好的办法就是全军渡河，与楚军决战。这样一来，即使战败，也是三军正副统帅共同担责，比荀林父一人担责要好。

晋军就是在这样的思想指导下，全部渡过了黄河。

楚子北师次于邲。沈尹将中军，子重将左，子反将右，将饮马于河而归。闻晋师既济，王欲还，嬖人伍参欲战。令尹孙叔敖弗欲，曰："昔岁入陈，今兹入郑，不无事矣。战而不捷，参之肉其足食乎？"参曰："若事之捷，孙叔为无谋矣。不捷，参之肉将在晋军，可得食乎？"令尹南辕、反旆，伍参言于王曰："晋之从政者新，未能行令。其佐先縠刚愎不仁，未肯用命。其三帅者，专行不获。听而无上，众谁适从？此行也，晋师必败。且君而逃臣，若社稷何？"王病之，告令尹改乘辕而北之，次于管以待之。

晋军对是战是退存在分歧，楚军也一样。

当时，楚庄王大军北上，驻扎在邲地。沈尹（其人不详，一说为孙叔敖）统帅中军，公子婴齐统帅左军，公子侧（字子反）统帅右军，本来打算饮马黄河以示纪念，然后打道回国。听到晋军渡河的消息，楚庄王就想赶紧回去。不料，有一个本来根本没有权力发表意见的小人物跳出来，坚决要求开战。

此人名叫伍参，是一个"嬖人"。

前面介绍过，"嬖"的意思是地位低贱却受到君主的喜爱。由此猜测，伍参有可能是给楚庄王端茶倒水的内侍，也有可能是说笑解闷的伶人，总之不是什么重要人物。按理说，军国大事是轮不到他插嘴的。令尹孙叔敖便说："往年入侵陈国，今年讨伐郑国，并非没有打仗。现在又要和晋国开战，如果战而不胜，你伍参的肉够让我们吃吗？"伍参反驳："如果能够打胜，说明孙叔敖无谋；如果打败了，伍参的肉便在晋军手上，轮得到你吃吗？"

这是耍嘴皮子的话，没有什么实际意义。孙叔敖自然也不会听，将战车转向南方，并倒转旌旗，以示退兵之心。伍参又去找楚庄王，说："晋国现在参政的是新人（指荀林父，刚当上中军元帅不久），不能政令通达。他的副手先縠刚愎自用，不仁不义，不肯听从命令。他们的三军统帅，都想独断专行却又做不到。想听从命令吧，又没有上司。这么多人，到底听谁的指挥？这一次行动，晋军必然失败。而且，您作为楚国的国君而逃避与晋国的臣子作战，置江山社稷于何地？"

伍参这番话，说到了点子上。晋军的弱点就在于统帅荀林父不能服众，三军将士号令不一，某些将领自把自为。说穿了，晋军就是一盘散沙。面对这样的敌人，有什么理由不去进攻，反而要逃跑呢？

楚庄王一点即明，而且他也害怕背上一个"君而逃臣"的恶名，遂传令孙叔敖把战车改向北方，自己驻扎在管地等待他。就这样，城濮之战后三十五年，晋国和楚国之间的又一场大规模战争拉开了帷幕。

晋师在敖、鄗之间。郑皇戍使如晋师，曰："郑之从楚，社稷之故也，未有贰心。楚师骤胜而骄，其师老矣，而不设备。子击之，郑师为承，楚师必败。"郤子曰："败楚、服郑，于此在矣，必许之。"栾武子曰："楚自克庸以来，其君无日不讨国人而训之于民生之不易、祸至之无日、戒惧之不可以怠；在军，无日不讨军实而申儆之于胜之不可保、纣之百克而卒无后，训之以若敖、蚡冒筚路蓝缕以启山林。箴之曰：'民生在勤，勤则不匮。'不可谓骄。先大夫子犯有言曰：'师直为壮，曲为老。'我则不德，而徼怨于楚，我曲楚直，不可谓老。其君之戎分为二广，广有一卒，卒偏之两。右广初驾，数及日中；左则受之，以至于昏。内官序当其夜，以待不虞。不可谓无备。子良，郑之良也。师叔，楚之崇也。师叔入盟，子良在楚，楚、郑亲矣。来劝我战，我克则来，不克遂往，以我卜也！郑不可从。"赵括、赵同曰："率师以来，唯敌是求。克敌、得属，又何俟？必从郤子。"知季曰："原、屏，咎之徒也。"赵庄子曰："栾伯善哉！实其言，必长晋国。"

晋军驻扎在敖山与鄗山之间。郑国派皇戌为使者来到晋国军营，说："郑国之所以跟随楚国，是为了保存江山社稷，其实对晋国并没有二心。这些年来，楚国因为屡次打胜仗而骄傲自大。今年围攻郑国，出兵好几个月，部队已经疲惫气衰，没有斗志了，而且不设防。您进攻他们，郑国的军队随后跟上，楚军必败。"

皇戌这番话，简直是在哄小孩。这些年来，郑国夹在晋、楚两个大国之间艰难地生存，靠的是什么？靠的是一身墙头草的本领，左摇右摆，左右逢源。晋国势大的时候就倒向晋国，但是私下里又与楚国眉来眼去，勾勾搭搭；楚国打过来了就投降楚国，但是又要与晋国暗通款曲，鼓动晋国与楚国交战。郑国难道真的对晋国没有二心，真会跟随晋军去攻打楚军吗？别做梦了，它的唯一选择是：跟着胜利者走，谁失败了就打谁。

但是，对先縠来说，皇戌的话就是一针强心剂，他说："打败楚国，降服郑国，就在此一举了，必须答应郑国的请求。"栾书对此持反对意见，他以为，自从鲁文公十六年楚国打败庸国以来，楚庄王无一日不用心治理国家：

其一，以百姓生计不容易、祸患随时有可能到来、时刻保持警惧戒备不可松懈来教训国人——这是树立忧患意识。

其二，对于军队，无一日不再三告诫将士们，世上没有常胜不败的军队，商纣王曾经百战百胜却最终无后于世——这是因为楚国近年来连打胜仗，担心将士们骄傲轻敌。

其三，用若敖、蚡冒筚路蓝缕，开辟山林的故事来教育他们。若敖、蚡冒具为楚国先君。所谓筚路蓝缕，就是驾着简陋的柴车，穿着破烂的衣服，形容创业的艰难——这是忆苦思甜。

楚庄王还作箴言："国计民生取决于勤奋，勤奋了不会匮乏。"这难道是骄傲自大吗？

至于说楚军已经气衰，晋国的先大夫狐偃就曾经说过："师出有名，理直气壮;师出无名,理亏气衰。"晋国不合于德,又结怨于楚,晋国理亏,楚国理直,这就不能说楚军气衰。楚庄王的卫队,分为左右两广,每广有战车一卒(楚国军制,一卒为战车三十辆),每卒又分为左右两偏。每日清晨,右广先驾车执勤,到了中午再交给左广,左广执勤到晚上,入夜则有内卫依次值班保卫,以防备意外发生。这不能说没有防备。

再说楚国和郑国的关系。公子去疾是郑国的良臣,潘尪在楚国地位尊崇。楚国派潘尪到郑国结盟,郑国派公子去疾到楚国当人质,两国已经很亲近了。郑国派人来劝晋军开战,晋军获胜就臣服晋国,晋军不胜就跟从楚国,这是拿晋军作为占卜的工具啊!

栾书由此得出结论:郑国人的话不可信。

赵括、赵同说:"带着大军到这里来,就是为了与敌人决战。战胜敌人,得到属国,又等什么呢? 我们一定要跟着先縠走!"这真是不知死活了。荀首便感叹:"赵括、赵同,自取其祸。"

作为赵盾的儿子,赵朔倒是比较清醒,他不敢反对赵括、赵同两位叔叔,只能拐弯抹角地说:"栾伯说得对啊,听他的话,必使晋国长久。"

但是,不管荀首、栾书、赵朔等人如何清醒,战争已经不可避免。

楚少宰如晋师,曰:"寡君少遭闵凶,不能文。闻二先君之出入此行也,将郑是训定,岂敢求罪于晋? 二三子无淹久。"随季对曰:"昔平王命我先君文侯曰:'与郑夹辅周室,毋废王命。'今郑不率,寡君使群臣问诸郑,岂敢辱候人? 敢拜君命之辱。"巘子以为谄,使赵括从而更之,曰:"行人失辞。寡君使群臣迁大国之迹于郑,曰:'无辟敌。'群臣无所逃命。"

楚庄王派少宰(官名)到晋国军中,说:"寡君年轻的时候就遭遇忧患,不善于辞令。听说两位先君在这条道路上奔波,就是为了教训和安定郑国,岂敢得罪晋国? 你们几位不要在这里久留了!"

楚国人说自己不善于辞令,当然是客气话。原文中的"二先君"是指楚成王和楚穆王。这两位仁兄当政期间，楚军多次踏上郑国的领土，目的是安定郑国，而不是和晋国争霸。言下之意，郑国的事情归楚国管，与晋国无关。

士会代表晋国应对："当年周平王命我国先君晋文侯，说'与郑国共同辅佐王室，不要废弃天子的命令'。现在郑国不遵守天子的命令，寡君特派我们来质问郑国，岂敢劳候人大驾？谨此拜谢君侯的命令。"

所谓候人，是当时各国迎送宾客的官吏，这里实指楚国的少宰。士会的意思是，根据天子的命令，郑国的事情该归晋国管，与楚国无关，楚国也没有必要派人到边境上迎送。外交场上，话说得委婉，观点却针锋相对，正是绵里藏针的手段。先縠却以为士会这样回答是在奉承楚国，派赵括追上去说："行人说得不对。寡君派我们来把你们清扫出郑国，说'不要躲避敌人'，我们没有办法逃避命令。"

前面说过，行人就是外交官。士会当然不是行人，而是位高权重的上军元帅（同理少宰也不是候人），先縠故意这样说，意在表明士会的话可以不算数。

楚子又使求成于晋，晋人许之，盟有日矣。楚许伯御乐伯，摄叔为右，以致晋师。许伯曰："吾闻致师者，御靡旌、摩垒而还。"乐伯曰："吾闻致师者，左射以菆，代御执辔，御下两马，掉鞅而还。"摄叔曰："吾闻致师者，右入垒，折馘，执俘而还。"皆行其所闻而复。晋人逐之，左右角之。乐伯左射马，而右射人，角不能进。矢一而已。麋兴于前，射麋，丽龟。晋鲍癸当其后，使摄叔奉麋献焉，曰："以岁之非时，献禽之未至，敢膳诸从者。"鲍癸止之，曰："其左善射，其右有辞，君子也。"既免。

楚庄王又派使者向晋国求和，晋国人答应了，双方约定会盟的日期——不要被假象迷惑，这不过是战争前的虚情假意罢了，双方其实都已经做好了开打的准备。

楚将乐伯，以许伯为御者，摄叔为车右。三个人，一辆车，前往晋营"致师"。这是一个古老的传统，两军交战，先派勇士冲犯敌军，目的不在于杀伤多少敌人，而在于展现己方勇气，打击敌方士气。早在牧野之战的时候，便有周武王派"尚夫与伯夫致师"的记载，可知其由来已久。后世的说书匠和小说家夸大了"致师"的作用，仿佛战争就是双方派出武将厮杀，谁的武将胜出就获得战争的胜利，因而数百人马可以战胜十万大军，甚至单枪匹马可以独闯敌军连营，这当然是臆想。

前往晋营的路上，许伯说："我听说致师是这样的，御者策马疾驰，车上的旌旗被风吹得歪歪斜斜，迫近敌军的营垒，然后回来。"乐伯说："我听说致师是这样的，车左以利箭射击敌人，替代御者执掌马缰。御者下车，整理马饰，端正马革，然后回来。"摄叔说："我听说致师是这样的，车右进入敌人的营垒，杀死敌人取其左耳，抓住俘虏，然后回来。"

这三个人都按自己说的做到了，并且顺利退出晋营。晋军派兵追击，又左右包抄，想断其归路。乐伯张弓搭箭，左边射人，右边射马，将左右两队追兵阻住，只剩下晋将鲍癸还在正后方穷追不舍。这时候乐伯也只剩下一支箭了。正好看到前方有一头麋鹿出现，乐伯灵机一动，一箭射过去，正中麋鹿的背部。乐伯派摄叔下车，将麋鹿抱起来，献给鲍癸，说："由于还不到时令，没有遇到应当奉献的禽兽，谨将此物奉献给您的随从作为膳食吧！"

古人奉献猎物，讲究时令，麋鹿是夏天奉献的动物。时值初夏，奉献麋鹿稍显过早，是以摄叔有此一说。至于说是奉献给鲍癸的随从，也是客气的说法，意思是小小礼物，不成敬意，不敢献给主人，只能献给随从，实际上就是献给鲍癸。

鲍癸惊叹于乐伯的箭术之精，多少有点惺惺相惜之意，加上又不知道他的箭已经射完了，下令停止追击，说："他们的车左善于射箭，车右善于辞令，都是君子。"

乐伯等人顺利地逃回了楚营。

晋魏锜求公族未得，而怒，欲败晋师。请致师，弗许。请使，许之。遂往，请战而还。楚潘党逐之，及荥泽，见六麋，射一麋以顾献，曰："子有军事，兽人无乃不给于鲜，敢献于从者。"叔党命去之。赵旃求卿未得，且怒于失楚之致师者。请挑战，弗许。请召盟，许之。与魏锜皆命而往。郤献子曰："二憾往矣，弗备，必败。"彘子曰："郑人劝战，弗敢从也；楚人求成，弗能好也。师无成命，多备何为。"士季曰："备之善。若二子怒楚，楚人乘我，丧师无日矣。不如备之。楚之无恶，除备而盟，何损于好？若以恶来，有备，不败。且虽诸侯相见，军卫不彻，警也。"彘子不可。

晋将魏锜，乃是晋文公时期的猛将魏犨之孙，受封于厨地，史上又称为厨武子、厨子或吕锜。此人一心想当上公族大夫，求而不得，因此生怨，想让晋军遭到失败。楚将乐伯致师去后，魏锜主动请缨，要求前往楚营致师，遭到拒绝。又请求出使楚营，获得批准。

荀林父派魏锜去的本意，还是想看看双方有没有和解的可能性。但是，魏锜一到楚营，便擅作主张，向楚国人发出挑战，然后就回来了。

楚将潘党带兵追赶魏锜，一直追到荥泽这个地方。魏锜看到六头麋鹿，射杀其中一头，回车献给潘党，说："您有军务在身，猎人恐怕不能及时供应新鲜的野兽吧？谨以此奉献给您的随从。"

这便是依样画葫芦了。潘党收下麋鹿，命令部下放弃追赶。

晋国军中，心怀不满的不只是魏锜。赵穿的儿子赵旃，不知道哪里来的自信，想当卿而不得，又因为乐伯等人逃脱而大光其火，请求挑战楚军，被荀林父拒绝。又请求去邀楚国人来会盟。荀林父居然答应了，于是派魏锜和赵旃一前一后前往楚营——这都什么乱七八糟的安排！郤克当场便说："两个心怀不满的人去了，不做好开战的准备的话，必败无疑。"先縠说："郑国人劝我们开战，不敢听从；楚国人前来求和，又不能友好。部队没有统一的号令，多加防备又有什么用？"士会说："还是加强防备才好。如果这两个人惹怒了楚国人，楚国人掩杀过来，马上就会全军覆没，不如加强防备。如果楚国人没有恶意，届时撤除戒备而结盟，哪里会损害友好？如果楚国人带着恶意前来，我们有了防备，也不至于失败。而且，就算是诸侯相见，防卫不撤，这就是警惕。"

先縠坚决不同意。先縠这种人，可以说是最不听话的下属。先是抗命不遵，自把自为，把整支部队拖入险地。到了要打仗的时候，又不肯好好备战，一味发牢骚，抱怨上司，真真正正是一根搅屎棍。荀林父摊上先縠、赵同、赵括、赵旃、魏锜这几个活宝，只能说他倒霉。

士季使巩朔、韩穿帅七覆于敖前，故上军不败。赵婴齐使其徒先具舟于河，故败而先济。

这一仗还没有打，晋军就已经失败了。荀林父完全没有办法控制局面，整支部队有如一盘散沙。士会是个聪明人，碰到个软弱无能的上司和猪一样的队友，只能想办法自保。他派上军大夫巩朔、韩穿率领七队人马，埋伏在敖山之前。后来全军崩溃的时候，只有士会的上军保持不败。还有一个聪明人是赵婴齐，他预计晋军要失败，先派人在黄河准备船只，所以在失败的时候能够先渡河逃跑。

潘党既逐魏锜，赵旃夜至于楚军，席于军门之外，使其徒入之。楚子为乘广三十乘，分为左右。右广鸡鸣而驾，日中而说；左则受之，日入而说。许偃御右广，养由基为右；彭名御左广，屈荡为右。乙卯，王乘左广以逐赵旃。赵旃弃车而走林，屈荡搏之，得其甲裳。晋人惧二子之怒楚师也，使轺车逆之。潘党望其尘，使骋而告曰："晋师至矣！"楚人亦惧王之入晋军也，遂出陈。孙叔曰："进之！宁我薄人，无人薄我。《诗》云：'元戎十乘，以先启行。'先人也。《军志》曰'先人有夺人之心'，薄之

也。"遂疾进师，车驰卒奔，乘晋军。

且说魏锜前往楚营，被楚将潘党追逐而回。赵旃则在夜间抵达。此人虽然无赖，却颇有勇气，命人铺了一张席子，大大咧咧地坐在楚军的营门之外，派自己的部下混入楚军中捣乱。

楚庄王的卫队，分为左右两广，每广有战车三十辆。右广从黎明时分开始驾车执勤，到了中午才卸车休息，由左广接替，并执勤到太阳落山。右广执勤的时候，许偃为楚庄王御戎，养由基为戎右；左广执勤的时候，彭名为楚庄王御戎，屈荡为戎右。那一日，楚庄王在左广护卫下，亲自追赶赵旃。赵旃急忙逃跑，慌不择路，丢弃战车，逃入林中。屈荡也下车入林，与赵旃搏斗，扯下了他的甲裳。

晋国人也料到魏锜和赵旃惹怒楚国人，派出战车去迎接他们。潘党追逐魏锜回来，望见烟尘高高飘扬，派人急驰回营报告："晋军杀过来了。"与此同时，楚国人害怕楚庄王误入晋军，也摆出了作战的阵势。令尹孙叔敖鼓舞士气，说："进攻，进攻！宁可我们逼近敌人，不要敌人逼近我们。《诗》上说得好，'战车十乘，当前开路'。就是要抢占先机。《军志》上也说，'抢在敌人前面动手，可夺取他们的斗志'。就是要主动迫近敌人。"楚军于是快速推进，战车急驰，步兵狂奔，气势汹汹地杀向晋军。

桓子不知所为，鼓于军中曰："先济者有赏。"中军、下军争舟，舟中之指可掬也。晋师右移，上军未动。工尹齐将右拒卒以逐下军。楚子使唐狡与蔡鸠居告唐惠侯曰："不谷不德而贪，以遇大敌，不谷之罪也。然楚不克，君之羞也，敢藉君灵以济楚师。"使潘党率游阙四十乘，从唐侯以为左拒，以从上军。驹伯曰："待诸乎？"随季曰："楚师方壮，若萃于我，吾师必尽，不如收而去之。分谤生民，不亦可乎？"殿其卒而退，不败。

楚军气势如虹，晋军则陷入混乱。荀林父大概是被部下气昏了头，完全不知所措,居然在军中击鼓说:"先渡河的有赏。"

这是什么搞法?仗还没打就逃跑,而且鼓励逃跑?

命令一下,晋国中军、下军争先恐后地上船。人多船少,又毫无秩序,先上船的人急于开船,上不去船的人拼命攀住船舷。先上船的人拔刀猛砍,只听到惨叫连连,船中的断指多得可以用手捧起来。

晋军向右移动,只有上军保持阵形,岿然不动。楚国的工尹齐统帅右军方阵,追逐晋国的下军。

战前,楚庄王派唐狡与蔡鸠居告诉唐惠侯(唐为楚国的附庸小国):"不榖无德,而且贪心,所以遇到大敌,这是不榖之罪。然而,楚国如果不能得胜,这也是君侯的耻辱。谨借您的威势,以帮助楚军获胜。"命潘党率领战车四十乘作为游击部队,跟随唐惠侯为左军方阵,迎战晋国的上军。郤克的儿子郤锜(字驹伯)问士会:"要和他们作战吗?"士会回答:"楚军的士气正旺,如果集中力量对付我们,我军必然覆没,不如收兵离开。分担失败的责任,保全将士们的性命,不也是可以的吗?"于是亲自殿后,指挥上军撤退,基本上没有受到损失。

王见右广,将从之乘。屈荡尸之,曰:"君以此始,亦必以终。"自是楚之乘广先左。

楚庄王遇到右广,准备换乘。屈荡不干了,说:"国君乘坐左广开始战斗,也一定要乘坐左广结束战斗。"楚国人发起"蛮"来,谁都挡不住,楚庄王只得听从,并从此改变乘广的顺序,由左广先执勤。

晋人或以广队不能进,楚人惎之脱扃。少进,马还,又惎之拔旆投衡,乃出。顾曰:"吾不如大国之数奔也。"

晋军中有人因为兵车陷入坑中不能前进。楚国人颇有骑士风范,不但不乘人之危，而且教他们抽出车前的横木，减轻重量。没走几步，马徘徊不进。楚国人又教他们拔掉大旗，扔掉车辀，终于脱困。晋国人一边逃跑，一边回过头说："我们真是不如贵国有多次逃跑的经验丰富啊！"

啥都输了，就是不输嘴皮子。

赵旃以其良马二济其兄与叔父，以他马反。遇敌不能去，弃车而走林。逢大夫与其二子乘，谓其二子无顾。顾曰："赵傁在后。"怒之，使下，指木曰："尸女于是。"授赵旃绥，以免。明日，以表尸之，皆重获在木下。

再来说说赵旃。

赵旃解下他的两匹好马，帮助他的哥哥和叔父逃跑，而用别的马驾车回来。路上遇到楚军，不能逃脱，第二次弃车入林。这时候，晋国大夫逢氏带着他的两个儿子，共乘一车经过。逢大夫早就看到了赵旃，特别交代两个儿子不要回头看。这两兄弟没领会父亲的意思，偏偏要回头看，而且大惊小怪地喊道："赵老头儿在后面呢！"逢大夫大怒，只得停车，要两个儿子下去，让赵旃上来，指着树木说："我将在这里为你们收尸。"赵旃上了逢大夫的车，顺利逃脱。第二天，逢大夫顺着标记找回来，两个儿子果然都死在那棵树下。

楚熊负羁囚知罃，知庄子以其族反之，厨武子御，下军之士多从之。每射，抽矢，菆，纳诸厨子之房。厨子怒曰："非子之求，而蒲之爱，董泽之蒲，可胜既乎？"知季曰："不以人子，吾子其可得乎？吾不可以苟射故也。"射连尹襄老，获之，遂载其尸；射公子谷臣，囚之。以二者还。

楚将熊负羁俘虏了荀首的儿子荀罃。荀首救子心切，不顾危险，带着自己的族兵返回战场去营救儿子。魏锜很仗义，为荀首驾车，下军将士有很多都跟着他们回来。有意思的是，荀首每次射箭，抽出箭来，如果是利箭,就将它放进魏锜所背的箭袋里。魏锜不理解他为什么这么做,怒骂:"不去找你的儿子而爱惜蒲枝。董泽的蒲枝,难道是可以采完的吗?"董泽是晋国的地名,盛产蒲树,枝条可以用来做箭杆,所以魏锜有此一说。

荀首说:"如果不得到人家的儿子,我的儿子岂可以回来?我不可以随随便便就把利箭用掉。"言下之意,要用利箭来俘获别人的儿子,好交换自己的儿子。您别说,他的运气还真不错,路上遇到楚将连尹(楚国官名)襄老,一箭将其射死,于是将襄老的尸体装在车上;又遇到楚庄王的儿子公子谷臣,将其俘虏。荀首便带着这两样宝贝回来了。

及昏,楚师军于邲。晋之余师不能军,宵济,亦终夜有声。

> 黄昏时分,楚国大军在邲地驻扎。晋国剩余的部队已经溃不成军,趁夜渡河逃跑,整夜都吵吵嚷嚷,可谓狼狈之至。

丙辰,楚重至于邲,遂次于衡雍。潘党曰:"君盍筑武军而收晋尸以为京观? 臣闻克敌必示子孙,以无忘武功。"楚子曰:"非尔所知也。夫文,止戈为武。武王克商,作《颂》曰:'载戢干戈,载櫜弓矢。我求懿德,肆于时夏,允王保之。'又作《武》,其卒章曰'耆定尔功'。其三曰:'铺时绎思,我徂维求定。'其六曰:'绥万邦,屡丰年。'夫武,禁暴、戢兵、保大、定功、安民、和众、丰财者也,故使子孙无忘其章。今我使二国暴骨,暴矣;观兵以威诸侯,兵不戢矣;暴而不戢,安能保大? 犹有晋在,焉得定功? 所违民欲犹多,民何安焉? 无德而强争诸侯,何以和众? 利人之几,而安人之乱,以为己荣,何以丰财? 武有七德,我无一焉,何以示子孙? 其为先君宫,告成事而已,武非吾功也。古者明王伐不敬,取其鲸鲵而封之,以为大戮,于是乎有京观以惩淫慝。今罪无所,而民皆尽忠以死君

命,又可以为京观乎?"祀于河,作先君宫,告成事而还。

战后,楚军的后勤辎重部队才抵达邲地,于是移驻衡雍。正所谓一将功成万骨枯,面对晋军留下的无数尸体,潘党不无得意地建议:"国君何不建筑起军营显示武功,拿这些尸体来筑起大坟堆,建成京观?下臣听说战胜了敌人必须向子孙展示,让他们不要忘记祖先的赫赫武功。"

将敌人的尸体堆积起来,堆成山丘,以土封埋;在上树立表木,炫耀战功,则为"京观",有时候也称为京。潘党的建议大概反映了当时楚军中大多数将领的想法吧!毕竟,自城濮之战后数十年,楚国与晋国争锋,还从来没有取得这么大的胜利。对楚国人来说,邲之战可谓一雪前耻,值得大书特书,建个京观也在情理之中。但是,这个建议遭到了楚庄王的反对。

楚庄王直接告诉潘党:"这就不是你所知道的了。"打仗你是一员猛将,但有些事情你不明白。比如,武功的"武"字,它的本义是"止戈",也就是把兵器放下,不再打仗。如果没有达到这个目的,所谓的武功又有什么意义呢?只不过是一次无意义的杀戮罢了。我们建立强大的武装,不是为了用,而是为了不用。说句题外话,这就是楚庄王的境界了。"止戈为武"四个字,不是凡夫俗子所能理解的。只有真正了解了战争的真谛,明白了流血的无奈,而且怀有悲悯之心的政治家,才能体会"武"字的真正含义。

楚庄王还引用了周武王消灭商纣王后所作的诗句:"载戢干戈,载橐弓矢。我求懿德,肆于时夏,允王保之。"这几句诗取自《诗经·周颂》中的《时迈》,大概意思是:收好干戈,藏好弓箭。我追求美好的品德,附于这夏乐之中,成就王业而保有天下。周武王又作《武》诗,其最后一章(见现《诗经·周颂·武》)说:"耆定尔功。"意为:得以巩固你的功劳。第三章(见现《诗经·周颂·赉》)说:"铺时绎思,我徂维求定。"意:接受先王的美德而加以弘扬,我前去征讨纣王只是为了求得安定。第六章(见现《诗经·周颂·桓》)说:"绥万邦,屡丰年。"意为:安抚万邦,常有丰年。

由此可知,所谓"武",就是禁止残暴、消灭战争、保持强大、巩固功业、安定百姓、协和大众、丰富财物。所以要子孙不忘他的赫赫武功。

对照周武王的武功,楚庄王又自我检讨:"如今我让两国将士暴尸于野,这是强暴;夸耀武力来威胁诸侯,战争也就无休无止了;强暴而不制止战争,又如何保持强大?而且还有晋国存在,哪里能够巩固功业?违背百姓的愿望还那么多,百姓怎么安定?没有大德而勉强与诸侯相争,用什么协和大众?乘人之危,坐视其乱,引以为荣,拿什么丰富财物?武功有七种德行,我一种都不具备,用什么昭示子孙?还是修建先君的神庙,报告我们打了胜仗就算了,我哪里有什么武功?古代的圣明君王讨伐对上不恭敬的国家,抓住大奸大恶之人杀掉而埋葬,作为一种惩戒,这样才有了京观来警告不肖之徒。现在并不能说晋国有什么大罪,而它的士卒都是因为尽忠君命而死,难道能够用他们的尸体来建造京观吗?"

于是,楚庄王在黄河边上祭祀河神,修建楚国先君的神庙,报告战争的胜利,然后就回去了。

是役也,郑石制实入楚师,将以分郑,而立公子鱼臣。辛未,郑杀仆叔及子服。

君子曰:"史佚所谓'毋怙乱'者,谓是类也。《诗》曰'乱离瘼矣,爰其适归',归于怙乱者也夫!"

郑伯、许男如楚。

石制是郑国的大夫,字子服;鱼臣是郑国的公子,字仆叔。

这次战役,实际上是石制把楚国的军队引进来,打算分割郑国,立公子鱼臣为君。七月二十九日,郑国杀掉了这两个家伙。

君子对此评论:史佚所谓"不要依靠动乱",说的就是这些人。《诗》上说:"动乱离散是如此痛苦,哪里才是归宿?"那就归罪于那些趁乱求利的人吧!

清理完门户之后，郑襄公、许昭公来到楚国朝见。楚庄王取得了军事、外交上的双丰收。

秋，晋师归，桓子请死，晋侯欲许之。士贞子谏曰："不可。城濮之役，晋师三日谷，文公犹有忧色。左右曰：'有喜而忧，如有忧而喜乎？'公曰：'得臣犹在，忧未歇也。困兽犹斗，况国相乎？'及楚杀子玉，公喜而后可知也。曰：'莫余毒也已。'是晋再克而楚再败也。楚是以再世不竞。今天或者大警晋也，而又杀林父以重楚胜，其无乃久不竞乎？林父之事君也，进思尽忠，退思补过，社稷之卫也，若之何杀之？夫其败也，如日月之食焉，何损于明？"晋侯使复其位。

有人欢乐有人愁。秋天，晋军回国，主将荀林父请求以死谢罪，晋景公打算同意，大夫士渥浊（即士贞子）表示反对。

士渥浊回顾当年城濮之战后，晋军大吃楚军丢弃的粮食，吃了整整三天，晋文公还是面有忧色。左右不解，问："您这是有了喜事反而忧郁，如果有了烦心的事反而开心吗？"晋文公说："成得臣还在，操心的事没完呢！困兽犹斗，何况是楚国的执政大臣？"等到楚成王逼成得臣自杀，晋文公才喜形于色，说："再也没有人来害我了。"这就是晋国两胜而楚国两败了——一是战场上的胜败，二是人事上的胜败。楚国因此而两世（楚成王、楚穆王）都不能翻身。

士渥浊以为，邲之战的失败，也许是上天在大大地警告晋国，如果又杀了荀林父来加大楚国的胜利，这恐怕是将来很久都不能强盛了吧！荀林父侍奉国君，进则想着尽忠，退则想着补过，这分明是社稷的守卫者啊，怎么能够杀掉他？他的战败，有如日食月食，只是一瞬间的事，哪里会损害日月的光明？

士渥浊的话，难免不让人想到《论语》里说的："君子之过也，如日月之食焉。过也，人皆见之；更也，人皆仰之。"君子高高在上，位高权重，一且犯错误,就会被人看得清清楚楚,无所藏匿。但是没关系,只要过而能改,还是能得到百姓的景仰和尊重。

晋景公听明白了,战场上的失败是因为敌人强大,如果再杀掉荀林父那就是自己犯傻了。于是听从士渥浊的建议,赦免了荀林父,而且仍然让他担任中军元帅。

冬,楚子伐萧,宋华椒以蔡人救萧。萧人囚熊相宜僚及公子丙。王曰:"勿杀,吾退。"萧人杀之。王怒,遂围萧。萧溃。

申公巫臣曰:"师人多寒。"王巡三军,拊而勉之。三军之士皆如挟纩。遂傅于萧。

还无社与司马卯言,号申叔展。叔展曰:"有麦曲乎?"曰:"无。""有山鞠穷乎?"曰:"无。""河鱼腹疾奈何?"曰:"目于眢井而拯之。""若为茅绖,哭井则己。"明日萧溃,申叔视其井,则茅绖存焉,号而出之。

冬天,楚庄王讨伐萧国。

萧国是宋国的附庸,宋国派华椒带着蔡国人救援萧国,居然打了个胜仗,俘虏了楚将熊相宜僚和公子丙。楚庄王派人送信,说:"不要杀这两个人,我退兵就是了。"萧国人不知出于什么考虑,还是杀了他们。楚庄王大怒,于是全力围攻萧国。萧国很快就崩溃了。

那一年的冬天特别寒冷,而楚军没有准备冬衣。楚国申县的县公巫臣,屈氏,字子灵,向楚庄王报告说:"军中将士大多数在受寒。"言下之意,当然是希望楚庄王班师。但是,楚庄王决心已定,他亲自巡视三军,拍着将士们的肩膀鼓励他们。三军将士深受感动,宛如穿上了丝绵的衣服。在这种精神鼓舞下,楚军逼近了萧城。

顺便说一下这位申公巫臣,此君虽然只是一个县公,却是春秋时期第一能折腾的人物,从某种意义上讲,他改写了春秋的历史。关于这一点,以后还会讲到,在此不赘。

楚军将萧城围得严严实实,破城只在朝夕。萧国有位大夫,名叫还无社,在城上看到楚国大夫司马卯,便请司马卯喊他的老朋友申叔展前来说话。

申叔展果然来了,站在城下问还无社:"你那还有麦麹吗?"

还无社回答:"没有啦!"

"那还有山鞠穷吗?"

"也没有啦!"

"黄河里的鱼肚子痛了怎么办?"

"看到枯井就去救它呗!"

"那好,你在井上放一根绳子,有人在井上哭的话,那就是我啦。"

请问,这是哪条道上的黑话? 说的都是些啥?

后人分析:麦麹就是酿酒用的酒曲;山鞠穷即川芎,是一种药材。二者皆有御寒去湿之功效。申叔展这是在暗示还无社找个有湿泥的地方(说白了就是枯井里)躲避杀戮。但是还无社一时没听明白,一个劲地说没有这两样东西。所以申叔展又以"河鱼腹疾"提示,这是当时的俗语,意为因湿得病,也就是风湿病。原文中"河鱼腹疾奈何"其实是"患了风湿病可咋整啊"。还无社总算是听懂了,告诉申叔展,他会躲到一口枯井里。城里的枯井有很多,申叔展要还无社放一条绳子在井口,以便于辨认。

第二天,城破了。申叔展到处寻找,果然看到一口枯井上放着一条绳子,于是放声大哭。还无社听出是他的声音,便顺着绳子爬了上来。在兵荒马乱中,一对老友就这样找到了对方。后世有人批评他们,说他们不该将个人感情置于国家利益之上。换而言之,还无社应当血战至死,申叔展也不该指引他如何逃跑。可是,既然孟子都说"春秋无义战",在一场对双方来说都是不义的战争中,为什么不能想办法保全性命呢?

晋原縠、宋华椒、卫孔达、曹人同盟于清丘,曰:"恤病,讨贰。"于是卿

不书，不实其言也。

宋为盟故，伐陈。卫人救之。孔达曰："先君有约言焉。若大国讨，我则死之。"

这一年的《春秋》又记载："晋人、宋人、卫人、曹人同盟于清丘。"事实上，是晋国的先縠、宋国的华椒、卫国的孔达以及曹国的某人在清丘举行会盟，发誓说："要救援有困难的国家，讨伐有二心的国家。"上述几位都是卿一级的人物，之所以不记录他们的名字，是因为他们说话不算数，没有履行盟约。

宋国因为签订了清丘之盟，举兵讨伐陈国（陈国对晋国有二心，投靠了楚国）。卫国出兵救援陈国。这就不只是不履行盟约，而是背叛盟约了。为什么？孔达有话说：先君有过约定，如果陈国受到进攻，就要援助陈国。假如晋国以此来问罪，就让我为此担责而死吧！

所谓先君，是指卫成公和陈共公。鲁文公元年，晋国讨伐卫国。陈共公给卫成公出主意，要卫国反攻晋国，他再从中斡旋，可知卫成公和陈共公关系非同一般，两国之间也许确实有过互相救援的盟约。而当年率领卫军反攻晋国的，正是孔达本人。

鲁宣公十三年

公元前 596 年，鲁宣公十三年。

十三年春，齐师伐莒，莒恃晋而不侍齐故也。

十三年春,齐国出兵讨伐莒国,原因是莒国依仗晋国而不侍奉齐国。莒国抱上晋国的大腿,恐怕也不是一天两天的事。晋国强大的时候,齐国不敢轻举妄动。可是,去年晋国在邲之战中铩羽而归,元气大伤,威风大损,齐国趁机教训一下家门口不听话的小兄弟,也就理所当然了。

夏,楚子伐宋,以其救萧也。君子曰:"清丘之盟,唯宋可以免焉。"

夏天,楚庄王再度出兵,讨伐宋国,因为宋国去年救援了萧国。君子评论:去年参加清丘之盟的几个国家,只有宋国可以免于祸难。

秋,赤狄伐晋,及清,先縠召之也。

冬,晋人讨邲之败与清之师,归罪于先縠而杀之,尽灭其族。君子曰:"恶之来也,己则取之,其先縠之谓乎。"

晋国内外交困,腹背受敌。秋天,赤狄入侵晋国,抵达清地,这是先縠引进来的。先縠之所以这么做,是因为他要对邲之战的失败负主要责任。为了逃避追责,他必须制造混乱,不惜开门揖盗,引狼入室。但是,这一切都是徒劳。

冬天,晋国人追讨邲之战的失败,以及狄人入侵清地的罪责,杀死先縠,并诛尽其族人。君子评论:大难临头,都是自找,说的就是先縠吧!

清丘之盟,晋以卫之救陈也,讨焉。使人弗去,曰:"罪无所归,将加而师。"

孔达曰:"苟利社稷,请以我说,罪我之由。我则为政,而亢大国之讨,将以谁任?我则死之。"

根据清丘之盟的盟约，晋国因卫国救援了陈国而派人前去问责。晋国使者留在卫国不肯离开，说："如果没有人可以归罪，那就要派兵前来了。"

孔达倒是爽快，说："只要对国家有利，那就拿我去跟晋国人解释吧，罪过就在于我。我是卫国的执政大臣，面临大国的问罪，这还能叫谁去顶罪？我愿为此而死。"

敢做敢担当，是条汉子！

鲁宣公十四年

公元前 595 年，鲁宣公十四年。

十四年春，孔达缢而死，卫人以说于晋而免。遂告于诸侯曰："寡君有不令之臣达，构我敝邑于大国，既伏其罪矣。敢告。"卫人以为成劳，复室其子，使复其位。

十四年春，孔达自缢身亡，卫国人以此向晋国交差，获得赦免。

据周礼，诸侯杀卿大夫，当告知各国。卫国国君遣使遍告诸侯："寡君有个不好的臣子孔达，在敝国和大国之间制造矛盾，现在已经服罪了，谨此通报。"然而，孔达多年来为国尽忠，功勋卓著，卫国上下都是看在眼里的。卫穆公又将女儿嫁给孔达的儿子，让他继承了孔达的爵位。

夏，晋侯伐郑，为邲故也。告于诸侯，蒐焉而还。中行桓子之谋也，曰："示之以整,使谋而来。"郑人惧,使子张代子良于楚。郑伯如楚,谋晋故也。郑以子良为有礼,故召之。

夏天,晋景公讨伐郑国,这是因为邲之战中,郑国站在楚国这边。但这只是虚张声势,以晋国现在的状况,恐怕还没有能力再发动一场大战。晋景公将讨伐郑国的事情通告诸侯,阅兵之后就回国了——此乃荀林父的计谋,他说:"向郑国展示我军严整的阵型,让他们自己谋划来归附我们。"这大概就是不战而屈人之兵吧。郑国果然害怕。害怕的结果却是郑襄公跑到楚国拜会楚庄王,商量如何对付晋国的威胁。同时,郑国又派公孙黑肱前往楚国,取代了两年前到楚国当人质的公子去疾。这是因为郑襄公认为公子去疾"有礼",所以要将他召回来。

回想起来,鲁宣公四年,郑灵公去世,郑国人本来是想立公子去疾为君的。公子去疾坚决不受,将君位让给了郑襄公,这便是所谓的"有礼",也难怪郑襄公不舍得让公子去疾长期待在楚国了。

楚子使申舟聘于齐,曰："无假道于宋。"亦使公子冯聘于晋,不假道于郑。申舟以孟诸之役恶宋,曰："郑昭、宋聋,晋使不害,我则必死。"王曰："杀女,我伐之。"见犀而行。及宋,宋人止之。华元曰："过我而不假道,鄙我也。鄙我,亡也。杀其使者,必伐我。伐我,亦亡也。亡一也。"乃杀。楚子闻之,投袂而起,屦及于窒皇,剑及于寝门之外,车及于蒲胥之市。秋九月,楚子围宋。

申舟即文之无畏。

鲁文公十年,楚穆王跑到宋国的孟诸湖打猎,宋昭公以地主的身份陪同。楚穆王命文之无畏担任左司马,负责整饬军纪。宋昭公忘了携带引火之物(用来熏猎物),文之无畏执法如山,下令责打宋昭公的仆人,以示惩戒,由此得罪宋国人。现在,楚庄王命文之无畏前往齐国访问,途经宋国,又要求他不得向宋国借道,大概是想考验一下宋国人的忍耐力吧!同时,楚庄王还令公子冯出访晋国,也要他不向郑国借道。文之无畏知道此行凶险,对楚庄王说:"郑国人聪明,宋国人昏聩,公子冯出使晋国没有危险,我就必死无疑了。"

楚庄王轻描淡写:"他们敢杀你,我就讨伐他们。"

文之无畏只得出发,临行前将儿子申犀引见给楚庄王,大有托孤之意,同时也是提醒楚庄王记得自己的诺言,为他报仇。事实上,这种事情哪里需要人来提醒?楚庄王只不过是将文之无畏当作诱饵投在宋国,坐等宋国人上钩罢了。

文之无畏经过宋国,果然被宋国人抓住。使者过境而不借道,这是公然挑衅啊!按照周礼,就算是天子的使者途经各诸侯国,也必须办理借道手续。这就好比唐僧去西天取经,每经一国都得倒换关文,好歹盖个"准许通行"的戳才算数啊!宋国的执政大臣华元说:"经过我国而不借道,这是把我们当作他们的边境县城了,也就相当于我们亡国了。如果杀掉他们的使者的话,他们必定会来讨伐我们,也是亡国。总之一样是亡国。"于是下令杀了文之无畏。

消息传到楚国,楚庄王的反应简直可以拍成电影:只见他一甩袖子,站起来就往外走,下了台阶也顾不上穿鞋。随从们赶紧跟上去,追到前庭才将鞋子送上穿好;走到宫殿外边才将宝剑佩好;到了郢都的蒲胥大街,车子才跟上来,请他坐上去。可真是风风火火,一分钟都不耽误。九月,楚庄王的大军已经包围了宋国的首都睢阳。

冬,公孙归父会齐侯于谷,见晏桓子,与之言鲁,乐。桓子告高宣子曰:"子家其亡乎!怀于鲁矣。怀必贪,贪必谋人。谋人,人亦谋己。一国谋之,何以不亡?"

冬天,鲁国的公孙归父(字子家)在谷城拜会齐顷公,见到了齐国大夫晏弱(谥桓),和他谈起鲁国的事情,很开心。事后,晏弱告诉上卿高固(谥宣):"子家怕是要逃亡了。"理由是:他很怀恋鲁侯对他的宠信,这样的人必定贪婪,会算计别人,别人也会算计他。全国人都算计他的话,怎么会不逃亡?

"怀必贪,贪必谋人。"这句话值得后人深思。每一个年代都有受到国君宠信的人。一般而言,受宠不是坏事,说明领导信任。但是,受宠而自鸣得意,喜形于色,就很有问题了。这种人多半贪得无厌,总想利用领导的信任去算计别人,为自己谋利,从而招致大家的怨恨。

顺便说一句,晏弱有个著名的儿子,叫晏婴。

孟献子言于公曰:"臣闻小国之免于大国也,聘而献物,于是有庭实旅百;朝而献功,于是有容貌采章,嘉淑而有加货,谋其不免也。诛而荐贿,则无及也。今楚在宋,君其图之!"公说。

仲孙蔑对鲁宣公说:"下臣听说小国要免予被大国责问,就是去拜访的时候先进献礼物,因此就有庭中陈列的礼品上百件;国君去朝见的时候进献治国安民之功,因此就有光鲜亮丽的装饰品,尽善尽美的礼物,而且加以额外的财币。这都是提前谋划如何避免本来不能避免的罪责。如果大国已经降罪,再进献财物,就来不及了。现在楚庄王在宋国,请您也谋划一下吧。"说白了:平时不烧香,临时抱佛脚,是没用的;未雨绸缪,把工作做在前面,才是小国对待大国的基本原则。

鲁宣公觉得有道理。

鲁宣公十五年

公元前 594 年,鲁宣公十五年。

十五年春,公孙归父会楚子于宋。

根据仲孙蔑的建议,十五年春,公孙归父前往宋国拜见了楚庄王。自打楚庄王崛起,晋楚争霸的主动权就基本掌握在楚国手里了。鲁宣公正是看到这一点,才主动向楚庄王献媚。

宋人使乐婴齐告急于晋,晋侯欲救之。伯宗曰:"不可。古人有言曰:'虽鞭之长,不及马腹。'天方授楚,未可与争。虽晋之强,能违天乎?谚曰:'高下在心。'川泽纳污,山薮藏疾,瑾瑜匿瑕,国君含垢,天之道也。君其待之。"乃止。

宋国派大夫乐婴齐向晋国告急。晋国有一百个理由要救宋国,因为当下没有比宋国更可靠的盟国了。晋景公决定发兵,但是被大夫伯宗劝住。

伯宗说:"古人有言,'马鞭虽长,抽不到马腹'。老天正眷顾楚国,不可与之争锋。晋国虽然强盛,能够违背大命吗?又有谚语说,'或高或低,由心裁定'。大江大河,藏污纳垢;山林沼泽,毒物丛生;白璧美玉,难免有瑕;贵为国君,照样受辱。这都是天之常道。您还是耐心等待机会吧!"

"鞭长莫及"作为一个成语,即源自伯宗的这段话。

另外,关于伯宗这个人,有必要多说几句。他是晋国大夫孙伯起的儿子,其后人即以"伯"为氏。春秋末期,伯宗的曾孙伯嚭在吴国做到太宰,因为谄媚吴王夫差、陷害忠臣伍子胥而留下千古骂名。

使解扬如宋,使无降楚,曰:"晋师悉起,将至矣。"郑人囚而献诸楚。楚子厚赂之,使反其言,不许。三而许之。登诸楼车,使呼宋人而告之。遂致其君命。楚子将杀之,使与之言曰:"尔既许不穀,而反之,何故? 非我无信,女则弃之。速即尔刑。"对曰:"臣闻之,君能制命为义,臣能承命为信,信载义而行之为利。谋不失利,以卫社稷,民之主也。义无二信,信无二命。君之赂臣,不知命也。受命以出,有死无霣,又可赂乎? 臣之许君,以成命也。死而成命,臣之禄也。寡君有信臣,下臣获考死,又何求?"楚子舍之以归。

晋国无心(实际上也是无力)救援宋国,但是又派大夫解扬前往宋国,要宋国人别投降楚国,并打气说:"晋国大军已经全部出发,不日将至。"这真是厚颜无耻。

解扬经过郑国,被郑国人抓住,献给了楚庄王。楚庄王以重金收买解扬,要他将话反过来说,告诉宋国人别抵抗了,投降楚国吧,晋国根本没有发兵(其实这才是实话)。解扬不干。楚庄王再三要求,解扬终于答应。于是,楚国人将解扬带到睢阳城下,让他登上楼车,向宋国人喊话。没想到,解扬大大的狡猾,趁机完成了晋景公交给他的使命,要宋国人坚守城池,等待并不存在的晋国大军前来救援。

楚庄王气不打一处来,准备处死解扬,派人责问他:"你既然已经答应不穀,却又反其道而行之,这是为什么? 不是不穀不讲信用,而是你丢弃了信用,赶紧去受刑吧!"

解扬回答:"下臣听说,国君能够发布命令,这就是义;臣下能够接受命令,这就是信;以信用贯彻道义而后实施,这就是利;谋划大事,不失其利,保国安民,就是百姓的主人。所以国君不对两位臣下发布同一个命令,臣下也不会接受两位国君的命令。您现在收买下臣,就是不懂得这个道理啊!下臣接受了寡君的命令而出国,已经抱定宁可一死也不废弃命令的决心,难道是可以收买的吗?下臣之所以答应您,那是为了借机完成寡君的使命。死而能够完成任务,这是下臣的福气。寡君有守信之臣,下臣又死得其所,夫复何求?"

楚庄王最讲道理,听了解扬这番话,下令将其释放回晋国了。

夏五月,楚师将去宋,申犀稽首于王之马前曰:"毋畏知死而不敢废王命,王弃言焉。"王不能答。申叔时仆,曰:"筑室,反耕者,宋必听命。"从之。宋人惧,使华元夜入楚师,登子反之床,起之,曰:"寡君使元以病告,曰:'敝邑易子而食,析骸以爨。虽然,城下之盟,有以国毙,不能从也。去我三十里,唯命是听。'"子反惧,与之盟,而告王。退三十里。宋及楚平,华元为质。盟曰:"我无尔诈,尔无我虞。"

宋国人收到晋景公开出的空头支票,竟然支撑到了五月。时间一长,楚国人受不了了。这几年来,楚国连年征战,百姓已经相当疲惫。这次围攻宋国,又是长达八九个月的远征,楚国的国力已经透支。楚庄王决定不再纠缠,撤军回国。可是这时候,文之无畏的儿子申犀拦在了他的马前。

"无畏知道必死而不敢废弃大王的命令,可是大王却自食其言了。"申犀这样指责楚庄王。

楚庄王无言以对。

申叔时为楚庄王驾车,说:"建起房子,让种田的人回来,宋国人必定

華元
夜登子
之床

会乖乖听命。"

"筑室反耕",就是表示要长期驻扎下去,这是一种心理战术,目的是断绝敌人的希望,瓦解敌人的斗志。这一招果然有效,宋国人害怕了,他们决定投降。但是,投降也不是那么简单的事,他们派华元乘夜出城,潜入楚军大营,摸进司马公子侧的营帐,爬上公子侧睡的床,将他叫醒来谈判……且慢,这件事情无论如何有点说不过去。如前所述,楚庄王治军极严,楚军大营必定是戒备森严,华元怎么能够神不知鬼不觉地爬到公子侧的床上呢?

后人对华元此举有颇多推测,在此不一一列举。我的理解是,华元确实有些"过人"的本领。鲁宣公二年的大棘之战,华元被郑军俘房,宋国为了赎回他,答应给郑国兵车百乘,结果付到一半,华元自己逃回来了,为国家节省了五十乘兵车。可见华元对于进出敌营,是相当有办法的。郑国人囚不住他,楚国人挡不住他,简直就是那个年代的越狱之王。

回到正题。公子侧半夜被人叫醒,发现自己床上多了一个陌生男人,这一惊恐怕非同小可。等他搞清楚这个男人是宋国的六卿之首、右师华元的时候,就更加惊讶了。华元告诉公子侧:"寡君命我告诉您城里的困境,说'敝国已经到了易子而食、拆骨为炊的地步了。尽管如此,宁可国家灭亡,也是不能接受城下之盟的。请贵军后退三十里,我们唯命是从'。"

说穿了,投降是没问题的,但是不能让人把刀架在脖子上投降,好歹给点面子啦。

公子侧害怕了。现在不是楚国人把刀架在宋国人脖子上,而是华元把刀架在公子侧的脖子上,华元有话语权。于是两个人就在公子侧的营帐中盟誓,然后公子侧向楚庄王报告了情况。楚庄王下令退兵三十里,再和宋国媾和,宋国以华元作为人质。双方发誓说:"我无尔诈,尔无我虞。"意思是我不诈你,你不骗我。"尔虞我诈"作为一个成语,即出于此。

潞子婴儿之夫人,晋景公之姊也。酆舒为政而杀之,又伤潞子之目。

晋侯将伐之。诸大夫皆曰："不可。酆舒有三俊才，不如待后之人。"伯宗曰："必伐之。狄有五罪，俊才虽多，何补焉？不祀，一也。耆酒，二也。弃仲章而夺黎氏地，三也。虐我伯姬，四也。伤其君目，五也。怙其俊才，而不以茂德，兹益罪也。后之人或者将敬奉德义以事神人，而申固其命，若之何待之？不讨有罪，曰'将待后'，后有辞而讨焉，毋乃不可乎？夫恃才与众，亡之道也。商纣由之，故灭。天反时为灾，地反物为妖，民反德为乱，乱则妖灾生。故文，反正为乏。尽在狄矣。"晋侯从之。六月癸卯，晋荀林父败赤狄于曲梁，辛亥，灭潞。酆舒奔卫，卫人归诸晋，晋人杀之。

潞是狄人建立的国家，获封子爵。潞子婴儿的夫人，是晋景公的姐姐。酆舒是潞国的执政大臣，大权独揽，杀了婴儿的夫人，又弄伤了潞子的眼睛。晋景公想以替姐姐报仇为名，讨伐潞国。大夫们都认为不可，因为酆舒有三项过人的本领，不如等到酆舒死了之后再出兵。唯有伯宗认为必须讨伐，理由如下：

狄人有五大罪，就算有再多的人才，于事何补？第一是不祭祀祖先，第二是嗜酒，第三是不听贤臣仲章之言而抢夺黎氏的土地，第四是无故杀害晋国公主伯姬（即潞子夫人），第五是伤了他们国君的眼睛。自恃有才而不修美德，越有本事越加重其罪恶。假如继任者敬奉德义来侍奉神明，安抚百姓，而巩固其国家的命运，到时又将如何对待他？不攻打有罪之人，说要等待以后的人，以后有了理由再去讨伐他，这样做恐怕是不可以吧？自恃有才和人多，这是亡国之道。当年商纣王这样做，所以就灭亡了。天违反时令就是灾难，地违反物性就是妖孽，百姓违反道德就是祸乱，有了祸乱就必然有灾难和妖孽出现了。所以在文字上，"正"字反过来写就是"乏"。这些在狄人那里都已经发生了。

原文所谓"反正为乏"，是指古代的小篆体字，"正"字反过来看就像

"乏"字。这是一语双关。伯宗的意思是,酆舒不行正道,必然导致精神和物资的双重匮乏。

晋景公听从了伯宗的建议。六月十八日,荀林父率军在曲梁打败狄军,消灭潞国。酆舒逃亡卫国。卫国人又将他送到晋国。晋国人杀了酆舒。

自打邲之战后,晋国一蹶不振,通过消灭潞国,总算是挽回了一点颜面。

王孙苏与召氏、毛氏争政,使王子捷杀召戴公及毛伯卫,卒立召襄。

插播一条没头没尾的王室新闻:王孙苏与召氏、毛氏争夺政权,唆使王子捷杀了召戴公和毛伯卫,最后立了召戴公的儿子召襄。

秋七月,秦桓公伐晋,次于辅氏。壬午,晋侯治兵于稷,以略狄土,立黎侯而还。及雒,魏颗败秦师于辅氏,获杜回,秦之力人也。

初,魏武子有嬖妾,无子。武子疾,命颗曰:"必嫁是。"疾病,则曰:"必以为殉。"及卒,颗嫁之,曰:"疾病则乱,吾从其治也。"及辅氏之役,颗见老人结草以亢杜回,杜回踬而颠,故获之。夜梦之曰:"余,而所嫁妇人之父也。尔用先人之治命,余是以报。"

晋国腹背受敌。这一年七月,秦桓公率军讨伐晋国,将军队驻扎在辅氏。二十七日,晋景公在稷地检阅军队,但不是直接对抗秦军,而是继续攻略狄人的土地。从战略上讲,晋景公变得成熟了。晋国刚刚灭掉潞国,如果不趁热打铁,将狄人的土地并入晋国的话,始终是个隐患。原来酆舒强抢黎氏的土地,现在晋景公又在这片土地上重新建立了黎氏侯国,然后才回师向西,抵达洛地。晋国大夫魏颗英勇奋战,在辅氏大败秦军,俘获秦军猛将杜回。

結草報往治命

以魏颗的武力，本来是打不过杜回的，但是在战场上发生了一件灵异的事情，改变了战争的结果。事情的起因，还得说到魏颗的父亲，晋文公年代的大力士魏犫（魏武子）。

当初，魏犫有个宠爱的小妾，没有生儿子。魏犫生病的时候，叮嘱魏颗："我死后将她嫁掉。"这是通情达理的做法。可是等到魏犫病重，大概是脑子已经进水了，又要求魏颗："一定要求她殉葬。"魏犫死后，魏颗却将这个女人嫁了出去，说："人病重的时候神经会错乱，我听从他清醒的时候的命令。"这真是阿弥陀佛，善哉善哉。

辅氏之战中，杜回在战场上来往冲突，势不可当。魏颗突然看到有个老头，将草打成了结来绊杜回。杜回却没有看到那老头，被绊倒在地，所以被魏颗俘获。然后老头又不见了。当天夜里，魏颗又梦见了老头。老头说："我就是你嫁掉的那个女人的父亲。你听从了先人清醒时的命令，我以此作为报答。"

既然说到这里，难免要讲到另外一个故事——

东汉有个叫杨宝的人，年少的时候看到一只黄雀被老鹰所伤，坠落在树下。杨宝将它带回家，悉心照顾十余日，黄雀伤好便飞走了。当天夜里，杨宝梦见一黄衣童子自称是西王母的使者，向他拜谢救命之恩，并以白环四枚赠予杨宝，说："可保佑您的子孙做人清白，官至三公。"杨宝的后人果然兴旺发达，官至三公者多达四人。弘农杨家的威名之盛，仅次于汝南袁家（袁绍家族）。

后人以"结草衔环"作为一句成语，比喻感恩报德，永世不忘，即出于这两个典故。

晋侯赏桓子狄臣千室，亦赏士伯以瓜衍之县。曰："吾获狄土，子之功也。微子，吾丧伯氏矣。"羊舌职说是赏也，曰："《周书》所谓'庸庸祗祗'者，谓此物也夫。士伯庸中行伯，君信之，亦庸士伯，此之谓明德矣。文王所以造周，不是过也。故《诗》曰：'陈锡哉周。'能施也。率是道也，其何不济？"

辅氏之战后，晋景公论功行赏，赐给荀林父狄人奴隶一千户，同时也将瓜衍县赏赐给士渥浊，说："我能够获得狄人的土地，是您的功劳。如果不是您，我就失去伯氏了。"所谓"伯氏"，就是指荀林父，林父字伯，是以称之。鲁宣公十二年的邲之战后，荀林父请求以死谢罪，晋景公本来同意，经士渥浊劝说才赦免荀林父，并使其继续出任中军元帅。荀林父能获得今日的成就，士渥浊当然是有功的。

大夫羊舌职解释这一赏赐，以为《周书》所谓"用可用者，敬可敬者"，说的就是这类事。士渥浊以为荀林父可用，国君听信了，亦用士渥浊，这就是所谓的明德了。当年周文王之所以能够创建周朝，也不过如此罢了。所以《诗》上说"布利天下建立周朝"，说的就是能够施恩于万邦百姓。遵循这个道理去做事，还有什么是不能成功的？

晋侯使赵同献狄俘于周，不敬。刘康公曰："不及十年，原叔必有大咎，天夺之魄矣。"

晋景公进一步扩大战胜狄人的影响，派赵同向王室进献狄人战俘。前面说过，诸侯有功于四夷，向天子报告战功，进献俘虏，是合于周礼的，也体现了诸侯对天子的尊重。可是，赵同偏偏将一件好事办成了坏事，在天子面前表现得极不恭敬。王室大臣刘康公断言："不出十年，赵同必有大灾，上天已经夺走他的魂魄了。"

初税亩，非礼也。谷出不过藉，以丰财也。

这一年，鲁国开始按田亩征税，这是非礼的！传统的做法，公家征收谷物不超过赋税的规定，这是用以丰富财物的做法。

鲁国"初税亩",在《左传》中只是简单的一句话,在中国历史上却是一次重大改革。

按照周朝的井田制度,田有公私之分。假如一个"井"字格内共有九百亩地,中间的一百亩属于公田,其余八百亩属于私田。农民对于公田,有无偿耕种的义务,也就是所谓的"藉"。上至天子,下至诸侯,各国君主都以公田的赋税收入作为其主要经济来源,而卿大夫阶层拥有的私田是不收税的。随着生产力的发展和卿大夫势力的增强,私田的数量越来越多,公田往往荒废不治。一些先进的国家已经逐步承认私田的合法性,主要依靠私田来维持国家的赋税。比如晋国,早在晋惠公时期就有了"作爰田"的改革,走上了富国强兵的道路。鲁国在这个时候实行"税亩"改革,其实已经比较晚了,也可以说是公室与卿大夫之间的一次相互妥协——公室承认私田的合法性,卿大夫承认缴纳赋税的义务。客观上讲,此举增强了鲁国的财政实力,但也使得"三桓"等卿大夫在与国君叫板的时候腰板更硬,嗓门更大,因此老左对初税亩的评价是:"非礼也!"

冬,螽生,饥。幸之也。

螽是蝗虫的幼虫。"螽生"即蝗灾出现,由此而导致饥荒,所以要记录在案。可是,为什么老左又说"幸之也"呢? 蝗灾有什么值得庆幸的? 后世有人以为,"幸"字是"卒"字的笔误。"卒"的意思是警告。联系上文来看,鲁国"初税亩"引起了上天的不满,所以降下蝗灾以示警告,这种说法倒是暗合老左之意,我们也就姑妄听之吧。

鲁宣公十六年

公元前 593 年,鲁宣公十六年。

十六年春,晋士会帅师灭赤狄甲氏及留吁铎辰。

三月,献狄俘。晋侯请于王,戊申,以黻冕命士会将中军,且为大傅。于是晋国之盗逃奔于秦。羊舌职曰:"吾闻之,'禹称善人,不善人远',此之谓也夫。《诗》曰:'战战兢兢,如临深渊,如履薄冰。'善人在上也。善人在上,则国无幸民。谚曰:'民之多幸,国之不幸也。'是无善人之谓也。"

晋国继续扩大战果。十六年春,士会带兵消灭赤狄部落的甲氏和留吁、铎辰等势力。

三月,晋国再度向天子献俘。晋景公向周定王请求,于二十七日赐给士会礼服,任命他为中军元帅,兼任太傅。这就等于把晋国的军、政、司法大权全部交给士会了,在晋国历史上还是首次。此事带来的直接后果是:晋国的盗贼感到害怕,全部逃往秦国。由此可见,士会治理国家是很有一套的,晋景公选对了人。

羊舌职评论:"我听说大禹选拔善人为官,不善之人纷纷远离,说的就是这样的事情吧!《诗》上说:'战战兢兢,如临深渊,如履薄冰。'这是因为有善人在上为政。善人为政,则国家没有心存侥幸的百姓。俗话说:'百姓多存侥幸之心就是国家的不幸。'这就是说没有善人啊!"

夏,成周宣榭火,人火之也。凡火,人火曰火,天火曰灾。

> 夏天,成周地方的宣榭着火,是人为的。举凡发生火灾,是人放的叫作"火",天降的叫作"灾"。
>
> 所谓宣榭,即讲武台,是天子检阅部队的地方。

秋,郯伯姬来归,出也。

> 秋天,原本将到郯国的公主伯姬回到鲁国,这是因为被夫家抛弃。

为毛、召之难故,王室复乱。王孙苏奔晋。晋人复之。

冬,晋侯使士会平王室,定王享之。原襄公相礼。殽烝。武子私问其故。王闻之,召武子曰:"季氏!而弗闻乎?王享有体荐,宴有折俎。公当享,卿当宴,王室之礼也。"武子归而讲求典礼,以修晋国之法。

> 去年王室内乱,王孙苏与召氏、毛氏争夺政权,唆使王子捷杀了召戴公和毛伯卫。这件事情并没有摆平,今年王室又陷入混乱,召氏和毛氏的党羽围攻王孙苏。王孙苏逃奔晋国,并在晋国人的帮助下复位。
>
> 冬天,晋景公派士会平定王室之乱,周定王设宴。王室大夫原襄公担任相礼大臣,席间上了"殽烝"。
>
> 原文中的"享",本义是进献,引申为祭祀,又用作"飨"的假借字,意思是设酒宴招待客人。《左传》多处用到享字,笼统地翻译成"设宴招待"是没错的。但是严格地说,有的时候是设"享",把祭祀的物品摆出来,只是装装样子,以示隆重,并不能真吃;有的时候是设"宴",大碗喝酒,大块吃肉;有的时候则是先"享"后"宴",面子里子都有了。
>
> 至于"烝",则是摆在俎上的牲口(已经洗剥干净),用以祭祀或待客。烝有多种:整只牲口,并不煮熟,叫作"全烝",用于祭祀;半只牲口,亦不

煮熟，叫作"房烝"，又叫"体荐"，也是用于祭祀；将牲口解体，煮熟，连骨带肉摆在俎上，叫作"殽烝"，又叫"折俎"。全烝和房烝，只是敬神摆设，并不能吃。只有殽烝才能真正地大快朵颐。怎么样，名堂够多吧？休说后人搞不清楚这些规矩，就连士会也看不懂，于是私下问原襄公。周定王听到了，将士会召过来说："你没听说过吗？天子设享用体荐，设宴用殽烝。招待诸侯当用享，招待诸侯之卿用宴。这就是王室之礼啊！"

说白了，在天子面前，士会还不够资格用"享"，只能用"宴"。天子招待诸侯，摆上体荐，以示隆重，但是吃的还是殽烝；招待诸侯之卿，那就只有殽烝了。士会恍然大悟，回去之后就研究典礼制度，从而修明晋国的法规。

后人也许觉得那个时候的人很迂腐：吃个肉嘛，有必要搞得那么复杂吗？可是，在先秦儒家看来，正是这些烦琐的礼仪明确了封建等级制度，在每一个生活细节中都能体现秩序和规矩，可谓小事不小。而强调礼仪的最终目的，是让每一个人都懂规矩、守秩序，从而达到国家大治，天下太平。

鲁宣公十七年

公元前 592 年，鲁宣公十七年。

十七年春，晋侯使郤克征会于齐。齐顷公帷妇人使观之。郤子登，妇人笑于房。献子怒，出而誓曰："所不此报，无能涉河！"献子先归，使栾京庐待命于齐。曰："不得齐事，无复命矣。"郤子至，请伐齐，晋侯弗许。

请以其私属,又弗许。

十七年春,晋景公派上军副帅郤克(献子)出使齐国,邀请齐顷公前来晋国会盟。齐顷公接见郤克的时候,用帷幕遮住妇人,让她在幕后偷看。郤克登上台阶,那妇人就在厢房里笑出声来。

这有什么好笑的?

老左惜墨如金,不肯写透,倒是司马迁写得明白:所谓妇人,就是齐顷公的母亲萧同叔子。当时去齐国访问的,还有鲁国的季孙行父、卫国的孙良夫。说来也巧,这几位使者都有点生理缺陷:郤克是个驼背,季孙行父是个跛子,孙良夫是个独眼龙。几个人凑到一起,本来就很有喜剧效果。为了突出这一效果,齐顷公还找了三个有同样生理缺陷的人来担任典礼官。于是,在会见使臣的时候,郤克被一个驼背领着,季孙行父被一个跛子领着,孙良夫被一个独眼龙领着。萧老太太躲在帷幕后面,乐得前仰后合,眼泪都笑出来了。

是人都受不了这种侮辱。郤克出来后,就发誓说:"如果不报此仇,就不过黄河了!"郤克气冲冲地回国,命副手栾京庐留在齐国待命,说:"不能完成在齐国的事情,就不用回来了。"愤怒归愤怒,邀请齐顷公到晋国会盟的事,还是安排人去办,这也算是公私兼顾了吧。

回到晋国,郤克向晋景公请求讨伐齐国,遭到拒绝。郤克又请求带着自己的族兵讨伐齐国,又遭到拒绝。

齐侯使高固、晏弱、蔡朝、南郭偃会。及敛盂,高固逃归。夏,会于断道,讨贰也。盟于卷楚,辞齐人。晋人执晏弱于野王,执蔡朝于原,执南郭偃于温。

苗贲皇使,见晏桓子。归,言于晋侯曰:"夫晏子何罪?昔者诸侯事吾先君,皆如不逮,举言群臣不信,诸侯皆有贰志。齐君恐不得礼,故不出,而使四子来。左右或沮之,曰:'君不出,必执吾使。'故高子及敛盂而

189　　第七章　鲁宣公

逃。夫三子者曰：'若绝君好，宁归死焉。'为是犯难而来，吾若善逆彼以怀来者，吾又执之，以信齐沮，吾不既过矣乎？过而不改，而又久之，以成其悔，何利之有焉？使反者得辞，而害来者，以惧诸侯，将焉用之？"晋人缓之，逸。

秋八月，晋师还。

齐顷公终究没有应邀到晋国来会盟，而是派高固、晏弱、蔡朝、南郭偃作为代表前往晋国。谁都知道此行凶多吉少。走到敛盂的时候，高固就逃回齐国去了。剩下三个人硬着头皮继续前进。

据《春秋》记载，这一年夏天，晋景公、鲁宣公、卫穆公、曹宣公等诸侯在晋国的断道举行了会议，主题是讨伐有二心的国家。又在卷楚盟誓，拒绝齐国代表参加。晋国人在野王逮捕了晏弱，在原地逮捕了蔡朝，在温地逮捕了南郭偃。之所以在不同的地方逮捕他们，可能是为了故意制造一种紧张气氛，让齐国使者胆战心惊吧。

苗贲皇是晋国的大夫，奉命出使途中，经过野王，见到了晏弱，回来对晋景公说："那个晏弱犯了什么罪？从前诸侯侍奉我国先君，都急急忙忙，好像怕赶不上的样子，都说是群臣信不过他们，诸侯都三心二意。这一次，齐侯怕在我国受不到礼遇，所以不出门，而派四位大臣来。左右近臣有人以为不可，说'国君不去，晋国一定会逮捕我们的使者'。所以高固到敛盂就跑了。剩下这三个人说：'如果断绝了两位国君的友好，宁可回去被处死。'为此冒险而来。按理说，我们应该盛情接待他们，以使前来的人怀恋我们的恩德，但是我们偏偏逮捕了他们，坐实了齐国那些劝阻的人的话，这难道不是已经做错了吗？错了又不改，久久不肯释放他们，让他们后悔来到晋国，这有什么好处呢？让逃走的人振振有词，而伤害前来的人，以使诸侯害怕，这有什么意义？"

晋景公无言以对。但是，既然抓了人又无故释放，面子上过不去，于是暗地里放松了看管。不久之后，晏弱等人便逃回齐国去了。

八月，晋军回国。

关于苗贲皇这个人，有必要介绍一下。他是楚国前令尹斗椒的儿子。鲁宣公四年，斗椒作乱，兵败被杀，贲皇出逃晋国，获封苗地，因此称为苗贲皇。晋国人重用他，是因为他熟知楚国的情况。换句话说，苗贲皇就是晋国的楚国问题专家。

范武子将老，召文子曰："燮乎！吾闻之，喜怒以类者鲜，易者实多。《诗》曰：'君子如怒，乱庶遄沮。君子如祉，乱庶遄已。'君子之喜怒，以已乱也。弗已者，必益之。郤子其或者欲已乱于齐乎，不然，余惧其益之也。余将老，使郤子逞其志，庶有豸乎。尔从二三子唯敬。"乃请老。郤献子为政。

范武子就是士会。他最初获封随地，所以又叫作随会或随武子；后来改封范地，便又称为范武子。士会的儿子名燮，史称范文子。

去年，士会刚刚受封中军元帅，兼任太傅，各项工作都做得很不错。今年，他就要告老退休了。这是为什么？且听他怎么对士燮说：

"燮啊！我听说，喜怒合于礼是很少的，不合于礼的倒是很多。《诗》上说，君子如果发怒，祸乱大概就很快止住了；君子如果高兴，祸乱大概就很快停歇了。君子之喜怒，是用来阻止祸乱的。如果阻止不住，那就反而会助长祸乱。郤克或者是想在齐国这件事上止住祸乱吧？如果不是这样，我怕他会助长祸乱。我打算告老退休，好让郤克能够满足他的心愿，那么祸乱也许就解除了。你就跟随几位大夫恭敬地服从他吧！"

说白了，齐国这件事情搞得郤克很不爽，如果一直不爽下去的话，士会怕他会搞出什么乱子来，所以主动提出退休，将中军元帅的位置让给郤克，好让他爽一下。郤克心里舒坦了，也就不会搞事了，晋国也就平安了。

于是士会向晋景公提出退休，郤克接任中军元帅。

冬，公弟叔肸卒，公母弟也。凡大子之母弟，公在曰公子，不在曰弟。凡称弟，皆母弟也。

冬天，鲁宣公的弟弟叔肸去世，他是鲁宣公的胞弟。当时的规矩，举凡世子的胞弟，君父在世的时候称为公子，不在世就叫作弟。凡称为弟的，都是胞弟。

鲁宣公十八年

公元前 591 年，鲁宣公十八年。

十八年春，晋侯、卫大子臧伐齐，至于阳谷。齐侯会晋侯盟于缯，以公子强为质于晋。晋师还。蔡朝、南郭偃逃归。

郤克执政后的第一件事，还是对付齐国。

十八年春，晋景公、卫世子臧讨伐齐国，抵达阳谷。齐国妥协。齐顷公在缯地与晋景公举行会盟，派公子强到晋国当人质。此后，晋军回国。去年被晋国囚禁的蔡朝、南郭偃逃回齐国。

夏，公使如楚乞师，欲以伐齐。

夏天，鲁宣公派使者到楚国，请求楚国出兵讨伐齐国。

这是为什么呢？

据杜预猜测，是因为鲁宣公近年来对齐国有所冷落。看到晋国和齐国结了盟，难免有点害怕，所以赶紧去抱楚国的大腿。

还有一种更有意思的推测：此举并非鲁宣公的本意，而是季孙行父极力主张——去年发生在齐国的外交风波，季孙行父也受到了侮辱。回国之后，季孙行父和郤克一样，也要求讨伐齐国以雪耻辱，遭到鲁宣公拒绝。等到今年春天，晋国讨伐齐国，季孙行父便再度向鲁宣公施压，要求出兵。也许已经出兵了，没想到形势发展太快，晋国和齐国媾和了。鲁国骑虎难下，只得赶紧向楚国求援。

秋，邾人戕鄫子于鄫。凡自虐其君曰弑，自外曰戕。

秋天，邾国人在鄫国"戕"了鄫子。凡是国内的人杀死他们的国君叫作"弑"，外来人杀了国君叫作"戕"。

楚庄王卒，楚师不出。既而用晋师，楚于是乎有蜀之役。

楚庄王收到鲁国人的出兵请求，非常利索地答应了。然而，部队还没有出发，意想不到的事情发生了。

楚庄王去世了。

关于楚庄王的一生，后人基本给予正面评价。清代朱元英的观点比较具有代表性，他说：齐桓公和晋文公之所以称霸天下，是因为有管仲和狐偃，凡事都听他们的就行了；楚庄王手下的文臣武将，能力都不如楚庄王，大事全由楚庄王自己决定，然而基本符合天道人伦，就算错也错不到哪里去。恢复陈国，饶恕郑国，体现了他的豁达大度；不作京观，体现了他的仁义；不逼迫华元，与宋国釜订城下之盟，体现了他的诚信。楚庄王的内政、外交、用人，处处将自己摆在退让的位置，得饶人处且饶人，可谓厚道。朱元英还这样比较说：齐桓公和晋文公之美，在于他们善于表演；

秦穆公和楚庄王虽然不善于装扮自己，胜在内心强大。单就功业而言，前两者也算是有圣人之功了；但如果说到道德建树，后两者是君子所不能忘记的。

楚国遇此大事，自然不能出兵帮助鲁国。鲁国也真是水性杨花，马上又转向晋国，请求晋国出兵攻打齐国。楚国因此而震怒，所以有两年之后的蜀地之战。

公孙归父以襄仲之立公也，有宠，欲去三桓，以张公室。与公谋，而聘于晋，欲以晋人去之。冬，公薨。季文子言于朝曰："使我杀□立庶以失大援者，仲也夫！"臧宣叔怒曰："当其时不能治也，后之人何罪？子欲去之，许请去之。"遂逐东门氏。

子家还，及笙，坛帷，复命于介。既复命，袒、括发，即位哭，三踊而出。遂奔齐。书曰"归父还自晋"，善之也。

这一年是鲁宣公十八年。十八年前，公子遂连弑两君（公子恶和公子视），硬生生地将鲁宣公推上了君位。鲁宣公感念公子遂的拥立之功，对其子公孙归父极其宠信。鲁宣公在位期间，"三桓"的势力日趋壮大，已经对公室构成严重威胁。公孙归父想消灭"三桓"以壮大公室的权势。君臣二人密谋之后，鲁宣公派公孙归父出访晋国，想依靠晋国的力量来达到目的。

这一年冬天，公孙归父还没有回来，鲁宣公却去世了。

阴谋论者可以大胆猜测鲁宣公是怎么死的，但是《春秋》只有冷冷的一句："公薨于路寝。"反正是死在自己的寝宫中，吃瓜群众爱怎么想就怎么想吧！

鲁宣公刚去世，季孙行父便在朝中宣称："让我国杀嫡立庶因而失去强援的，就是襄仲啊！"

谁都知道，攻击公子遂，就是攻击公孙归父。公子遂为非作歹，确实可恶。但是,借公子遂来攻击公孙归父,总之是不厚道。时任司寇的臧孙许便直言:"当时不能治他的罪,他的后人又有什么罪?您如果想去掉他,我就请求去掉他。"言下之意,想整人就大大方方地整,不要指桑骂槐,拐弯抹角,鬼鬼祟祟。

权倾一时的东门氏就这样被驱逐出鲁国了。

再说公孙归父从晋国回来,抵达笙地,获知国内的变故,便筑土为坛,以帷幕遮住,向他的副手举行复命的礼节。然后,公孙归父解开衣服,袒露左胸,用麻布系起头发,走到灵堂中应居之位,大哭,跺脚三次,退出,逃往齐国。

他所做的这一切,都是一丝不苟地按照周礼的规定办理的。在危难时刻仍然保持冷静的头脑和从容不迫的态度,是一种高贵的品质。《春秋》记载:"归父从晋国回来,抵达笙地。"算是对公孙归父的表扬。

鲁成公

鲁成公名黑肱，是鲁宣公的儿子；其母穆姜，原本是齐国公主，于鲁宣公元年嫁到鲁国。

鲁成公元年

公元前 590 年，鲁成公元年。

元年春，晋侯使瑕嘉平戎于王，单襄公如晋拜成。刘康公徼戎，将遂伐之。叔服曰："背盟而欺大国，此必败。背盟，不祥；欺大国，不义。神人弗助，将何以胜？"不听，遂伐茅戎。三月癸未，败绩于徐吾氏。

瑕嘉即詹嘉。鲁文公十三年，晋灵公将瑕地赏赐给詹嘉，令他驻防桃林要塞，因此又称为瑕嘉。

鲁成公元年春，晋景公命瑕嘉调解王室与戎人的冲突。事成之后，王室卿士单襄公来到晋国拜谢。

王室与戎人的冲突，不是一两天的事，在《左传》上屡见记载。春秋时期的几位霸主，包括齐桓公、晋文公、秦穆公、楚庄王都曾经帮助王室解决戎人问题，但都是一时之计，不能彻底解除戎人对王畿的威胁。这一次，晋国出面"平戎于王"，当然也是治标不治本，但竟然激发了王室某些人的雄心壮志。刘康公以为，戎人既然接受调停，必然不设防备，正好趁机进攻。内史叔服却以为此举背弃盟约，欺骗晋国，必败无疑。背弃盟约为不祥，欺骗晋国为不义。不祥不义，神人共弃，又靠什么战胜？刘康公不听，于是讨伐茅地的戎人部落。三月十九日，王军在徐吾氏大败。

为齐难故，作丘甲。

为了防备齐国的进攻，鲁国"作丘甲"。这是在"初税亩"后，鲁国的进一步军赋制度改革。

所谓"丘"，是当时的地方行政单位，按照周礼的规定，"九夫为井，四井为邑，四邑为丘"，则一丘有成年劳动力一百余人。"作丘甲"就是每丘派出一定数量的成年男子，自备武具服兵役，成为职业军人，丘中其余男子分摊他们的耕种任务。

传统的井田制下，农民在农忙的时候种田，农闲的时候服役，全民皆兵，战斗力低下。鲁国实行"初税亩"后，农民种田的热情提高，国家税收随之增加，社会分工必然更加细化，职业军人也就应运而生。因此，"作丘甲"可以视为"初税亩"的配套改革措施。

当然，如果没有齐国的威胁，鲁国也许不会那么快推进"作丘甲"。很多时候，改革都是逼出来的啊！

闻齐将出楚师，夏，盟于赤棘。

齐鲁两国的关系越来越紧张，战争一触即发。鲁国人得到情报，齐国将和楚国联手出兵对付鲁国，这真是山雨欲来，乌云干城。鲁国必须采取行动，于是派臧孙许前往晋国，在赤棘和晋景公结盟。

秋，王人来告败。

秋天，王室派人来通报徐吾氏之败。

冬，臧宣叔令修赋、缮完、具守备，曰："齐、楚结好，我新与晋盟，晋、

楚争盟,齐师必至。虽晋人伐齐,楚必救之,是齐、楚同我也。知难而有备,乃可以逞。”

冬天,臧孙许命令全国抓紧完成“作丘甲”,整顿军备,修缮城墙,完成防御准备,说:“齐国和楚国结成友好,我国新近与晋国结盟,晋国和楚国争夺盟主,齐国必定会派兵前来。就算是晋国讨伐齐国,楚国也必然去救援,这就是齐国和楚国一起对付我们了。知道战争将至而有所准备,祸难可以缓解。”

鲁成公二年

公元前 589 年,鲁成公二年。

二年春,齐侯伐我北鄙,围龙。顷公之嬖人卢蒲就魁门焉。龙人囚之。齐侯曰:“勿杀!吾与而盟,无入而封。”弗听,杀而膊诸城上。齐侯亲鼓,士陵城。三日,取龙。遂南侵,及巢丘。

二年春,战争如期爆发,齐顷公率军入侵鲁国北部边境,包围龙地。齐顷公的宠臣卢蒲就魁攻打城门,被龙地的守兵俘虏。齐顷公紧张了,派人喊话:“不要杀他!我可以与你们盟誓,不进入你们的领土。”龙地人不听,杀了卢蒲就魁,而且将他的尸体绑在城上。齐顷公亲自擂鼓,将士们爬上城墙,奋战三日,攻取龙地,顺势南下,抵达巢丘。

卫侯使孙良夫、石稷、宁相、向禽将侵齐，与齐师遇。石子欲还。孙子曰："不可。以师伐人，遇其师而还，将谓君何？若知不能，则如无出。今既遇矣，不如战也。"

夏，有……

石成子曰："师败矣，子不少须，众惧尽。子丧师徒，何以复命？"皆不对。又曰："子，国卿也。陨子，辱矣。子以众退，我此乃止。"且告车来甚众。齐师乃止，次于鞫居。新筑人仲叔于奚救孙桓子，桓子是以免。

既，卫人赏之以邑，辞，请曲县、繁缨以朝。许之。仲尼闻之，曰："惜也，不如多与之邑。唯器与名，不可以假人，君之所司也。名以出信，信以守器，器以藏礼，礼以行义，义以生利，利以平民，政之大节也。若以假人，与人政也。政亡，则国家从之，弗可止也已。"

为了救援鲁国，卫穆公派孙良夫（桓子）、石稷（成子）、宁相（俞子）、向禽入侵齐国。在新筑遇到齐军，石稷想撤退，孙良夫以为不可，说："带着军队讨伐别人，遇到他们的部队就回去，可怎么对国君交代呢？如果知道打不过人家，就应该不出兵。现在既然已经遇上了，不如一战。"

接下来，不好意思，断片了……《左传》毕竟是本很古老的书，文字偶有缺失，也是可以理解的。根据前后文推测，这里应该是写齐、卫两军交战的情况，结果卫军战败了。当初主战的孙良夫，这个时候却想着赶紧撤退。

石稷说："我军已经失败了。您如果不多坚持一下，恐怕会全军覆没。您丧失了部队，用什么来回复君命？"

没有一个人接石稷的话，包括孙良夫。

石稷又说："您是卫国的卿。您有个闪失，那就是卫国的耻辱了。这样吧，您带着大伙撤退，我顶在这里。"

孙良夫竟然就真逃跑了。

石稷带着部队死战，而且对齐国人宣称"前来支援的战车甚多"。齐军见其阵形不乱，又听说卫国的援军在路上，也就停止追击，驻扎在鞫居。

孙良夫能够顺利逃脱，除了靠石稷死顶住齐军，还多亏一个人的救助——卫国新筑大夫仲叔于奚。战后，卫国将城邑赏赐给仲叔于奚，以示褒奖。仲叔于奚却辞谢了，请求"曲县"和"繁缨以朝"，得到批准。

"县"通"悬"，引申为钟、磬等悬挂的乐器。依周礼，天子的乐器四面悬挂，称为"宫悬"；诸侯的乐器三面悬挂，称为"轩悬"或"曲悬"；大夫只有左右两面，称为"判悬"；士则只有一面，称为"特悬"。

繁缨则是马匹的一种装饰，仅限于诸侯使用。

仲叔于奚以大夫的身份，要求使用曲悬，驾着繁缨装饰的马车去朝见国君，被卫穆公允许。当然是僭越了。孔子听到这件事便说："可惜了，还不如多给他点城邑。唯有器物和名号，不能借给别人，这是国君必须掌握的。名号用来赋予威信，有威信才能使用相应的器物，各种器物都包含了礼的精神，行礼是为了推广道义，遵循道义可以产生利益，有利益才能治理百姓，这就是政治的大原则。如果将名号和器物借给别人，等于将政权交给别人。政权丢了，国家也就丢了，这是没有办法阻止的。"

孙桓子还于新筑，不入，遂如晋乞师。臧宣叔亦如晋乞师。皆主郤献子。晋侯许之七百乘。郤子曰："此城濮之赋也。有先君之明与先大夫之肃，故捷。克于先大夫，无能为役，请八百乘。"许之。郤克将中军，士燮佐上军，栾书将下军，韩厥为司马，以救鲁、卫。臧宣叔逆晋师，且道之。季文子帅师会之。

孙良夫从新筑回来，不入国都，直接跑到晋国请求派兵支援。与此同时，鲁国的臧孙许也来到晋国请求出兵。两个人都请郤克做主。郤克向晋景公提出请求，晋景公答应了，允许他带七百乘兵车去讨伐齐国。郤克说："这是城濮之战中我军的规模。当时有先君文公的圣明和诸位先大夫的敬肃，所以能够获胜。我与诸位先大夫相比，还不够资格当他们的仆人，请给八百乘。"晋景公答应了，于是郤克率领中军，士燮佐领上军，栾书率领下军，韩厥担任司马，去救援鲁国和卫国。臧孙许代表鲁国迎接晋军，并做向导开路。季孙行父率领鲁军与晋军会合。

这里要说明一下，晋国的上、中、下三军各有元帅和副帅，副帅既是元帅的副手，也领有相当一部分军队。所谓"郤克将中军，士燮佐上军，栾书将下军"，也就是中军副帅、上军主帅、下军副帅的部队没有出动，晋国保留了实力。

及卫地，韩献子将斩人，郤献子驰，将救之。至，则既斩之矣。郤子使速以徇，告其仆曰："吾以分谤也。"

韩献子即韩厥，担任军中司马一职，也就是军纪官。到了卫国，有人触犯军纪，韩厥要杀人，郤克驾车急忙赶过去，想要救下那个人。到达的时候，人已经被杀了。郤克的反应不是恼怒，而是命人赶紧将那个人的尸体在全军示众。他的车夫不理解：你不是来救人的吗？怎么反而将他的尸体拖出去示众了呢？

郤克回答："我这是分担一下别人对韩厥的指责。"

中国是个人情社会。司马要杀人，中军元帅要救人，外人看在眼里，难免对司马有看法。如果能够及时把人救下来，这件事情总有回旋的余地，对韩厥的影响还不算大。现在人已经没了，郤克即便不指责韩厥，只要板着一副脸，一言不发，人们还是会觉得韩厥太苛刻，甚至觉得他残忍，对他以后开展工作很不利。所以，郤克为了维护韩厥，干脆就站到韩厥这边了。这是领导的艺术，韩厥必定感谢郤克。外人仔细玩味，也能体会郤克的良苦用心。

然而,法家对此抱有完全不同的态度。韩非子便写道:郤克此举不是分谤。韩厥要杀的人,如果是真有罪,就不可救。救罪人,法就被破坏了,国家也就乱了。如果没有罪,已经杀错了人,再拿去示众,那就是让无辜的人更无辜,群众就会产生怨恨,国家也就危险了。所以,郤克此举,不是让国家陷入混乱就是让国家陷入危险,不可不察。

个人以为,韩非子说得有理。中国传统社会最大的问题,就是该讲法的时候讲情,人治重于法治,权术重于规矩。

　　师从齐师于莘。六月壬申,师至于靡笄之下。齐侯使请战,曰:"子以君师辱于敝邑,不腆敝赋,诘朝请见。"对曰:"晋与鲁、卫,兄弟也。来告曰:'大国朝夕释憾于敝邑之地。'寡君不忍,使群臣请于大国,无令舆师淹于君地。能进不能退,君无所辱命。"齐侯曰:"大夫之许,寡人之愿也;若其不许,亦将见也。"齐高固入晋师,桀石以投人,禽之而乘其车,系桑本焉,以徇齐垒,曰:"欲勇者贾余余勇!"

　　齐军讨伐鲁国,打胜卫国,正得胜而归。晋、鲁、卫联军在莘地追上了齐军。六月十六日,晋军抵达靡笄山下。两军扎营对垒,先打口水仗。

　　齐顷公派使者到晋营下战书,对郤克说:"您带领国君的部队光临敝国,敝国也没多少士兵,请在明天早上相见。"也就是约第二天一早决战。

　　郤克回答:"晋国与鲁国、卫国乃是兄弟之国。他们来报告说:'大国早晚都在敝国的土地上发泄怨气。'寡君于心不忍,所以派我们来向大国请求放过他们,而且下令我们不要让部队在贵国停留太久。我们只能前进不能后退,想必不会辱没您的命令。"意思是:你要战,我便战。

　　齐顷公得到这个答复,又说:"大夫同意开战,正是寡人的愿望。就算不同意,也是要一战的。"

　　齐国的上卿高固于鲁宣公十七年奉命出使晋国,中途却又逃回齐国,此时大概是为了洗刷懦夫之名吧,主动前往晋营挑战。高固冲进晋

　　　　　　　　第八章　鲁成公

营，举起石头，看到晋兵就扔，砸晕了就扔到车上带回来。高固还将一根桑树根系在车后，以示与其他战车的不同，回到齐军的营垒四处巡行，说："需要勇气的人，可以来买我剩下的勇气。"

癸酉，师陈于鞌。邴夏御齐侯，逢丑父为右。晋解张御郤克，郑丘缓为右。齐侯曰："余姑翦灭此而朝食。"不介马而驰之。郤克伤于矢，流血及屦，未绝鼓音，曰："余病矣！"张侯曰："自始合，而矢贯余手及肘，余折以御，左轮朱殷，岂敢言病？吾子忍之！"缓曰："自始合，苟有险，余必下推车，子岂识之？然子病矣！"张侯曰："师之耳目，在吾旗鼓，进退从之。此车一人殿之，可以集事。若之何其以病败君之大事也？擐甲执兵，固即死也。病未及死，吾子勉之！"左并辔，右援枹而鼓。马逸不能止，师从之。齐师败绩。逐之，三周华不注。

十七日，两军在鞌地对阵。邴夏为齐顷公御戎，逢丑父为戎右。解张（解氏，名侯，字张，后文字名连读，又作"张侯"）为郤克御戎，郑丘缓（郑丘氏，名缓）为戎右。经过高固的预热，齐军士气高涨，齐顷公也信心满满，宣称："我姑且消灭了这些人再吃早饭。"马不披甲，身先士卒地冲向晋军。

齐军攻势凌厉，晋军不遑多让。郤克为箭所伤，鲜血流到了鞋上，但是仍然击鼓不绝，指挥战斗。因为伤口太痛，他忍不住说："我受伤了！"这是说给解张和郑丘缓听的。接下来的剧情，应该是这样——

解张和郑丘缓大惊："元帅，您受伤了！赶紧回营包扎。"

郤克说："不，不，我不能离开战场。"

解张说："您是一军之主，我们有责任保护您。"

郑丘缓说："元帅，您可不能倒下，将士们需要您。"

两个人不由分说，掉转车头，朝大营奔去……且慢，事实并非如此。

郤克说完这句话,指望这两个家伙安慰自己一下。没想到,解张根本不理会元帅的伤势,而是说:"自会战开始,箭就射穿了我的手肘,我折断箭杆继续驾车,左边的车轮都染成了黑红色,哪里敢说受伤的事?您还是忍着吧!"郑丘缓也说:"自打开战,只要一遇到危险,我必定下车推车,您难道留意到了吗?不过,您真是伤得很重啊!"解张说:"我们的战旗和鼓声,就是军队的耳目,前进后退都要听从于它。这辆战车,一个人坐镇,战争就可以获胜,怎么可以为了些许痛苦就败坏国君的大事呢?身披铠甲,手持武器,本来就是去死的。现在您的伤还不到要死的程度,请您还是尽力而为吧!"于是左手挽着马缰,右手接过郤克的鼓槌,继续击鼓。战马狂奔,不能刹车,全军就跟着冲上去,把齐军打得大败。晋军追逐齐军,绕着华不注山跑了三圈。

韩厥梦子舆谓己曰:"旦辟左右!"故中御而从齐侯。邴夏曰:"射其御者,君子也。"公曰:"谓之君子而射之,非礼也。"射其左,越于车下。射其右,毙于车中,綦毋张丧车,从韩厥曰:"请寓乘!"从左右,皆肘之,使立于后。韩厥俯,定其右。逢丑父与公易位。将及华泉,骖絓于木而止。丑父寝于辏中,蛇出于其下,以肱击之,伤而匿之,故不能推车而及。韩厥执絷马前,再拜稽首,奉觞加璧以进,曰:"寡君使群臣为鲁、卫请,曰:'无令舆师陷入君地。'下臣不幸,属当戎行,无所逃隐。且惧奔辟,而忝两君。臣辱戎士,敢告不敏,摄官承乏。"丑父使公下,如华泉取饮。郑周父御佐车,宛茷为右,载齐侯以免。韩厥献丑父,郤献子将戮之,呼曰:"自今无有代其君任患者,有一于此,将为戮乎?"郤子曰:"人不难以死免其君,我戮之,不祥。赦之,以劝事君者。"乃免之。

鞌之战打得血肉横飞,交战双方却又固执地表现出了那个年代特有的贵族精神。

战前,韩厥梦见父亲(子舆)对自己说:"明天早上不要站在战车的左右两侧。"

春秋时期的战车,一车三人,御者在前,车右为护卫,车主本应立于车左。韩厥听了父亲的话,作战的时候就亲自驾车,立于中间。齐军战败,韩厥紧追着齐顷公不放。但是,他的气质完全不像是位车夫。齐顷公的御戎邴夏看出来了,对齐顷公说:"射他的御者,那是个君子。"

齐顷公说:"既然说他是个君子还射他,这是非礼的。"于是张弓搭箭,射韩厥的车左,车左摔了下去,死于车下;射其车右,车右死于车中。端的好箭法!

韩厥仍然紧追不舍,路上遇到另一名晋军将领綦毋张。綦毋张丧失了战车,追着韩厥要搭他的车。上车之后,綦毋张无论是站在车左还是站在车右,韩厥都用手肘推他,让他站在自己身后。韩厥又俯下身子,稳住车右的尸体,以免掉下去。趁着这个机会,齐顷公的戎右逢丑父迅速和齐顷公调换了位置。将要到达华不注山下的华泉,齐顷公战车两边的马被树木挂住,停了下来。

再说开战前的那天晚上,也就是韩厥做梦的时候,逢丑父睡在一辆运送物资的栈车中。有一条蛇爬到他的身下。逢丑父甩手一击,被蛇咬伤。但是他没有告诉别人。齐顷公的战车被阻住后,逢丑父因为手已经受伤,不能像郑丘缓那样推车而行,所以被韩厥赶上。

更有意思的事情发生了。韩厥以为逢丑父是齐顷公,拿着马缰下车,走到马前,向逢丑父行叩拜的君臣之礼,然后捧着酒杯和玉璧献上(打仗居然带着这些玩意儿),说:"寡君派我们这些臣子前来为鲁国、卫国说情,说'不要让部队进入齐国的土地'。下臣不幸,正好在军队任职,不能逃避责任,只能与您刀兵相见,而且又害怕在战场上逃跑而成为两国国君的耻辱,所以下臣勉强充当了战士,谨向您报告:我无能,但是由于没有替代,只得勉为其难了。"这话说得婉转得不能再婉转,甚至有点饶舌,意思却很明白:我要抓你,束手就擒吧!

逢丑父将计就计,令齐顷公下车,到华泉去打点水来喝。齐顷公趁机坐上副车,由郑周父驾车,宛茷为车右,溜之大吉。

《公羊传》写得更有戏剧性——逢丑父令齐顷公下车打水,齐顷公竟然真打回来了。逢丑父骂道:"再去打干干净净一点的水来。"齐顷公这才醒悟,一去不返。

韩厥将逢丑父当作齐顷公带了回去,回到大营才知道抓错了人。郤克想要杀掉这个"冒牌货",逢丑父大叫起来:"到现在为止还没有替代国君受难的人,有一个在这里,难道还要被杀死吗?"郤克说:"此人不怕用死来保护他的国君,我如果杀了他,不祥。不如赦免他,用来勉励那些尽忠国君的人。"于是就赦免了逢丑父。

齐侯免,求丑父,三入三出。每出,齐师以帅退。入于狄卒,狄卒皆抽戈、楯冒之。以入于卫师,卫师免之。遂自徐关入。齐侯见保者,曰:"勉之! 齐师败矣!"辟女子。女子曰:"君免乎?"曰:"免矣。"曰:"锐司徒免乎?"曰:"免矣。"曰:"苟君与吾父免矣,可若何!"乃奔。齐侯以为有礼,既而问之,辟司徒之妻也。予之石窌。

逢丑父对得起齐顷公,齐顷公也对得起逢丑父。齐顷公逃脱之后,又回过头来寻找逢丑父,为此而三进三出晋国部队。每次出来的时候,齐军都簇拥着他撤退。这种不舍不弃的精神甚至感动了敌人。齐顷公进入晋军中的狄人部队,狄人不但不攻击他,反而抽出戈和盾保护他。进入与晋国同盟的卫军部队,卫军也不加伤害。就这样,齐顷公自徐关回到了临淄。看到临淄的守军,说:"你们可要努力啊,齐军已经战败了。"

齐顷公的前车驱赶一个挡道的女人,那女人问:"国君脱险了吗?"有人回答:"脱险了。"女人又问:"锐司徒脱险了吗?"回答是:"也脱险了。"女人便说:"如果国君和我父亲都脱险了,那还要怎样?"于是跑开了。齐顷公听到,以为这个女人知礼:大军战败,先问其君,再问其父;先关心国事，再关心家事。后来就派人问那个女人是谁，得知她是辟司徒的妻子，于是赏赐给辟司徒石窑之地。

所谓锐司徒和辟司徒，现在已经很难搞清楚是什么职务了，想必都是中下级军官吧。

鞌之战以齐国的战败而告终。齐顷公在战争中以及在战后的表现，却是可圈可点，令人赞叹。《史记》进一步写道，鞌之战后，齐顷公"弛苑囿，薄赋敛，振孤问疾，虚积聚以救民，民亦大说。厚礼诸侯，竟顷公卒，百姓附，诸侯不犯"。一次战败竟然成就了国泰民安的大好局面，可见"失败乃成功之母"，古人诚不我欺也。

晋师从齐师，入自丘舆。击马陉。齐侯使宾媚人赂以纪甗、玉磬与地。"不可，则听客之所为。"宾媚人致赂。晋人不可，曰："必以萧同叔子为质，而使齐之封内尽东其亩。"对曰："萧同叔子非他，寡君之母也。若以匹敌，则亦晋君之母也。吾子布大命于诸侯，而曰必质其母以为信，其若王命何？且是以不孝令也。《诗》曰：'孝子不匮，永锡尔类。'若以不孝令于诸侯，其无乃非德类也乎？先王疆理天下，物土之宜，而布其利，故《诗》曰：'我疆我理，南东其亩。'今吾子疆理诸侯，而曰'尽东其亩'而已，唯吾子戎车是利，无顾土宜，其无乃非先王之命也乎？反先王则不义，何以为盟主？其晋实有阙。四王之王也，树德而济同欲焉；五伯之霸也，勤而抚之，以役王命。今吾子求合诸侯，以逞无疆之欲，《诗》曰：'布政优优，百禄是遒。'子实不优，而弃百禄，诸侯何害焉？不然，寡君之命使臣则有辞矣。曰：'子以君师辱于敝邑，不腆敝赋，以犒从者。畏君之震，师徒桡败。吾子惠徼齐国之福，不泯其社稷，使继旧好，唯是先君之敝器、土地不敢爱。子又不许，请收合余烬，背城借一。敝邑之幸，亦云从也；况其不幸，敢不唯命是听？'"鲁、卫谏曰："齐疾我矣。其死亡者，皆亲昵也。子若不许，雠我必甚。唯子，则又何求？子得其国宝，我亦得地，而纾于难，其荣多矣。齐、晋亦唯天所授，岂必晋？"晋人许之，对曰："群臣帅赋舆以为鲁、卫请。若苟有以借口，而复于寡君，君之惠也。敢不唯命是听？"

鞌之战后，晋军乘胜追击，自丘舆入侵齐国，攻打马陉。齐顷公命宾媚人为使者，前往晋营谈判，开出的条件是"纪甗、玉磬与地"。

甗是一种青铜器，得自纪国，是以称为纪甗；玉磬是乐器。这两样东西是送给郤克的私人礼物。地则是归还卫国和鲁国的土地。

齐顷公指示："如果晋国人不答应，那就随他们办吧。"这句话不能单从字面上理解，实际意思是：如果晋国人不答应，那就只能拼个鱼死网破了。

宾媚人奉命前去，晋人果然不答应，并且提出两个要求：

第一，必须以萧同叔子作为人质。

第二，同时将齐国境内的田陇改为东向。

萧同叔子是齐顷公的母亲，当年侮辱了郤克，郤克一直耿耿于怀，现在正好报仇。

至于田陇向东，则是出于战争的考虑：农民修建田陇，本来是按照水势与地形来确定方向，既有东西向，也有南北向，沟壑纵横，不利于战车通行。晋国在西，齐国在东，如果齐国将田陇都改向东方，晋军进入齐国就方便多了。

宾媚人回应："其一，萧同叔子不是其他人，而是寡君的母亲。如果按地位匹配的话，也就是晋侯的母亲。您在诸侯中发布重大命令，而说必须以别人的母亲为质方能取信，您又如何对待天子的命令呢？（言下之意，你发号施令要人家的母亲为质，如果是大子发布命令那还了得）而且这样做就是以不孝来号令诸侯。《诗》说：'孝子的孝心没有枯竭，永远可以影响你的同类。'如果用不孝来号令诸侯，恐怕不符合道德的准则吧？其二，先王划定天下的疆界，因地制宜，而做有利的安排。所以《诗》说：'我划定我的疆界，南向东向开辟田陇。'现在您划定诸侯的疆界，却说'将所有的田陇改为东向'，这样，只考虑您的战车方便，不顾地势是否适宜，恐怕不是先王的政令吧？反对先王是为不义，怎么能够当盟主？晋国这样做，确实是欠考虑的。"

宾媚人进一步说道："当年舜、禹、汤、武四位先王统治天下，能树立德行而满足共同的愿望；昆吾、大彭、豕韦、齐桓公、晋文公五位霸主领袖群伦，自己勤劳而安抚诸侯，为天子的命令而奔波。而今您想聚合诸侯来满足没有止境的欲望，《诗》说：'施政宽和，积聚福禄。'而您真是不够宽和，丢弃了各种福禄，这对诸侯又有何害呢？如果您不肯答应媾和，寡君派出的使臣就有话要说了——您带领国君的军队光临敝国，敝国不嫌贫弱，犒劳您的随从。（这句话同样不能单从字面上理解，实际意思是：敝国不顾弱小，与您的大军开战）结果畏惧国君的震怒，军队被打败了。承蒙您祈福于齐国的神灵，不灭亡我们的国家，让我们和贵国重修旧好，那么先君留下的破旧器物和土地我们是不敢爱惜的。您如果又不肯答应，那我们就只好收拾残兵败将，背靠城墙，再决一死战了。敝国幸而战胜，也会依从贵国的；何况不幸而战败，岂敢不唯命是从？"

宾媚人这一段话，绕来绕去，欲说还休，尽显春秋时期外交辞令之烦琐。但是，意思是很明白的：我们有诚意谈判，也愿意付出一定的代价。你们如果不同意，那就只好再打一仗了。

鲁国人和卫国人也劝谏郤克："齐国已经怨恨我们了。他们在战争中死去和失踪的人，都是齐顷公亲密的人。您如果不同意媾和，他们会更加仇恨我们。即便是您，还有什么可追求的？您得到他们的国宝，我们也得到了失地，而灾难又得到缓解，这荣誉也足够了。齐国和晋国都受命于天，难道只有晋国天命在身吗？"

郤克被说服了，说："群臣率领兵车来为鲁、卫两国请命，如果有话可以回去向寡君复命，这就是君侯的恩惠了。岂敢不唯命是听？"

禽郑自师逆公。

　　　　　　靡之战中,鲁国和卫国作为被救援国,也都派部队协助晋军。战后,鲁成公亲自前往大营祝贺,鲁国大夫禽郑则从军中去迎接。

　　秋七月,晋师及齐国佐盟于爰娄,使齐人归我汶阳之田。公会晋师于上鄍。赐三帅先路三命之服。司马、司空、舆帅、候正、亚旅皆受一命之服。

　　　　　　七月,晋军和齐国的上卿国佐在爰娄举行盟誓,令齐国将侵占的汶阳土地归还鲁国。对照前后文来看,基本上可以判定国佐就是宾媚人。至于为什么会有这样个名字,还真没有人能够说出个所以然。

　　　　　　鲁成公在上鄍会见晋军将士,赏赐给郤克、士燮、栾书三位将帅"先路三命之服",赏赐给司马、司空、舆帅、候正、亚旅等军官"一命之服"。

　　　　　　"路"即辂,本是天子、诸侯乘坐的车辆,特殊情况下亦可赏赐给卿大夫。路有三等,最高级别为大路,其次是先路,再次为次路。至于"命",前面已经解释过,是诸侯任命卿大夫的等级,有三命、再命、一命之分,三命最贵,相应的车服也最华贵。鲁成公赏赐给晋军将领车服,打个不恰当的比方,就像是一个国家授予外国人的勋章吧。

　　八月,宋文公卒,始厚葬,用蜃、炭,益车、马,始用殉,重器备,椁有四阿,棺有翰、桧。

　　君子谓华元、乐举"于是乎不臣。臣,治烦去惑者也,是以伏死而争。今二子者,君生则纵其惑,死又益其侈,是弃君于恶也,何臣之为?"

　　　　　　八月,宋文公去世,开宋国厚葬之先:

一、在棺椁外用蜃炭（大蚌壳烧成的灰）吸潮。这是天子的待遇，诸侯只能用木炭。

二、增加随葬的车马之数。

三、开始用人殉葬，这是最恶劣的。

四、增加随葬的器物。

五、外椁上层有四面坡度，形同屋顶，这也是天子的待遇。

六、内棺有翰、桧装饰（其具体形式已不可考），同样是天子的待遇。

君子批评道："宋国的执政大臣华元、乐举在这件事上有失为臣之道。臣是为君解决烦恼、消除迷惑的，因此在原则问题上要冒死进谏。现在这两位倒好，国君活着的时候任其迷惑，死后又加重他的奢侈，这是弃国君于罪恶，这算什么臣下啊！"

九月，卫穆公卒，晋三子自役吊焉，哭于大门之外。卫人逆之，妇人哭于门内。送亦如之。遂常以葬。

九月，卫穆公也去世了。当时晋军还未回国，郤克、士燮、栾书三人自军中前往吊唁。依照周礼，外国使臣奉命前来吊唁，应进门升堂哭吊，但是三人未奉君命，只能随机应变，在大门之外哭吊。卫国人也就在大门之外接待他们。客人前来吊唁，妇人们本应在堂上哭，现在也改为在门内哭了。送他们的时候也是这样。

为了表示对晋国的尊重，此后他国使臣前来吊唁，也都按照这种模式，直至卫穆公下葬。

楚之讨陈夏氏也，庄王欲纳夏姬。申公巫臣曰："不可。君召诸侯，以讨罪也；今纳夏姬，贪其色也。贪色为淫，淫为大罚。《周书》曰：'明德慎罚'，文王所以造周也。明德，务崇之之谓也；慎罚，务去之之谓也。若兴诸侯，以取大罚，非慎之也。君其图之！"王乃止。子反欲取之，巫臣曰："是不祥人也。是夭子蛮，杀御叔，弑灵侯，戮夏南，出孔、仪，丧陈国，何不祥如是？人生实难，其有不获死乎！天下多美妇人，何必是？"子反乃止。王以予连尹襄老。襄老死于邲，不获其尸。其子黑要烝焉。巫臣使道焉，曰："归，吾聘女。"又使自郑召之，曰："尸可得也，必来逆之。"姬以告王。王问诸屈巫。对曰："其信。知䓨之父，成公之嬖也，而中行伯之季弟也，新佐中军，而善郑皇戌，甚爱此子。其必因郑而归王子与襄老之尸以求之。郑人惧于邲之役，而欲求媚于晋，其必许之。"王遣夏姬归。将行，谓送者曰："不得尸，吾不反矣。"巫臣聘诸郑，郑伯许之。及共王即位，将为阳桥之役，使屈巫聘于齐，且告师期。巫臣尽室以行。申叔跪从其父，将适郢，遇之，曰："异哉！夫子有三军之惧，而又有桑中之喜，宜将窃妻以逃者也。"及郑，使介反币，而以夏姬行。将奔齐。齐师新败，曰："吾不处不胜之国。"遂奔晋，而因郤至，以臣于晋。晋人使为邢大夫。子反请以重币锢之。王曰："止！其自为谋也则过矣。其为吾先君谋也则忠。忠，社稷之固也，所盖多矣。且彼若能利国家，虽重币，晋将可乎？若无益于晋，晋将弃之，何劳锢焉？"

春秋史上极富戏剧性的一幕发生了——

回想鲁宣公十一年，楚庄王讨伐陈国，打着为陈灵公报仇的旗号，诛杀了夏舒征。然后，他就想将夏征舒的母亲夏姬纳入后宫。这个女人的魅力究竟有多大，后人是难以猜测的。她是郑国的公主，早年嫁给子蛮，后来又嫁给夏御叔，生了个儿子，丈夫死后又和陈灵公君臣三人胡搞了几年，既害死了情夫也害死了儿子（请女权主义者原谅我，我这是在叙述古人的逻辑），结果又被楚庄王看上。楚庄王可是一代明君啊，如果不是夏姬着实迷人，他又怎么会把持不住，冒天下之大不韪，想将这个半老徐娘娶回宫？

明君麾下必有诤臣。果然，申公巫臣站出来劝谏："大王不能这样做。您召集诸侯讨伐罪人，但现在想娶夏姬，这就是贪恋她的美色了。贪恋美色叫作淫，淫是要受到大大的惩罚的！《周书》说：'申明道德，审慎刑罚。'文王借此而创建周朝。申明道德，就是要大力提倡；审慎刑罚，就是要尽量不去用它。如果发动诸侯，兴师动众，结果却是受到大大的惩罚，那就不是审慎了。请您还是考虑一下吧！"

楚庄王想想也对，于是就不娶夏姬。楚庄王刚放手，马上有人接盘。司马公子侧表示："大王不要这个女人，我要。"

"这怎么可以！"巫臣又表示反对，"这个女人是不祥之人，子蛮因她而早死，夏御叔因她而被杀，陈灵公因她而遭弑，夏征舒因她而被戮，孔宁和仪行父因她而逃亡，陈国因她而灭，还有什么不祥之物比得过她呢？人生已经很艰难了，您如果娶了这个女人，恐怕不得好死吧？天下的美女多的是，为什么一定要这个呢？"

听巫臣这么一说，公子侧也害怕了，不敢再要夏姬。

楚庄王于是将夏姬赏给了连尹襄老。这个女人果然"不祥"。邲之战中，襄老被荀首射死，尸骨无归。让人大跌眼镜的是，襄老的儿子黑要又和夏姬勾搭上，真是前仆后继，蹈死不顾。如果要文艺复兴时期的大师们给夏姬画一幅油画的话，恐怕是在阴暗的背景下，一位婀娜多姿的裸体女人踩着一堆丑陋的男人尸体吧。这幅画当然不能少了他——在一个不易觉察的角落，有一个脸色苍白的男人，带着一种既爱又恨的复杂表情，默默地看着她。

这个男人就是巫臣。

每一个男人都爱夏姬，巫臣也不例外，只不过他爱得深藏不露。他要得到她，不顾山长水远，迂回曲折。巫臣派人偷偷地告诉夏姬："回郑国去，我娶你。"

让我们来算算夏姬的年龄。鲁宣公十年，也就是十年前，夏姬的儿子夏征舒射杀陈灵公。假如那时候夏征舒刚刚十五岁成年，夏姬十五岁嫁人生子，至少也应该有三十岁了。至此则至少有四十岁。这是极其保守的估计,因为夏姬还有个第一任丈夫子蛮,两个人好歹也应该一起生活了几年。再把这几年算上,夏姬此时无论如何都有四十好几了。而周朝的人均寿命也不过是四十岁。说她是半老徐娘,那是按现代的标准。事实上,她在那个年代已经是老奶奶级了。

夏奶奶想必也知道,垂涎她的男人有不少,但是像巫臣这般煞费苦心的,还真是绝无仅有。她大概有一丝感动吧,听从了巫臣的安排。但是,她怎么才能回到郑国去呢?襄老虽然死了,他的儿子还天天缠着她。就算不缠着她,她也没有理由回娘家啊!

巫臣早有计划。

他派人装作郑国的使者来到楚国宣召夏姬,说:"襄老的尸体可以取回来了,必须你亲自来迎接。"

夏姬向楚庄王报告了这件事。楚庄王大概觉得这件事有点蹊跷,邲之战中,襄老被荀首射死,尸体也被带走,怎么又可以取回来了呢?于是咨询巫臣的意见。巫臣回答:"这件事应该可信。"他给楚庄王分析:邲之战中,荀首的儿子荀罃被俘,荀首是为了找儿子才杀回战场,射杀襄老,俘虏公子谷成。荀首深受晋成公(晋景公的父亲)的宠爱,又是荀林父的幼弟,新任晋国中军副帅,而且与郑国的皇戌关系很好。荀首爱子心切,必定想通过郑国归还公子谷成与襄老的尸体,以交换荀罃。而郑国人在邲之战中站在楚国这边,得罪了晋国,因而害怕,想讨好晋国,也必定答应荀首的要求。

巫臣分析得头头是道,楚庄王怎么也想不到他会为了一个女人而设这么一个"局",也就听信了他,于是遣送夏姬回郑国。临行的时候,夏姬对送别的人说:"如果得不到襄老的尸体,我就不回来了。"不知就里的人还以为她这是对襄老情深义重,哪里知道她的心早就飞到巫臣那里了。

夏姬回到郑国不久,巫臣就派人前来求婚。郑襄公岂敢得罪楚国的甲公?再说了,一个嫁了二次的女人,有人肯娶就不错了,又有什么理由拒绝?于是就同意了。但是这个时候,巫臣并没有马上来迎娶夏姬,而是在等待时机。

再说楚庄王去世后，楚共王即位。鲁成公二年，齐、晋两国发生战争（即鞌之战），楚国准备救援齐国（也就是后面要说到的阳桥之役），派巫臣出使齐国，而且告知楚国出兵的日期。

巫臣立即出发，但不是孤身一人，而是偷偷地带上了所有的家财。他以为神不知鬼不觉，但是被一个年轻人看出了端倪。此人名叫申叔跪，是申叔时的儿子，当时正跟随父亲回郢都，路上遇到了巫臣。申叔跪当时就说："奇怪了，这个人脸上有身负军事重任的警惧之色，又有桑中之喜，怕是想带着妻子逃亡吧！"

《桑中》是《诗经·鄘风》中的一首男欢女爱的诗，其中有"云谁之思？美孟姜矣。期我乎桑中，要我乎上宫，送我乎淇之上矣"之句，则桑中为女子约会情人的地点。"桑中之喜"，也就成为地下恋情带来的喜悦的代称了。

巫臣到了齐国，完成了使命，回途经过郑国，便派副使带着齐国赠予的礼物返回楚国复命，自己则如愿以偿地带着夏姬逃跑了。开始想逃往齐国，不巧齐国刚在鞌之战中惨败，巫臣说："我不在失败的国家生活。"于是逃往晋国，托郤克的族侄郤至的关系，在晋国做了官，被封为邢地的大夫。

司马公子侧这才醒悟过来，当年巫臣阻止他娶夏姬，原来全是套路啊！他一怒之下，向楚共王请求，不惜花费重金到晋国活动，让巫臣在晋国永远做不了官。楚共王当时才十二三岁，拒绝了公子侧的请求，说："他打自己的小算盘是错误的，但他为先君谋划是忠诚的。国家依靠忠诚而巩固，所能护卫的东西就多了。而且，他如果能够有利于晋国，就算我们花再多的钱，晋国会如我们之愿而不重用他吗？如果他对晋国没有用处，晋国就会抛弃他，何劳我们去费功夫？"

楚共王的分析是对的。巫臣爱一个女人，为了她而费尽心机，确实是有私心。然而在为国家服务的大事上，他始终一丝不苟。就算是已经决定逃亡，也还是先完成了使命，公私分明，忠心可鉴。当然，巫臣逃到与楚国敌对的晋国，公子侧害怕他对楚国不利，因而提出要花重金在晋国"封杀"他，也是可以理解的，但是正如楚共王所说，假如晋国看到了巫臣的价值，就算楚国想"封杀"他，又怎么可能如愿呢？

事实上，巫臣这个人是有原则的。他虽然逃到晋国，却没有出卖楚国的利益。但是后来他却成了楚国最厉害的敌人，为什么？此乃后话，在此不叙。

晋师归，范文子后入。武子曰："无为吾望尔也乎?"对曰："师有功，国人喜以逆之，先入，必属耳目焉，是代帅受名也，故不敢。"武子曰："吾知免矣。"

晋军得胜而归，士燮最后进城。士会说："你就不知道我在盼望你回来吗?"批评他慢慢吞吞，不体谅老父亲急于看到儿子的心情。士燮回答："部队打了胜仗，国人们都高兴地迎接。先进城的话，必然成为众人注目的对象，这就是抢了统帅的风头，代替他接受荣誉，所以我不敢。"士会转怒为喜，说："我知道你可以免于祸害了。"

做事不落后于人，做人不逾越本分，当然是避害之道。

郤伯见，公曰："子之力也夫!"对曰："君之训也，二三子之力也，臣何力之有焉?"范叔见，劳之如郤伯。对曰："庚所命也，克之制也，燮何力之有焉?"栾伯见，公亦如之。对曰："燮之诏也，士用命也，书何力之有焉?"

晋军三帅——晋见晋景公。

晋景公对郤克说："这都是您的功劳啊!"郤克回答："这都是您教导有方，他们几位的功劳，我哪里有什么功劳?"

晋景公对士燮也是这么说，士燮回答："这是奉了荀庚的命令，在郤克的节制下取得的胜利，我哪里有什么功劳?"荀庚是荀林父的儿子，时任上军元帅。士燮以上军副帅的身份出征齐国，可以说是奉了荀庚的命令,且在郤克的直接指挥之下。

晋景公又对栾书说了同样的话,栾书回答:"这是士燮的指示,士兵服从命令,我哪里有什么功劳?"这个回答难免让人迷惑。鞌之战中,栾书是下军元帅,就算是谦让,也让不到士燮头上啊!《国语》对此有解释:栾书受命于上军,以命下军之士,是以有此一说。然而这个解释仍然牵强,只能姑妄听之。总之,三帅在战后都表现出了谦让的美德。

宣公使求好于楚,庄王卒,宣公薨,不克作好。公即位,受盟于晋,会晋伐齐。卫人不行使于楚,而亦受盟于晋,从于伐齐。故楚令尹子重为阳桥之役以救齐。将起师,子重曰:"君弱,群臣不如先大夫,师众而后可。《诗》曰:'济济多士,文王以宁。'夫文王犹用众,况吾侪乎?且先君庄王属之曰:'无德以及远方,莫如惠恤其民,而善用之。'"乃大户,已责,逮鳏,救乏,赦罪。悉师,王卒尽行。彭名御戎,蔡景公为左,许灵公为右。二君弱,皆强冠之。

鲁宣公在世的时候,曾经派使者去楚国,请求楚庄王出兵讨伐齐国,楚庄王也答应了。不料两位国君先后去世,两国的交好也就中断了。鲁成公即位后,在晋国接受盟约,会同晋国讨伐齐国。卫国人不派使者访问楚国,也在晋国接受了盟约,跟随晋国讨伐齐国。所以楚国的令尹公子婴齐发动了阳桥战役来救援齐国。大军出发之际,公子婴齐说:"国君年龄尚幼,群臣不如先大夫们能干,必须发动更多的部队才能获胜。《诗》说,众多士人济济一堂,文王以此安定四方。周文王尚且需要众多将士,何况是我们这些人?而且先君庄王将国君嘱托给我们,说:'如果没有足够的德行影响远方,最好是施恩抚恤民众,而加以善用。'"于是清理户籍,免除百姓拖欠的赋税,恩惠及于鳏夫,救济生活贫困者,赦免有罪之人,动员全国力量,连楚王的卫队也全部出动。楚成王本人因年幼而不出征,但是他的战车仍然与卫队同行,以彭名为御戎,蔡景公为车左,许灵公为车右。说来可怜,蔡、许两君也是未成年人,被逼着提前举行冠礼,好参与这次流血的盛会。

冬,楚师侵卫,遂侵我师于蜀。使臧孙往。辞曰:"楚远而久,固将退矣。无功而受名,臣不敢。"楚侵及阳桥,孟孙请往赂之以执斫、执针、织纴,皆百人,公衡为质,以请盟。楚人许平。

十一月,公及楚公子婴齐、蔡侯、许男、秦右大夫说、宋华元、陈公孙宁、卫孙良夫、郑公子去疾及齐国之大夫盟于蜀。卿不书,匮盟也。于是乎畏晋而窃与楚盟,故曰"匮盟"。蔡侯、许男不书,乘楚车也,谓之失位。

君子曰:"位其不可不慎也乎! 蔡、许之君,一失其位,不得列于诸侯,况其下乎!《诗》曰:'不解于位,民之攸塈。'其是之谓矣。"

冬天,楚军入侵卫国,顺势在蜀地进攻鲁国的军队。鲁国人的对策是派臧孙许到楚军中求和。臧孙许推辞说:"楚军远道而来,长久在外,本来就要退兵了。没有功劳而接受名誉,我不敢做这样的事。"臧孙许说这样的话,不是找借口不想去,就是对形势的判断过于乐观。事实上,楚国人这次是有备而来,不达目的誓不罢休。等到楚军继续行动,侵入鲁国领土,抵达阳桥,鲁国上下都着急了。仲孙蔑主动请求前去谈判,带去木工、缝衣工、织布工各百人送给楚军,并以公衡为人质,请求与楚国结盟。

关于公衡这个人,杜预以为是鲁成公的儿子。但是根据鲁成公的年龄来看,此时未必有儿子。就算是有,也是襁褓中的婴儿,不大可能当人质。所以,公衡是鲁成公之弟的可能性更大。

楚国人答应了。于是十一月,鲁成公与楚国的公子婴齐、蔡景公、许灵公、秦国的右大夫说、宋国的华元、陈国的公孙宁、卫国的孙良夫、郑国的公子去疾,以及齐国的大夫在蜀地举行了会盟。在《春秋》的记载中,并没有写上面那些卿的名字，是因为这是一次"匮盟"，也就是空有其名、缺乏诚意的会盟。当时，各路诸侯都害怕晋国（当然也害怕楚国），偷偷地与楚国结盟，所以称为"匮盟"。《春秋》亦未提到蔡景公、许灵公，因为他们是乘楚国的戎车前来的，这叫作失位。

君子对此评论："对于地位不可以不慎重对待啊！蔡、许两君，一失去地位，就没有资格列于诸侯，何况是他们之下的人。《诗》说：'在上位者不懈怠，老百姓就可以得到休息。'说的就是这回事。"说句题外话，谁都知道地位重要，你以为蔡、许两君想失去地位吗？

楚师及宋，公衡逃归。臧宣叔曰："衡父不忍数年之不宴，以弃鲁国，国将若之何？谁居？后之人必有任是夫！国弃矣。"

楚军得志而归，经过宋国的时候，鲁国的人质公衡竟然逃回了鲁国。臧孙许以为："公衡不能忍受几年的不安乐而抛弃鲁国，鲁国怎么办？谁来承担祸难？他的后代一定会遭受灾难的，国家被抛弃了！"

是行也，晋辟楚，畏其众也。君子曰："众之不可以已也。大夫为政，犹以众克，况明君而善用其众乎？《大誓》所谓商兆民离，周十人同者，众也。"

晋国真的不知道这些诸侯和楚国结盟了吗？当然不是。这种事情怎么可能瞒天过海？但是，晋国理智地避开了楚国的锋芒，主要是害怕楚军太多了。君子说："大众是不可以不用的。卿大夫执政，尚且可以依靠大众成事，何况是君主圣明而又善于使用大众呢？这就是《大誓》上所谓的商朝万民离心离德，周朝十人同心同德，说的就是使用大众的重要性。"

晋侯使巩朔献齐捷于周。王弗见，使单襄公辞焉，曰："蛮夷戎狄，不式王命，淫湎毁常，王命伐之，则有献捷。王亲受而劳之，所以惩不敬、劝有功也。兄弟甥舅，侵败王略，王命伐之，告事而已，不献其功，所以敬亲昵、禁淫慝也。今叔父克遂，有功于齐，而不使命卿镇抚王室，所使来抚余一人，而巩伯实来，未有职司于王室，又奸先王之礼。余虽欲于巩伯，其敢废旧典以忝叔父？夫齐，甥舅之国也，而大师之后也，宁不亦淫从其欲以怒叔父，抑岂不可谏诲？"士庄伯不能对。王使委于三吏，礼之如侯伯克敌使大夫告庆之礼，降于卿礼一等。王以巩伯宴，而私贿之。使相告之曰："非礼也，勿籍！"

楚国在蜀地大会诸侯，使得晋国在鞌之战中获得的胜利黯然失色。大概是为了挽回一点面子吧，晋景公派巩朔到雒邑向天子进献齐国的战俘。前面说过，这是非礼的。周定王拒绝接见巩朔，派单襄公推辞说："南蛮、东夷、西戎、北狄，不听王命，沉溺酒色，废弃伦常，天子下令诸侯讨伐他们，于是有进献俘虏的礼节。天子亲自接受献俘而加以慰劳，以此来惩戒不敬，劝勉有功。兄弟甥舅之国（即同姓异姓诸侯），败坏王室的法度，天子命令诸侯讨伐他们，事成之后，诸侯向天子汇报即可，不用进献俘虏，这是为了尊重亲昵的关系，禁止邪恶的行为。现在叔父（指晋景公，天子尊称同姓诸侯为叔父）能够成功，在齐国建立了功勋，而不派经由王室任命的卿来安抚王室，所派来安抚我的巩伯（天子尊称巩朔为巩伯），并没有经王室任命任何职务，又违反先王制定的规定。我虽然喜爱巩伯，又岂敢废弃旧典而羞辱叔父？齐国是王室的甥舅之国，而且是太师姜尚父之后，晋国攻打齐国，究竟是其放纵私欲惹怒了叔父，还是已经不可劝导教诲了呢？"

天子引经据典，说得头头是道，巩朔不能回答。天子委派三公接待巩朔，让他们使用诸侯战胜敌人后派大夫向王室报告的礼节，比接待卿

　　　　第八章　鲁成公

的礼节低一等。但是，天子还是给足了晋国面子，亲自宴请巩朔，又私下馈赠礼物，派相礼大臣叮嘱巩朔："我私下接待你这事是非礼的，请不要记录于史册。"

鲁成公三年

公元前 588 年，鲁成公三年。

三年春，诸侯伐郑，次于伯牛，讨邲之役也，遂东侵郑。郑公子偃帅师御之，使东鄙覆诸鄤，败诸丘舆。皇戌如楚献捷。

《春秋》记载，鲁成公三年春，晋国发动反击，矛头直指楚国的盟国郑国。晋景公亲自出马，鲁、卫、宋、曹等诸侯国参加了这次行动。诸侯联军驻扎在郑国西部边境的伯牛，声讨邲之战中郑国的背叛行为，于是向东侵入郑国。

郑国派公子偃带兵抵抗，命令东部边境的地方部队在鄤地设下埋伏，在丘舆击败诸侯联军。这是典型的以少胜多，郑庄公的后人，总是有惊人之举。郑国还派皇戌到楚国进献战俘。这当然是非礼的举动，大概是为了嘲笑晋国去年派巩朔向王室进献战俘吧。

夏，公如晋，拜汶阳之田。

鞌之战后，齐国归还了鲁国的汶阳之地。这一年夏天，鲁成公前往晋国，专为此事拜谢。这也是鲁国的生存智慧，既向楚国暗送秋波，又向晋国大献殷勤，总之都是虚与委蛇，惺惺作态。

许恃楚而不事郑，郑子良伐许。

丘舆之战后，郑国信心倍增。许国倚仗与楚国友好而不侍奉郑国，郑国便派公子去疾讨伐许国。

晋人归楚公子谷臣与连尹襄老之尸于楚，以求知䓨。于是荀首佐中军矣，故楚人许之。王送知䓨，曰："子其怨我乎？"对曰："二国治戎，臣不才，不胜其任，以为俘馘。执事不以衅鼓，使归即戮，君之惠也。臣实不才，又谁敢怨？"王曰："然则德我乎？"对曰："二国图其社稷，而求纾其民，各惩其忿，以相宥也。两释累囚，以成其好。二国有好，臣不与及，其谁敢德？"王曰："子归，何以报我？"对曰："臣不任受怨，君亦不任受德，无怨无德，不知所报。"王曰："虽然，必告不谷。"对曰："以君之灵，累臣得归骨于晋，寡君之以为戮，死且不朽。若从君之惠而免之，以赐君之外臣首；首其请于寡君，而以戮于宗，亦死且不朽。若不获命，而使嗣宗职，次及于事，而帅偏师，以修封疆。虽遇执事，其弗敢违，其竭力致死，无有二心，以尽臣礼，所以报也。"王曰："晋未可与争。"重为之礼而归之。

晋国与楚国交涉，将邲之战中俘虏的公子谷臣，以及连尹襄老的尸体归还楚国，以求交换被楚国俘虏的荀䓨。当时，荀䓨的父亲荀首担任晋国的中军副帅，所以楚国人决定卖荀首一个人情，同意了晋国的请求。

这一年，荀䓨已经被囚禁九年了。楚共王为荀䓨送行，问了他一个问题："您恨我吗？"

荀䓨回答："两国交兵，下臣无能，不堪其任，成了俘虏。您的手下没有用下臣的血来祭鼓,而让下臣回晋国去接受诛戮,这是您的恩惠。要怪就怪我自己无能,岂敢怨恨谁?"

楚共王又问:"既然如此,那您感激我吗?"

荀罃说:"两国为了自己的江山社稷打算,希望让百姓得到平安,各自控制自己的愤怒,互相取得谅解,两边都释放战俘,以结成友好。两国有此友好,下臣不曾参与,岂敢感谢谁?"

楚共王又问:"您回到晋国,打算怎么报答我?"

荀罃还是不咸不淡地回答:"下臣无所怨恨,君王也不受感恩,无怨无德,不知道要报答什么。"

这个回答显然不是楚共王想听到的,于是又死乞白赖地问道:"话是这么说,还是请将您的想法明确告诉我吧。"

荀罃被逼无奈,只得说:"托君王的福,我这个被俘之臣能够带着一把骨头回到晋国,如果被寡君诛戮,我死而不朽。如果荀首向寡君请示,将我带到自家的宗庙中诛戮,也是死而不朽。如果得不到寡君的命令,而让我继承宗子之位,按部就班地承担晋国的政事,率领一支偏师守卫边疆,就算遇到君王的手下,我也不敢违弃使命,必将竭尽全力至死。除此之外,再无其他想法,以尽到为臣的责任,这就是我要报答君王的。"说白了,我不欠你任何人情,只知道尽忠职守,死而后已。

楚共王由此感慨:"晋国未可与之争锋。"加重对荀罃的礼遇而放他回去。

秋,叔孙侨如围棘,取汶阳之田。棘不服,故围之。

秋天,鲁国的叔孙侨如率军包围棘地,攻取汶阳之地。棘人不服中央政府统治,所以要包围它。

晋郤克、卫孙良夫伐廧咎如,讨赤狄之余焉。廧咎如溃,上失民也。

赤狄部落支系甚多。这些年来，晋国不断进攻赤狄，占领他们的领土，先后消灭了潞氏、甲氏、留吁等部。这一年秋天，晋国的郤克和卫国的孙良夫讨伐赤狄的余部啬咎如。啬咎如溃败，是因为他们的首领失去了民众的拥护。

冬十一月，晋侯使荀庚来聘，且寻盟。卫侯使孙良夫来聘，且寻盟。公问诸臧宣叔曰："中行伯之于晋也，其位在三；孙子之于卫也，位为上卿，将谁先？"对曰："次国之上卿当大国之中，中当其下，下当其上大夫。小国之上卿当大国之下卿，中当其上大夫，下当其下大夫。上下如是，古之制也。卫在晋，不得为次国。晋为盟主，其将先之。"丙午，盟晋；丁未，盟卫，礼也。

十一月，晋景公派荀林父的儿子、时任上军元帅的荀庚访问鲁国，重温过去的盟约。卫定公（卫穆公于鲁成公二年去世）也派孙良夫访问鲁国，重温过去的盟约。鲁成公遇到了一个难题：怎么来给这两位尊贵的客人排座次。他问臧孙许："荀庚在晋国位列第三，孙良夫在卫国是上卿，谁先谁后？"

臧孙许回答："次国的上卿，相当于大国的中卿；次国的中卿，相当于大国的下卿；次国的下卿，相当于大国的上大夫。小国的上卿，相当于大国的下卿；小国的中卿，相当于大国的上大夫；小国的下卿，相当于大国的下大夫。上下这样排位，是古代的制度。卫国对晋国来说，还算不上是次国（言下之意，卫国在晋国面前仅仅算是小国，卫国的上卿相当于晋国的下卿）。而且晋国是盟主，还是将荀庚摆在前面吧。"

鲁成公听从了臧孙许的建议，二十八日与晋国结盟，二十九日与卫国结盟，这是合于礼的。

臧孙许说古代的制度，也许有根有据。但是有一个问题：所谓大国、次国、小国，是由谁说了算呢？毫无疑问，不是鲁国说了算，而是王室说了算。否则的话，鲁国可以搞一套标准，宋国可以搞一套标准，齐国也可以搞一套标准，制度就不成其为制度了。周朝初年，王室为了控制天下，沿黄河流域自西向东分封了晋、卫、宋、燕、鲁、齐六大国，卫国的地位历来不低。就算现在国势衰落，从政治上讲也不至于连次国都算不上。说到底，晋国是霸主，这才是论先后的唯一的标准吧。

十二月甲戌，晋作六军。韩厥、赵括、巩朔、韩穿、荀骓、赵旃皆为卿，赏鞌之功也。

十二月二十六日，晋国再次改编军队，在上、中、下三军的基础上，新增新上军、新中军、新下军。三军变成六军，相应的职位随之增加。韩厥、赵括、巩朔、韩穿、荀骓、赵旃都被任命为卿，也就是分别担任六军的正副元帅，以赏赐他们在鞌之战中的功劳。

特别说明一下，六军正副元帅总共有十二名，意味着晋国的卿也达到了十二名。相比天子六卿的编制，整整多了一倍。

齐侯朝于晋，将授玉。郤克趋进曰："此行也，君为妇人之笑辱也，寡君未之敢任。"

这一年底，齐顷公不远千里，从山东跑到山西，朝见了晋景公。对晋景公来说，这真是有朋自远方来，不亦说乎！就算是晋文公、晋襄公在位的时候，晋国的势力如日中天，也不曾见齐侯前来朝见啊！

两国元首相谈甚欢，举行了隆重的"授玉"仪式。晋景公立于中庭西阶，齐顷公立于中庭东阶。齐顷公手捧美玉，庄重地献给晋景公；晋景公接受之后，答礼，互拜。但是，就在这历史性的时刻，发生了一件意外的事：只见郤克快步穿过中庭，走到齐顷公面前说："这一次，您是因为妇人的调笑而受到了屈辱，寡君哪里敢当！"

郤克出访齐国，受到齐顷公母亲萧同叔子的侮辱，是鲁宣公十七年的事，距今已有四年。通过鞌之战，郤克已经洗刷了耻辱。他在这个时候、这种场合还旧事重提，故意给齐顷公难堪，可以说是纠缠不休，而且是公私不分了。

晋侯享齐侯。齐侯视韩厥。韩厥曰："君知厥也乎？"齐侯曰："服改矣。"韩厥登，举爵曰："臣之不敢爱死，为两君之在此堂也。"

晋景公设宴招待齐顷公。席间，齐顷公看着韩厥，觉得眼熟。韩厥主动说："君侯还认识韩厥吧？"

齐顷公说："服装改变了。"

韩厥于是登上台阶，举着酒杯说："下臣之所以不惜一死，就是为了两位国君在这里欢聚啊！"

瞧瞧，韩厥多会做人，比郤克强多了。

荀罃之在楚也，郑贾人有将置诸褚中以出。既谋之，未行，而楚人归之。贾人如晋，荀罃善视之，如实出己。贾人曰："吾无其功，敢有其实乎？吾小人，不可以厚诬君子。"遂适齐。

荀罃在楚国被囚禁的时候，郑国有位商人想将他装在大口袋中带出楚国。都已经谋划好了，还没付诸实施，楚国人将荀罃释放了。后来，商人来到晋国，荀罃对他很好，就像他确实把自己救出来了一般。商人说："我并没有这个功劳，岂敢享受这样的回报？我是小人，不可以这样欺骗君子。"于是跑到了齐国。

君子也罢，小人也罢，都是实在人啊！

鲁成公四年

公元前 587 年，鲁成公四年。

四年春，宋华元来聘，通嗣君也。

宋文公于鲁成公二年八月去世。鲁成公三年，宋共公即位。鲁成公四年春，华元访问鲁国，为新任国君传达交好之意。

杞伯来朝，归叔姬故也。

杞伯前来朝见鲁成公，是为了要退还嫁到杞国的鲁国公主叔姬。

夏，公如晋。晋侯见公，不敬。季文子曰："晋侯必不免。《诗》曰：'敬之敬之！天惟显思，命不易哉！'夫晋侯之命在诸侯矣，可不敬乎！"

秋，公至自晋，欲求成于楚而叛晋。季文子曰："不可。晋虽无道，未可叛也。国大，臣睦，而迩于我，诸侯听焉，未可以贰。《史佚之志》有之，曰：'非我族类，其心必异。'楚虽大，非吾族也，其肯字我乎？"公乃止。

继去年齐顷公朝见晋景公后，今年夏天，鲁成公亦前往晋国朝见。

晋景公会见鲁成公，却表现出不恭敬。季孙行父以为，晋景公必然不免于祸了。《诗》上说，谨慎啊谨慎，上天正大光明，得到天命不容易啊！晋景公的天命取决于诸侯，能够不恭敬吗？

鲁成公吃了这一"憋"，回去之后就想与楚国媾和而背叛晋国。季孙行父劝阻道："不能这样做。晋国虽然无道，还未可背叛。"理由是：晋国力量强大，群臣和睦，相对于楚国更近于鲁国，诸侯也听命于它，不能对它有二心。而且，史佚曾经说过这样的话："不是我们的同族，他们的心志必定不同。"楚国虽然强大，毕竟不是我们的同族，他们难道会真的爱我们吗？

鲁成公于是放弃了这个想法。

冬十一月，郑公孙申帅师疆许田，许人败诸展陂。郑伯伐许，取鉏任、泠敦之田。

晋栾书将中军，荀首佐之，士燮佐上军，以救许伐郑，取氾、祭。

楚子反救郑，郑伯与许男讼焉，皇戌摄郑伯之辞，子反不能决也，曰："君若辱在寡君，寡君与其二三臣共听两君之所欲，成其可知也。不然，侧不足以知二国之成。"

去年，因为许国依仗有楚国撑腰，不侍奉郑国，所以郑国派兵入侵许国，占领了一些土地。今年，郑国的公孙申又带兵前去划定这些土地的疆界。许国人在展陂打败公孙申。郑悼公（郑襄公于三月去世，郑悼公即位）亲自带兵讨伐许国，攻取鉏任和泠敦两地。

楚国的两个小兄弟窝里斗，让晋国看到了机会。晋国以栾书为中军元帅，荀首为中军副帅，士燮为上军副帅，也就是中军全军出动，加上上军的一部分，打着救援许国的旗号讨伐郑国，攻取氾、祭两地。这里有一个重要信息：因为去年在齐晋之会上对齐顷公不礼，郤克下台了，取代他的是栾书。

楚国立即做出反应,派令尹公子侧救援郑国。郑悼公和许灵公在公子侧面前打官司。这件事情,很显然是许国占理。但是郑国人历来善于辞令,皇成作为郑悼公的代理人,说得头头是道。公子侧不能判断谁是谁非,说:"两位君侯如果屈尊去问候寡君,寡君和他的几位臣下共同听取两位君侯的要求,才可以解决问题。否则的话,我也不知道如何平息两国之间的争端。"

晋赵婴通于赵庄姬。

赵庄姬,是晋成公的女儿,赵氏宗主赵朔的遗孀。赵朔死后谥"庄",是以称之为赵庄姬。

赵朔是赵盾的儿子,赵婴是赵盾的异母兄弟。赵婴与庄姬私通,即叔父与侄媳妇私通。春秋时期一桩著名的公案,便是由这段不伦的奸情而引发。

鲁成公五年

公元前 586 年,鲁成公五年。

五年春,原、屏放诸齐。婴曰:"我在,故栾氏不作。我亡,吾二昆其忧哉。且人各有能、有不能,舍我,何害?"弗听。婴梦天使谓己:"祭余,余福女。"使问诸士贞伯,贞伯曰:"不识也。"既而告其人曰:"神福仁而祸淫。淫而无罚,福也。祭,其得亡乎?"祭之,之明日而亡。

赵婴与庄姬私通,此事非同小可,因为庄姬是赵朔的遗孀,赵朔是赵氏的宗主。给赵朔戴绿帽子,等于给整个赵氏家族戴绿帽子。家族里的老人们,也就是赵婴的哥哥赵同、赵括不得不出面主持公道,要将赵婴流放到齐国。

赵婴说:"有我在,所以栾氏不敢祸害赵氏。我走了,恐怕我的两位兄长就有麻烦了。而且人各有所能,也有所不能,放过我又有什么害处呢?"

栾氏即指栾书,时任中军元帅,大权在握,而且与赵氏关系一直不好。

赵同和赵括不听赵婴的话。赵婴犯下的错误,在一个封建家族中是难以容忍的,将他流放到齐国,已经算是格外开恩了。

说来也怪,赵婴做了一个梦,梦见天使对他说:"来祭祀我,我赐福于你。"赵婴拿不定主意,托人去问士渥浊。士渥浊先是说:"不知道。"后来又告诉那个人说:"神灵赐福给仁爱的人而降祸给淫乱的人。如果淫乱而没受到应有的惩罚,这已经是福了。祭祀了,反倒是要遭到流放了吧!"赵婴没有听到后面那句话,还是举行了祭祀,结果第二天就被流放了。

孟献子如宋,报华元也。

仲孙蔑前往宋国,这是对去年华元访问鲁国的回访。

夏,晋荀首如齐逆女,故宣伯餫诸谷。

宣伯即鲁国的叔孙侨如。

餫的本义是向野外的行人馈送粮食,引申为接待来往过境的客人。

夏天,晋国的荀首前往齐国迎亲,所以叔孙侨如前往谷城与之相会,并致殷勤。

梁山崩,晋侯以传召伯宗。伯宗辟重,曰:"辟传!"重人曰:"待我,不如捷之速也。"问其所。曰:"绛人也。"问绛事焉。曰:"梁山崩,将召伯宗谋之。"问将若之何。曰:"山有朽壤而崩,可若何?国主山川。故山崩川竭,君为之不举、降服、乘缦、彻乐、出次、祝币、史辞以礼焉。其如此而已。虽伯宗,若之何?"伯宗请见之。不可。遂以告,而从之。

梁山不是水泊梁山,而是晋国境内的名山,在今天的陕西省境内。

梁山发生崩塌,晋景公派传车(驿站专用车辆,每到一站即换车马及御者,继续前进,是以速度极快)去接伯宗前来咨询。伯宗立马出发,路上遇到拉货的重车挡道。

伯宗说:"赶紧避让传车。"

重车不易挪腾,押送重车的人说:"与其等我让路,不如另走捷径还更快些。"

伯宗问他是哪里人,回答是"绛都人"。于是又向他问绛都最近发生的事,回答是"梁山崩塌了,国君将召伯宗前来询问"。看来是个关心时事的人。伯宗好奇心顿起,又问他:"那你觉得该怎么办呢?"

那人回答:"山体有了腐朽的土壤而发生崩塌,还能够怎么样呢?国家以山川为依托,所以发生山体崩塌和水流枯竭的时候,国君就为此而降低膳食标准,不穿华丽的衣服,外出乘坐没有装饰的车,不听音乐,离开公宫居住,向鬼神陈献礼物,由史官宣读祭文以礼祭祀。也就是这样了,就算把伯宗找来,又能怎么样?"

伯宗一听,他说得不错啊,这事可不就该这么办吗?于是提出要带着那人去见国君,那人不干。见到晋景公之后,伯宗把那人的话告诉了晋景公,晋景公听从了。

许灵公愬郑伯于楚。六月,郑悼公如楚讼,不胜,楚人执皇戌及子国。故郑伯归,使公子偃请成于晋。秋八月,郑伯及晋赵同盟于垂棘。

郑国与许国的口水官司终于开打。许灵公以原告的身份向楚共王控告郑悼公。六月,郑悼公前往楚国应诉。楚共王可不是公子侧,任凭郑国人说得天花乱坠,还是做出了正确的判决:郑国败诉。楚国人扣押了皇戌和公子发(郑穆公之子,字子国)。郑悼公回国后,立即派公子偃前往晋国请求媾和。八月,郑悼公亲往晋国,在垂棘与赵同举行了会盟。

楚共王聪明,但是在政治上还不够成熟。晋楚争霸,郑国是必争之地。而且郑国这些年来一改墙头草的作风,死心塌地跟着楚国对抗晋国,又何必为了一个不重要的许国而惹恼郑国呢? 就算判郑国败诉,也可以用相对轻缓的惩罚。扣押皇戌和公子发,轻率了。

宋公子围龟为质于楚而归,华元享之。请鼓噪以出,鼓噪以复入,曰:"习功华氏。"宋公杀之。

公子围龟是宋文公的儿子,字子灵。鲁宣公十五年,华元到楚国当人质,两年之后回国,大概是以公子围龟取代了华元吧。现在,公子围龟终于从楚国回来,华元设宴为他接风洗尘。公子围龟却向宋共公请求,要带着自己的族兵,敲锣打鼓地呐喊着冲入华元家,然后再以同样的方式出来,说:"这是练习进攻华氏!"

宋共公于是杀了公子围龟。

冬,同盟于虫牢,郑服也。
诸侯谋复会,宋公使向为人辞以子灵之难。

冬天，因为郑国顺服于晋国，在郑国的虫牢举行了会盟。据《春秋》记载，参加虫牢之会的有晋、齐、宋、鲁、卫、郑、曹、邾、杞九国诸侯。这次会议想必开得很开心，诸侯商量还要再来一次，宋共公派大夫向为人以公子围事件为由，推辞了。

十一月己酉，定王崩。

十一月十二日，周定王驾崩，太子夷即位，是为周简王。

鲁成公六年

公元前 585 年，鲁成公六年。

六年春，郑伯如晋拜成，子游相，授玉于东楹之东。士贞伯曰："郑伯其死乎！自弃也已。视流而行速，不安其位，宜不能久。"

六年春，郑悼公前往晋国，对晋国不计前嫌允许媾和表示感谢。晋国对此很重视，双方举行了隆重的授玉仪式，公子偃担任郑悼公的相礼大臣。

关于"授玉"，有必要再多说几句。春秋时期，各国的朝堂均立有东西两根大柱，分别叫作东楹和西楹，两楹之间的空地叫作"中堂"。举行授玉仪式的时候，主人从东楹进入朝堂，客人从西楹进入朝堂。这里有个讲究：

其一，如果宾主身份相当，则双方都走到两楹正中，客人接受主人赠送的玉圭。

其二，如果客人的身份低于主人，则客人稍走快点，多走两步，在中堂与东楹之间授玉，以示对主人的恭敬。

晋景公和郑悼公都是一国之君，地位相当，属于第一种情况，应该在两楹正中授玉。但是那天，郑悼公走得实在太快了，以至于晋景公刚走两步，还没走过东楹，郑悼公已经走到了他面前，于是出现了第三种情况——"授玉于东楹之东"。

士渥浊即士贞伯看到这一幕，议论道：郑伯怕是快要死了吧！自己不尊重自己。目光飘忽而走路太快，不能安稳地处于适当的位置，活该他不能长久。

二月，季文子以鞌之功立武宫，非礼也。听于人以救其难，不可以立武。立武由己，非由人也。

二月，季孙行父因为鞌之战的功劳而获准建立武宫，这是非礼的。因为鞌之战是晋国为了救援鲁国、卫国而与齐国交战，鲁国是被救的一方，主导权在晋国手里，这样是不可以建立武宫的。建立武宫必须是自己做主而不是借助别人的力量。

确实，沾了别人的光而成为胜利者，没有什么值得炫耀的。

取鄟，言易也。

鄟是鲁国的附庸小国。

《春秋》记载，这一年鲁国攻取鄟国。用"取"字，是因为太容易了。

三月，晋伯宗、夏阳说、卫孙良夫、宁相、郑人、伊雒之戎、陆浑、蛮氏侵宋，以其辞会也。师于鍼。卫人不保。说欲袭卫，曰："虽不可入，多俘而归，有罪不及死。"伯宗曰："不可。卫唯信晋，故师在其郊而不设备。若袭之，是弃信也。虽多卫俘，而晋无信，何以求诸侯？"乃止。师还，卫人登陴。

三月，晋国的伯宗、夏阳说，卫国的孙良夫，宁相，郑国人，伊雒戎人，陆浑，蛮氏偷袭宋国，这是因为去年的虫牢之会，宋共公找借口没有参加。

宋共公不参加会盟，就攻打宋国，而且是偷偷摸摸去，未免太不厚道。更不厚道的是，联军驻扎在卫国的鍼地，卫国人不加戒备——也确实没有必要戒备，这些年卫国一直紧跟晋国，这次也派兵参加了行动，联军就是自己人——夏阳说便提议袭击鍼地，说："就算不能入城，多抓些俘虏回去，有罪也不是死罪。"伯宗赶紧制止："卫国正是因为信任晋国，部队在其城郊都不设防备。如果袭击他们，那就是背信弃义了。即使能够多抓些卫国俘虏，晋国失去了信用，又拿什么谋求诸侯的拥护？"

话虽如此，消息却是走漏了。晋军从宋国回来，一路经过卫国的城池，卫国人都登上城墙，加强了戒备。

晋人谋去故绛，诸大夫皆曰："必居郇、瑕氏之地，沃饶而近盐，国利君乐，不可失也。"韩献子将新中军，且为仆大夫。公揖而入。献子从。公立于寝庭，谓献子曰："何如？"对曰："不可。郇、瑕氏土薄水浅，其恶易□。易□则民愁，民愁则垫隘，于是乎有沉溺重腿之疾。不如新田，土厚水深，居之不疾，有汾、浍以流其恶，且民从教，十世之利也。夫山、泽、林、盐，国之宝也。国饶，则民骄佚。近宝，公室乃贫。不可谓乐。"公说，从之。夏四月丁丑，晋迁于新田。

受梁山崩塌的影响，晋国人决定要迁都，为此而开会研究。大臣们都建议搬到郇地和瑕地之间，说："那个地方土地肥沃，而且靠近盐池（即解池，是当时重要的池盐产地），于国有利，于君称心，不可放弃它。"开完会后，晋景公向群臣作揖退朝。韩厥时任新中军元帅，兼任掌管宫中事务的仆大夫，跟随晋景公进入内庭。晋景公知道他有话要说，站在庭中问韩厥："您认为怎么样？"

韩厥说："不好。郇、瑕之间，土薄水浅，污秽容易积聚，百姓就会愁苦，身体因此而羸弱，这样就会有风湿脚肿的疾病。不如选择新田，那里土厚水深，住在那里不容易得病，又有汾水、浍水带走污秽，而且百姓听从教化，子孙后代都可获利。"

韩厥是从风水上考虑：建立国都，关系到国运，不能选择地势太低、湿气太重的地方，而要选择地势稍高、风流水转的地方。至于公室可以从盐池获利，韩厥是这么认为的："山陵、大湖、森林、盐池，这些都是国家的宝藏。国家过于富饶，百姓就会骄傲放纵。过于靠近宝藏，公室就会贫穷。国君又如何得以安乐？"

晋景公听了很高兴，接受了韩厥的建议。于是四月十三日，晋国迁都新田，但仍然称之为绛。

韩厥这番话，现代人可能不太好理解：靠近国家宝藏，公室为什么会贫穷呢？据竹添光鸿解释，国都靠近宝藏，则老百姓都会舍本逐末，弃农为商，不但粮食生产受到影响，而且富者愈富，贫者愈贫。富者不能增税，贫者又交不起税，所以公室就贫穷了。简单来说，这是以粮为本的农耕社会逻辑，更注重从土地作物上获得收益，较为轻视矿产和工商业的发展，没有能够从货物流通中获得更多的利益。

六月，郑悼公卒。

被士渥浊的乌鸦嘴言中。六月，郑悼公去世了，其弟公子睔即位，是为郑成公。

子叔声伯如晋，命伐宋。
秋，孟献子、叔孙宣伯侵宋，晋命也。

> 子叔声伯即公孙婴齐，其父叔肸，是鲁宣公的胞弟。
>
> 公孙婴齐奉命出使晋国，晋国命令鲁国讨伐宋国。于是这一年秋天，仲孙蔑、叔孙侨如带兵入侵宋国，这是奉了晋国的命令。

楚子重伐郑，郑从晋故也。

> 楚国令尹公子婴齐讨伐郑国，是因为郑国归顺了晋国。

冬，季文子如晋，贺迁也。

> 冬天，季孙行父访问晋国，祝贺晋国迁都新田。

晋栾书救郑，与楚师遇于绕角。楚师还。晋师遂侵蔡。楚公子申、公子成以申、息之师救蔡，御诸桑隧。赵同、赵括欲战，请于武子，武子将许之。知庄子、范文子、韩献子谏曰："不可。吾来救郑，楚师去我，吾遂至于此，是迁戮也。戮而不已，又怒楚师，战必不克。虽克，不令。成师以出，而败楚之二县，何荣之有焉？若不能败，为辱已甚，不如还也。"乃遂还。

于是军帅之欲战者众。或谓栾武子曰："圣人与众同欲，是以济事，子盍从众？子为大政，将酌于民者也。子之佐十一人，其不欲战者，三人而已。欲战者可谓众矣。《商书》曰'三人占，从二人'，众故也。"武子曰："善钧从众。夫善，众之主也。三卿为主，可谓众矣。从之，不亦可乎？"

　　楚国攻打郑国，晋国栾书救援郑国，与楚军在蔡国的绕角相遇。楚军主动撤退，晋军于是入侵蔡国。楚将公子申、公子成带着申、息两县的部队救援蔡国，在桑隧抵御楚军。赵同、赵括想要出战，向栾书请战，栾书打算同意。荀首、士燮、韩厥都认为不可以，说："我们来救援郑国，楚军离开我们，我们就来到这里，这是把战争引到别人（指蔡国）头上了。战争没完没了，加上又激怒楚军，一定不能取胜。即使战胜，也不是好事。整顿军队出国，仅仅打败楚国两个县的部队，有什么光荣？如果不能打败他们，遭受的耻辱可就太大了，不如回去。"

　　栾书听从三人的意见，于是撤军回国。不过，当时晋国六军中的正副元帅，想要打这仗的还是占了多数。有人对栾书说："圣人与大众同声同气，所以能够成事，您何不听从大家的意见？您执掌晋国的军政大权，应当斟酌百姓的意见办事。您的辅佐者有十一个人，不想作战的仅仅是三个人而已。想作战的可谓多数。《商书》有言，三人占筮，听从两个人的。因为两个人占了多数。"栾书回答："两种意见都是好的，才应该听大多数人的。把事情做好，才对大众有利。现在有三位大臣主张，可以说是大众了。听他们的，不也是可以的吗？"

　　栾书说得没错，不是任何事情都必须站在多数人这边，因为多数人也有可能判断失误。多数人的决定，并不一定对大众有利。作为一军统帅，必须要有自己的独立判断。

鲁成公七年

公元前 584 年，鲁成公七年。

七年春，吴伐郯，郯成。

季文子曰："中国不振旅，蛮夷入伐，而莫之或恤。无吊者也夫！《诗》曰'不吊昊天，乱靡有定'。其此之谓乎！有上不吊，其谁不受乱？吾亡无日矣。"君子曰："如惧如是，斯不亡矣。"

　　七年春，逐渐强大的吴国入侵郯国。郯国与吴国媾和，也就是归顺了吴国。

　　在中原人眼里，楚国已经是蛮夷之邦。比楚国更偏远的吴国，虽然也是姬姓诸侯，而且号称是太伯之后，但同样被认为是蛮夷。季孙行父感叹："中原国家不整顿军队，蛮夷入侵也没有人对此感到忧虑，这是因为没有好的领导啊！《诗》上说，'上天不善，动乱就没有停止的时候'。说的就是现在这种情况吧！虽有领导但是不善，又有谁能够躲避祸乱？我们这些人很快就要灭亡了。"君子以为，有这样的忧患意识，那就不会灭亡了。

　　季孙行父所谓"有上不吊"，当然是指晋国作为各诸侯的领袖，却对吴国的入侵不闻不问。只是他不知道，晋国对于吴国的崛起，不但不感到紧张，反而乐见其成。事实上，正是由于晋国的支持，吴国才从蛰伏东南的蛮夷小国成长为春秋中后期的强国。关于这件事，后面很快会讲到。

郑子良相成公以如晋，见，且拜师。

郑国的公子去疾辅佐郑成公前往晋国，拜见晋景公，同时拜谢去年
晋国出兵救援郑国。

夏，曹宣公来朝。

夏天，曹宣公前来朝见鲁成公。

秋，楚子重伐郑，师于汜。诸侯救郑。郑共仲、侯羽军楚师，囚郧公
钟仪，献诸晋。

八月，同盟于马陵，寻虫牢之盟，且莒服故也。

晋人以钟仪归，囚诸军府。

秋天，楚国令尹公子婴齐讨伐郑国，驻军于汜地。晋景公发动诸侯救
援郑国。郑军的战斗力再次爆发，大夫共仲、侯羽率部包围楚军，俘虏了
楚国郧县的县公仲仪，并将他进献给晋国。

八月，诸侯在马陵举行会盟，重温虫牢之盟的誓词，同时也是为了莒
国的臣服。

会后，晋国人带着仲仪回到晋国，囚禁在军用仓库里。

楚围宋之役，师还，子重请取于申、吕以为赏田，王许之。申公巫臣
曰：“不可。此申、吕所以邑也，是以为赋，以御北方。若取之，是无申、吕
也。晋、郑必至于汉。”王乃止。子重是以怨巫臣。子反欲取夏姬，巫臣
止之，遂取以行，子反亦怨之。及共王即位，子重、子反杀巫臣之族子阎、

子荡及清尹弗忌及襄老之子黑要，而分其室。子重取子阎之室，使沈尹与王子罢分子荡之室，子反取黑要与清尹之室。巫臣自晋遗二子书，曰："尔以谗慝贪婪事君，而多杀不辜，余必使尔罢于奔命以死。"

巫臣请使于吴，晋侯许之。吴子寿梦说之。乃通吴于晋，以两之一卒适吴，舍偏两之一焉。与其射御，教吴乘车，教之战陈，教之叛楚。置其子狐庸焉，使为行人于吴。吴始伐楚，伐巢，伐徐。子重奔命。马陵之会，吴入州来，子重自郑奔命。子重、子反于是乎一岁七奔命。蛮夷属于楚者，吴尽取之，是以始大，通吴于上国。

　　回想鲁宣公十五年，楚庄王围攻宋国，逼迫宋国签订城下之盟。战后，公子婴齐请求从申、吕两县获得部分土地作为赏田，楚庄王本来已经同意了，但是申公巫臣极力劝阻。巫臣以为：这些土地是申、吕两县赖以成邑的基础，国家从这里征收兵赋，以防御北方的入侵。如果没有这些土地，申、吕两县实际上也就不存在了，晋国和郑国很容易长驱直入，抵达汉水。

　　巫臣说得对，申、吕等县是楚国的门户，保持它们的完整对于楚国的国家安全有着至关重要的意义。于是，楚庄王就没有将那些土地赏赐给公子婴齐。公子婴齐因此而怨恨巫臣。

　　公子侧想要娶夏姬。巫臣连哄带吓，劝阻了他，自己却又想方设法娶了夏姬，逃到了晋国。公子侧因此也怨恨巫臣。

　　等到楚共王即位，公子婴齐和公子侧便杀了巫臣的族人子阎、子荡、清尹弗忌以及襄老的儿子黑要。公子婴齐拿走了子阎的家产，让沈尹和王子罢瓜分了子荡的家产，公子侧得到了黑要和清尹弗忌的家产。

　　巫臣在晋国，本来也没做什么对楚国不利的事。听到族人被杀的消息，写信给公子婴齐和公子侧，说："你们以邪恶贪婪来侍奉国君，滥杀无辜，我一定要让你们疲于奔命而死。"

巫臣向晋景公请求出使吴国,晋景公答应了。

当时的吴国,还只是一个不受人重视的小国,与中原地区没有太多交流。吴王寿梦对巫臣的来访感到相当高兴。巫臣从晋国带去兵车三十乘,走的时候留下一半,送给吴国的射手与御者,教他们如何使用战车,并教他们如何排兵布阵,让他们去对付楚国。巫臣还将儿子狐庸留在吴国担任专办外交的行人,其实也就是作为晋国的联络人。吴国得到了中原地区的武器装备,学会了先进的战术,便开始讨伐楚国、巢国和徐国。这相当于在楚国背后插了一刀。公子婴齐奉命大老远赶过去救援。马陵之会的时候,吴国入侵州来,公子婴齐又从郑国赶过去。在这种情况下,公子侧和公子婴齐一年七次奉命驱驰去抵御吴国的入侵,累得喘不过气来。原本臣服于楚国的蛮夷之地,吴国一一攻取。吴国因此而更加强大,得以与中原各国交通往来,并对楚国构成了强大的威胁。而这一切,都是出自巫臣的谋划。

卫定公恶孙林父。冬,孙林父出奔晋。卫侯如晋,晋反戚焉。

鲁成公二年,卫穆公去世,卫定公即位。

孙林父是孙良夫的儿子,谥文,即孙文子。戚地是孙林父的封地。

卫定公讨厌孙林父。这一年冬天,孙林父逃奔晋国。戚地作为孙林父的封地,自然也归晋国所有。卫定公随后也来到晋国,大概是害怕孙林父在晋国人面前说他的坏话,主动前来沟通吧。还好,晋国人很开明,将戚地还给了卫国。

鲁成公八年

公元前 583 年，鲁成公八年。

八年春，晋侯使韩穿来言汶阳之田，归之于齐。季文子饯之，私焉，曰：“大国制义以为盟主，是以诸侯怀德畏讨，无有贰心。谓汶阳之田，敝邑之旧也，而用师于齐，使归诸敝邑。今有二命，曰‘归诸齐’。信以行义，义以成命，小国所望而怀也。信不可知，义无所立，四方诸侯，其谁不解体？《诗》曰：‘女也不爽，士贰其行。士也罔极，二三其德。’七年之中，一与一夺，二三孰甚焉？士之二三，犹丧妃耦，而况霸主？霸主将德是以，而二三之，其何以长有诸侯乎？《诗》曰：‘犹之未远，是用大简。’行父惧晋之不远犹而失诸侯也，是以敢私言之。”

八年春，晋景公派新上军副帅韩穿前往鲁国，要鲁国将汶阳的土地归还齐国。鲁国不敢不从。但是，季孙行父在给韩穿饯行的时候，还是以私人身份对韩穿说了一番话：

大国主持公道，伸张正义，以此成为盟主，故而诸侯感念恩德，害怕讨伐，不敢三心二意。说到汶阳的土地，那本来就是敝国的旧地（指鞌之战后，齐国向鲁国归还汶阳之地），一度被齐国强占了去。多亏贵国对齐国用兵，将它还给了敝国。现在又有不同的命令，说要将它还给齐国。以信用来推行道义，以道义来完成命令，这是小国盼望而且怀念的。如果不知道信用在哪里，道义无所建立，四方诸侯，又有谁不离心离德？《诗》上说："女子并无过失，男人却有差错。男人行事无常，总是三心二意。"七年之内，一时给予一时夺走，还有什么比这更三心二意的呢？男人前后不一，尚且失去配偶，何况是霸主？霸主本该以德服人，却又三心二意，怎么能够长久地得到诸侯的拥护？《诗》上说："谋事没有远见，所以要极力规谏。"我正是担心晋国没有远虑而失去诸侯的拥护，才敢向您私下说这些。

晋国为什么会突然要求鲁国归还汶阳之地？老左没有解释，《公羊传》则这样写道：鞌之战后，齐顷公回国，吊问死者，安抚病人，七年不喝酒，不吃肉。晋景公听到，十分感动，说："怎么能够让一个国君七年不沾酒肉呢？那就把他们的土地还给他们吧！"

晋栾书侵蔡，遂侵楚，获申骊。

晋国中军元帅栾书带兵入侵蔡国，顺势入侵楚国，俘虏楚国大夫申骊。

楚师之还也，晋侵沈，获沈子揖初，从知、范、韩也。君子曰："从善如流，宜哉！《诗》曰：'恺悌君子，遐不作人？'求善也夫！作人，斯有功绩矣。"

这是倒叙。鲁成公六年，晋军与楚军在绕角相遇，楚军主动退避。当时晋军将领大多主张入侵蔡国，栾书听从荀首、士燮、韩厥的意见，没有同意。不过，晋军在回师之前，还是入侵了楚国的属国沈国，俘虏了沈子揖初，这还是出于荀首等三人的主意。君了以为，从善如流，这是应该的！《诗》上说："平易近人的君子，何不起用人才？"这就是寻求善人啊！起用人才，那就是有功了。

是行也，郑伯将会晋师，门于许东门，大获焉。

这一次行动，郑成公打算与晋军会师，经过许国，攻打其东门，斩获颇丰。

声伯如莒，逆也。

鲁国的公孙婴齐前往莒国迎娶妻子。

宋华元来聘，聘共姬也。
夏，宋公使公孙寿来纳币，礼也。

宋共公即位后，鲁宋两国关系升温。宋国的华元来到鲁国访问，为宋共公求娶鲁国公主共姬为夫人。事情谈妥后，这一年夏天，宋共公派公孙寿来"纳币"，也就是订婚，这是合礼的。

特别说明一下，共姬即下一年的记载中将要讲到的伯姬，她是鲁宣公和穆姜的女儿，鲁成公的姐妹。之所以称她为共姬，是因为她嫁给了宋共公，妻从夫谥。

晋赵庄姬为赵婴之亡故，谮之于晋侯，曰："原、屏将为乱。"栾、郤为征。六月，晋讨赵同、赵括。武从姬氏畜于公宫。以其田与祁奚。韩厥言于晋侯曰："成季之勋，宣孟之忠，而无后，为善者其惧矣。三代之令王皆数百年保天之禄。夫岂无辟王？赖前哲以免也。《周书》曰：'不敢侮鳏寡。'所以明德也。"乃立武而反其田焉。

三年前,赵婴因为与庄姬通奸,被兄长赵同、赵括逐出晋国。这件事情本来已经平息,但是没想到庄姬咽不下这口气,在晋景公面前造谣说:"赵同、赵括将要叛乱。"栾书、郤锜(郤氏宗主,郤克之子)都为庄姬作证。六月,晋国讨伐赵同、赵括。赵氏遭受灭门之灾,只有赵朔与庄姬的儿子赵武因为跟随母亲住在公宫,幸免于难。事后,晋景公将赵氏的土地赏赐给大夫祁奚,相当于将赵氏从晋国除名了。

韩厥是赵盾一手提拔起来的,对于赵氏的遭遇深感不安,他对晋景公说:"以赵衰的功劳、赵盾的忠心,而无后于晋国,那么做好事的人就要害怕了。夏、商、周三代的圣王都能够几百年保有上天赐予的禄位,难道期间就没有邪恶的君王? 这是靠着他们祖先的阴德才免于亡国啊!《周书》上说:' 不敢欺侮鳏夫寡妇。'用这样的做法来发扬道德。"意思是,祖宗有功德,后人犯点小错误,也不至于灭族。晋景公以为然,于是立赵武为赵氏宗主,并返还赵家的土地。

赵家的这一段遭遇,是春秋时期一桩著名的公案。《史记》对这件事的记载,与《左传》截然不同——

晋景公即位的第三年,权臣屠岸贾阴谋作乱,想要铲除赵氏家族。屠岸贾原来受到晋灵公的宠爱,又在晋景公年代担任了司寇,他将当年晋灵公被刺归罪于赵盾,在群臣中宣传说:"赵盾看似不知情,其实就是幕后主使。他犯了弑君之罪,他的子孙却仍然在朝中为官,活得自在,这样怎么能够惩罚罪行? 必须将赵氏家族剿灭!"

群臣之中,只有韩厥站出来反对:"灵公被刺的时候,赵盾已经逃亡在外。连先君(指晋成公)都不追究赵盾的责任,现在诸位君子却想诛杀他的后人,这是违背先君的意志啊!"

屠岸贾执意要除掉赵氏。韩厥去找赵朔,劝赵朔赶快逃亡国外。赵朔不肯逃跑,只是请求韩厥:"不要让赵氏绝后,我死而无悔。"韩厥答应了。

不久之后,屠岸贾果然发难,也没向晋景公请示,就带着群臣讨伐赵氏,杀死了赵朔、赵同、赵括、赵婴等人,并将他们的家人统统杀死。

庄姬在这个故事里是个什么角色呢？是位三贞九烈的妻子。赵氏被清洗的时候，她已经怀有身孕，躲到晋景公宫中避难，侥幸逃过一劫。

赵朔有个门客叫公孙杵臼，还有个至交好友叫程婴。当时，公孙杵臼故意问了程婴一个问题："你为何不追随赵朔去死？"程婴回答："赵朔的夫人已经怀有身孕，如果有幸生个男孩，我要侍奉他；如果生个女儿，我再死不迟。"

几个月后，庄姬果然生了一个男孩，取名为赵武。屠岸贾听到风声，带人闯入宫中搜查，扬言庄姬可以不杀，但赵氏遗孤一定要斩草除根。幸好庄姬提前将赵武藏起来了，屠岸贾才没有得逞。

程婴找公孙杵臼商量对策："屠岸贾绝不会善罢甘休，日后还会来寻找孩子，我们怎么办才好？"

公孙杵臼反问了程婴一个问题："保护孤儿和死，哪件事难？"

程婴说："死容易，保护孤儿难。"

公孙杵臼说："赵家历来待你不薄，就请你担负起责任，做那件难事；我老了，精力不济，只好做那件容易的事，请让我去死！"

按照公孙杵臼的计划，程婴派人去找了一个穷人家的婴儿（是偷是抢，或者是买，不得而知），把他装在华丽的襁褓之中，由公孙杵臼带到山里藏起来。程婴则跑到屠岸贾那儿告密。屠岸贾很是高兴，当场应允了他一笔丰厚的赏金，带着人马跟着程婴到山里，果然找到了公孙杵臼和婴儿。

公孙杵臼抱着孩子，拼命求情，又大骂程婴是小人。这一老一小，最终都被屠岸贾下令杀死。

屠岸贾以为赵武已死，却不知道真正的赵武已经被程婴从宫中抱走，偷偷地抚养成人。十五年后，赵武长大成人，又在韩厥的帮助下见到晋景公，陈述冤情。晋景公大为震动，主持公道，诛杀屠岸贾，为赵氏报了仇。

故事自然是司马迁讲得精彩，但是经不起推敲，最关键的是屠岸贾这个人物来得莫名其妙。要知道，自晋文公以来，晋国的军政大权就把握在各军的正副统帅——也就是众卿手中。晋景公年间,晋国曾经有过六卿,也有过十二卿,其中都没有屠岸贾这个人物,反倒是赵朔、赵括、赵旃三人位列十二卿之中,占了四分之一名额,可谓根深叶茂,权倾一时。这位呼风唤雨的屠岸贾究竟是何方神圣呢? 答案只能是:他是一个杜撰的人物。

屠岸贾是杜撰,程婴和公孙杵臼也不见得确有其人。至于庄姬,赵氏悲剧本来由她而引起,却被写成了受害者。太史公编故事的能力,比之莎士比亚也毫不逊色。但是,《史记》的这个写法,也还存在一个污点:程婴和公孙杵臼为了挽救赵武,使用了一个来历不明的婴儿,"忠义之士"的形象大打折扣。于是,到了元代,有人将赵氏孤儿的故事略作改编,写成了剧本。剧本中,被"调包"的那个婴儿不是别人家的,正是程婴本人的儿子。为了报答赵家的恩惠,程婴不但背负了卖友求荣的恶名,还牺牲了自己的亲生骨肉! 这样一来,戏剧性就更强了。这个剧本获得了空前的成功,而且传到了海外,连法国大文豪、启蒙运动的领军人物伏尔泰都被吸引,动笔将其改编成五幕舞台剧,并在巴黎正式上演。随后,英国剧作家默非又根据伏尔泰的剧本改编了,在伦敦公演,引起极大轰动,甚至有人将其与《哈姆雷特》相提并论,一时风光无两。

离题了,还是回到《左传》吧。

秋,召桓公来赐公命。

秋天,周简王派卿士召桓公来到鲁国,给鲁成公"赐命",也就是赐给他车服和文书,算是补办册封手续。

晋侯使申公巫臣如吴,假道于莒。与渠丘公立于池上,曰:"城已恶。"莒子曰:"辟陋在夷,其孰以我为虞?"对曰:"夫狡焉思启封疆以利社稷者,何国蔑有? 唯然,故多大国矣。唯或思或纵也。勇夫重闭,况国

251　　　　　　　　　　　　　　第八章　鲁成公

乎？"

　　晋景公派申公巫臣出使吴国，向莒国借道。

　　莒国是夷人建立的国家，国君死后无谥号，往往以地名为号。渠丘公即莒子，渠丘是莒国的地名。

　　巫臣与渠丘公站在护城河边上，感叹道："您这座城也未免太破旧了！"言下之意，如果遭到进攻，恐怕不堪一击哦！

　　渠丘公不以为然地说："偏僻简陋的夷邦小国，谁又会打我的主意呢？"

　　巫臣说："那些狡诈的人想开疆拓土以利于社稷，哪个国家没有？正因为如此，所以大国就多了。只不过小国也有的忧心忡忡加以防备，有的大大咧咧毫不担心罢了。勇士尚且关门闭户以备不虞，何况是国家？"

冬，杞叔姬卒。来归自杞，故书。

　　冬天，鲁国公主叔姬去世。叔姬本来嫁到杞国，被夫家逐出，又回到鲁国，所以记录在册。

晋士燮来聘，言伐郯也，以其事吴故。公赂之，请缓师。文子不可，曰："君命无贰，失信不立。礼无加货，事无二成。君后诸侯，是寡君不得事君也。燮将复之。"季孙惧，使宣伯帅师会伐郯。

　　晋国士燮前来访问鲁国，要鲁国出兵和晋国一道讨伐郯国，因为郯国去年臣服于吴国。

　　吴国不是晋扶持起来的吗？吴国强大了，自然就会侵略周边的小国。小国扛不住，只能顺从吴国，晋国却又不高兴了，岂不是"既种芭蕉，又怨芭蕉"？

鲁成公送给士燮礼物,想请求鲁国可以晚一点发兵。士燮不答应,说:"君命只有一条,我如果不完成使命,失信于君,无法自立。馈赠礼物自有定数,不应该增加财货。出兵或缓兵,二者只能有一个选择。您如果比诸侯来得晚,那寡君可就不能侍奉您了。我打算这样向寡君回复。"季孙行父害怕了,派叔孙侨如率兵会合晋军讨伐郯国。

卫人来媵共姬,礼也。凡诸侯嫁女,同姓媵之,异姓则否。

媵,是陪嫁。鲁国的共姬出嫁,卫国以宗室之女作为媵妾,这是合礼的。但凡诸侯嫁女,同姓诸侯派女儿作为媵妾,异姓诸侯就不用了。

至今搞不懂为什么要这样做,也许是为了将来在宫斗中人多势众吧!(这是玩笑,别当真)

鲁成公九年

公元前582年,鲁成公九年。

九年春,杞桓公来逆叔姬之丧,请之也。杞叔姬卒,为杞故也。逆叔姬,为我也。

杞叔姬于去年去世。今年春天,前夫杞桓公来到鲁国,将叔姬的灵柩迎回了杞国。这件事情颇有意思:既然已经离婚了,叔姬就和杞国脱离了关系,为什么杞桓公还要来管她的后事呢? 原来是鲁国要求的。叔姬之死，是因为被杞桓公抛弃。杞桓公来迎接叔姬的灵柩，是为了满足鲁国。

为归汶阳之田故，诸侯贰于晋。晋人惧，会于蒲，以寻马陵之盟。季文子谓范文子曰："德则不竞，寻盟何为？"范文子曰："勤以抚之，宽以待之，坚强以御之，明神以要之，柔服而伐贰，德之次也。"

是行也，将始会吴，吴人不至。

晋国予取予夺，鞌之战后要齐国将汶阳之地交给鲁国，去年又要鲁国将汶阳之地还给齐国，这种反复无常的做法使得诸侯对晋国生了二心。晋国害怕了，于是在蒲地举行会盟，重温马陵之盟的誓词。据《春秋》记载，参加这次会盟的有晋、齐、宋、鲁、卫、曹、莒、杞八国诸侯。会上，季孙行父问士燮："德行不强，重温旧盟又有什么意义？"士燮回答："殷勤地安抚诸侯，宽厚地对待他们，用铁腕来驾驭他们，用在神明前盟誓来约束他们，安慰顺服的而攻打有二心的，这也算是次一等的德行了。"言下之意：晋国在汶阳土地这件事上失了分，信义受损，但是从手段上讲，还是知道怎么驾驭诸侯的。

这次会盟，晋国第一次向吴国发出邀请。没想到热脸贴上冷屁股，吴国根本不予理睬。

二月，伯姬归于宋。

二月，鲁国公主伯姬嫁到宋国。

楚人以重赂求郑，郑伯会楚公子成于邓。

晋国开足了马力拉拢诸侯，孤立楚国。楚国也不甘落后，以重礼向郑国示好。郑成公来者不拒，于是与楚国的公子成在邓地相会。

夏，季文子如宋致女，复命，公享之。赋《韩奕》之五章，穆姜出于房，再拜，曰："大夫勤辱，不忘先君，以及嗣君，施及未亡人，先君犹有望也。敢拜大夫之重勤。"又赋《绿衣》之卒章而入。

二月，伯姬嫁到宋国。夏天，季孙行父到宋国"致女"，即代表娘家去看望女儿，一方面表示慰问，另一方面也是了解一下女儿在婆家的表现。回国复命，鲁成公设宴招待他。席间，季孙行父赋《韩奕》的第五章。鲁成公的母亲穆姜在厢房听到了，出来两次下拜，说："大夫辛苦了！不忘先君(指鲁宣公)之情，及于嗣君(指鲁成公)，延及未亡人，先君也是这样期望您的。谨此拜谢大夫的加倍操劳。"又赋了《绿衣》的最后一章，然后回房。

季孙行父所赋《韩奕》，见于《诗经·大雅》，是描写周宣王时期韩侯进京接受册命等一系列活动的诗，其第五章云："蹶父孔武，靡国不到。为韩姞相攸，莫如韩乐。孔乐韩土，川泽订订，鲂鱮甫甫，麀鹿噳噳，有熊有罴，有猫有虎。庆既令居，韩姞燕誉。"大意是：韩姞嫁对了人，生活很甜美，名声也很好。这也就是告诉鲁成公，伯姬在宋国各方面都好，不用担心。

穆姜所赋《绿衣》，见于《诗经·邶风》，最后一句："我思古人，实获我心。"正是嘉许季孙行父能够不忘先君之恩，延及嗣君及未亡人。

晋人来媵，礼也。

晋国作为鲁国的同姓诸侯，派宗室女子前来作为伯姬的陪嫁，这是合于礼的。

秋,郑伯如晋。晋人讨其贰于楚也,执诸铜鞮。

栾书伐郑,郑人使伯蠲行成,晋人杀之,非礼也。兵交,使在其间可也。

楚子重侵陈以救郑。

秋天,郑成公访问晋国。晋国人斥责他三心二意,与楚国勾勾搭搭,将他囚禁在铜鞮宫(晋国的行宫)。

此后,栾书率军讨伐郑国,郑国派大夫伯蠲前来求和,晋国人把伯蠲杀了。这当然是非礼的。两国交兵,使者往来于其间,是为了相互沟通,寻求和解,减少痛苦,为什么要杀掉来使呢?

陈国大概是看到晋国的这种野蛮手段,害怕了,归顺了晋国。楚国令尹公子婴齐入侵陈国,以救援郑国。

晋侯观于军府,见钟仪。问之曰:"南冠而絷者,谁也?"有司对曰:"郑人所献楚囚也。"使税之,召而吊之。再拜稽首。问其族。对曰:"泠人也。"公曰:"能乐乎?"对曰:"先父之职官也,敢有二事?"使与之琴,操南音。公曰:"君王何如?"对曰:"非小人之所得知也。"固问之。对曰:"其为大子也,师、保奉之,以朝于婴齐而夕于侧也。不知其他。"公语范文子。文子曰:"楚囚,君子也;言称先职,不背本也;乐操土风,不忘旧也;称大子,抑无私也;名其二卿,尊君也。不背本,仁也;不忘旧,信也;无私,忠也;尊君,敏也。仁以接事,信以守之,忠以成之,敏以行之。事虽大,必济。君盍归之,使合晋、楚之成。"公从之,重为之礼,使归求成。

鲁成公七年,郑国人俘虏了楚国郧县县公钟仪,并将他进献给晋国。晋国人将他关在军用仓库里,已经有两年了。

晋景公视察军用仓库,看到了钟仪,问道:"那个戴着南方的帽子而

晋归
楚囚

被囚禁的人是谁?"官吏说:"那是郑国进献的楚国俘虏。"晋景公下令给钟仪松绑,亲自召见并慰问他。钟仪再拜叩首,以示感谢。晋景公问及钟仪的家世,钟仪如实回答:"祖上是乐官。"晋景公来了兴致,问:"你能演奏吗?"钟仪说:"那是祖上的职责,岂敢忘记?"晋景公于是下令给钟仪一把琴。钟仪接过来,演奏了一段楚国地方的音乐。

晋景公大饱耳福,对钟仪产生了好感,话也就多起来了。问他:"楚王是个什么样的人?"这个问题有点存心不良,而且也确实不好回答,钟仪只能说:"这就不是小人能够知道的了。"晋景公坚持要问,钟仪还是滴水不漏:"当他还是太子的时候,太师、太保教导他,早上向公子婴齐请教,晚上拜访公子侧。其他的我就不知道了。"

后来晋景公和士燮说起这件事,士燮说:"那个楚国俘虏是君子啊!交谈中谈及祖先的职官,这是不忘本;弹奏的是本土音乐,这是不忘旧;说起他的君王,只说其当太子的事,已经说明楚王自幼就贤而好问,又避免了阿谀奉承之嫌;直呼楚国二卿之名,是为了尊重国君您。不忘本为仁,不忘旧为信,无私为忠,尊君为敏。以仁来接受事物,以信来保守它,以忠来成就它,以敏来推行它。事情再大,也能成功。国君何不放他回去,让他撮合晋、楚两国?"

晋景公正有此意,于是加倍礼遇钟仪,让他回国去求和。

冬十一月,楚子重自陈伐莒,围渠丘。渠丘城恶,众溃,奔莒。戊申,楚入渠丘。莒人囚楚公子平。楚人曰:"勿杀,吾归而俘。"莒人杀之。楚师围莒。莒城亦恶。庚申,莒溃。楚遂入郓,莒无备故也。

君子曰:"恃陋而不备,罪之大者也;备豫不虞,善之大者也。莒恃其陋,而不修城郭,浃辰之间,而楚克其三都,无备也夫!《诗》曰:'虽有丝、麻,无弃菅、蒯;虽有姬姜,无弃蕉萃;凡百君子,莫不代匮。'言备之不可以已也。"

十一月,楚国令尹公子婴齐从陈国出发讨伐莒国,围渠丘城。如前所说,渠丘城已经破败,不堪一击。守军很快溃败,逃往莒城。十一月五日,楚军进入渠丘。战争中,莒国人俘虏了楚国的公子平。楚国人请求不要杀他,愿意以莒国战俘交换。莒国人还是杀了公子平。这就没什么好谈的了。楚军于是围攻莒城。莒城同样破败。十七日,莒国崩溃。楚军顺势攻入郓城,这是由于莒国同样没有防备的缘故。

君子以为:自恃鄙陋而不加以防备,这是罪中之大罪;防范意外,这是善中之大善。莒国自以为鄙陋,而不修缮城郭,十二天,楚国便攻克渠丘、莒城、郓城三城,这都是因为没有防备啊!《诗》上说:"虽有丝麻,勿弃菅蒯;虽然有了如花似玉的美人儿,不要抛弃面容憔悴的黄脸婆;凡是君子,总有缺这缺那的时候。"说的就是防备必不可少啊!

秦人、白狄伐晋,诸侯贰故也。

因为看到诸侯对晋国三心二意,秦国和白狄认为有机可乘,起兵入侵晋国。

郑人围许,示晋不急君也。是则公孙申谋之,曰:"我出师以围许,伪将改立君者,而纾晋使,晋必归君。"

晋国扣留了郑成公,以此要挟郑国。郑国人的对策是出兵包围许国,告诉晋国人"我们一点也不着急"。这是公孙申出的主意:"我们出兵围攻许国,装出要改立国君的样子,而推迟派使者去晋国,晋国必定归还我们的国君。"

城中城,书,时也。

鲁国在曲阜修筑内城。《春秋》予以记载，是因为合于时令。

十二月，楚子使公子辰如晋，报钟仪之使，请修好、结成。

晋国释放钟仪，向楚国示好，得到了楚国的回应。十二月，楚共王派公子辰（字子商，官居太宰）出访晋国，请求重修旧好，缔结和约。

鲁成公十年

公元前 581 年，鲁成公十年。

十年春，晋侯使籴茷如楚，报大宰子商之使也。

十年春，晋景公派大夫籴茷前往楚国，作为对去年公子辰访问晋国的回报。

卫子叔黑背侵郑，晋命也。

卫国大夫子叔黑背率兵入侵郑国，这是奉了晋国的命令。

郑公子班闻叔申之谋。三月，子如立公子繻。夏四月，郑人杀繻，立髡顽。子如奔许。栾武子曰："郑人立君，我执一人焉，何益？不如伐郑而归其君，以求成焉。"晋侯有疾。五月，晋立大子州蒲以为君，而会诸侯

伐郑。郑子罕赂以襄钟，子然盟于修泽，子驷为质。辛巳，郑伯归。

公子班是郑国的大夫，字子如。

去年，郑国人用公子申之计，摆出一副另立新君的架势，以断绝晋国人用郑成公来要挟郑国的念想。公子班却假戏真做，立郑成公的庶兄公子繻为君。公子繻根基不牢，三月上位，四月被杀。郑国人改立郑成公的世子髡顽为君。公子班出逃许国。

郑国人这么一闹，晋国人还真坐不住了。栾书以为："郑国人立了国君，我们囚禁的不过就是个普通人罢了，有什么好处？不如讨伐郑国，把他们的国君送回去，以此求和。"这当然是正确的，也得到了晋景公的支持。没有想到的是，晋景公偏偏在这个时候生病了，而且病到不能视事。晋国人于是立晋景公的太子州蒲为君，也就是史上的晋厉公，由晋厉公出面召集诸侯讨伐郑国。

老子还没死，就立了儿子，这种做法未免太前卫。回过头来想想，郑国不也是为晋国所逼，做了同样的事情吗？冥冥之中，老天爷仿佛给晋景公开了一个玩笑。

诸侯大军兵临城下，郑国人却是不慌不忙。公子喜（郑穆公的儿子，字子罕）将郑襄公宗庙中的钟拿出来送给晋国，子然（也是郑穆公的儿子）与诸侯在修泽会盟，公子骓（也是郑穆公的儿子，字子驷）到晋国当人质。五月十一日，郑成公回到了郑国。

晋侯梦大厉，被发及地，搏膺而踊，曰："杀余孙，不义。余得请于帝矣！"坏大门及寝门而入。公惧，入于室。又坏户。公觉，召桑田巫。巫言如梦。公曰："何如？曰："不食新矣。"公疾病，求医于秦。秦伯使医缓为之。未至，公梦疾为二竖子，曰："彼，良医也，惧伤我，焉逃之？"其一曰："居肓之上，膏之下，若我何？"医至，曰："疾不可为也，在肓之上，膏之下，攻之不可，达之不及，药不至焉，不可为也。"公曰："良医也。"厚为之礼而归之。六月丙午,晋侯欲麦,使甸人献麦,馈人为之。召桑田巫,示而杀之。将食,张,如厕,陷而卒。小臣有晨梦负公以登天,及日中,负晋侯出诸厕,遂以为殉。

晋景公的病,不是一般的病。他做了一个可怕的梦,梦见大厉,披头散发,拖到地上,捶着胸脯,跳跃而行,说:"杀我的后人,行不义之事,我已经请求天帝降罪于你!"摧毁宫殿的大门以及寝宫之门,长驱直入。晋景公吓得战战兢兢,退入内室。大厉又破窗而入,势不可当。

所谓"大厉",就是厉鬼。古人以为,鬼都有归宿,谁家的鬼谁祭祀。没有归宿的鬼叫作"厉",也就是绝了后的鬼。晋景公梦到的大厉,大概是被他铲除的赵氏的先祖吧。

晋景公醒来之后,召见桑田地方的巫师。巫师所言,和他做的梦一模一样。晋景公便问:"怎么样?"巫师说:"恐怕吃不到今年的新麦了。"

晋景公的病一天一天加重,派人到秦国求医。自晋文公去世后,秦晋两国长期处于敌对状态。但是,秦国人自古厚道,当时的国君秦桓公还是派出了最好的医生——医缓来救治晋景公。医缓尚在路上,晋景公做了一个梦,梦见两个小人儿,一说:"那个人可是良医哦,恐怕会伤害我们,往哪里逃好?"另一个说:"不怕,我们居肓之上、膏之下,他能把我们怎么样?"

这两个小人儿,显然就是病毒了。古以心尖脂肪为膏,心脏与隔膜之间为肓。病入膏肓,则药石不能至,只有死路一条。果然,医缓到了新田,为晋景公做完检查就说:"病已经没法治了,在肓之上,膏之下,针灸不到,药力也达不到,没治了。"

晋景公说:"真是良医。"以重礼厚谢医缓,送他回去。

六月初六日,晋景公想尝新麦,命甸人(主管籍田的官吏)进献新麦,馈人(主管饮食的吏)烹饪。又将桑田地方的巫师召来,向他展示新麦后,杀掉。

巫师不是说他吃不到今年的新麦吗？现在新麦已熟，国君还活着，说明巫师信口雌黄，当斩。

说来也怪，晋景公正准备吃麦，就感觉肚子胀，急急忙忙跑到厕所去上大号，一不小心掉进粪坑，淹死了。想来这国君的厕所，也和改革开放前的农家茅厕一般，就是在粪坑上搭了几块板。如果修建成古罗马式的座厕，就不会发生这样的糗事啦。

另外还有一件怪事。晋景公有个贴身的宦官，那天早上梦见自己背着晋景公升天。梦就梦了嘛，他还非要说给人听。那天中午，晋景公就掉进粪坑淹死了。这位宦官将晋景公背出来，于是就拿他殉葬了。

郑伯讨立君者，戊申，杀叔申、叔禽。君子曰："忠为令德，非其人犹不可，况不令乎？"

郑成公回国后，追究臣下私自立新君的责任。六月八日，杀公子申及其弟叔禽。君子以为：忠诚是一种美德，但是所忠非人的话，尚且是不可以的，何况本人也不是好人呢？

公子申出主意假装另立新君，其实是忠于郑成公的。但是这种忠诚，必须建立在郑成公度量极大，而且极度信任公子申的基础上。很显然，郑成公不是那样的人，所以说"非其人"。而后来公子班假戏真做，立公子繻为君，公子申也没有及时站出来划清界限，而是听之任之，说明他的忠诚也是有限的，所以说他"不令"。

秋，公如晋。晋人止公，使送葬。于是叕茷未反。
冬，葬晋景公。公送葬，诸侯莫在。鲁人辱之，故不书，讳之也。

郑成公被晋国扣押，没有给鲁国人敲响警钟。这一年秋天，鲁成公也冒冒失失跑到晋国去朝见。当时，晋国的叕茷正在楚国访问，还没有回国。晋国人认为鲁国对晋国有二心（也确实是有），于是将鲁成公扣留，并且要他给臭烘烘的晋景公送葬。

冬天，晋景公下葬。鲁成公送葬，其他诸侯没有一个到场。鲁国人以此为耻辱，所以《春秋》不加记载，是忌讳这件事。

鲁成公十一年

公元前580年，鲁成公十一年。

十一年春王三月，公至自晋。晋人以公为贰于楚，故止公。公请受盟，而后使归。

十一年三月，鲁成公灰头土脸地从晋国回来。晋国人因为鲁成公与楚国勾搭，所以扣留了他。鲁成公请求接受盟约，然后晋国人才让他回来。前后算起来，鲁成公这一趟去了九个月。国耻啊！

国耻必定带来人耻，接着往下看——

郤犫来聘，且莅盟。

声伯之母不聘，穆姜曰："吾不以妾为姒。"生声伯而出之，嫁于齐管于奚，生二子而寡，以归声伯。声伯以其外弟为大夫，而嫁其外妹于施孝叔。郤犫来聘，求妇于声伯。声伯夺施氏妇以与之。妇人曰："鸟兽犹不失俪，子将若何？"曰："吾不能死亡。"妇人遂行，生二子于郤氏。郤氏亡，晋人归之施氏。施氏逆诸河，沉其二子。妇人怒曰："己不能庇其伉俪而亡之，又不能字人之孤而杀之，将何以终？"遂誓施氏。

晋国派郤犨访问鲁国，同时代表晋国与鲁国结盟。

关于晋国的郤氏，有必要说明一下：郤克死后，他的儿子郤锜继承家业，成为郤氏宗主，因为被封驹地，所以又号称驹伯；郤犨则是郤氏分支，号苦成氏，史上又称为苦成叔子；另外还有一个郤至，是郤犨的侄子，因为被封温地，当时的人们又尊称其为温季。赵氏家族惨遭屠戮后，郤氏家族趁机填补空缺，郤锜、郤犨、郤至都担任了要职，史称"三郤"。

郤犨来到鲁国，除了办公事，还有一个私人请求，想娶一个鲁国女人为妻。这件事本来也不难办，难的是，他看上的女人是位有夫之妇。

这件事说起来就话长了。

声伯，也就是公孙婴齐，其父公子叔肸，是鲁宣公的胞弟。公孙婴齐的母亲没有经过聘礼就嫁给了叔肸。按照周礼的规定，"聘则为妻，不聘则为妾"，一个女人没有经过媒聘之礼就出嫁，那就只能算作妾。因此，鲁宣公的夫人穆姜很瞧不起她，宣称："我才不和一个妾做妯娌呢！"等到公孙婴齐出生，这个女人就被逐出家门，嫁给了齐国的管于奚，又和管于奚生了两个孩子。管于奚死后，这个女人将两个孩子送到公孙婴齐那里。公孙婴齐对这两个同母异父的弟、妹还不错，让弟弟当了大夫，妹妹则嫁给了大夫施孝叔。

郤犨看中的就是施孝叔的妻子，权且叫她施夫人吧。他向公孙婴齐提出求婚，公孙婴齐不敢不从，于是将妹妹从施孝叔那里抢走。

对于女人而言，还有比这更荒唐的安排吗？施夫人问丈夫："鸟兽尚且不肯丢失配偶，您打算怎么办？"她大概是指望施孝叔以死抗争吧，不料施孝叔只是怯懦地回答："我不能够为这件事死，或者流亡。"那就没什么好说的了，施夫人嫁给了郤犨。

且说施夫人嫁到晋国，生了两个儿子。若干年后，郤氏灭亡，晋国人又将这个女人送回给施孝叔。施孝叔跑到黄河边上去迎接她,却将她的两个儿子丢到河里。施夫人悲痛之余,怒斥施孝叔:"自己不能保护配偶而失去她,又不能爱护别人的遗孤而杀死他们,怎么能够有好结果?"于是发誓不再做施孝叔的妻子。

客观评价:郤犨自然恶劣,施孝叔更是小人。

夏,季文子如晋报聘,且莅盟也。

夏天,季孙行父回访晋国,同时代表鲁国与晋国结盟。

周公楚恶惠、襄之逼也,且与伯与争政,不胜,怒而出。及阳樊,王使刘子复之,盟于鄄而入。三日复出,奔晋。

周公楚是王室卿士。"惠、襄"即周惠王、周襄王的后人,也可以说是"惠、襄之族"。

周公楚厌恶惠、襄之族的威逼,再加上与伯与争夺政权没有获胜,一怒之下离京出走。到了阳樊,周简王派大臣刘康公请他回来,在鄄地结盟后回到京师。三天之后,周公楚又离京出走,逃奔晋国。

秋,宣伯聘于齐,以修前好。

秋天,叔孙侨如访问齐国,是为了重修旧好。

晋郤至与周争鄇田,王命刘康公、单襄公讼诸晋。郤至曰:"温,吾故也,故不敢失。"刘子、单子曰:"昔周克商,使诸侯抚封,苏忿生以温为司寇,与檀伯达封于河。苏氏即狄,又不能于狄而奔卫。襄王劳文公而赐

之温,狐氏、阳氏先处之,而后及子。若治其故,则王官之邑也,子安得之?"晋侯使郤至勿敢争。

晋国的"三郤",闹得越来越不像话了。郤犨刚从鲁国抢回一个女人,郤至又与王室在鄇地的归属上发生争执。周简王命令大臣刘康公、单襄公把官司打到晋厉公那里。郤至一口咬定:"温,过去一直是我的封地,所以我不敢丢失。"鄇地属于温地,是以郤至有此一说。刘康公和单襄公则说:"当年周朝消灭商朝,将土地分给诸侯,苏忿生得到了温地,做了司寇,和檀伯达一同封在黄河边上。后来,苏氏投奔狄人,又和狄人闹僵了,逃到卫国。周襄王为了犒劳晋文公而将温地赏给了他,狐氏、阳氏先住在那里,然后才轮到您。如果要说过去,那么都是王室官员的封地,您怎么能够得到它?"

晋厉公命令郤至不要跟王室争了。

宋华元善于令尹子重,又善于栾武子。闻楚人既许晋籴茷成,而使归复命矣。冬,华元如楚,遂如晋,合晋、楚之成。

自打晋景公释放钟仪开始,晋楚两国使者来往,关系开始解冻。这时候,一个穿针引线的关键人物出现了,他就是宋国的华元。

华元的人缘极佳,他既与楚国的令尹公子婴齐相交甚深,也与晋国的中军元帅栾书关系很好。当他听说楚国已经答应晋国使者籴茷的求和而让其回去复命,立刻行动起来,于这一年冬天先是来到楚国,后又来到晋国,促成晋、楚两国的友好。

秦、晋为成,将会于令狐。晋侯先至焉,秦伯不肯涉河,次于王城,使史颗盟晋侯于河东。晋郤犨盟秦伯于河西。范文子曰:"是盟也何益?齐盟,所以质信也。会所,信之始也。始之不从,其何质乎?"秦伯归而背晋成。

晋、楚两国握手言和之际,晋国的宿敌秦国也向晋国表达了善意,两国国君相约在晋国的令孤举行会盟。晋厉公先行抵达,但是秦桓公临时改变主意,不肯渡过黄河去见晋厉公,而是将人马驻扎在王城(地名,并非雒邑),派大夫史颗到河东与晋厉公结盟。晋国则派郤犫到河西与秦桓公结盟。士燮对此评价:"这样的盟誓究竟有什么用呢? 古人盟誓,必先斋戒,以示隆重和守信。在约定的地点会盟,是相互信任的起点。如果一开始就不信任,又有谁会坚守盟约呢?"果然,秦桓公回去就背弃了和晋国的盟约。

鲁成公十二年

公元前 579 年,鲁成公十二年。

十二年春,王使以周公之难来告。书曰"周公出奔晋",凡自周无出,周公自出故也。

十二年春,周简王派使者到鲁国来通报周公楚事件。《春秋》记载:"周公出奔晋。"本来,普天之下,莫非王土,从王室外逃,是不用"出"字的。这里使用"出"字,是要特别说明:周公楚是自绝于天子,擅自跑出去的。

宋华元克合晋、楚之成。夏五月，晋士燮会楚公子罢、许偃。癸亥，盟于宋西门之外，曰："凡晋、楚无相加戎，好恶同之，同恤菑危，备救凶患。若有害楚，则晋伐之；在晋，楚亦如之。交贽往来，道路无壅；谋其不协，而讨不庭。有渝此盟，明神殛之，俾队其师，无克胙国。"郑伯如晋听成，会于琐泽，成故也。

经过华元的不懈努力，晋、楚两国终于媾和了。五月，晋国的士燮会见楚国的公子罢、许偃。初四日，双方在宋国的西门之外举行会盟，发誓说："从今往后，晋国和楚国不再刀兵相见，同声同气，同恤灾难，救济饥荒。如果有危害楚的，晋国就讨伐它；对于晋国，楚国也是这样。使者往来，道路畅通，协调不和，讨伐背叛。谁违背盟约，神灵就要诛杀他，使其军队覆灭，不能保有国家。"

自城濮之战以来，晋楚争霸便成为国际政治的主题，几乎所有国家都被不同程度地卷入其中，有如风箱中的老鼠，两头受气，中原地区的生产也受到极大影响。因此，宋之盟在当时国际上造成的影响是巨大的。郑成公立刻前往晋国。所谓"听成"，就是听取盟约的内容，并参与了晋厉公、鲁成公、卫定公在琐泽举行的会议。这一切，都是因为晋国和楚国实现了和平。

狄人间宋之盟以侵晋，而不设备。秋，晋人败狄于交刚。

狄人乘宋之盟举行的时候入侵晋国，而且不加防备。秋天，晋国人在交刚打败狄人。

也不知道狄人是怎么考虑的，中原国家大团结的时候，你认为有机可乘？

晋郤至如楚聘，且莅盟。楚子享之，子反相，为地室而县焉。郤至将

登，金奏作于下，惊而走出。子反曰："日云莫矣，寡君须矣，吾子其入也！"宾曰："君不忘先君之好，施及下臣，贶之以大礼，重之以备乐。如天之福，两君相见，何以代此。下臣不敢。"子反曰："如天之福，两君相见，无亦唯是一矢以相加遗，焉用乐，寡君须矣，吾子其入也！"宾曰："若让之以一矢，祸之大者，其何福之为？世之治也，诸侯闲于天子之事，则相朝也，于是乎有享、宴之礼。享以训共俭，宴以示慈惠。共俭以行礼，而慈惠以布政。政以礼成，民是以息。百官承事，朝而不夕，此公侯之所以扞城其民也。故《诗》曰：'赳赳武夫，公侯干城。'及其乱也，诸侯贪冒，侵欲不忌，争寻常以尽其民，略其武夫，以为己腹心'股肱'爪牙。故《诗》曰：'赳赳武夫，公侯腹心。'天下有道，则公侯能为民干城，而制其腹心。乱则反之。今吾子之言，乱之道也，不可以为法。然吾子，主也，至敢不从？"遂入，卒事。归以语范文子。文子曰："无礼，必食言，吾死无日矣夫！"

晋国的郤至访问楚国，代表晋国结盟。楚共王设宴招待他，公子侧担任相礼大臣。大概是为了表示隆重吧，楚国人搞了一点新意：在地下室悬挂编钟等乐器。郤至将要登堂的时候，地下室钟鼓齐鸣，把他吓得转身就跑。公子侧不知道发生了什么事，说："时候不早啦，寡君正等着呢，您赶紧进去吧！"

郤至说："君王不忘先君的友好，恩惠延及下臣，赐我以如此大礼，又加上全套的礼乐。如果上天赐福，两国国君相见，还能拿什么礼节来取代这个呢？下臣不敢接受。"

公子侧说："如果上天赐福，两君相见，那也只能是用一支箭彼此相赠，哪里还用得着奏乐？寡君还等着呢，您赶紧进去吧！"

这话说得可就有点意思了，这还敢进去吗？郤至说："如果以一支箭相待，那就是大祸了，哪里还有什么福？天下大治的时候，诸侯侍奉天子之余,互相朝见,所以有享礼、宴礼。设享是为了勉励共同节俭(享礼的酒食只是摆设),设宴是为了表示慈爱恩惠。以恭敬节俭来行礼,以慈爱恩惠来施政。政事通过礼仪来完成,百姓因此得到休养生息。百官承办政事,白天朝见晚上就不再朝见,此乃诸侯用来捍卫他的百姓的措施。所以《诗》上说:'赳赳武夫,是公侯的护卫。'到了天下大乱的时候,诸侯贪婪,放纵侵占的欲望而无所顾忌,为了争夺尺寸之地而用尽民力,网罗武夫作为自己的心腹、手足、爪牙。所以《诗》上又说:'赳赳武夫,是公侯的心腹。'天下有道,则诸侯能够捍卫百姓,而制约他的心腹。天下无道就反过来了。今天您说的话,是取乱之道,不可以用来建立法则。不过话又说回来,您是主人,我岂敢不听从?"于是就登堂,把差事办完。

说白了,公子侧作为楚国的司马,无论国君是不是有这样的想法,他都不应该在这种外交场合口无遮拦,胡说八道。郤至这番话,说得很有水平。回国之后,他将这件事讲给士燮听,士燮说:"无礼,必自食其言,我们离死不远了。"意思是,晋、楚之间还是会有战争,大臣们必须做好赴死的准备。

晋、楚之间的和平,刚刚开始就出现了裂缝。

冬,楚公子罢如晋聘,且莅盟。十二月,晋侯及楚公子罢盟于赤棘。

不管怎么样,和平的表演还得继续。冬天,楚国的公子罢来到晋国访问,并代表楚国结盟。十二月,晋厉公和公子罢在赤棘结盟。

鲁成公十三年

公元前 578 年,鲁成公十三年。

十三年春,晋侯使郤锜来乞师,将事不敬。孟献子曰:"郤氏其亡乎! 礼,身之干也。敬,身之基也。郤子无基。且先君之嗣卿也,受命以求师,将社稷是卫,而惰,弃君命也。不亡何为?"

　　既然和楚国实现了表面上的和平,晋国便将矛头对准秦国了。十三年春,晋厉公派郤锜来到鲁国请求出兵,在办理各项事务的时候,表现颇为不敬。仲孙蔑当时就看出来:"郤氏恐怕是要灭亡了。礼是为人的树干,敬是为人的根基。郤锜已经失去根基了。而且作为先君的嗣卿(郤克为晋景公之卿,郤锜为晋厉公之卿),受君命来请求出兵,本当一心为了护卫社稷,而表现出懒惰,那就是置君命于不顾了。怎能不灭亡?"

三月,公如京师。宣伯欲赐,请先使。王以行人之礼礼焉。孟献子从。王以为介而重贿之。

公及诸侯朝王,遂从刘康公、成肃公会晋侯伐秦。成子受脤于社,不敬。刘子曰:"吾闻之:民受天地之中以生,所谓命也。是以有动作礼义威仪之则,以定命也。能者养以之福,不能者败以取祸。是故君子勤礼,小人尽力。勤礼莫如致敬,尽力莫如敦笃。敬在养神,笃在守业。国之大事,在祀与戎,祀有执膰,戎有受脤,神之大节也。今成子惰,弃其命矣,其不反乎!"

三月,鲁成公来到京师雒邑。叔孙侨如想得到天子的赏赐,请求作为先遣人员出使王室。周简王以对待"行人"也就是普通外交官的礼节接待了叔孙侨如。仲孙蔑跟着鲁成公去朝见天子,周简王以对待"介"也就是诸侯的辅佐者的礼节,对其大加赏赐。

鲁成公和诸侯们一道朝见天子后,就在王室大臣刘康公、成肃公的带领下,会同晋厉公讨伐秦国。成肃公在社神之庙接受祭肉,表现得不够恭敬。刘康公说:"我听说,百姓得到天地中和之气而生,这就是所谓的命。所以有动作、礼义、威仪的规定,用来稳固天命。有能力的人以保持这些以得福禄,没能力的人败坏这些以自取其祸。所以君子勤于礼法,小人尽力劳作。勤于礼法莫过于恭敬,尽力劳作莫过于敦厚笃实。敬体现在供养神明,笃体现在安守职分。国家的大事,在于祭祀和军事。祭祀有执膰之礼,军事有受脤之礼,这都是神明注重的大节。现在成子(指成肃公)表现出懈怠,这是丢弃天命了,恐怕不能回来了吧!"

夏四月戊午,晋侯使吕相绝秦,曰:

"昔逮我献公及穆公相好,戮力同心,申之以盟誓,重之以昏姻。天祸晋国,文公如齐,惠公如秦。无禄,献公即世。穆公不忘旧德,俾我惠公用能奉祀于晋。又不能成大勋,而为韩之师。亦悔于厥心,用集我文公,是穆之成也。文公躬擐甲胄,跋履山川,逾越险阻,征东之诸侯,虞、夏、商、周之胤而朝诸秦,则亦既报旧德矣。郑人怒君之疆场,我文公帅诸侯及秦围郑。秦大夫不询于我寡君,擅及郑盟。诸侯疾之,将致命于秦。文公恐惧,绥静诸侯,秦师克还无害,则是我有大造于西也。无禄,文公即世,穆为不吊,蔑死我君,寡我襄公,迭我殽地,奸绝我好,伐我保城，殄灭我费滑，散离我兄弟，挠乱我同盟，倾覆我国家。我襄公未忘君之旧勋，而惧社稷之陨，是以有殽之师。犹愿赦罪于穆公。穆公弗听，而即楚谋我。天诱其衷，成王陨命，穆公是以不克逞志于我。穆、襄即世，康、灵即位。康公，我之自出，又欲阙翦我公室，倾覆我社稷，帅我蟊贼，以来荡摇我边疆。我是以有令狐之役。康犹不悛，入我河曲，伐我涑川，俘我王官，翦我羁马，我是以有河曲之战。东道之不通，则是康公绝我好也。

　　"及君之嗣也，我君景公引领西望曰：'庶抚我乎！'君亦不惠称盟，利吾有狄难，入我河县，焚我箕、郜，芟夷我农功，虔刘我边陲。我是以有辅氏之聚。君亦悔祸之延，而欲徼福于先君献、穆，使伯车来，命我景公曰：'吾与女同好弃恶，复修旧德，以追念前勋。'言誓未就，景公即世，我寡君是以有令狐之会。君又不祥，背弃盟誓。白狄及君同州，君之仇雠，而我之昏姻也。君来赐命曰：'吾与女伐狄。'寡君不敢顾昏姻，畏君之威，而受命于吏。君有二心于狄，曰：'晋将伐女。'狄应且憎，是用告我。楚人恶君之二三其德也，亦来告我曰：'秦背令狐之盟，而来求盟于我，昭告昊天上帝、秦三公、楚三王曰："余虽与晋出入，余唯利是视。"不穀恶其无成德，是用宣之，以惩不壹。'诸侯备闻此言，斯是用痛心疾首，昵就寡人。寡人帅以听命，唯好是求。君若惠顾诸侯，矜哀寡人，而赐之盟，则寡人之愿也，其承宁诸侯以退，岂敢徼乱？君若不施大惠，寡人不佞，其不能以诸侯退矣。敢尽布之执事，俾执事实图利之！"

吕相即魏锜之子魏相。

四月五日，晋厉公命魏相与秦国断绝外交关系，并向秦国递交了一份长长的文书，回顾了两国多年来的恩怨：

当年我们的献公和秦穆公相交友好,同心协力,通过盟誓来申明,通过婚姻来加重这种关系(秦穆公娶了晋献公之女为夫人)。上天降祸晋国,文公(当时是公子重耳)跑到齐国,惠公(公子夷吾)跑到秦国。献公不幸去世后,秦穆公不忘往日恩情,使我们的惠公能够回国继承君位,但又不能完成重大的勋劳,因而有了韩地之战(这真是颠倒黑白,韩地之战的责任完全在于晋惠公不守信用)。后来又懊悔于心,因此成就了我们的文公——这些都是秦穆公的成就。

文公亲自顶盔掼甲,跋涉山河,逾越险阻,征服东方的诸侯。虞、夏、商、周的后代都到秦国朝见,也就是报答了过去的恩德了。郑国人侵犯君侯的疆域,我文公便带领诸侯及秦国围攻郑国(这又是胡说,郑国与秦国之间隔着晋国,怎么可能侵犯秦国的领土呢?明明是晋国主动进攻郑国,拉上了秦国)。秦国的大夫不向我们的寡君通报(这是客气,不直指秦穆公,而说是秦国的大夫),擅自与郑国结盟。当时诸侯都痛恨这件事,想与秦国拼命(这也是胡说,想打秦国的是晋国的狐偃)。文公害怕发生这样的事,安抚诸侯。秦军能够安全回国而不受损害,也是我们有大功劳于西方之处(说白了,全靠我们维护)。

不幸啊,文公也去世了。秦穆公不好,蔑视我们故去的国君,以为我们的襄公软弱,侵犯我们的殽地,断绝我们与友好国家的关系,进攻我们的城堡,灭绝我们的滑国(费为滑国首都,原文中的"费滑"即指滑国),离散我们的兄弟,扰乱我们的同盟,倾覆我们的国家。我襄公没有忘记秦穆公往日的功劳,又害怕社稷被颠覆,所以有殽之战。但还是愿意得到秦穆公的原谅,请求和解。秦穆公不听,而是与楚国合谋来对付我们。上天保佑,楚成王正好去世了,秦穆公的愿望才没能在我国身上得逞。

秦穆公和晋襄公去世了,秦康公和晋灵公即位。秦康公是我国公主所生,又想损害我公室,倾覆我社稷,带领我国的蟊贼来动摇我们的边疆,所以才有令狐之战(蟊贼是指公子雍。晋国的众卿迎接公子雍自秦入晋,中途失信,改立晋灵公,两国因此交兵,责任全在于晋国,现在也算到了秦国头上)。秦康公还是不悔改,派兵入侵我国的河曲,进攻涑川,俘掠王官,割断羁马,于是我国才发动了河曲战役。东边的道路不通,全怪秦康公断绝我们的友好。

等到君侯嗣位,我君景公伸长了脖子向西眺望,说:"也该安抚我们了吧!"君侯却不肯赐福结盟,反而乘我国有狄人为患,入侵我国河曲,焚烧我箕地、郜地,抢收我们的庄稼,袭扰我国的边境,我国所以有辅氏之战。君侯也后悔战祸延伸,而想祈福于先君献公、穆公,派公子伯车来命令我们景公说:"我与你同心同德,抛弃恶念,重修旧好,以追念前人的勋劳。"盟誓还没有进行,景公就去世了,我寡君因而约君侯到令狐会见。君侯又不肯,背弃盟誓。白狄和君侯同处雍州,是君侯的仇人,却和我们有婚姻关系。君侯来命令说:"我和你讨伐狄人。"寡君不敢顾及婚姻,害怕君侯的威严,就给官吏下达攻打狄人的命令(攻打狄人明明是晋国主动为之,也算到了秦国头上)。君侯却又和狄人私下来往,告诉他们说:"晋国将要攻打你们。"狄人对这种做法,一方面是应和,另一方面是憎恶,因此就告诉了我们。楚国人讨厌君侯的三心二意,也来告诉我们:"秦国背弃令狐之盟,而来向我们请求结盟:'向皇天上帝、秦国的三位先公、楚国的三位先王起誓,我虽与晋国来往,我看重的只有利益。'(这真是滑天下之大稽,就算秦桓公唯利是图,也不会蠢到说这么白啊)不穀讨厌其反复无常,因此将这些话公布,以惩戒言行不一。"诸侯都听到了这些话,所以才痛心疾首,亲近寡人。寡人率领诸侯前来听命,目的只是为了友好。君侯如果顾念诸侯,怜悯寡人,而与我们结盟,那就是寡人最大的愿望,将安安静静地带着诸侯撤退,岂敢求乱?君侯如果不施大恩大惠,寡人不才不敏,那就不能带着诸侯退走了。谨此开诚布公地宣告,请您权衡利弊。

好长的一篇檄文啊!字里行间,诸多歪曲事实,写满了"都是你的错"的指责,以及"你要为此负责任"的恐吓。这篇檄文是写给秦国人看的吗?当然不是,而是写给晋国的盟友们看的。

秦桓公既与晋厉公为令狐之盟,而又召狄与楚,欲道以伐晋,诸侯是

以睦于晋。晋栾书将中军,荀庚佐之;士燮将上军,郤锜佐之;韩厥将下军,荀罃佐之。赵旃将新军,郤至佐之。郤毅御戎,栾鍼为右。孟献子曰:"晋帅乘和,师必有大功。"五月丁亥,晋师以诸侯之师及秦师战于麻隧。秦师败绩,获秦成差及不更女父。曹宣公卒于师。师遂济泾,及侯丽而还。迓晋侯于新楚。

秦桓公既然与晋厉公约好在令狐会盟,反而又召来狄人和楚人,引导他们去进攻晋国,诸侯因此而与晋国和睦。这一年夏天,跟随晋国讨伐秦国的有齐、鲁、宋、卫、郑、曹、邾、滕等各路诸侯。晋军以栾书为中军元帅,荀庚为中军副帅,士燮为上军元帅,郤锜为上军副帅,韩厥为下军元帅,荀罃为下军副帅,赵旃为新军元帅,郤至为新军副帅。郤毅为栾书御戎,栾鍼(栾书之子)为戎右。

这里有一个问题,鲁成公三年,晋国不是"作六军",在原有三军的基础上,新建了新上军、新中军、新下军吗? 这时候怎么只出现新军,而无上、中、下之分了呢? 据后人分析,是晋国又取消了新三军之制,将它们合并为新军了。

对于这一次出征,鲁国的仲孙蔑很是看好:"晋军上下和谐,必立大功。"果然,五月四日,诸侯联军与秦军在秦国的麻隧发生战斗,秦军大败,秦将成差及不更女父成为俘虏。联军付出的代价,仅仅是曹宣公在军中去世,也不知道是不是死在战场上。联军于是渡过泾水,抵达侯丽后返回,在新楚迎接晋厉公。

成肃公卒于瑕。

被刘康公言中,成肃公在晋国的瑕地去世了。

六月丁卯夜,郑公子班自訾求入于大宫,不能,杀子印、子羽,反军于

市。已巳，子驷帅国人盟于大宫，遂从而尽焚之，杀子如、子�、孙叔、孙
知。

郑国的公子班于鲁成公十年逃奔许国。现在，趁着郑厉公率军出征
秦国，他决定回国发动政变。六月十五日夜，公子班从訾地返回新郑，企
图进入大宫（即宗庙），未获成功，杀死子印、子羽（皆为郑穆公之子）后，
回军驻扎于市上。十七日，公子騑带领国人在大宫盟誓，带着他们发动
火攻，杀死了公子班、公子班的弟弟子驰，以及公子班的儿子孙叔、子驰的
儿子孙知。

曹人使公子负刍守，使公子欣时逆曹伯之丧。秋，负刍杀其大子而
自立也。诸侯乃请讨之。晋人以其役之劳，请俟他年。冬，葬曹宣公。
既葬，子臧将亡，国人皆将从之。成公乃惧，告罪，且请焉。乃反，而致其
邑。

郑国发生政变，曹国也有内乱。曹宣公在军中去世后，曹国人派公
子负刍守国，公子欣时（字子臧）迎接曹宣公的灵柩。秋天，公子负刍杀
死曹宣公的世子，自立为君，是为曹成公。诸侯都请求去讨伐他，晋国人
却以为讨伐秦国已经让大家很劳累了，请大家等到以后再说。冬天，曹
国为曹宣公举行葬礼。葬礼之后，公子欣时准备逃亡，国人都要跟着他。
曹成公害怕了，承认罪过，请求公子欣时不要走。公子欣时这才回来，但
是封地还给曹成公，以示不在他的朝中做官。

鲁成公十四年

公元前 577 年,鲁成公十四年。

十四年春,卫侯如晋,晋侯强见孙林父焉。定公不可。夏,卫侯既归,晋侯使郤犨送孙林父而见之。卫侯欲辞,定姜曰:"不可。是先君宗卿之嗣也,大国又以为请。不许,将亡。虽恶之,不犹愈于亡乎? 君其忍之! 安民而宥宗卿,不亦可乎?"卫侯见而复之。

鲁成公七年,卫国的孙林父因为得罪卫定公,出逃晋国。十四年春,卫定公访问晋国,晋厉公一定要卫定公接见孙林父,卫定公坚决不见——要知道,见不是简单的见。见了面,就等于原谅孙林父,同意让孙林父回国,这是卫定公不能接受的。但是,晋国人打定主意要做的事,区区卫国根本挡不住。同年夏天,卫定公刚刚回国,晋厉公便派郤犨送孙林父去见他。卫定公还是想推辞,夫人定姜以为不可,说:"孙林父毕竟是先君的宗卿后裔,晋国又为他出面求情,如果不答应的话,晋国发怒,出兵讨伐卫国,那卫国就完蛋了。虽然讨厌这个人,不还是比亡国要强吗?您还是忍耐一下吧! 再说,安定民心而赦免宗卿,不也是好事嘛!"卫定公想通了,接见孙林父,并恢复了他的官爵。

卫侯飨苦成叔,宁惠子相。苦成叔傲。宁子曰:"苦成家其亡乎! 古之为享食也，以观威仪、省祸福也，故《诗》曰：'兕觥其觩，旨酒思柔。彼交匪傲，万福来求。'今夫子傲，取祸之道也。"

苦成是晋国地名，为郤犫的封地，苦成叔即郤犫。

卫定公设宴招待郤犫，宁殖担任相礼大臣。席间，郤犫表现得相当傲慢。宁殖以为："这个家伙大概是要灭亡了吧。古人举行享礼，是为了观察威仪，审查祸福。所以《诗》中说：'犀角杯儿弯弯，甜酒灌注其中。不骄也不傲，万福来聚会。'而今那位老先生如此傲慢，这是取祸之道啊！"

秋，宣伯如齐逆女。称族，尊君命也。

秋天，叔孙侨如到齐国，为鲁成公迎娶齐国公主。《春秋》记载："叔孙侨如如齐逆女。"称其族名，是因为尊重君命。

八月，郑子罕伐许，败焉。戊戌，郑伯复伐许。庚子，入其郛。许人平以叔申之封。

八月，郑国的公子喜率军讨伐许国，战败。二十三日，郑成公再度讨伐许国。二十五日，进入其外城。许国人把当年公孙申划定的领地交给郑国，以此媾和。

九月，侨如以夫人妇姜氏至自齐。舍族，尊夫人也。故君子曰："《春秋》之称，微而显，志而晦，婉而成章，尽而不污，惩恶而劝善。非圣人谁能修之？"

九月，叔孙侨如领着国君夫人姜氏自齐国回来。原文中出现"妇"

字，是因为鲁成公的母亲穆姜尚在，新娘子有婆婆在上，所以称"妇"。而《春秋》记载："侨如以夫人妇姜氏至自齐。"不称其族，是为了对夫人表示尊重。去的时候"称族"，回的时候"舍族"，充分体现了《春秋》的微言大义。所以君子说："《春秋》的记述，细微而显明，准确而含蓄，温婉而顺理成章，穷尽事理而不歪曲事实，惩戒邪恶而劝谕善良。如果不是圣人，还有谁能够对其进行修编？"

卫侯有疾，使孔成子、宁惠子立敬姒之子衎以为大子。冬十月，卫定公卒。夫人姜氏既哭而息，见大子之不哀也，不内酌饮，叹曰："是夫也，将不唯卫国之败，其必始于未亡人。乌呼！天祸卫国也夫！吾不获鱄也使主社稷。"大夫闻之，无不耸惧。孙文子自是不敢舍其重器于卫，尽置诸戚，而甚善晋大夫。

> 卫定公病重，命大臣孔烝鉏、宁殖立公子衎为世子。公子衎的母亲敬姒，是卫定公的侧室。十月，卫定公去世。夫人姜氏哭完之后休息，看见世子并不悲伤，气得连水都喝不下，说："这个人啊，恐怕不只是要让卫国败亡，而且他的罪行将要从我这个未亡人身上开始。呜呼，这是上天降灾祸给卫国吧！我不能得到鱄来主持社稷。"
>
> 公子鱄是公子衎的胞弟。大夫们听到夫人这么说，无不害怕。害怕什么？害怕卫国将来会有内乱。孙林父从此不敢将重器存放在国都，而是放在封地戚地，同时进一步加深与晋国诸位大夫的联系。说白了，随时准备再度出逃。
>
> 公子衎就是历史上的卫献公。

鲁成公十五年

公元前 576 年，鲁成公十五年。

十五年春，会于戚，讨曹成公也。执而归诸京师。书曰"晋侯执曹伯"，不及其民也。凡君不道于其民，诸侯讨而执之，则曰"某人执某侯"，不然则否。

诸侯将见子臧于王而立之。子臧辞曰："前志有之曰：'圣达节，次守节，下失节。'为君非吾节也。虽不能圣，敢失守乎？"遂逃，奔宋。

鲁成公十三年，曹宣公去世，曹成公（公子负刍）杀曹宣公世子而自立。当时诸侯都要求讨伐他，晋国请大家再等等。等到十五年春，晋厉公就发动诸侯在戚地会盟，讨伐曹成公了。曹成公束手就擒，被带到京师接受处罚。《春秋》记载："晋侯执曹伯。"只是针对曹成公，没有殃及曹国的百姓。但凡国君不守道义，诸侯讨伐而且逮捕了他，就叫"某人执某侯"。

诸侯打算向周简王推荐公子欣时而立他为曹伯。公子欣时推辞道："古书上说，圣贤上下随意，进退自如，皆能通达节义；其次虽不能积极为之，至少可以保守节义；再次就是不讲节义了。当国君不是我的节义。虽然不能为圣贤，又岂敢失守节义？"于是逃奔宋国。

夏六月，宋共公卒。

六月，宋共公去世。

楚将北师，子囊曰："新与晋盟而背之，无乃不可乎？"子反曰："敌利则进，何盟之有？"申叔时老矣，在申，闻之，曰："子反必不免。信以守礼，礼以庇身，信、礼之亡，欲免，得乎？"

楚子侵郑，及暴隧，遂侵卫，及首止。郑子罕侵楚，取新石。

栾武子欲报楚，韩献子曰："无庸，使重其罪，民将叛之。无民，孰战？"

晋、楚之间短暂的和平宣告结束，楚国再度挥师北伐中原。公子贞（楚共王的弟弟，字子囊）说："我们刚刚与晋国结盟而又背叛，恐怕不可以这样吧？"公子侧说："敌情有利于我而进攻，说什么结盟的事啊？"申叔时当时已经告老还乡，在申地休养，听到这件事便说："子反必定不能免于祸了。以信用守礼，以礼来护身，无信又无礼，想要免于祸难，可能吗？"

楚共王进攻郑国，抵达暴隧；顺势入侵卫国，抵达首止。郑国的公子喜发动反攻，入侵楚国，占领新石。

晋国的栾书想要对楚国发动报复，韩厥以为没有必要，说："让他加重自己的罪过，百姓将会背叛他。没有百姓支持，谁去作战？"

秋八月，葬宋共公。于是华元为右师，鱼石为左师，荡泽为司马，华喜为司徒，公孙师为司城，向为人为大司寇，鳞朱为少司寇，向带为大宰，鱼府为少宰。荡泽弱公室，杀公子肥。华元曰："我为右师，君臣之训，师所司也。今公室卑，而不能正，吾罪大矣。不能治官，敢赖宠乎？"乃出奔晋。

二华，戴族也；司城，庄族也；六官者皆桓族也。鱼石将止华元。鱼府曰："右师反，必讨，是无桓氏也。"鱼石曰："右师苟获反，虽许之讨，必不敢。且多大功，国人与之，不反，惧桓氏之无祀于宋也。右师讨，犹有戌在，桓氏虽亡，必偏。"鱼石自止华元于河上。请讨，许之，乃反。使华喜、公孙师帅国人攻荡氏，杀子山。书曰"宋杀大夫山"，言背其族也。

鱼石、向为人、鳞朱、向带、鱼府出舍于睢上，华元使止之，不可。冬十月，华元自止之，不可，乃反。鱼府曰："今不从，不得入矣。右师视速而言疾，有异志焉。若不我纳，今将驰矣。"登丘而望之，则驰。骋而从之，则决睢澨、闭门登陴矣。左师、二司寇、二宰遂出奔楚。华元使向戌为左师，老佐为司马，乐裔为司寇，以靖国人。

八月，宋共公下葬。当时宋国的政坛，华元为右师，鱼石为左师，荡泽（又名山）为司马，华喜为司徒，公孙师为司城，向为人为大司寇，鳞朱为少司寇，向带为大宰，鱼府为少宰。荡泽想要削弱公室，派人刺杀了宋共公的世子肥。华元以为："我担任右师，国君和臣下的教导，是'师'的职责。现在公室卑弱而不能扶正，我的罪责大了。不能做到尽职尽责，又岂敢得宠为利?"于是逃亡晋国。

华元、华喜为宋戴公之后，即戴族；公孙师是宋庄公之后，即庄族；鱼石、荡泽、向为人鳞朱、向带、鱼府六人都是宋桓公之后，即桓族。对于华元的逃亡，鱼府是这样看的："右师如果回来，必然讨罪，那就没有桓族了。"意思是，华元追究荡泽的罪责，势必牵连桓族，引起灭族之灾。鱼石以为："右师如果得以回国，就算允许他讨罪，他也必定不敢。而且他执政多年，屡立大功，国人都拥护他。如果他不回来，反倒是要担心桓族在宋国无了后。右师讨罪，还有向戌在那里。桓族就算灭亡，也就是灭亡一部分而已。"

向戌也是宋桓公之后，与华元相当亲近。鱼石本着丢车保帅的想法,自己跑到黄河边上去阻拦华元。华元提出要追究荡泽的罪责,鱼石表示同意。于是华元返回,派华喜、公孙师带领国人进攻荡氏,杀死荡泽。《春秋》上说:"宋杀其大夫山。"是说荡泽背叛了公族。

荡泽死后,鱼石、向为人、鳞朱、向带、鱼府五人离开首都,在睢水旁边搭棚子居住。为什么要这样做?因为当时的舆论对桓族很不利,有必要摆出一副自我惩戒的姿态来平息国人的怒气。同时也还有一种抗议的意味,毕竟荡泽被杀了,桓族的势力遭到了打击。华元派人制止他们,不听。到了十月,华元又亲自到河边请他们回去,还是不听,华元只好回去了。看着华元远去的背影,鱼府突然省悟过来:"这次不听从他的话,以后就不可能回去了。右师眼睛转动很快,而且说话很急,这是有别的想法了啊!如果不接纳我们,他应该跑得很快了。"于是登上山头眺望,只见华元的车疾驰而去。这几个人知道大事不妙,赶紧上车狂奔去追华元,但是已经晚了。华元进了城,下令挖开睢水的堤坝,放水注满护城河,关闭城门,守兵都登上城墙,摆出一副防范外敌入侵的架势。

闹情绪这种事情,还是要见好就收。没休没止的话,吃亏的是自己。五人有国难投,有家难回,只好出逃楚国。在华元的主持下,向戌担任了左师,老佐任司马,乐裔任司寇,宋国逐渐安定下来。

晋三郤害伯宗,谮而杀之,及栾弗忌。伯州犁奔楚。韩献子曰:"郤氏其不免乎!善人,天地之纪也,而骤绝之,不亡,何待?"

初,伯宗每朝,其妻必戒之曰:"'盗憎主人,民恶其上。'子好直言,必及于难。"

晋国的"三郤"陷害大夫伯宗,在晋厉公面前说伯宗的坏话,然后杀了他,并且累及栾弗忌。伯宗的儿子伯州犁逃亡楚国。韩厥以为:"郤氏怕是不能免于祸了。善人,是天地的纲纪,而屡加杀害,不灭亡还等什么?"

当初，伯宗每次上朝，他的妻子都告诫他：" '盗贼憎恶主人，百姓讨厌大官。'您这么喜欢直言不讳，必定会惹祸上身。"

被这个女人说中了。

十一月，会吴于钟离，始通吴也。

《春秋》记载，十一月，晋国的士燮、齐国的高无咎、鲁国的叔孙侨如、宋国的华元等诸侯众卿在钟离会见吴国人。这是鲁国第一次和吴国发生往来。

许灵公畏逼于郑，请迁于楚。辛丑，楚公子申迁许于叶。

许灵公害怕郑国的威逼，请求迁到楚国。十一月初三日，楚国的公子申把许国迁到了叶县。

对于许国来说，郑国是一个挥之不去的噩梦。自打郑庄公年代开始，郑国便不断地入侵、控制、欺凌许国。就算许国投靠了楚国，有了楚国做靠山，郑国也没有放弃对许国的侵略，摆出一副"我吃定你了"的架势，不依不饶。许灵公将国家迁往楚国，也是不得已之举。所谓迁国，就是放弃祖先的土地，带走祖先的神位，寄居于别人的领土上了。

鲁成公十六年

公元前 575 年，鲁成公十六年。

十六年春,楚子自武城使公子成以汝阴之田求成于郑。郑叛晋,子驷从楚子盟于武城。

十六年春,楚共王从武城派公子成到郑国媾和,条件是将汝阴之地割让给郑国。郑国于是背叛晋国,派公子驷到武城与楚共王结盟。

夏四月,滕文公卒。

四月,滕文公去世。

郑子罕伐宋,宋将鉏、乐惧败诸汋陂。退,舍于夫渠,不儆。郑人覆之,败诸汋陵,获将鉏、乐惧。宋恃胜也。

与楚国结盟之后,郑国派公子喜讨伐宋国。宋国的将鉏、乐惧在汋陂打败郑军。宋军班师回朝,在夫渠驻扎,大概是因为打了胜仗得意扬扬吧,没有严加警备。郑国人以伏兵发动袭击,在汋陵打败宋军,并且俘虏了将鉏、乐惧。

卫侯伐郑,至于鸣雁,为晋故也。

卫献公讨伐郑国,抵达鸣雁,这是为了晋国而出兵。

晋侯将伐郑。范文子曰:"若逞吾愿,诸侯皆叛,晋可以逞。若唯郑叛,晋国之忧,可立俟也。"栾武子曰:"不可以当吾世而失诸侯,必伐郑。"乃兴师。栾书将中军,士燮佐之;郤锜将上军,荀偃佐之;韩厥将下军;郤至佐新军。荀罃居守。郤犨如卫,遂如齐,皆乞师焉。栾黡来乞师。孟献子曰:"晋有胜矣。"戊寅,晋师起。

郑国的背叛,引起了晋国的高度重视。晋厉公将要亲自出兵讨伐郑国。士燮支持出兵,说:"如果按照我的想法,就算诸侯都背叛,晋国也还是可以从容不迫。唯独郑国的背叛,乃是晋国的忧患,而且马上就要来了。"言下之意,诸侯之中,郑国最重要。这也是郑国的地理位置决定的。楚国如果得到郑国,等于控制了中原的交通枢纽,而且随时可以威胁和控制王室,占据主动权。所以对于晋国来说,其他诸侯背叛,都可以从容应对;唯独郑国背叛,必须马上处理。栾书也说:"不可以在我们这一辈人手里失去诸侯,一定要攻打郑国。"

晋国于是出兵,由栾书统帅中军,士燮为中军副帅,郤锜统帅上军,荀偃为上军副帅,韩厥统帅下军,郤至为新军副帅,荀罃居守国内。又派郤犨到卫国,再到齐国,请求发兵相助。栾黡来到鲁国请求派兵,仲孙蔑以为晋国有胜算。

四月十二日,晋军出发。继鄢之战后,晋、楚两国之间又一场大战拉开帷幕。

郑人闻有晋师,使告于楚,姚句耳与往。楚子救郑。司马将中军,令尹将左,右尹子辛将右。过申,子反入见申叔时,曰:"师其何如?"对曰:"德、刑、详、义、礼、信,战之器也。德以施惠,刑以正邪,详以事神,义以建利,礼以顺时,信以守物。民生厚而德正,用利而事节,时顺而物成,上下和睦,周旋不逆,求无不具,各知其极。故《诗》曰:'立我烝民,莫匪尔极。'是以神降之福,时无灾害,民生敦庞,和同以听,莫不尽力以从上命,致死以补其阙,此战之所由克也。今楚内弃其民,而外绝其好;渎齐盟,而食话言;奸时以动,而疲民以逞。民不知信,进退罪也。人恤所厎,其谁致死?子其勉之!吾不复见子矣。"姚句耳先归,子驷问焉。对曰:"其行速,过险而不整。速则失志,不整,丧列。志失、列丧,将何以战? 楚惧不可用也。"

郑国得知晋国出兵的消息,派使者向楚国报告,大夫姚句耳以随行人员的身份前往。楚共王马上发兵救援郑国,命司马公子侧统帅中军,令尹公子婴齐统帅左军,右尹公子壬父(字子辛)统帅右军。大军经过申县,公子侧前去拜访申叔时,问道:"您觉得这次大战会怎么样?"

申叔时回答:"德、刑、详、义、礼、信,是战争的手段。德用来布施恩惠,刑用来纠正邪恶,详用来侍奉鬼神,义用来建立利益,礼用来顺应时令,信用来保守事物。人们生活富足则品德端正,有利而使用民力则办事合于节度,顺时而动而物产有成,这样就能上下和睦,周旋自如,所求无不具备,人人知道规则。所以《诗》中说:'安置百姓,无不合规。'这样做的话,神明降福,四季没有灾害,百姓财用丰厚,万众一心,无不尽心尽力来听从上级的号令,前仆后继,蹈死无悔,这就是战争能够胜利的内因。而今楚国对内抛弃民众,对外断绝友好关系,亵渎神圣的盟约,说话不算数,违反时令而发动战争,劳役百姓以图一逞。百姓不知道信用所在,进也是错,退也是错。人们担心结果如何,又有谁肯去拼死? 您就尽力而为吧,我不会再看到您了。"

姚句耳从楚军中先行回国,公子骓问他情况,姚句耳回答:"楚军行进迅速,经过险地也不整顿队伍。过于迅速则防备不周,队伍不整则失去行列,不知道拿什么去作战? 楚国恐怕是靠不住了。"

五月,晋师济河。闻楚师将至,范文子欲反,曰:"我伪逃楚,可以纾忧。夫合诸侯,非吾所能也,以遗能者。我若群臣辑睦以事君,多矣。"武子曰:"不可。"

六月,晋、楚遇于鄢陵。范文子不欲战。郤至曰:"韩之战,惠公不振旅;箕之役,先轸不反命;邲之师,荀伯不复从。皆晋之耻也。子亦见先君之事矣。今我辟楚，又益耻也。"文子曰："吾先君之亟战也，有故。秦、狄、齐、楚皆强，不尽力，子孙将弱。今三强服矣，敌楚而已。唯圣人能外内无患，自非圣人，外宁必有内忧。盍释楚以为外惧乎？"

五月，晋军渡过黄河。听到楚军将要到来，士燮就想回去，说："我们假装回避楚军，这样就可以缓解忧患了。团结诸侯，不是我们所能做到的，还是等待有能力的人去做吧。我等群臣如果能够和睦相处来侍奉国君，那就已经够了。"

士燮这种态度，多少有点奇怪。攻打郑国，是他极力主张的；现在遇到楚军，他又马上要求回国。早知道这样，当初何必要出兵呢？

栾书不同意士燮的建议。六月，晋、楚两军在鄢陵相遇。士燮还是不想开战。这一次，就不只是栾书对他不满了。郤至站了出来，历数晋国历史上几次战败："韩之战，惠公被秦军俘虏，不能整队班师；箕之战，先轸逞一时之勇，不能回来复命；邲之战，荀林父不能与楚军周旋。这都是晋国的耻辱。您也亲眼看到先君时代的战争了。现在又逃避楚军，这是加倍耻辱。"士燮反驳："我们先君屡次开战，是有原因的。秦国、狄人、齐国、楚国都很强大，如果不尽力作战，子孙将会衰弱。现在三强已经顺服，敌人只有楚国了。世上唯有圣人能够内外无忧。自己不是圣人，外部安定了，内部必定有忧患。何不放过楚国，将它作为外患存在？"

士燮的意思，矛盾是永远存在的。外部的矛盾解决了，内部矛盾就会爆发。与其内斗，不如在外部压力下维持内部团结。对照上下五千年的历史看，士燮的话不无道理。对于一个政权而言，外部压力的消失，往往是内部斗争的开始，甚至比外部斗争更为激烈。尤其是树敌众多的郤氏家族，更要提防来自晋国内部的明枪暗箭——这是好话，无奈郤至听不明白。

甲午晦，楚晨压晋军而陈。军吏患之。范匄趋进，曰："塞井夷灶，陈于军中,而疏行首。晋、楚唯天所授,何患焉?"文子执戈逐之,曰:"国之存亡,天也,童子何知焉?"栾书曰:"楚师轻窕,固垒而待之,三日必退。退而击之,必获胜焉。"郤至曰:"楚有六间,不可失也。其二卿相恶,王卒以旧,郑陈而不整,蛮军而不陈,陈不违晦,在陈而嚣,合而加嚣。各顾其后,莫有斗心;旧不必良,以犯天忌。我必克之。"

战争实际上在五月三十日就开始了。

这一天早晨,楚军逼近晋军,摆开阵势。这也是当年邲之战中楚军采取的战术,先声夺人,气势如虹。晋国的军吏们都有点害怕。士燮的儿子士匄快步走进中军大帐,说:"赶紧填塞水井,夷平军灶,在军营中列阵,拉宽行间距离。晋国和楚国都是天命所归,有什么好担心的?"

士燮操起一柄长戈将他赶走,说:"国家的存亡在于天意,岂是你这个小孩能够知道的?"

士匄的意见,不是不可行,但是不应该由他这样一个后生晚辈提出来。想想看,中军大帐中的这些元帅、副帅,个个都是身经百战的老将,怎么会连"塞井夷灶"这样的办法都想不到?还要你个毛头小伙来提什么建议?再说,士燮是不主张开战的,士匄提这样的建议,不是故意给老子难堪吗?

栾书以为,楚军轻佻,只要晋军坚守壁垒,楚军三日必然撤退。那时候晋军再追击,一定可以获胜。

郤至则以为,楚军有六个空子可钻,战机不可失去:一是令尹公子婴齐与司马公子侧互相讨厌;二是楚王的卫队都是从世家子弟中选拔;三是郑军虽然列阵但是不整齐;四是蛮族部队根本就没有列阵;五是列阵也不回避晦日;六是士兵在阵列中吵吵闹闹,与敌军相遇就更加吵闹。各自都只顾观望后顾,没有斗志。世家子弟只是身份特殊,不见得素质高,这已经是上天所忌讳的事,因此晋军必胜。

从后续的记载来看,晋厉公听从了郤至的建议。

楚子登巢车，以望晋军。子重使大宰伯州犁侍于王后。王曰："骋而左右，何也？"曰："召军吏也。""皆聚于军中矣。"曰："合谋也。""张幕矣。"曰："虔卜于先君也。""彻幕矣。"曰："将发命也。""甚嚣，且尘上矣！"曰："将塞井夷灶而为行也。""皆乘矣，左右执兵而下矣！"曰："听誓也。""战乎？"曰："未可知也。""乘而左右皆下矣。"曰："战祷也。"伯州犁以公卒告王。苗贲皇在晋侯之侧，亦以王卒告。皆曰："国士在，且厚，不可当也。"苗贲皇言于晋侯曰："楚之良，在其中军王族而已。请分良以击其左右，而三军萃于王卒，必大败之。"公筮之。史曰："吉。其卦遇《复》䷗，曰：'南国蹙，射其元王，中厥目。'国蹙王伤，不败，何待？"公从之。

楚共王登上巢车眺望晋军，公子婴齐派太宰伯州犁跟在楚共王后面。伯州犁是晋国大夫伯宗的儿子。伯宗为"三郤"所害，伯州犁逃到楚国，被封为太宰。不消说，伯州犁是楚国军中的"晋国通"。

楚共王边看边问："战车驰骋，分为左右，这是干什么？"

伯州犁回答："这是召集军吏。"

"都聚集在中军了。"

"这是在一起谋划。"

"幕布张开了。"

"这是在先君的神位前占卜。"

"撤掉幕布了。"

"这是要发布命令了。"

"吵吵闹闹，尘土飞扬。"

"这是在填平井灶，准备排成队列。"

"都上车了……车左车右又拿着兵器下来了。"

"这是在听取军令。"

"准备进攻了吗?"

"尚未可知。"

"又上车了……车左车右又下来了。"

"这是战前祈祷。"

伯州犁有问必答,又将晋国公卒所在的位置指给楚共王。无独有偶,晋军中也有一位"楚国通",那就是斗椒的儿子苗贲皇。他站在晋厉公的身边,也将楚军中的王卒指给晋厉公看。两个人都说:"这里有国士,而且军阵厚实,不可抵挡。"

苗贲皇向晋厉公建议:"楚军的精锐,尽在其中军的王族部队。请派精锐部队分头攻击其左军、右军,然后三军协力攻击其王卒,必定大获全胜。"

晋厉公下令占筮,得到的结果是"吉"。这是一个复卦,其爻辞为:"南国蹙,射其元王,中厥目。"爻辞晦涩,大意是:"南国的国土将要缩小,射其君王,中伤他的眼睛。"那不就是说楚国要失败吗? 还等什么?

晋厉公听从了苗贲皇的建议。

需要说明的是,"南国蹙,射其元王,中厥目"这句爻辞在《周易》里是找不到的,大概是占筮的史官自己的理解吧。

有淖于前,乃皆左右相违于淖。步毅御晋厉公,栾鍼为右。彭名御楚共王,潘党为右。石首御郑成公,唐苟为右。栾、范以其族夹公行。陷于淖。栾书将载晋侯。鍼曰:"书退! 国有大任,焉得专之? 且侵官,冒也;失官,慢也;离局,奸也。有三罪焉,不可犯也。"乃掀公以出于淖。

开战了。有一片泥沼横在前面,晋军都或左或右避开泥沼。步毅为晋厉公御戎,栾鍼为戎右。彭名为楚共王御戎,潘党为戎右。石首为郑成公御戎,唐苟为戎右。栾书、士燮带着各自的族兵左右护卫晋厉公前进,陷入泥沼。栾书想让晋厉公改乘自己的战车,栾鍼完全不给老子面子,大声喝道:"栾书退下！国家有大事,岂能由你一个人包办? 而且你干涉我的工作,这是冒犯;失守自己的职责,这是怠慢;离开自己的部下,这是捣乱! 有这三大罪责,你可不要触犯哦!"说着发起神威,抬起晋厉公的戎车,脱离了泥沼。

癸巳,潘尪之党与养由基蹲甲而射之,彻七札焉。以示王,曰:"君有二臣如此,何忧于战?"王怒曰:"大辱国! 诘朝尔射,死艺。"吕锜梦射月,中之,退入于泥。占之,曰:"姬姓,日也;异姓,月也,必楚王也。射而中之,退入于泥,亦必死矣。"及战,射共王中目。王召养由基,与之两矢,使射吕锜,中项,伏弢。以一矢复命。

二十九日,也就是战前一日,楚将潘党和养由基在营中比赛,将铠甲叠起来,用箭去射,穿透了七层。拿着去向楚共王炫耀,不无得意地说:"大王有两个这样的臣下,哪里用得着担忧打仗的事?"楚共王大骂:"你们两个大傻瓜! 明天早上你们还这样卖弄,就死在这本事上了!"

同一天晚上,晋国的魏锜梦到自己拿弓箭去射月亮,射中了,自己却退入泥塘。醒来占筮,结果是:"姬姓,是太阳;异姓,是月亮,也就是楚王。射中了楚王,自己也退入泥塘中,必死无疑。"第二天作战,魏锜张弓搭箭,射中楚共王的眼睛。楚共王赶紧叫养由基过来,给他两支箭,要他去射魏锜。养由基只一箭便射中魏锜的脖子,让他伏在弓套上死去,拿着剩下的一支箭复命。

郤至三遇楚子之卒,见楚子,必下,免胄而趋风。楚子使工尹襄问之以弓,曰:"方事之殷也,有韎韦之跗注,君子也。识见不穀而趋,无乃伤乎?"郤至见客,免胄承命,曰:"君之外臣至从寡君之戎事,以君之灵,间蒙甲胄,不敢拜命。敢告不宁,君命之辱,为事之故,敢肃使者。"三肃使者而退。

晋韩厥从郑伯，其御杜溷罗曰："速从之？其御屡顾，不在马，可及也。"韩厥曰："不可以再辱国君。"乃止。郤至从郑伯，其右茀翰胡曰："谍辂之，余从之乘，而俘以下。"郤至曰："伤国君有刑。"亦止。石首曰："卫懿公唯不去其旗，是以败于荧。"乃内旌于弢中。唐苟谓石首曰："子在君侧，败者壹大。我不如子，子以君免，我请止。"乃死。

　　春秋时期的战争，即使打得再激烈，也逃不开一个"礼"字。郤至在战场上三次遇到楚共王的队伍，只要一看到楚共王本人，必定下车，脱掉头盔，快步前行。楚共王派工尹襄向郤至赠送一张弓，说："战事正酣的时候，有一位身穿红色牛皮军衣者，那是君子啊！看到不穀就快步走，不会是受伤了吧？"郤至见到工尹襄，脱掉头盔，听他说话，说："君王的外臣郤至，跟随寡君出来作战。托君王的福，参加了披甲的队伍，不敢拜受君王的问候。谨向君王报告，外臣没有受伤，感谢君王屈尊询问。由于战事的缘故，谨向使者肃拜。"三次向工尹襄恭敬地行礼，然后退下。

　　晋国的韩厥追赶郑成公，他的御戎杜溷罗说："赶紧追上去。他的御者屡屡回头，注意力不在马身上，可以追得上。"韩厥说："不可以两次侮辱国君。"于是停止追击。所谓两次侮辱国君，是指韩厥在鞌之战中已经有过追击齐顷公的记录，如果再追上郑成公的话，便是第二次了。

　　郤至追击郑成公，他的戎右茀翰胡建议："派遣轻车从小路包抄，我们追上去将他抓下来。"郤至说："伤害国君会受到惩罚。"也停止追击。

　　饶是如此，郑成公仍被吓得不轻。他的御戎石首说："当年卫懿公与狄人作战，不肯拔掉旗帜，所以在荧地大败。"于是将车上的旌旗收到弓套里。戎右唐苟对石首说："您留在国君身边，败军应该全力保护君主。我本领不如您强，您带着国君逃跑，我请求留下。"结果战死。

楚师薄于险，叔山冉谓养由基曰："虽君有命，为国故，子必射。"乃射，再发，尽殪。叔山冉搏人以投，中车，折轼。晋师乃止。囚楚公子茷。

> 楚军被逼迫到险境，叔山冉对养由基说："虽然君王命令您不得再射，为了国家，请您一定要射！"养由基于是开弓，连射两箭，射死两人。叔山冉抓住晋军俘虏向后扔去，砸中追兵的战车，折断车轼。晋国人被这两人的神勇震慑，停止追击，但还是俘虏了楚国的公子茷。

栾鍼见子重之旌，请曰："楚人谓夫旌，子重之麾也，彼其子重也。日臣之使于楚也，子重问晋国之勇。臣对曰：'好以众整。'曰：'又何如？'臣对曰：'好以暇。'今两国治戎，行人不使，不可谓整；临事而食言，不可谓暇。请摄饮焉。"公许之。使行人执榼承饮，造于子重，曰："寡君乏使，使鍼御持矛，是以不得犒从者，使某摄饮。"子重曰："夫子尝与吾言于楚，必是故也。不亦识乎！"受而饮之，免使者而复鼓。旦而战，见星未已。

> 栾鍼看到公子婴齐的旌旗，向晋厉公请求："楚国人说那是子重的旌旗，那个人恐怕就是子重了。过去下臣出使楚国，子重问我什么是晋国人的勇敢，我回答'喜欢众人整整齐齐'。他又追问还有什么，我回答'喜欢从容不迫'。现在两国交兵，不派遣行人，不能说是整齐；遇到战事就自食其言，不能说是从容。请您派人替我向子重献酒。"后人以"好整以暇"作为一句成语，形容在重大的事情面前表现得从容不迫，即出于此。晋厉公同意了，派行人以榼装酒，前去拜访公子婴齐，说："寡君缺乏使者，派栾鍼持矛侍立于左右，所以不能前来犒劳您的部下，特派我来献酒。"公子婴齐想起来了，说："他老人家曾经和我在楚国说起过好整以暇，一定是说这件事，他的记性可真好啊！"接过酒就喝，放使者回去，击鼓再战。
>
> 这一战从早上开始，直到天黑还没有结束。

子反命军吏察夷伤，补卒乘，缮甲兵，展车马，鸡鸣而食，唯命是听。晋人患之。苗贲皇徇曰："蒐乘、补卒，秣马、利兵，修陈、固列，蓐食、申祷，明日复战！"乃逸楚囚。王闻之，召子反谋。谷阳竖献饮于子反，子反醉而不能见。王曰："天败楚也夫！余不可以待。"乃宵遁。

楚军虽然失利，但是没有溃败。公子侧命令军吏视察伤情，补充步兵和战车，修缮盔甲和兵器，摆开战车马匹，下令鸡鸣的时候吃饭，听到命令就发动攻击。晋国人对此颇为忧虑，再杀一场的话，胜负难料。苗贲皇巡告全军，说："检查战车，补充士卒，喂饱马匹，磨好兵器，整理阵形，加固队列，饱餐一顿，再次祈祷，明天还有一场大战！"同时又故意放跑楚军俘虏，让他们把晋军的情况透露给楚军。楚共王听说晋军还要发动进攻，召公子侧前来商量。也就是这一天晚上，公子侧的近侍谷阳竖可能是心疼主子吧，给公子侧献上了酒。公子侧不但喝了，而且喝醉了，不能前去见楚共王。楚共王于是哀叹："这是上天要楚国失败，我不能再等了。"下令全军连夜撤退。

鄢陵之战，以晋国的胜利而告终。

晋入楚军，三日谷。

范文子立于戎马之前，曰："君幼，诸臣不佞，何以及此？君其戒之！《周书》曰'唯命不于常。'有德之谓。"

楚军撤退之后，晋军进入楚营，将楚军留下的军粮大吃了三天。回想当年城濮之战后，晋军也是大吃三天，可以说是历史重演了。

全军狂欢之际，士燮却站在晋厉公的马前，说："国君年少，群臣不才，怎么会取得这样的胜利呢？请国君一定要提高警惕啊！《周书》上说：'天命不可能常在不变。'说的就是有德之人才能享有天命。"

士燮说得对，越是胜利的时候，越要保持清醒的头脑，就是不知道晋厉公有没有听进去。

楚师还，及瑕，王使谓子反曰："先大夫之覆师徒者，君不在。子无以为过，不穀之罪也。"子反再拜稽首曰："君赐臣死，死且不朽。臣之卒实奔，臣之罪也。"子重复谓子反曰："初陨师徒者，而亦闻之矣。盍图之！"对曰："虽微先大夫有之，大夫命侧，侧敢不义？侧亡君师，敢忘其死？"王使止之，弗及而卒。

楚军返回国内，到了瑕地，楚共王派使者对公子侧说："先大夫使军队败亡，国君不在军中。您没有什么罪过，都是不穀之罪。"这句话说得很隐晦。先大夫是指成得臣。城濮之战中，成得臣丧师辱国，楚成王并不在军中，责任全在成得臣。鄢陵之战中，楚共王却是一直在场，所以说罪在自己，而不在公子侧。但是，楚共王这样说，究竟是安慰公子侧，还是批评公子侧呢？耐人寻味。后人多以为，楚共王生性忠厚，可能确实是怕公子侧过于自责，这句话安慰的成分居多。但是在公子侧听来，这话就是责备了，他再拜叩首，说："国君赐臣一死，臣死而不朽。臣的部队确实逃跑了，这是臣的罪过。"

公子婴齐不失时机地插上一刀，派使者对公子侧说："当年丧师辱国者，他的结局您也听说过了，何不考虑一下？"这就是逼公子侧向成得臣学习，自裁以谢了。公子侧回答："就算没有先大夫的旧事，只是您命令我去死，我岂敢违令而使自己陷于不义？我灭亡了大王的军队，岂敢贪生怕死？"楚共王闻知此事，赶紧派人来制止。可叹的是，使者未至，公子侧已经死了。

战之日，齐国佐、高无咎至于师，卫侯出于卫，公出于坏隤。宣伯通于穆姜，欲去季、孟，而取其室。将行，穆姜送公，而使逐二子。公以晋难告,曰:"请反而听命。"姜怒,公子偃、公子鉏趋过,指之曰:"女不可,是皆君也。"公待于坏隤,申宫、儆备、设守,而后行,是以后。使孟献子守于公宫。

鄢陵之战,基本上是晋军与楚、郑联军对阵。作为晋国的盟友,直到开战那天,齐国的国佐、高无咎才带着军队匆匆赶到,卫献公刚刚从国内动身,鲁成公则在离曲阜不远的坏隤。

鲁成公去得晚,与国内政局不稳有关。多年以来,"三桓"的势力一直与公室抗衡。"三桓"之间,也多多少少存在矛盾。不知道什么时候开始,叔孙侨如与鲁成公的母亲穆姜建立了一种难以描述的关系,说白了就是通奸。他想借助情妇的力量消灭季孙氏和孟孙氏,将他们的土地和财产据为己有,将"三桓"合为"一桓",岂不快哉?这真是一个大胆的想法。而穆姜为了情夫,也是不遗余力。鲁成公将要出行的时候,穆姜前往送行,就提出要他驱逐季孙行父和仲孙蔑。鲁成公又不是傻瓜,当然知道这是叔孙侨如的阴谋,于是以晋国要求鲁国出兵的事情作为借口,说:"请等我回来再听命于您。"穆姜勃然大怒。正好鲁成公的两个弟弟公子偃、公子鉏快步走过,穆姜便指着他们说:"你不答应我,这些人都能够当国君。"女人一旦被爱情冲昏了头脑,真是什么疯狂的事情都做得出来。鲁成公吓坏了,到了坏隤就停下来,安排人加强宫中戒备,设置守卫,然后才再次出发,所以才迟到。

奉命防卫公宫的不是别人,就是穆姜想除掉的仲孙蔑。

秋,会于沙随,谋伐郑也。宣伯使告郤犫曰:"鲁侯待于坏隤,以待胜者。"郤犫将新军,且为公族大夫,以主东诸侯。取货于宣伯,而诉公于晋侯。晋侯不见公。

秋天,诸侯在沙随相会,谋划讨伐郑国。叔孙侨如派人告诉郤犫:"鄢陵大战的时候,鲁侯故意待在坏隤观望,看谁获胜就投靠谁。"这真是无耻之尤。当时,郤犨担任新军元帅,又是公族大夫,主持东方诸侯事务,收受了叔孙侨如的贿赂,到晋厉公面前告鲁成公的状。晋厉公于是拒不接见鲁成公。

曹人请于晋曰:"自我先君宣公即世,国人曰:'若之何? 忧犹未弭。'而又讨我寡君,以亡曹国社稷之镇公子,是大泯曹也,先君无乃有罪乎?若有罪,则君列诸会矣。君唯不遗德、刑,以伯诸侯,岂独遗诸敝邑? 敢私布之。"

> 曹国人向晋国请求:"自从我先君宣公去世,国人都说:'忧患未除怎么办?'而贵国又追责于我寡君,因而使得镇抚社稷的公子臧逃亡国外。这是在大举灭曹,大概是因为先君有罪吧! 如果有罪,那么君侯又让他参加诸侯会盟了。君侯不遗忘德行和刑罚,以此领导诸侯,岂能唯独对敝国不是这样? 谨此向您私下倾诉。"

七月,公会尹武公及诸侯伐郑。将行,姜又命公如初。公又申守而行。诸侯之师次于郑西,我师次于督扬,不敢过郑。子叔声伯使叔孙豹请逆于晋师,为食于郑郊。师逆以至。声伯四日不食以待之,食使者而后食。

诸侯迁于制田,知武子佐下军,以诸侯之师侵陈,至于鸣鹿。遂侵蔡。未反,诸侯迁于颖上。戊午,郑子罕宵军之,宋、齐、卫皆失军。

> 根据沙随之会的决定,七月,诸侯联军讨伐郑国。尹武公代表王室出面,对这次行动表示支持。鲁成公临行之际,穆姜再度提出同样的要求:驱逐季孙行父和仲孙蔑。这个女人的脑子已经被烧坏了。鲁成公的

对策也还是加强戒备，然后再出发。

以晋国为首的诸侯部队驻扎在郑国西部，鲁军则驻扎在郑国东部的督扬，不敢穿过郑国去与诸侯部队会合。公孙婴齐派叔孙豹（叔孙侨如的弟弟）前往晋军军营，请晋军前来迎接鲁军，又在新郑郊外为晋军准备饭食。公孙婴齐四天没有吃饭等着他们，等到晋国的使者吃完饭后自己才吃。

诸侯大军转移到新郑东北的制田。荀䓨以晋国下军副帅的身份，带领诸侯入侵陈国，抵达鸣鹿，又顺势入侵蔡国。荀䓨还没有回来，诸侯部队又转移到颍水之滨。二十四日，郑国的公子喜发动夜袭，将宋、齐、卫三国部队打得溃不成军。

曹人复请于晋。晋侯谓子臧：“反，吾归而君。”子臧反，曹伯归。子臧尽致其邑与卿而不出。

曹国人再度向晋国提出请求。晋厉公派人到宋国，对公子臧说：“你回去吧，我归还你们的国君。”公子臧于是回国，晋国也释放了曹成公。公子臧交出自己所有封地和卿的官位，然后闭门不出。为了国家，公子臧必须与曹成公合作；为了道义，他又不屑于与曹成公合作，是以有此一举。

宣伯使告郤犫曰：“鲁之有季、孟，犹晋之有栾、范也，政令于是乎成。今其谋曰：‘晋政多门，不可从也。宁事齐、楚，有亡而已，蔑从晋矣。’若欲得志于鲁，请止行父而杀之，我毙蔑也，而事晋，蔑有贰矣。鲁不贰，小国必睦。不然，归必叛矣。”

九月，晋人执季文子于苕丘。公还，待于郓，使子叔声伯请季孙于晋。郤犫曰：“苟去仲孙蔑，而止季孙行父，吾与子国，亲于公室。”对曰：

"侨如之情,子必闻之矣。若去蔑与行父,是大弃鲁国而罪寡君也。若犹不弃,而惠徼周公之福,使寡君得事晋君,则夫二人者,鲁国社稷之臣也。若朝亡之,鲁必夕亡。以鲁之密迩仇雠,亡而为雠,治之何及?"郤犨曰:"吾为子请邑。"对曰:"婴齐,鲁之常隶也,敢介大国以求厚焉?承寡君之命以请,若得所请,吾子之赐多矣,又何求?"范文子谓栾武子曰:"季孙于鲁,相二君矣。妾不衣帛,马不食粟,可不谓忠乎?信谗慝而弃忠良,若诸侯何?子叔婴齐奉君命无私,谋国家不贰,图其身不忘其君。若虚其请,是弃善人也。子其图之!"乃许鲁平,赦季孙。

叔孙侨如贼心不死,又派人对郤犨说:"鲁国有季孙氏、孟孙氏,就好比晋国有栾氏、范氏,政令就是从他们那里出来的。现在他们商量说,晋国的政令出自多个家族,这是不可以跟随的,宁可顺从齐国、楚国,哪怕是亡国也不跟随晋国了。如果您想得志于鲁国,那就扣留季孙行父并杀了他,我则杀了仲孙蔑而侍奉晋国,从此不会再有三心二意了。鲁国没有二心,小国必定服从晋国。否则的话,他们回去就会背叛。"

叔孙侨如的谗言起了作用。九月,晋国人在苕丘扣留了季孙行父。鲁成公回到鲁国,并不直接进入曲阜,而是留在郓城,派公孙婴齐到晋国为季孙行父求情。郤犨又做起了公孙婴齐的工作:"如果除掉仲孙蔑而留下季孙行父,我让您掌握鲁国的国政,亲近您甚于亲近公室。"公孙婴齐回答:"叔孙侨如的阴谋,您想必是知道的。如果除掉仲孙蔑与季孙行父,那就是大大地抛弃鲁国,而降罪于寡君了。如果还不想抛弃鲁国,承蒙您向周公祈福,让寡君得以侍奉晋侯,则那两个人是鲁国至关重要的社稷之臣。早上失去他们,晚上就会亡国。鲁国是如此靠近晋国的仇敌,如果鲁国被灭亡,也会变成晋国的仇敌,那时候想补救还来得及吗?"言下之意,鲁国全靠季孙氏和孟孙氏撑着,没有这两个人,鲁国随时会被齐国、楚国吞并,只怕晋国追悔莫及。公孙婴齐大义凛然,郤犨却还是以小人之心度君子之腹,死乞白赖地说:"我可以为您请求更多的封地。"公孙婴齐回答:"我是鲁国的小臣,岂敢依仗大国而求厚禄?我奉寡君之命来请命,如果能够得到所请求的,您的恩赐就已经够多了,夫复何求?"

士燮看不下去了,对郤犫说:"季孙行父在鲁国已经辅佐过两位国君了。他的妻妾不穿丝绸,马不吃粮食,难道这还不是忠心耿耿吗?听信谗言而抛弃忠良,怎么号令诸侯?公孙婴齐奉君命办事,毫无私心,为国家谋事忠贞不贰,为自己打算而不忘国君。如果拒绝他的请求,那就是抛弃善人了。您好好考虑吧!"

最终,晋国同意与鲁国和解,释放了季孙行父。这样一来,叔孙侨如的命运就可想而知了。

冬十月,出叔孙侨如而盟之。侨如奔齐。

十二月,季孙及郤犫盟于扈。归,刺公子偃。召叔孙豹于齐而立之。

齐声孟子通侨如,使立于高、国之间。侨如曰:"不可以再罪。"奔卫,亦间于卿。

十月,鲁成公驱逐叔孙侨如,并为此而与各大家族盟誓。叔孙侨如逃奔齐国。

十二月,季孙行父与郤犫在扈地盟誓。季孙行父回国,杀叔孙侨如的同党公子偃,又将叔孙豹从齐国召回来,立为叔孙氏的宗主。

作为一个阴谋家,叔孙侨如人神共弃;作为一个男人,他却始终对老女人有一种异乎寻常的吸引力。到了齐国,他很快又和齐灵公的母亲声孟子搞到了一起。声孟子的脑子也进水了,要让叔孙侨如和国氏、高氏平起平坐!想当年,管仲辅佐齐桓公称霸天下,也不敢与国、高二氏比肩。叔孙侨如野心再大,也知道这条红线不能碰,说:"我不敢再犯同样的罪。"于是逃到了卫国,居然还是享受了卿的待遇——至于是什么样的原因使得他如此受尊重,恐怕只能问问卫献公的老母亲了。

晋侯使郤至献楚捷于周，与单襄公语，骤称其伐。单子语诸大夫曰："温季其亡乎！位于七人之下，而求掩其上。怨之所聚，乱之本也。多怨而阶乱，何以在位？《夏书》曰：'怨岂在明？不见是图。'将慎其细也。今而明之，其可乎？"

晋厉公派郤至向天子进献鄢陵之战中抓到的楚国战俘。郤至到了雒邑，与单襄公聊天，多次夸耀自己的功劳。单襄公对王室的诸位大夫说，郤至怕是要灭亡了。作为晋国的新军副帅，他的上头还有七位统帅（上、中、下三军正副元帅和新军元帅），而他总想盖过他们。积聚怨恨，乃是祸乱的根本。多招怨恨而且自造祸乱的阶梯，拿什么坐稳现在的位置。《夏书》上说，"怨恨岂在表面？没有看到怨恨才值得认真对待"。这就是细微之处也要谨慎了。而今他却将细微之处的矛盾都挑明了，这样真的可以吗？

事实上，"三郤"这些年来胡作非为，天怒人怨，已经岌岌可危了。只不过，三个人都还扬扬得意，不知道灭顶之灾已经临近。

鲁成公十七年

公元前 574 年，鲁成公十七年。

十七年春王正月，郑子驷侵晋虚、滑。卫北宫括救晋，侵郑，至于高氏。

夏五月,郑大子髡顽、侯獳为质于楚,楚公子成、公子寅戍郑。公会尹武公、单襄公及诸侯伐郑,自戏童至于曲洧。

> 郑庄公的子孙常有惊人之举。十七年正月,公子骊带兵入侵晋国的虚、滑两地。这简直是在太岁头上动土,除了楚国人,也只有郑国人敢这么做了。当然,郑国也是得到了楚国的支持才有此举。卫国派北宫括救援晋国,入侵郑国,抵达高氏。
>
> 五月,郑国派世子髡顽、大夫侯獳到楚国当人质。楚国则派公子成、公子寅戍守郑国。晋国发动诸侯讨伐郑国,据《春秋》记载,参加这次行动的诸侯有齐灵公、宋平公、鲁成公、卫献公、曹成公,王室也派尹武公、单襄公出面支持。诸侯大军从戏童打到曲洧。

晋范文子反自鄢陵,使其祝宗祈死,曰:"君骄侈而克敌,是天益其疾也,难将作矣。爱我者惟祝我,使我速死,无及于难,范氏之福也。"六月戊辰,士燮卒。

> 士燮总是忧心忡忡。鄢陵之战的胜利,在士燮看来并不是胜利,而是晋国危险的信号。从鄢陵回来后,他就命家里的祝宗(神官)祈祷自己早死,说:"国君骄傲奢侈而战胜敌人,这是上天在加重他的毛病。大难就要临头啦!爱我就祝我早死,不要沾上祸事,这就是范氏的福气了。"想死还不容易?这一年六月初九日,士燮如愿以偿,去世了。

乙酉,同盟于柯陵,寻戚之盟也。

> 五月,诸侯讨伐郑国。六月二十六日,又在柯陵举行会盟,重温前年戚地会盟的誓词。

　　　　　　　第八章　鲁成公

楚子重救郑,师于首止。诸侯还。

楚国令尹公子婴齐救援郑国,屯兵于首止。刚刚举行柯陵会盟的诸侯竟然一哄而散,各自回国了。

会开得越多,并不代表越团结。很多时候,开会不过就是寻求一种心理安慰,营造一种"大家都拥戴我"的气氛罢了。

齐庆克通于声孟子,与妇人蒙衣乘辇而入于闳。鲍牵见之,以告国武子,武子召庆克而谓之。庆克久不出,而告夫人曰:"国子谪我。"夫人怒。国子相灵公以会,高、鲍处守。及还,将至,闭门而索客。孟子诉之曰:"高、鲍将不纳君,而立公子角,国子知之。"秋七月壬寅,刖鲍牵而逐高无咎。无咎奔莒。高弱以卢叛。齐人来召鲍国而立之。

初,鲍国去鲍氏而来为施孝叔臣。施氏卜宰匡句须吉。施氏之宰,有百室之邑。与匡句须邑,使为宰。以让鲍国而致邑焉。施孝叔曰:"子实吉。"对曰:"能与忠良,吉孰大焉?"鲍国相施氏忠,故齐人取以为鲍氏后。

仲尼曰:"鲍庄子之知不如葵,葵犹能卫其足。"

回想去年,叔孙侨如出逃齐国,与齐灵公的母亲声孟子私通。声孟子让他与国、高二氏平起平坐,叔孙侨如害怕,又逃到了卫国。声孟子耐不住寂寞,竟然又和齐国的一位大夫庆克搞上了。庆克为了入宫和声孟子幽会,男扮女装,和妇人一道乘辇入宫。进入宫中夹道的时候,被鲍牵(鲍庄子)看到了。鲍牵告诉了国佐(国武子)。国佐便将庆克召来说了这件事,提醒他要注意影响。庆克大为羞愧,于是躲在家里,闭门谢客。日子一长,声孟子受不了了,派人来问庆克是怎么回事,庆克如实相告:"国佐批评了我。"

声孟子勃然大怒。这个女人发起飙来，可不是闹着玩的。当时，国佐陪同齐灵公参加诸侯大会，高无咎和鲍牵镇守国内。等到齐灵公回国，快要到临淄的时候，高、鲍二人下令关闭城门，检查旅客。这本来是正常的警备措施，声孟子却向齐灵公诬告说："高、鲍二人想拒绝国君入城，而立公子角（齐顷公的儿子）为君，国佐也知道这件事。"齐灵公信以为真——老娘的话，怎能不信？七月十三日，判处鲍牵刖刑，驱逐高无咎。高无咎逃到鲁国，其子高弱在卢地（高氏封地）发动叛乱。齐国人将鲍牵的弟弟鲍国从鲁国召回来，立为鲍氏宗主。特别说明一下，鲍牵、鲍国是鲍叔牙的曾孙，鲍氏在齐国也是一等一的世家大族。

当初，鲍国不知道因为什么原因离开鲍氏来到鲁国，屈尊当了施孝叔的家臣。施氏为选立家宰而举行卜筮，有个叫匡须句的人得了个"吉"字。按家规，施氏家宰享有一百户的采邑。于是赐给匡须句百户之邑，封他为家宰。匡须句却不接受，转而将家宰之位和百户之邑全部让给了鲍国。施孝叔说："卜筮的结果是您吉利啊！"匡须句回答："能够将这些东西给予忠良之人，还有比这更大的吉利吗？"鲍国辅佐施氏，忠心耿耿，名声传到了齐国，所以齐国人召他回去继承了鲍氏家业。

孔子说："鲍牵的智慧还不如葵，葵还能保护它的腿。"这里的"葵"不是向日葵（那时候中国还没有向日葵），而是葵菹，也就是冬苋菜。古人采摘冬苋菜，嫩的时候就采，而且尽量不伤其根，好让它再长出嫩菜来，所以说葵能保护它的腿（根）。孔子批评鲍牵，是因为鲍牵不懂得"邦无道，其默足以容"的道理。再说，声孟子去年和叔孙侨如私通，今年和庆克私通，这种事情，你看到就看到了，不用说出来，毕竟人家寡妇也不容易嘛……这是开玩笑，请勿当真。

冬，诸侯伐郑。十月庚午，围郑。楚公子申救郑，师于汝上。十一月，诸侯还。

冬天,晋国又发动诸侯讨伐郑国。十月十二日,包围新郑。楚国公子申救援郑国,驻军于汝水之滨。十一月,诸侯又各自回国了。

初,声伯梦涉洹,或与己琼瑰食之,泣而为琼瑰盈其怀,从而歌之曰:"济洹之水,赠我以琼瑰。归乎归乎,琼瑰盈吾怀乎!"惧不敢占也。还自郑,壬申,至于狸脤而占之,曰:"余恐死,故不敢占也。今众繁而从余三年矣,无伤也。"言之,之莫而卒。

当初,公子婴齐梦见自己渡过洹水,有人给了他琼瑰(宝石制成的珠子),他吃下去,哭出来的眼泪都变成了琼瑰,满满的一怀,跟着唱歌:"渡过洹水,赠予我琼瑰。回去吧,回去吧,琼瑰已经装满我的怀抱。"

古人做梦,醒来往往要找人占筮,以测凶吉。但是,这个梦未免太古怪了。而且古人死后,嘴中要含一颗珠玉,据说可以使灵魂不散,公子婴齐因此以为这个梦不吉利,所以不敢找人来算。这一年从郑国回来,到达狸脤(地名)的时候,公子婴齐却又为此而占筮,说:"我怕死,所以不敢占筮。现在这么多人跟着我三年了,也没什么好担心的了。"言下之意,这个梦做了已经三年,是吉是凶都无所谓了。于是把梦的内容告诉大家,当天晚上就死了。

齐侯使崔杼为大夫,使庆克佐之,帅师围卢。国佐从诸侯围郑,以难请而归。遂如卢师,杀庆克,以谷叛。齐侯与之盟于徐关而复之。十二月,卢降。使国胜告难于晋,待命于清。

齐灵公命崔杼为大夫,派庆克辅佐他,带兵包围卢地。国佐当时参加围攻郑国的诸侯联军,以国内有难为由请求回国。于是来到围攻卢地的齐军中,杀死庆克,据守谷地,发动叛乱。国、高二氏联手,齐灵公也只能妥协,于是和国佐在徐关结盟,恢复了他的官位。十二月,卢地开城投降。齐灵公派国胜（国佐之子）向晋国报告齐国发生的事变，并在清地待命。

晋厉公侈，多外嬖。反自鄢陵，欲尽去群大夫，而立其左右。胥童以胥克之废也，怨郤氏，而嬖于厉公。郤锜夺夷阳五田，五亦嬖于厉公。郤犨与长鱼矫争田，执而梏之，与其父母妻子同一辕。既，矫亦嬖于厉公。栾书怨郤至，以其不从己而败楚师也，欲废之。使楚公子茷告公曰："此战也，郤至实召寡君，以东师之未至也，与军帅之不具也，曰：'此必败，吾因奉孙周以事君。'"公告栾书。书曰："其有焉。不然，岂其死之不恤，而受敌使乎？君盍尝使诸周而察之？"郤至聘于周，栾书使孙周见之。公使觇之，信。遂怨郤至。

厉公田，与妇人先杀而饮酒，后使大夫杀。郤至奉豕，寺人孟张夺之，郤至射而杀之。公曰："季子欺余。"

晋厉公生活奢侈，有很多"外嬖"。

"嬖"字在《左传》中多次出现，最原始的含义是：出身低贱却受到宠爱。嬖有内外之分，内嬖当然是指宫里的女人，外嬖则是指宫外的男人——对此不太明白的话，可以百度一下"龙阳之好"，这里不多解释。

正如士燮所担心的，鄢陵之战后，晋国的外部压力急剧减小，内部矛盾日益突出。晋厉公本人对于国内卿大夫家族势力过于强大早就心怀不满，想要将他们全部清除干净，换上他自己的人。鲁宣公八年，郤缺以胥克有蛊疾为由，免去其下军副帅的职务，胥克的儿子胥童由此怨恨郤氏，同时他又受到晋厉公的宠爱。郤锜抢夺了夷阳五的土地，夷阳五也受到晋厉公的宠爱。郤犨与长鱼矫争夺土地，将长鱼矫抓起来，用戒具铐住他的手，和他的父母、妻子、小孩铐在同一根车辕上，不久之后，长鱼矫也成了晋厉公的宠臣。鄢陵之战中，栾书主张先守后攻，郤至主张速战速决,晋厉公听从郤至的意见,打败了楚军,栾书非常不爽,想废除郤至。综上所述,晋国的内部矛盾,集中到了郤氏家族身上,当然这与"三郤"飞扬跋扈的性格是分不开的。

栾书派人指使鄢陵之战中被俘的楚将公子茷到晋厉公面前告状:"鄢陵之战,郤至确实是向寡君发出了邀请的。因为当时东部诸侯的部队还没有到来(齐、鲁、卫三国部队全部迟到),晋军的统帅也没有全部到场(下军副帅荀䓨留守国内,新军元帅郤犨前往各国请求出兵相助),郤至说:'此战必败,我可乘机拥护孙周以侍奉君主。'"

孙周是谁?

孙周是晋襄公的曾孙、晋厉公的族兄弟。孙周的祖父公子捷是晋襄公的小儿子。前面说到,自晋献公以来,晋国就有驱逐"群公子"的传统,除太子之外,那些公子、公孙,纷纷被打发到其他国家谋生。孙周的父亲公孙谈在晋灵公年代来到王城雒邑,成为王室大臣单襄公的家臣,孙周就是在雒邑诞生的,所以被命名为"周"。同族人当中,孙周以成熟稳重而著称。据《国语》记载,单襄公认为孙周具备了敬、忠、信、义、教、孝、惠、让八种品德,很有可能成为大国的君主,命自己的儿子放下少主的架子,反过来侍奉孙周。无论是从血统上还是从声望上讲,孙周是有资格成为晋国的君主的。

晋厉公听了公子茷的诬告,难免害怕,又告诉了栾书。栾书说:"应该是有这么回事吧!不然的话,鄢陵之战中,他怎么连死都不顾虑,会接受敌人的来使呢?"

这真是欲加之罪,何患无辞!郤至在鄢陵之战中,确实是接见了楚共王的使者,而且接受了楚共王赠送的一张弓。可这并不是通敌而是当时的风气使然。鞌之战中,韩厥不也给齐顷公行君臣大礼,而且献上酒杯和玉璧吗?如果说郤至有通敌的嫌疑,韩厥同样值得怀疑。

栾书建议:"国君何不试着派郤至出使王室而派人暗中观察?"晋厉公于是派郤至到雒邑访问,栾书安排孙周与郤至见面。晋厉公派人窥探,确认郤至是有二心的了。

事情发展到这个地步，"三郤"还是没有觉察到危险。有一天，晋厉公打猎，和女人一起先射，并且喝了酒，才让卿大夫们射。郤至射中一头野猪，准备献给晋厉公。宦官孟张却抢走了这头野猪。郤至引弓便射，杀死了孟张。晋厉公大为恼怒，说："郤至欺负到寡人头上来了！"

厉公将作难，胥童曰："必先三郤。族大，多怨。去大族，不逼；敌多怨，有庸。"公曰："然。"郤氏闻之，郤锜欲攻公，曰："虽死，君必危。"郤至曰："人所以立，信、知、勇也。信不叛君，知不害民，勇不作乱。失兹三者，其谁与我？死而多怨，将安用之？君实有臣而杀之，其谓君何？我之有罪，吾死后矣。若杀不辜，将失其民，欲安，得乎？待命而已。受君之禄，是以聚党。有党而争命，罪孰大焉？"壬午，胥童、夷羊五帅甲八百将攻郤氏，长鱼矫请无用众，公使清沸魋助之。抽戈结衽，而伪讼者。三郤将谋于榭，矫以戈杀驹伯、苦成叔于其位。温季曰："逃威也。"遂趋。矫及诸其车，以戈杀之。皆尸诸朝。

晋厉公将要对卿大夫们发难。胥童建议：先除掉"三郤"，他们家族势力庞大，多招怨恨。去除大家族，公室不受威逼；讨伐多招怨恨的人，容易有功。晋厉公以为然。

消息不知道怎么传到了"三郤"耳朵里。郤锜的想法是拼个鱼死网破，主动讨伐晋厉公，"就算死，国君也危险了"。郤至反对这样做，说："人在这个世界上立足，靠的是信、智、勇。讲信用，不背叛国君；讲理智，不祸害百姓；讲勇气，不兴风作浪。失去这三种品德，谁会支持我们？死而招惹更多怨恨，又有什么意义？国君拥有下臣而杀了他们，又能把他怎么样？我们如果有罪，现在死已经晚了。如果国君滥杀无辜，也将失去百姓，就算他想平平安安，可以吗？还是等待命令吧。我们接受国君的俸禄，以此聚集亲党。有亲党而与国君相争，还有比这更大的罪吗？"

后人或许很难理解春秋时期的中国人,尤其是像"三郤"这样的中国人。他们的思维像雾一样飘忽,行动像风一样迅速,缺德的时候人神共愤,大难临头的时候又表现得像圣人一般纯洁和迂腐。很难说他们是好人还是坏人,在他们所有不确定的精神气质中,最让人感动的是他们对命运的一种超然态度——人固有一死,避之何益?

十二月二十六日,胥童、夷阳五带领甲士八百人,准备进攻郤氏。长鱼矫提出,犯不着兴师动众,交给他就可以搞掂了。晋厉公于是派清沸魋帮助长鱼矫。两个人举着长戈,衣襟相结,装出一副发生了冲突要打官司的样子,来找"三郤"主持公道。"三郤"受理了案件,准备在台榭里计议,长鱼矫突然跳起来,挥戈将郤锜和郤犨杀死在座位上。郤至一看势头不对,说:"逃走好过枉死。"拔腿就跑。长鱼矫追上去,用长戈将郤至杀死在车上。

晋厉公下令将"三郤"的尸体摆在朝堂上示众。

胥童以甲劫栾书、中行偃于朝。矫曰:"不杀二子,忧必及君。"公曰:"一朝而尸三卿,余不忍益也。"对曰:"人将忍君。臣闻乱在外为奸,在内为轨。御奸以德,御轨以刑。不施而杀,不可谓德;臣逼而不讨,不可谓刑。德、刑不立,奸、轨并至,臣请行。"遂出奔狄。公使辞于二子,曰:"寡人有讨于郤氏,郤氏既伏其辜矣,大夫无辱,其复职位!"皆再拜稽首曰:"君讨有罪,而免臣于死,君之惠也。二臣虽死,敢忘君德?"乃皆归。公使胥童为卿。

按照晋厉公的计划,杀"三郤"仅仅是个开头,最终的目的是消灭各大家族。可是,当胥童带着甲士将栾书、荀偃劫持到朝堂之上,晋厉公却犹豫了。

长鱼矫说:"不杀这两个人,忧患必将缠上国君。"

晋厉公说:"一天就让三卿陈尸堂上,我不忍再增加了。"

长鱼矫说:"国君不忍心对付他们,他们却忍心对付国君。下臣听说,祸乱发生在朝堂之外就是奸,在朝堂之内就是轨。要用德对待奸,用刑对待轨。不施教化就杀,不能说是德;以臣逼君而不加以讨伐,不能说是刑。德、刑不能确立,则奸、轨联袂而至,下臣请求离去。"

长鱼矫说走就走,逃到了狄地。晋厉公派使者向栾书和荀偃解释:"寡人讨伐郤氏,郤氏已经服罪了。你们不要把被劫持的事作为侮辱,官复原职吧!"

栾书和荀偃做梦都没想到有这样的好事,都再拜叩首说:"国君讨伐罪人,而赦免臣等死罪,那是国君的恩惠。我二人就算死了也不敢忘记国君的恩德。"于是都回去了。晋厉公封胥童做了卿。

公游于匠丽氏,栾书、中行偃遂执公焉。召士匄,士匄辞。召韩厥,韩厥辞,曰:"昔吾畜于赵氏,孟姬之谗,吾能违兵。古人有言曰'杀老牛莫之敢尸',而况君乎? 二三子不能事君,焉用厥也!"

事实证明,晋厉公太幼稚了。自晋文公年代以来,晋国诸卿就形成了与公室抗衡的态势。各大家族之间,虽然时不时有矛盾和斗争,但是在维护卿大夫的整体利益这方面,是从来不含糊的。甚至可以这样说,"三郤"如果死于诸卿内斗,大伙都不会有意见;死于晋厉公之手,大伙就都警惕起来了。被晋厉公劫持过的栾书和荀偃更是惴惴不安。有一天,当晋厉公在宠臣匠丽氏家里游乐的时候,栾书和荀偃发动政变,囚禁了晋厉公。二人召唤士匄,想让士匄成为同谋,士匄拒绝了。又召唤韩厥,韩厥也不干,说:"当年我被赵庄姬抚养成人,因为赵庄姬进谗,大伙群起而进攻赵氏,我能够顶住不发兵。古人说得好,杀老牛没人敢做主。何况是杀国君?你们几位不能侍奉国君,要韩厥何用?"

士匄、韩厥不肯与栾书、荀偃合谋,但也仅仅是不合作而已,并没有采取进一步的行动。可以这样理解,对于囚禁晋厉公这件事,士匄、韩厥选择了袖手旁观。

舒庸人以楚师之败也，道吴人围巢，伐驾，围釐、虺，遂恃吴而不设备。楚公子橐师袭舒庸，灭之。

楚国在鄢陵战败，让长期受压迫的舒庸人看到了希望。他们引导吴国人包围巢地，进攻驾地，围攻釐地和虺地，于是仗着有吴国撑腰而不加防备。楚国的公子橐师带兵袭击舒庸，将其消灭。

闰月乙卯晦，栾书、中行偃杀胥童。民不与郤氏，胥童道君为乱，故皆书曰"晋杀其大夫"。

闰月二十九日，栾书、荀偃杀胥童。百姓不支持郤氏，胥童唆使国君作乱，所以《春秋》记载："晋国人杀了他们的大夫。"以为警示。

鲁成公十八年

公元前 573 年，鲁成公十八年。

十八年春王正月庚申，晋栾书、中行偃使程滑弑厉公，葬之于翼东门之外，以车一乘。使荀䓨、士鲂逆周子于京师而立之，生十四年矣。大夫逆于清原。周子曰："孤始愿不及此，虽及此，岂非天乎！抑人之求君，使出命也。立而不从，将安用君？二三子用我今日，否亦今日。共而从君，神之所福也。"对曰："群臣之愿也，敢不唯命是听。"庚午，盟而入，馆于伯子同氏。辛巳，朝于武宫。逐不臣者七人。周子有兄而无慧，不能辨菽麦，故不可立。

十八年正月初五日，晋国的栾书、荀偃派程滑杀死了晋厉公，将其葬于翼城东门之外。作为陪葬品，仅仅使用了一辆车，远远低于诸侯"葬车七乘"的规格。

与此同时，晋国派荀罃、士鲂（士会的儿子，封于彘，又被称为彘季或彘恭子）前往京师雒邑迎接孙周回来，立为国君。这一年，孙周才十四岁，已经表现得很成熟了。卿大夫们到清原来迎接他，他说："孤原来从来没有想过会有今天，现在到了这里，难道不是天意吗？然而，人们要求有国君，就是为了让他发号施令。立了国君又不听从他，那要国君有什么用？你们几位用得着我，就在今日；不想用我，也在今日。恭敬地服从国君，这是神灵保佑的。"

这段话的主旨，一则国君受命于天，并非群臣赐予，大家不要居功自傲，因为根本没有功劳；二则既然立我为君，就要听我命令，否则的话，现在后悔还来得及。卿大夫们听了，都说："这正是群臣的心愿，岂敢不唯命是从？"于是君臣盟誓，孙周进入绛都，借住在大夫伯子同家——这又是他的聪明之处，手续没办完，暂不入宫，免遭非议。二十六日，孙周参拜先祖晋武公的神庙，随后驱逐不听话的臣子七人。

老左写到这里，又解释了一下：孙周是有兄长的，只不过这位仁兄脑子不太灵光，连豆子和麦子都分不清，所以没办法立为国君。兄长是白痴而弟弟如此聪慧，老天真是有点偏心啊！

齐为庆氏之难故，甲申晦，齐侯使士华免以戈杀国佐于内宫之朝。师逃于夫人之宫。书曰："齐杀其大夫国佐。"弃命、专杀、以谷叛故也。

使清人杀国胜。国弱来奔。王湫奔莱。庆封为大夫，庆佐为司寇。既，齐侯反国弱，使嗣国氏，礼也。

去年，国佐杀庆克，据守谷城反叛。齐灵公对这件事情始终耿耿于怀。正月三十日，齐灵公派士华免在寝宫的前堂用戈杀死国佐。当时在场的人都吓坏了，纷纷逃到声孟子宫中寻求庇护。单从这件事看，齐灵公真对得起那个"灵"字。当然，国佐也有他的问题。《春秋》记载："齐国杀了大夫国佐。"是因为他丢弃君命，擅自杀死庆克，而且据守谷城反叛。齐灵公又命清地的人杀死国佐的儿子国胜。国胜的弟弟国弱逃奔鲁国，国佐的党羽王湫逃奔莱国。庆克的儿子庆封被封为大夫，庆佐被封为司寇。齐灵公对母亲的姘头还真是够意思。

不久之后，齐灵公又让国弱从鲁国回来，继承了国氏的家业，这是合于礼的。

二月乙酉朔，晋悼公即位于朝。始命百官，施舍、已责，逮鳏寡，振废滞，匡乏困，救灾患，禁淫慝，薄赋敛，宥罪戾，节器用，时用民，欲无犯时。使魏相、士鲂、魏颉、赵武为卿；荀家、荀会、栾黡、韩无忌为公族大夫，使训卿之子弟共俭孝弟。使士渥浊为大傅，使修范武子之法。右行辛为司空，使修士蒍之法。弁纠御戎，校正属焉，使训诸御知义。荀宾为右，司士属焉，使训勇力之士时使。卿无共御，立军尉以摄之。祁奚为中军尉，羊舌职佐之；魏绛为司马，张老为候奄。铎遏寇为上军尉，籍偃为之司马，使训、卒乘，亲以听命。程郑为乘马御，六驺属焉，使训群驺知礼。凡六官之长，皆民誉也。举不失职，官不易方，爵不逾德，师不陵正，旅不逼师，民无谤言，所以复霸也。

二月初一日，孙周在朝堂上即位为君，也就是历史上的晋悼公。即位之后,发布了一系列的政令,包括:任命百官,施舍百姓,免除百姓拖欠的赋税,照顾鳏夫寡妇,起用被废黜或埋没的能人,救济贫困,赈济灾荒,禁止邪恶,减轻赋税,宽恕罪过,节约器用,按时令役使民众(不在农忙时期发动百姓为国家服役),个人的欲望不违时令(还是不打扰百姓的农业生产)。封魏相、士鲂、魏颉、赵武为卿。封荀家、荀会、栾黡、韩无忌为公族大夫,要他们教育众卿的子弟恭俭孝悌之道。封士渥浊为太傅,命他修订使用士会制定的法度。封右行辛为司空,命他修订使用士艻制定的法度。封栾纠(即弁纠)为御戎,管辖校正(校正为管马的官吏),命他教育训导御者们知道礼义规矩。封荀宾为戎右,管辖众卿的车右,命他教育训导勇士以待选用。众卿取消固定的御者,设立军尉之职,兼管这些事务。封祁奚为中军尉,羊舌职为中军尉佐,魏绛为中军司马,张老为候奄(负责侦察敌情的军官)。封铎遏寇为上军尉,籍偃为上军司马,命他们训练步兵、战车,和衷共济,以听上命。封程郑为乘马御(即弼马温),六驺(即公宫六厩之马官)归他管辖,命他训练这些马官们知道礼节。但凡各部门的长官,都是在民间享有盛誉的人。选拔的人不失职,封官不改变常道,授爵不逾越德行,师不陵压正,旅不威逼师(正、师、旅皆军吏名称,上下有别,下不欺上),百姓没有牢骚怨言——这一切,促成了晋国的东山再起,重新称霸。

公如晋,朝嗣君也。

鲁成公前往晋国,这是为了朝见新君。

夏六月,郑伯侵宋,及曹门外。遂会楚子伐宋,取朝郏。楚子辛、郑皇辰侵城郜,取幽丘。同伐彭城,纳宋鱼石、向为人、鳞朱、向带、鱼府焉,以三百乘戍之而还。书曰"复入"。凡去其国,国逆而立之曰"入";复其位,曰"复归",诸侯纳之,曰"归",以恶曰"复入"。宋人患之。西鉏吾曰："何也？若楚人与吾同恶，以德于我，吾固事之也，不敢贰矣。大国无厌，鄙我犹憾。不然，而收吾憎，使赞其政，以间吾衅，亦吾患也。今将崇诸侯之奸而披其地，以塞夷庚。逞奸而携服，毒诸侯而惧吴、晋。吾庸多矣，非吾忧也。且事晋何为？晋必恤之。"

六月，郑成公入侵宋国，兵锋直达睢阳的曹门之外。于是会合楚共王讨伐宋国，攻取朝郏。楚国的公子壬夫、郑国的皇辰入侵城郜，攻取幽丘，又一同讨伐彭城，将几年前叛逃到楚国的鱼石、向为人、鳞朱、向带、鱼府五人安置在那里，并以兵车三百乘为守卫，然后回师。《春秋》记载："宋鱼石复入于彭城。"但凡离开国家，国家又将他迎接回来而且立其位，叫作"入"；官复原职，叫作"复归"；诸侯将其送回来，叫作"归"；使用武力叫作"复入"。宋国人为此很担忧。大夫西鉏吾却说："这有什么呢？如果楚国人和我们同仇敌忾，以德待我，我们本来是会侍奉他们，不敢有二心的。现在大国贪得无厌，将我们当作边鄙之邑，犹且不满足。否则，收留我们憎恶的人，命他们参与政事，利用他们来钻我们的空子，这也确实是我们的忧患。而今尊崇诸侯的乱臣并且分给他们土地，阻塞通道，让奸人得意而让属国离心离德，毒害诸侯而使得吴国、晋国恐惧。如此，我们的好处就多了，并不是我们的忧患。而且我们侍奉晋国是为了什么？晋国必然救助我们。"

楚国命鱼石等人占据彭城，确实是为了割断晋国与吴国之间的往来。由此可知，申公巫臣利用吴国牵制楚国的计谋，已经让楚国人大为操心了。

公至自晋。晋范宣子来聘，且拜朝也。君子谓晋于是乎有礼。

秋，杞桓公来朝，劳公，且问晋故。公以晋君语之。杞伯于是骤朝于晋而请为昏。

鲁成公从晋国回来不久,晋国就派士匄前来访问鲁国,答谢鲁成公对晋悼公的朝拜。君子以为,晋国这样做是有礼的。

秋天,杞桓公前来朝见,慰劳鲁成公,同时也是打听晋国的消息。鲁成公把晋悼公的事情告诉他。由此产生的后果是,杞桓公马上去晋国朝见,并请求与晋国结成婚姻。

以德服人,效果就是显著。

七月,宋老佐、华喜围彭城,老佐卒焉。

七月,宋国的老佐、华喜围攻彭城。老佐死在军中,宋军的攻势自然放缓了。

八月,邾宣公来朝,即位而来见也。

八月,邾宣公前来朝见,这是他即位之后的朝见,算是拜码头吧。

筑鹿囿,书,不时也。

鲁国修筑鹿苑,《春秋》予以记载,是因为正值农忙,不是大兴土木之时。

己丑,公薨于路寝,言道也。

八月初七日,鲁成公死于正寝。《春秋》记载此事,是说他死得正常。

冬十一月,楚子重救彭城,伐宋。宋华元如晋告急。韩献子为政,曰:"欲求得人,必先勤之。成霸安疆,自宋始矣。"晋侯师于台谷以救宋。

遇楚师于靡角之谷，楚师还。

十一月，楚国公子婴齐救援彭城，攻打宋国。宋国派华元到晋国告急。韩厥担任中军元帅，说："想要得到诸侯的拥护，必先为他们付出辛劳。成就霸业，安定疆土，就从宋国开始了。"晋悼公亲率大军驻扎在台谷，以救援宋国，在彭城附近的靡角之谷与楚军相遇。楚军退走。

晋士鲂来乞师。季文子问师数于臧武仲，对曰："伐郑之役，知伯实来，下军之佐也。今彘季亦佐下军，如伐郑可也。事大国，无失班爵而加敬焉，礼也。"从之。

十二月，孟献子会于虚杕，谋救宋也。宋人辞诸侯而请师以围彭城。孟献子请于诸侯而先归会葬。

丁未，葬我君成公，书，顺也。

晋国派士鲂来请求出兵。季孙行父问臧孙纥（臧孙许之子，即臧武仲）要出多少兵，臧孙纥回答："去年讨伐郑国，晋派荀罃前来，他是下军副帅。现在士鲂也是下军副帅，派出和讨伐郑国同样的部队就可以了。侍奉大国，不要违背使者的爵位次序，再加上恭敬的态度，是合礼的。"换句话说，根据使者的地位来决定出兵之数，有加无减就是合礼的。季孙行父听从了。

十二月，仲孙蔑率军和诸侯大军在虚杕会合，准备救援宋国。宋国人辞谢诸侯，请求他们出兵帮助围攻彭城。仲孙蔑向诸侯请求先回国参加鲁成公的葬礼。

十二月二十六日，鲁成公下葬。《春秋》记载："葬我君成公。"是因为鲁成公寿终正寝，依照周礼五月而葬，国家平稳，世子顺利继位，一切顺利。

第九章

鲁襄公（上）

鲁襄公名午,是鲁成公与定姒的儿子。据《史记》记载,鲁襄公即位的时候才三岁。

鲁襄公元年

公元前572年,鲁襄公元年。

元年春己亥,围宋彭城。非宋地,追书也。于是为宋讨鱼石,故称宋,且不登叛人也,谓之宋志。

彭城降晋,晋人以宋五大夫在彭城者归,置诸瓠丘。

齐人不会彭城,晋人以为讨。二月,齐大子光为质于晋。

元年春天,诸侯围攻宋国的彭城。彭城本是宋国的领地,但是此时已经被鱼石等叛臣占领,所以说"非宋地";但是,鱼石等又曾经是宋国的臣子,所以说"追书"。这时候是为了宋国讨伐鱼石,所以称"宋",而且不记载叛臣的名字,这是因为宋国人的意愿。

经过一番战斗,彭城投降了晋军。晋国人将鱼石等五人带回晋国,安置在瓠丘。

齐国人没有参加围攻彭城,晋国因此讨伐齐国。齐灵公屈服了,派太子光到晋国当人质。

夏五月,晋韩厥、荀偃帅诸侯之师伐郑,入其郛,败其徒兵于洧上。于是东诸侯之师次于鄫,以待晋师。晋师自郑以鄫之师侵楚焦、夷及陈。

晋侯、卫侯次于戚，以为之援。

秋，楚子辛救郑，侵宋吕、留。郑子然侵宋，取犬丘。

五月，晋国的韩厥、荀偃带领诸侯联军讨伐郑国，攻入新郑的外城，在洧水岸边打败郑国的步兵。这时候东方各诸侯国的部队驻扎在鄤地，等待晋军。晋军从郑国带领鄤地的诸侯部队入侵楚国的焦地、夷地和陈国。晋悼公、卫献公驻留戚地，作为后援。

秋天，楚国的公子壬夫救援郑国，入侵宋国的吕、留两地。郑国的子然也入侵宋国，攻取犬丘。

战火越烧越旺了。

九月，邾子来朝，礼也。

冬，卫子叔、晋知武子来聘，礼也。凡诸侯即位，小国朝之，大国聘焉，以继好、结信，谋事、补阙，礼之大者也。

九月，邾宣公前来朝见，这是合于礼的。

冬天，卫国的公孙剽（子叔黑背之子）和晋国的荀䓨前来访问，这也是合于礼的。但凡诸侯即位，小国前来朝见，大国前来访问，以延续友好关系，互相取得信任，商量国事，弥补不足，这是礼中之大事。

这一年还有一件大事，《左传》没有记载，那就是周简王去世了。太子泄心即位，是为周灵王。

鲁襄公二年

公元前 571 年，鲁襄公二年。

二年春，郑师侵宋，楚令也。

二年春，诸侯大战继续，郑军入侵宋国，这是奉了楚共王的旨意。

齐侯伐莱，莱人使正舆子赂夙沙卫以索马牛，皆百匹，齐师乃还。君子是以知齐灵公之为"灵"也。

齐灵公讨伐莱国，莱国人派大夫正舆子贿赂齐灵公宠爱的宦官夙沙卫，送给他精选的马和牛各一百匹，齐军就撤走了。君子以此知道，齐灵公的谥号为什么是"灵"了。

灵是恶谥，有专权、任性、昏乱之意。从齐灵公一贯的表现来看，他是对得住这个"灵"字的。

夏，齐姜薨。初，穆姜使择美檟，以自为榇与颂琴。季文子取以葬。君子曰："非礼也。礼无所逆。妇，养姑者也，亏姑以成妇，逆莫大焉。《诗》曰：'其惟哲人，告之话言，顺德之行。'季孙于是为不哲矣。且姜氏，君之妣也。《诗》曰：'为酒为醴，烝畀祖妣，以洽百礼，降福孔偕。'"

夏天，鲁成公的夫人齐姜去世。

当初，齐姜的婆婆、鲁宣公夫人穆姜派人选择上好的槚木，为自己制作了内棺与颂琴(陪葬之物)。鲁成公十六年，穆姜与叔孙侨如私通，阴谋消灭季孙氏和孟孙氏，得罪了季孙行父。后来阴谋败露，叔孙侨如出逃齐国，穆姜随之失势，被软禁于宫中。季孙行父便取走了穆姜的内棺与颂琴，用于齐姜的葬礼。

君子以为：季孙行父此举非礼，因为礼不能反过来。媳妇是奉养婆婆的。损害婆婆来成全媳妇，没有比这更大的不顺了。《诗》上说："只有明智的人，才可以告诉他好话，让他顺德而行。"季孙行父在这件事上可以说是不明智了。而且穆姜是鲁襄公的祖母。《诗》上说："酿造甜酒，献给祖母，以合礼仪，降福大全。"

君子话多理不糙。依照当时的标准，穆姜确实不是什么好女人，但她毕竟是鲁襄公的祖母、齐姜的婆婆。拿着婆婆为自己准备的丧葬用品给儿媳送葬，怎么都说不过去。

齐侯使诸姜、宗妇来送葬，召莱子。莱子不会，故晏弱城东阳以逼之。

齐灵公派已经出嫁的宗室妇女前来鲁国为齐姜送葬，这是件咄咄逼人的怪事。根据周礼，妇女无论如何都不会出国为人送葬。就算是献殷勤，也未免过分了。更过分的是，齐灵公还宣召莱子去会葬，这就摆明是欺负人了。莱子当然不答应，所以齐灵公派晏弱在东阳筑城以威胁莱国。

郑成公疾，子驷请息肩于晋。公曰："楚君以郑故，亲集矢于其目，非异人任，寡人也。若背之，是弃力与言，其谁昵我？免寡人，唯二三子。"

秋七月庚辰，郑伯仑卒。于是子罕当国，子驷为政，子国为司马。晋

师侵郑。诸大夫欲从晋。子驷曰："官命未改。"

郑成公病危，公子骓请求背叛楚国而跟随晋国。

公子骓提出这样的请求是有原因的：这些年来，楚国不断要求郑国出兵打仗，郑国已经不堪重负。原文中的"息肩"，就是解除重负之意。郑成公却不同意，说："楚王为了郑国，亲冒箭矢，被射中眼睛。这不是为了别人，而是为了寡人。如果背叛了他，那就是抛弃了人家的功劳和自己的诺言，还会有谁来亲近我们？不要让寡人背上罪责，全靠你们几位了！"

郑成公顾念的，是鄢陵之战中楚共王被晋军射瞎一只眼睛。这件事情，确实可以说是郑国欠了楚国一个大大的人情。而且，从晋国和楚国对同盟国的态度来看，楚国给人的感觉也更有担当，更加可靠。

七月，郑成公去世了。这时候郑国由公子喜当国，公子骓执政，公子发为司马。晋国乘机派兵入侵郑国。郑国的卿大夫们都想投靠晋国。公子骓说："国君的命令没有改变。"新君于第二年始改元，此时成公虽死，尚未下葬，嗣君不得发布新令，故曰"官命未改"。

既然君命不改，那就还是和晋国为敌了。

会于戚，谋郑故也。孟献子曰："请城虎牢以逼郑。"知武子曰："善。鄫之会，吾子闻崔子之言，今不来矣。滕、薛、小邾之不至，皆齐故也。寡君之忧不唯郑。萦将复于寡君，而请于齐。得请而告，吾子之功也。若不得请，事将在齐。君子之请，诸侯之福也。岂唯寡君赖之。"

《春秋》记载，这一年冬天，晋、鲁、宋、卫、曹等国的卿大夫在戚地会面，商量如何对付郑国。鲁国的仲孙蔑献了一计："请在虎牢筑城以威逼郑国。"

前面说过，虎牢即制，原本为郑国所有，是中原的军事要地，此时大概已经被晋国控制了吧。如果在虎牢筑城驻军的话,确实对郑国是一个重大威胁。荀罃以为仲孙蔑之计甚好,而且借题发挥,说了一番话,大概意思是:

去年在鄬地会见,您也听到齐国的崔杼所说的话了,现在他不来了。滕国、薛国、小邾国不来,也都是因为齐国的缘故。寡君操心的不只是郑国,其实更担心齐国。我准备向寡君报告您的建议,同时也请齐国参与筑城。如果齐国应允而通报诸侯,那就是您的功劳。如果齐国不答应,那它就是摊上大事了。您的建议,是诸侯的福气,非止寡君获利啊!

穆叔聘于宋,通嗣君也。

穆叔即叔孙豹,叔孙侨如的弟弟,叔孙氏现任宗主。

叔孙豹访问宋国,是为了通报新君即位的事情。

冬,复会于戚,齐崔武子及滕、薛、小邾之大夫皆会,知武子之言故也。遂城虎牢。郑人乃成。

冬天,诸侯卿大夫再次在戚地会见。这一次,齐国的崔杼以及滕、薛、小邾的大夫都来参加了,这是因为荀罃的话起了作用。于是在虎牢筑城。郑国人果然害怕,也顾不上先君的遗命未改,主动与晋国媾和。

楚公子申为右司马,多受小国之赂,以逼子重、子辛。楚人杀之。故书曰:"楚杀其大夫公子申。"

楚国出现了一个大贪官。公子申担任右司马,接受了小国的很多贿赂,而且又贪钱又贪权,侵夺公子婴齐和公子壬的权力。这种人当然没有好下场,被楚国人杀掉。所以《春秋》记载:"楚国杀了他们的大夫公子申。"

鲁襄公三年

公元前 570 年,鲁襄公三年。

三年春,楚子重伐吴,为简之师。克鸠兹,至于衡山。使邓廖帅组甲三百、被练三千,以侵吴。吴人要而击之,获邓廖。其能免者,组甲八十、被练三百而已。子重归,既饮至,三日,吴人伐楚,取驾。驾,良邑也;邓廖,亦楚之良也。君子谓"子重于是役也,所获不如所亡"。楚人以是咎子重。子重病之,遂遇心病而卒。

三年春,楚国令尹公子婴齐讨伐吴国,为此而精选士卒,攻克鸠兹,抵达衡山(并非今天的南岳衡山,而是安徽省境内的一座山)。这也是楚国和吴国之间第一次大规模战争,楚军先声夺人,取得了局部胜利。公子婴齐大概以为吴国人不堪一击,派部将邓廖率领组甲(武士身着织甲)三百人、被练(步兵身着绵甲)三千人入侵吴国。吴国人从中拦截,发动进攻,俘虏邓廖,大败楚军。从战场上逃出来的,只有组甲八十人、被练三百人。

且说公子婴齐返回郢都,以为万事大吉,举行"饮至"之礼,犒赏将士,清点俘虏,计算军功,庆祝凯旋。三日之后,吴国人便入侵楚国,攻取驾地。驾是楚国的上等城邑,邓廖是楚国的良将。君子评论:"公子婴齐在这一场战争中,获得的不如丢失的。"楚国人以此责备公子婴齐。这位老先生戎马半生,受不了这个气,精神错乱,去世了。

回想当年,申公巫臣从晋国给公子婴齐写信,发誓要"必使尔罢于奔命以死",果然说到做到。

公如晋,始朝也。夏,盟于长樗。孟献子相。公稽首。知武子曰:"天子在,而君辱稽首,寡君惧矣。"孟献子曰:"以敝邑介在东表,密迩仇雠,寡君将君是望,敢不稽首?"

鲁襄公前往晋国,这是他即位之后第一次朝见霸主。这一年,鲁襄公不过七岁。对一个孩子来说,身上的担子也未免太重了。

夏天,两国君主在长樗会盟。仲孙蔑担任鲁襄公的相礼大臣。鲁襄公向晋悼公行叩首之礼——六七岁的孩子,啥也不懂,当然是仲孙蔑教他的。讨好也要有个度,鲁襄公作为周公之后,向同姓诸侯晋悼公行此大礼,连荀罃都过意不去,说:"上面还有天子在呢!君侯屈尊叩首,寡君害怕啊!"仲孙蔑说:"这是因为敝国地处东方,紧挨仇敌,寡君盼望君侯支持,岂敢不叩首?"

晋为郑服故,且欲修吴好,将合诸侯。使士匄告于齐曰:"寡君使匄,以岁之不易,不虞之不戒,寡君愿与一二兄弟相见,以谋不协。请君临之,使匄乞盟。"齐侯欲勿许,而难为不协,乃盟于耏外。

晋国因为郑国已经臣服,又想进一步与吴国修好,准备会合诸侯。于是派士匄前往齐国通知齐灵公:"寡君派我前来,是因为这些年来天下颇为不平,对意外的事没有戒备,寡君想与几位兄弟相见,商量解决诸侯之间的不和睦。请君侯光临,特派我来请求结盟。"

士匄话里有话,晋国的盟友中,齐国最为不驯,所谓"不协",就是指齐灵公破坏同盟的和睦。请齐灵公去会盟,也是试探齐国的态度。齐灵公果然不想去,而又怕坐实"不协"之名,于是就在临淄近郊的耏水对面举行了会盟。

祁奚请老,晋侯问嗣焉。称解狐,其雠也,将立之而卒。又问焉。对曰:"午也可。"于是羊舌职死矣,晋侯曰:"孰可以代之?"对曰:"赤也可。"于是使祁午为中军尉,羊舌赤佐之。

君子谓:"祁奚于是能举善矣。称其雠,不为谄;立其子,不为比;举其偏,不为党。《商书》曰'无偏无党,王道荡荡',其祁奚之谓矣。解狐得举,祁午得位,伯华得官,建一官而三物成,能举善也。夫唯善,故能举其类。《诗》云'惟其有之,是以似之',祁奚有焉。"

晋国的中军尉祁奚请求退休,晋悼公问谁能接替他,祁奚认为解狐不错。解狐是祁奚的仇人,将要上任却突然去世了。晋悼公只好又问祁奚,祁奚推荐了自己的儿子祁午。这时候中军尉佐羊舌职也去世了,晋悼公还是问祁奚:"谁可以取代他?"祁奚回答:"羊舌赤(羊舌职的儿子,字伯华)可以。"晋悼公于是封祁午为中军尉,羊舌赤为中军尉佐。

君子评论这件事,以为祁奚在这件事上能够举荐有德之人。举荐仇人,不是谄媚;举荐儿子,不是勾结;举荐下属,不是结党营私。《商书》上说:"不偏心也不结党,君王之道坦荡荡。"说的就是祁奚这样的人。解狐获得举荐,祁午获得职位,羊舌赤得到官职,设置一个官位而成就三个人,确实是能够举荐有德之人。正因为他有德行,才能举荐和他同类的人。《诗》上说:"唯善人有此善德,所以他的子孙能够继承。"祁奚就是这样的。

六月,公会单顷公及诸侯。己未,同盟于鸡泽。

晋侯使荀会逆吴子于淮上,吴子不至。

六月，晋国大会诸侯，王室派单顷公为代表参加，鲁襄公当然也参加了。二十三日，在鸡泽举行会盟。

对晋悼公来说，这次会盟并未取得理想的效果。首先是前面说到的，齐灵公没有参加，齐国的态度始终暧昧。其次是晋悼公还邀请了吴王寿梦，并派荀会到淮水岸边迎接，寿梦却不肯赏脸。晋国扶持吴国来牵制楚国的战略，无疑是成功的。但是从一开始，吴国便没有想过要与晋国合作。换句话说，晋国在楚国身后培养了一只老虎，却从来没有成功地控制住这只老虎。

楚子辛为令尹，侵欲于小国，陈成公使袁侨如会求成。晋侯使和组父告于诸侯。秋，叔孙豹及诸侯之大夫及陈袁侨盟，陈请服也。

公子婴齐死后，公子壬继任楚国令尹。这位仁兄和公子申一样，也是个贪婪的人，总是欺负小国以满足私欲。就连多年来一直臣服于楚国的陈国都不能忍受了，陈成公派大夫袁侨到鸡泽来拜见晋悼公，请求媾和。晋悼公派大夫和组父向诸侯通报这件事。于是这一年秋天，鲁国的叔孙豹和诸侯的卿大夫一道，与陈国的袁侨举行会盟，这是因为陈国请求臣服。

晋侯之弟扬干乱行于曲梁，魏绛戮其仆。晋侯怒，谓羊舌赤曰："合诸侯，以为荣也，扬干为戮，何辱如之？必杀魏绛，无失也！"对曰："绛无贰志，事君不辟难，有罪不逃刑，其将来辞，何辱命焉？"言终，魏绛至，授仆人书，将伏剑。士鲂、张老止之。公读其书，曰："日君乏使，使臣斯司马。臣闻'师众以顺为武，军事有死无犯为敬'。君合诸侯，臣敢不敬？君师不武，执事不敬，罪莫大焉。臣惧其死，以及扬干，无所逃罪。不能致训，至于用钺。臣之罪重，敢有不从以怒君心？请归死于司寇。"公跣

而出,曰:"寡人之言,亲爱也;吾子之讨,军礼也。寡人有弟,弗能教训,使干大命,寡人之过也。子无重寡人之过,敢以为请。"

晋侯以魏绛为能以刑佐民矣,反役,与之礼食,使佐新军。张老为中军司马,士富为候奄。

鸡泽之会的时候,晋悼公的弟弟扬干在曲梁干扰部队行军。这是非常严重的罪行。中军司马魏绛严格执法,将扬干的车夫抓起来杀掉,并在军中示众。晋悼公大怒,对羊舌赤说:"寡人会合诸侯,以此为荣。扬干被示众,还有比这更大的侮辱吗?必须杀掉魏绛,不得有误!"

打狗看主人,将扬干的车夫处死示众,等于扬干被示众。侮辱扬干,就等于侮辱寡人——晋悼公的逻辑大概是这样的吧。对此,羊舌赤回答:"魏绛并无二心,侍奉国君,不回避困难,有罪不逃避刑罚,他正要来向您解释,何劳您屈尊下令?"正说着,魏绛就来了,将一封书信交给晋悼公的仆人,准备拔剑自尽。士鲂、张老制止了他。

晋悼公读魏绛的书信,是这样写的:"当初国君没有合适的人选,令下臣担任司马。下臣听说,军中众人以服从军纪为武,军中事务虽死不犯禁为敬。国君会合诸侯,下臣岂敢不敬?国君的部队有违犯军纪者,执法人员不敢执行军法,没有比这更大的罪了。下臣害怕渎职而当死罪,所以得罪扬干。左也是罪,右也是罪,无所逃避。不能教育好众人,以至于用斧头来行刑,下臣之罪可谓很重了,岂敢不主动受刑来惹怒国君?请让司寇来处死下臣吧!"

晋悼公读完,顾不上穿鞋,赤着脚跑出去,说:"寡人说这样的话,是出于对兄弟的友爱;您对扬干的处罚,是出于维护军纪。寡人有这样一个弟弟,不能好好教育他,让他违反军纪,这是寡人的罪过。您不要再加重寡人的罪过了,拜托,拜托。"

晋悼公认为魏绛能够以刑罚来治理百姓。回国之后,又以接待贵宾的礼仪宴请魏绛,提拔他担任新军副帅,跻身于卿的行列。又任命张老为中军司马，士富为候奄。

国君也是人，也会有闹情绪的时候，只要知错能改，又能知人善任，还是好国君。

楚司马公子何忌侵陈，陈叛故也。

楚国司马公子何忌入侵陈国，这是因为陈国背叛了楚国。

许灵公事楚，不会于鸡泽。冬，晋知武子帅师伐许。

许灵公死心塌地侍奉楚国，不参加鸡泽之会。冬天，晋国的荀罃带兵讨伐许国。

鲁襄公四年

公元前569年，鲁襄公四年。

四年春，楚师为陈叛故，犹在繁阳。韩献子患之，言于朝曰："文王帅殷之叛国以事纣，唯知时也。今我易之，难哉！"

三月，陈成公卒。楚人将伐陈，闻丧乃止。陈人不听命。臧武仲闻之，曰："陈不服于楚，必亡。大国行礼焉，而不服；在大犹有咎，而况小乎？"

夏,楚彭名侵陈,陈无礼故也。

去年,因为陈国的背叛,楚国司马公子何忌入侵陈国。今年,楚军仍在陈国的繁阳,韩厥对此担忧,在朝堂上说:"当年周文王带领商朝的叛国去侍奉商纣王,是因为知道时候未到。现在我们反其道而行之,难啊!"意思是,陈国离楚国那么近,晋国并没有对楚国形成压倒性的优势就接受了陈国的投降,时机不对,接下来的工作就很难做了。

三月,陈成公去世。楚军当时正准备讨伐陈国,听到这个消息就停下来了。不趁着人家办丧事去进攻,这当然是合于礼的。陈国人并不领情,还是不肯听命于楚国。鲁国的臧孙纥听到这件事便说:"陈国不臣服于楚国,必定灭亡。大国依礼行事而不去臣服,就算是大国尚且遭到灾祸,何况是小国呢?"

夏天,楚国的彭名入侵陈国,这是因为陈国无礼。

穆叔如晋,报知武子之聘也。晋侯享之,金奏《肆夏》之三,不拜。工歌《文王》之三,又不拜。歌《鹿鸣》之三,三拜。

韩献子使行人子员问之,曰:"子以君命辱于敝邑,先君之礼,藉之以乐,以辱吾子。吾子舍其大,而重拜其细。敢问何礼也?"对曰:"《三夏》,天子所以享元侯也,使臣弗敢与闻。《文王》,两君相见之乐也,使臣不敢及。《鹿鸣》,君所以嘉寡君也,敢不拜嘉?《四牡》,君所以劳使臣也,敢不重拜?《皇皇者华》,君教使臣曰:'必咨于周。'臣闻之:'访问于善为咨,咨亲为询,咨礼为度,咨事为诹,咨难为谋。'臣获五善,敢不重拜?"

叔孙豹访问晋国,这是对鲁襄公元年荀罃访问鲁国的回报。晋悼公设享礼招待他。乐队演奏《肆夏》三章,叔孙豹不下拜。乐工歌唱《文王》三章,又不下拜。再歌唱《鹿鸣》三章,每唱一章,叔孙豹就下拜一次。

韩厥派行人子员问叔孙豹："您奉君命屈尊来到敝国，我们按照先君的礼仪，向您献上乐曲，以表敬意。您舍弃隆重的而三拜微小的，请问这是出于什么礼仪？"

叔孙豹回答："《三夏》是天子招待诸侯之长的，我作为使臣不敢听。《文王》是两国国君相见的音乐，我也不敢有什么表示。《鹿鸣》是君侯嘉许寡君的，我岂敢不拜谢？《四牡》是君侯慰劳使臣的，岂敢不再拜？《皇皇者华》是君侯教导使臣说'必须向忠信之人咨询'。我听说：'向善人请教就是咨，向亲人请教就是询，请教礼就是度，请教事就是诹，请教困难和问题就是谋。'我得到这五种善，岂敢不三拜？"

说明一下：《肆夏》三章是古乐之名，老左那个年代已经失传；《文王》三章即《诗经·大雅》中的《文王》《大明》《绵》三首诗；《鹿鸣》即《诗经·小雅》中的《鹿鸣》《四牡》《皇皇者华》三首诗。晋国称霸天下，但是在对古文化的研究上，还是比鲁国人差一点。

秋，定姒薨。不殡于庙，无椁，不虞。匠庆谓季文子曰："子为正卿，而小君之丧不成，不终君也。君长，谁受其咎？"

初，季孙为己树六槚于蒲圃东门之外，匠庆请木，季孙曰："略。"匠庆用蒲圃之槚，季孙不御。

君子曰："《志》所谓'多行无礼，必自及也'，其是之谓乎！"

定姒是鲁襄公的母亲，但不是鲁成公的正室。鲁成公的正室是前年去世的齐姜，定姒只能算是侍妾。

这一年秋天，定姒去世了。不在祖庙内停放棺木，没有使用内棺，也不举行虞祭。这原本是周礼的规定，但是匠庆（鲁国的首席工匠，名庆）对季孙行父说："您是国家的正卿，而小君（指定姒）的葬礼没有完成，这是让国君不能为他的母亲送终。国君长大后，追究起来，谁来担责？"

当初，季孙行父为自己在蒲圃（鲁国的园林名）的东门之外种了六棵槚树,打算将来做自己棺木的材料。匠庆请求选择树木为定姒造棺,季孙行父说:"简单点吧!"匠庆便用了蒲圃的槚树,季孙行父也没有阻止。

君子评论:古人所谓"多行无礼之事,必然自作自受",说的就是季孙行父吧!

季孙行父作为鲁国的执政大臣,这已经是第二次在女人的丧事上遭受批评了。前年的齐姜之丧,他挪用了穆姜的内棺和颂琴,被认为"不顺";今年的定姒之丧,他严格依照周礼来控制规格,又被认为"无礼"。

冬,公如晋听政。晋侯享公。公请属鄫,晋侯不许。孟献子曰:"以寡君之密迩于仇雠,而愿固事君,无失官命。鄫无赋于司马,为执事朝夕之命敝邑,敝邑褊小,阙而为罪,寡君是以愿借助焉。"晋侯许之。

冬天,鲁襄公又跑到晋国去听命。晋悼公设宴招待鲁襄公。席间,鲁襄公提出要将鄫国变成鲁国的属国,晋悼公不同意。仲孙蔑说:"寡君紧挨着仇敌,还是愿意坚决地侍奉君侯,没有丢弃君侯的命令。鄫国并没有向晋国的司马(主管诸侯事务)交纳贡赋,而君侯的官吏却不时向敝国发布命令,敝国面积狭小,不能满足要求就是罪过,寡君因此而想借助鄫国的力量。"

说白了,大鱼吃小鱼,也得让小鱼吃虾米啊。这个逻辑无可挑剔,晋悼公于是答应了鲁国的请求。但是,鲁国人很快会发现,虾米也不是那么好吃的。

楚人使顿间陈而侵伐之,故陈人围顿。

楚国人命顿国乘着陈国有难而进攻陈国,所以陈国发动报复,围攻顿国。

无终子嘉父使孟乐如晋，因魏庄子纳虎豹之皮，以请和诸戎。晋侯曰：“戎狄无亲而贪，不如伐之。”魏绛曰：“诸侯新服，陈新来和，将观于我。我德，则睦，否，则携贰。劳师于戎，而楚伐陈，必弗能救，是弃陈也。诸华必叛。戎，禽兽也，获戎、失华，无乃不可乎？《夏训》有之曰：‘有穷后羿——’”公曰：“后羿何如？”对曰：“昔有夏之方衰也，后羿自鉏迁于穷石，因夏民以代夏政。恃其射也，不修民事，而淫于原兽，弃武罗、伯因、熊髡、龙圉，而用寒浞。寒浞，伯明氏之谗子弟也，伯明后寒弃之，夷羿收之，信而使之，以为己相。浞行媚于内，而施赂于外，愚弄其民，而虞羿于田。树之诈慝，以取其国家，外内咸服。羿犹不悛，将归自田，家众杀而亨之，以食其子，其子不忍食诸，死于穷门。靡奔有鬲氏。浞因羿室，生浇及豷，恃其谗慝诈伪，而不德于民，使浇用师，灭斟灌及斟寻氏。处浇于过，处豷于戈，靡自有鬲氏，收二国之烬，以灭浞而立少康。少康灭浇于过，后杼灭豷于戈。有穷由是遂亡，失人故也。昔周辛甲之为大史也，命百官，官箴王阙。于《虞人之箴》曰：‘芒芒禹迹，画为九州，经启九道。民有寝、庙，兽有茂草，各有攸处，德用不扰。在帝夷羿，冒于原兽，忘其国恤，而思其麀牡。武不可重，用不恢于夏家。兽臣司原，敢告仆夫。’《虞箴》如是，可不惩乎？”于是晋侯好田，故魏绛及之。

公曰：“然则莫如和戎乎？”对曰：“和戎有五利焉：戎狄荐居，贵货易土，土可贾焉，一也。边鄙不耸，民狎其野，穑人成功，二也。戎狄事晋，四邻振动，诸侯威怀，三也。以德绥戎，师徒不勤，甲兵不顿，四也。鉴于后羿，而用德度，远至、迩安，五也。君其图之！”

公说，使魏绛盟诸戎。修民事，田以时。

无终是山戎建立的国家，子爵。无终子嘉父派大夫孟乐到晋国访问,通过魏绛进献虎豹之皮给晋悼公,请求晋国与各部戎人议和。晋悼公以为:"戎狄之人不事亲族,而且贪婪,不如讨伐他们。"

中原各国的政权,以血缘为纽带,建立在宗族关系上,特别强调亲族之间的团结,整个社会伦理亦以宗族关系为基础而构建。中原人对于少数民族的歧视,也在于少数民族不重视亲情,亲族之间不讲感情,不团结一致,有如一盘散沙。在晋悼公看来,非我族类,不相为谋,基本的价值观不一致,又怎么媾和呢? 不如用拳头说话,把他们打趴下再说。这也是因为晋国近年来国力上升,在国际上领袖群伦,顺风顺水,所以晋悼公才有这样的底气。

魏绛却是另一种观点,他对晋悼公说:"诸侯新近臣服我们,陈国更是刚刚来求和,都在观察我们的行动。我们有德,他们就亲近;不然的话,他们就会有二心。我们劳师远征,讨伐戎人,楚国如果乘机讨伐陈国,我们肯定救援不了,那就是抛弃陈国了,其他诸侯也会随之背叛。戎人不过是禽兽罢了,得到戎人而失去华夏各国,这样做恐怕不太好吧?《夏书》有言,'有穷后羿——'"话说到这里,被晋悼公打断:"后羿怎么了?"

"有穷"是上古时期的部落名称,"后"是部落之长,"羿"是人名。后羿是谁? 估计谁都能答上来:嫦娥的老公呗! 一口气射掉九个太阳的家伙呗! 且听魏绛是怎么说的:

"从前,夏朝刚刚衰落的时候,后羿从鉏地迁到穷石,依靠夏朝的百姓篡夺了夏朝的政权。他仗着自己精于射术,不致力于治理民政而沉溺于狩猎,不用武罗、伯因、熊髡、龙圉等贤臣而重用寒浞。寒浞是伯明氏的奸诈子弟,寒国的首领伯明遗弃了他,后羿却收留了他,信任他,重用他,让他当自己的助手。寒浞在内向后羿的女人大献殷勤,在外广施贿赂,愚弄百姓,使后羿沉溺于田猎。寒浞用奸诈邪恶的手段夺取了后羿的国家,内外都对他归顺服从。这个时候,后羿还没醒悟,将要结束田猎回来。家臣们杀死了他并煮熟,要他的儿子吃。他的儿子不忍心吃,也被杀死于有穷国的城门。后羿的大臣靡逃亡到有鬲氏。寒浞和后羿的妻妾生了浇和豷。寒浞仗着自己奸诈邪恶，对百姓不施德政，派浇带兵消灭了斟灌氏和斟寻氏，让浇占据过国，让豷占据戈国。靡在有鬲氏收留过、戈两国的遗民，带着他们消灭了寒浞，立少康为夏王。少康在过国消灭浇，后杼（少康之子）在戈国消灭豷，有穷氏从此灭亡，主要是失去了人们的拥护。"

简单地说，后羿不施德政，沉溺狩猎，养虎为患，国破家亡。周朝建立的时候，商朝旧臣辛甲担任王室的太史，命令百官作箴言劝谏天子的过失，在《虞人之箴》中说："大禹的足迹茫茫，将天下划分为九州，开辟了无数的道路。老百姓有住处，有宗庙，野兽有草木，各有所处，互不侵扰。到了后羿的年代，贪婪地猎取野兽，忘了国家的忧患，成天想着飞禽走兽。田猎不可过度，过度就不能光大夏朝。兽臣（即虞人，主管山林湖泽的官吏）主管田猎事务，谨此报告左右。"魏绛拿后羿说事，将戎狄比作野兽，提醒晋悼公："《虞人之箴》这样写，岂可不引以为戒？"当然，这也是借题发挥，因为晋悼公爱好田猎，是以魏绛有此一说。

晋悼公听明白了魏绛的意思，但还是心存犹豫："然而就没有比与戎人议和更好的办法了吗？""议和"这种思维一直影响着中国历史，中国历史上，只要一提到与野蛮人、洋人议和，舆论立马炸锅，全国上下一致批判，动辄扣上一顶"卖国贼"或者"汉奸"的帽子。例如，明朝末年，崇祯皇帝命陈新甲偷偷与皇太极议和，不小心走漏了风声，引来铺天盖地的批评，连皇帝老儿都顶不住，只好拿陈新甲做了替罪羊以洗脱干系。议和之事，不可不慎。

魏绛却以为，与戎人媾和有五利，建议晋悼公认真考虑：一则戎狄逐草而居，重视财货，轻视土地，他们的土地是可以购买的；二则媾和之后，边境不受侵犯，百姓安心在田野里劳作，可以顺利收割庄稼；三则戎狄臣服于晋国，四邻震动，诸侯慑服；四则以德行安抚戎人，不动用军队，武器不损坏；五则以后羿为鉴，利用道德法度，远国前来进贡而近国安心。

晋悼公听了很高兴，于是命魏绛与各戎狄部落结盟。对内则致力于民政事务，打猎也是按照时令举行了。

冬十月,邾人、莒人伐鄫,臧纥救鄫,侵邾,败于狐骀。国人逆丧者皆髽,鲁于是乎始髽,国人诵之曰:"臧之狐裘,败我于狐骀。我君小子,朱儒是使。朱儒朱儒,使我败于邾。"

十月,邾国、莒国讨伐鄫国。鲁国不久前才请求晋国允许将鄫国划作鲁国的属国,既然当人家老大,当然不能坐视不理,于是臧孙纥带兵前去救援。臧孙纥"围邾救鄫",入侵邾国,结果在狐骀被打败。鲁国人迎接败军归国,家里有战死者的都用麻结发。特别说明一下,以麻结发,本来是妇女专用的"服丧发型",男人是不用的。当时也许是事发突然,战死的人又太多,只能取其简便,所以大伙便都以麻结发了。鲁国从此改变了风俗,男女服丧都用这种发型。鲁国人还写了一首歌来讽刺臧孙纥:"臧孙的狐裘,使我们败于狐骀。我们的国君这小子,将差使派给了侏儒。侏儒啊侏儒,使我们败给了小小的邾国。"

鲁襄公五年

公元前568年,鲁襄公五年。

五年春,公至自晋。

鲁襄公去年冬天到晋国"听政",在晋国过了年,今年春天才回来。

王使王叔陈生愬戎于晋，晋人执之。士鲂如京师，言王叔之贰于戎也。

> 周灵王派王叔陈生到晋国控告戎人，晋国人反而将王叔抓起来，为什么？士鲂来到京师向周灵王解释：那是因为王叔反倒与戎人有私下往来，不忠于天子。
>
> 后世也有人推测，晋悼公刚刚派魏绛与戎人结盟，双方关系正在升温，不想因为王室而得罪戎人，破坏安定团结的大好局面，所以诬告王叔私通戎人，好让王室知难而退。这当然是没有根据的，但也不是完全没有可能。

夏，郑子国来聘，通嗣君也。

> 鲁襄公二年，郑成公去世。鲁襄公三年，其子郑僖公正式即位。鲁襄公五年夏天，郑国的公子发前来访问，通报郑僖公即位的消息。这当然是合于礼的。

穆叔觌鄫大子于晋，以成属鄫。书曰"叔孙豹、鄫大子巫如晋"，言比诸鲁大夫也。

> 叔孙豹带着鄫国的世子巫到晋国拜见，算是完成了鄫国从属于鲁国的手续。《春秋》记载："叔孙豹、鄫大子巫如晋。"二人名字中间不加"及"字，是将世子巫视同鲁国的大夫了。

吴子使寿越如晋，辞不会于鸡泽之故，且请听诸侯之好。晋人将为之合诸侯，使鲁、卫先会吴，且告会期。故孟献子、孙文子会吴于善道。

吴国终于对晋国的频频招手有了回应。吴王寿梦派大夫寿越到晋国，解释他为什么没有参加鲁襄公三年的鸡泽之会，并且听从诸侯的善意，也就是愿意与中原各国交往了。晋国对此大感振奋，准备为吴国而会合诸侯，指派鲁国、卫国先与吴国接触，并且确定会盟的日期。所以鲁国的仲孙蔑和卫国的孙林父前往吴国的善道会见了吴国人。

秋，大雩，旱也。

秋天，因为久旱不雨，鲁国举行盛大的求雨祭祀。

楚人讨陈叛故，曰："由令尹子辛实侵欲焉。"乃杀之。书曰"楚杀其大夫公子壬夫"，贪也。

君子谓："楚共王于是不刑。《诗》曰：'周道挺挺，我心扃扃。讲事不令，集人来定。'己则无信，而杀人以逞，不亦难乎？《夏书》曰：'成允成功。'"

楚国人责问陈国为什么会背叛楚国，陈国人回答："那是因为令尹公子壬夫侵害小国以满足他的贪欲。"楚共王刀刃向内，杀了公子壬夫。《春秋》记载："楚国杀了他们的大夫公子壬夫。"是说公子壬夫太贪婪了。

楚共王铁腕反腐，本来应该受到表扬，君子却以为，他在这件事上刑罚不当。《诗》上说："大道直挺挺，我心亮堂堂。谋事不周全，召集贤人来决定。"自己没有信用，反而杀人来逞一时之快，这不是很难吗？《夏书》上说："先成信，后成功。"换而言之，陈国背叛楚国，真正的原因在于楚国失信，公子壬夫的贪婪只是一个诱因罢了。再说，楚国这些年来连续有公子侧、公子申、公子壬夫三位重臣被杀或自杀，也是该反省一下国家治理上是否出了什么问题。

九月丙午，盟于戚，会吴，且命戍陈也。穆叔以属鄫为不利，使鄫大夫听命于会。

九月二十三日，晋悼公召集诸侯在戚地会盟，会见吴国人，而且命令诸侯派兵卫戍陈国。这自然是采纳了魏绛的建议，通过保护陈国来维护晋国的威信。据《春秋》记载，参加这次会盟的有晋、宋、鲁、卫、郑、曹、莒、邾、滕、薛十国诸侯，以及齐国的太子光、吴国人、鄫国人。鄫国作为鲁国的属国，本来没有资格参加会盟。但是叔孙豹认为，自打鄫国归属于鲁国，就没有什么好事，还不如让鄫国以独立的身份参加会盟。

楚子囊为令尹。范宣子曰："我丧陈矣。楚人讨贰而立子囊，必改行，而疾讨陈。陈近于楚，民朝夕急，能无往乎？有陈，非吾事也；无之而后可。"

冬，诸侯戍陈。子囊伐陈。十一月甲午，会于城棣以救之。

楚国以公子贞为令尹。士匄听到这个消息，便断定晋国要失去陈国了，因为楚国人讨伐三心二意的国家而又立了公子贞，必定会改变原令尹公子壬夫的做法。陈国靠近楚国，百姓随时会因楚军入侵而恐惧，能够不投靠楚国吗？拥有陈国，不是晋国力所能及的事，唯有放弃反倒好办一点。

话虽如此，诸侯还是按照晋国的指示，出兵卫戍陈国。楚国毫不在意，仍旧派令尹公子贞入侵陈国。十一月十二日，晋、宋、鲁、卫、郑、曹、莒、邾、滕、薛十路诸侯和齐国的太子光在城棣相会，以救援陈国。

季文子卒。大夫入殓，公在位。宰庀家器为葬备，无衣帛之妾，无食粟之马,无藏金玉,无重器备。君子是以知季文子之忠于公室也:"相三君矣,而无私积,可不谓忠乎?"

《春秋》记载,十二月二十日,鲁国的执政大臣、三朝元老、杰出的政治家季孙行父去世了。按照周礼,季孙行父大殓之日,鲁襄公亲自到场。季孙行父的家宰以家里的器具作为随葬品。检视家中,没有穿丝绸衣服的侍妾,没有吃粮食的马匹,没有收藏铜器玉器,一切用品仅够用而已,没有备用的。君子以此知道季孙行父真是忠于公室了:"辅佐了三位国君,却没有私人积蓄,可以说不是忠心吗?"

回顾一下,自鲁宣公八年公子遂去世,季孙行父执政,历经鲁宣公、鲁成公、鲁襄公三朝。在他的辅佐下,鲁国虽然经历了种种风浪,总体还是保持了大局的平稳,公室也受到了应有的尊重。说他是忠臣,是没有错的。而且,他的私德基本无可挑剔,在那个礼崩乐坏的年代,更难能可贵。

鲁襄公六年

公元前 567 年,鲁襄公六年。

六年春,杞桓公卒。始赴以名,同盟故也。

六年春,杞桓公去世。《春秋》记载:"杞伯姑容卒。"杞伯姑容乃成公之弟,在位七十年。自成公始,杞国君主之死始列入《鲁春秋》。《鲁春秋》记载他的名字,是因为两国曾是同盟的缘故。

宋华弱与乐辔少相狎,长相优,又相谤也。子荡怒,以弓梏华弱于朝。平公见之,曰:"司武而梏于朝,难以胜矣。"遂逐之。夏,宋华弱来奔。

司城子罕曰:"同罪异罚,非刑也。专戮于朝,罪孰大焉?"亦逐子荡。子荡射子罕之门,曰:"几日而不我从!"子罕善之如初。

> 这是一个相爱相杀的故事。
>
> 宋国的华弱与乐辔(字子荡)自幼亲密无间,长大后还是互相嬉闹,互相挤对。有一次大概是闹得太不像话吧,乐辔发怒,在朝堂上拿弓套住华弱的脖子。
>
> 华弱是谁?是宋国的司马(也称为司武)啊!宋平公看到了,心里很不是滋味,说:"司马被人在朝堂上套住,打仗恐怕也难以取胜了。"于是驱逐华弱。夏天,华弱逃到了鲁国。
>
> 司城乐喜(字子罕)以为:"同样的罪行而施以不同的处罚,有失刑政。乐辔擅自在朝堂上侮辱同僚,这个罪不是更大?"于是要将乐辔也驱逐出境。乐辔却不是个善茬儿,拿着弓箭射乐喜的门,威胁说:"几天之后看你会不会跟我一样被赶走?"乐喜就屈服了,对乐辔和原来一样好。

秋,滕成公来朝,始朝公也。

> 秋天,滕成公前来朝见,这是他第一次朝见鲁襄公。老左这么写的意思是:来得太晚啦!

莒人灭鄫,鄫恃赂也。

冬,穆叔如邾,聘,且修平。

晋人以鄫故来讨,曰:"何故亡鄫?"季武子如晋见,且听命。

这几条记载要"连连看"。

第一条,莒国消灭了鄫国,这是因为鄫国以为送过财物就不加防备。鄫国给谁送过财物? 晋国、鲁国还是齐国? 语焉不详。既然语焉不详,最有可能就是鲁国。鲁国得了鄫国的好处又不保护人家,只能含糊其词。

第二条,冬天,叔孙豹到邾国访问,并重修友好关系。前年邾国进攻鄫国,鲁国为了救援鄫国而与邾国交战,结果大败。鲁国后来就放弃了鄫国。现在鄫国灭亡了,鲁国便与邾国媾和,其中的玄机,耐人寻味。

第三条,晋国因为鄫国被灭亡而向鲁国问责,说:"为什么要灭鄫国?"意思是,你当年强烈要求将鄫国作为属国,现在鄫国被灭了,你竟然袖手旁观? 鲁襄公无言以对,只能派季孙宿(季孙行父的儿子,子承父业,担任了鲁国的卿)到晋国听候处置。

说白了,这是一个始乱终弃的故事。

十一月,齐侯灭莱,莱恃谋也。

于郑子国之来聘也,四月,晏弱城东阳,而遂围莱。甲寅,堙之环城,傅于堞。及杞桓公卒之月,乙未,王湫帅师及正舆子、棠人军齐师,齐师大败之。丁未,入莱。莱共公浮柔奔棠。正舆子、王湫奔莒,莒人杀之。四月,陈无宇献莱宗器于襄宫。晏弱围棠,十一月丙辰,而灭之。迁莱于郳。高厚、崔杼定其田。

鲁襄公二年,齐国进攻莱国,莱人通过贿赂齐灵公的宦官夙沙卫,求得一时平安。后来,齐灵公宣召莱子给鲁宣公夫人齐姜送葬,莱子拒绝,齐灵公便命晏弱在东阳筑城,以威逼莱国。有意思的是,莱国竟然没有意识到危险,仍以为给夙沙卫送了重礼就可以从此高枕无忧。这一年十一月,齐灵公消灭了莱国。

回想去年四月,就在郑国的公子发到鲁国访问的时候,晏弱在东阳筑城(可见筑城非朝夕之事,而是一个长久的过程),顺势包围莱国,在城外堆起土山,贴近莱城的垛堞。今年三月,杞桓公去世的时候,十五日,王湫(国佐的余党,鲁成公十八年逃奔莱国)带兵与正舆子、莱国棠邑的地方部队一道正面迎击齐军,被打得大败。二十七日,齐军攻入莱城。莱子浮柔(即莱共公)逃到棠地。正舆子、王湫逃到莒国,被杀。四月,齐国大夫陈无宇将莱国宗庙的宝器进献到齐国的襄宫。晏弱继续围攻棠邑,十一月攻陷城池,杀死莱子,灭亡莱国。此后,又将莱国的遗民迁到郳地,并派高厚、崔杼界定莱国的土地。

鲁襄公七年

公元前566年,鲁襄公七年。

七年春,郯子来朝,始朝公也。

七年春,郯子前来朝见,这也是他第一次朝见鲁襄公。

夏四月,三卜郊,不从,乃免牲。孟献子曰:"吾乃今而后知有卜、筮。夫郊祀后稷,以祈农事也。是故启蛰而郊,郊而后耕。今既耕而卜郊,宜其不从也。"

四月，鲁国将要举行郊祭，为选择献祭的牲口而占卜，三次都不吉利，于是就不使用牺牲。

仲孙蔑这个时候才知道卜和筮是有区别的。郊祭，是为了祭祀后稷（周人的始祖，被封为农神），以祈祷农业生产顺利，所以到了惊蛰节气就举行郊祭，然后开始耕作。现在已经开始耕作才为郊祭占卜当然已经晚了，也难怪上天不同意了。

南遗为费宰。叔仲昭伯为隧正，欲善季氏，而求媚于南遗。谓遗："请城费，吾多与而役。"故季氏城费。

费是季孙氏的封地，南遗是季孙氏任命的费宰，也就是费地的行政长官。叔仲带（昭伯）是鲁国的隧正，负责征调城郊的百姓为国家服役。

叔仲带想讨好季氏，因而向南遗献媚，说："请在费地筑城，我多给您派人手。"这是拿着国家的资源做人情，典型的损公肥私。季孙宿可不像他父亲那么廉洁，于是在费地筑城。

小邾穆公来朝，亦始朝公也。

小邾国的国君小邾穆公前来，这也是他第一次朝见鲁襄公，比滕子、郯子来得更晚一些。

秋，季武子如卫，报子叔之聘，且辞缓报，非贰也。

鲁襄公元年，卫国派公孙剽（字子叔）访问鲁国，对鲁襄公即位表示祝贺。现在，鲁国派季孙宿访问卫国，作为对公孙剽来访的回报，而且向卫国解释说回报得晚了，不是因为三心二意。

冬十月，晋韩献子告老，公族穆子有废疾，将立之。辞曰："《诗》曰：'岂不夙夜？谓行多露。'又曰：'弗躬弗亲，庶民弗信。'无忌不才，让，其可乎？请立起也。与田苏游，而曰'好仁'。《诗》曰：'靖共尔位，好是正直。神之听之，介尔景福。'恤民为德，正直为正，正曲为直，参和为仁。如是，则神听之，介福降之。立之，不亦可乎？"

庚戌，使宣子朝，遂老。晋侯谓韩无忌仁，使掌公族大夫。

　　这一年十月，晋国的韩厥也面临退休了。韩厥的长子韩无忌（即穆子）为公族大夫，不幸患有残疾。晋悼公打算让韩无忌子承父业，取代韩厥为卿。韩无忌推辞说："《诗》上说：'岂不想日日夜夜都来看你，无奈路上太多露水。'又说：'不事事躬亲，不能取信于民。'无忌不才，请求将卿位让出，可以吗？还是请立韩起（无忌的弟弟，即宣子）吧。韩起和田苏（晋国的贤人）交游，田苏都说他喜欢仁德。《诗》上说：'诚敬地对待你的职位，喜爱这正直的人。神明将会听到，赐给你大福。'体恤百姓是德，扶正直的为正，扶正弯的为直，集德、正、直于一身为仁。像这样的话，神明就会听到，降给大福。立韩起为卿，不也是可以的吗？"

　　韩无忌引用的第一句诗，出自《诗经·召南·行露》。他以"岂不夙夜？谓行多露"来形容自己有残疾不能早晚奉公。第二句诗出自《诗经·小雅·节南山》，意思是自己不能事事躬亲，不能取信于民。第三句诗出自《诗经·小雅·小明》，这是称赞韩起为人正直，正当其位。

　　十月初九日，韩厥命韩起朝见晋悼公，自己就告老回家了。韩厥退休前是晋国的中军元帅，韩起继任卿位，当然不是继任中军元帅。且不说年轻人经验不足，就是从权力制衡的角度，也不可能让一家人长期占据中军元帅的位置。事实上，韩厥之后，是由荀罃继任中军元帅。

　　晋悼公认为韩无忌有仁德，命令他掌管公族大夫，也可以说是首席公族大夫。

卫孙文子来聘，且拜武子之言，而寻孙桓子之盟。公登亦登。叔孙穆子相，趋进，曰："诸侯之会，寡君未尝后卫君。今吾子不后寡君，寡君未知所过。吾子其少安！"孙子无辞，亦无悛容。

穆叔曰："孙子必亡。为臣而君，过而不悛，亡之本也。《诗》曰：'退食自公，委蛇委蛇。'谓从者也。衡而委蛇，必折。"

　　卫国的孙林父前来访问鲁国，并且拜谢季孙宿的那一番话，重温当年孙良夫与鲁成公结盟的誓词。鲁襄公接见孙林父，在中庭迎接他。孙林父进来行礼后，鲁襄公转身登堂，孙林父随之同登。这真是大大的失礼！按规矩，孙林父应该跟在鲁襄公身后才对。叔孙豹担任相礼大臣，赶紧小步快跑到跟前，说："诸侯相见，寡君从来没有走到卫侯后面。今天您不走在寡君后面，寡君不知道自己做错了什么（以致被您轻视），您还是稍微等一下吧！"孙林父无言以对，但也没有任何抱歉的表示。

　　叔孙豹以为，孙林父必定会灭亡。"身为臣子，把自己等同于国君，犯了错误又不悔改，这是灭亡之道啊。《诗》上说：'退朝回家吃饭，从容自得。'那是因为顺从国君。专横而自得，那就必然遭受挫折了。"

　　又据《韩非子》记载，孙林父不只是在鲁国目无鲁襄公，在卫国也是目无卫献公的。连自己的国君都不放在眼里，又怎么会礼让别人的国君呢？

楚子囊围陈，会于鄬以救之。

　　楚国的公子贞围攻陈国。晋国发动诸侯在鄬地相会，以救援陈国。据《春秋》记载，参加这次行动的有晋、鲁、宋、陈、卫、曹、莒、邾八国诸侯。鄬地属于郑国，为什么郑僖公没有与会？原因写在下面——

郑僖公之为大子也，于成之十六年与子罕适晋，不礼焉。又与子丰适楚，亦不礼焉。及其元年朝于晋，子丰欲愬诸晋而废之，子罕止之。及将会于鄬，子驷相，又不礼焉。侍者谏，不听；又谏，杀之。及鄵，子驷使贼夜弑僖公，而以疟疾赴于诸侯。简公生五年，奉而立之。

郑僖公还是世子的时候，于鲁成公十六年与公子喜前往晋国访问，其间，对公子喜无礼。与公子平（字子丰）到楚国，又对公子平无礼。公子喜和公子平都是郑穆公的儿子，是郑僖公的爷爷辈，又是郑国的重臣，怎么受得了这个气？郑僖公正式即位那年（即鲁襄公三年），公子平就想向晋国告状而废掉他，被公子喜制止。到了将在鄬地会见诸侯的时候，郑僖公本来是要参加的。公子騑（字子驷）担任相礼大臣，郑僖公又对公子騑无礼。连他的侍者都看不下去了，劝他不要这样，他不听；侍者再劝，他干脆杀了侍者。到了鄵地，公子騑便派人刺杀了郑僖公，对外宣称是患疟疾死的，并以此讣告诸侯。郑僖公的世子嘉这时候才五岁，被立为国君，即郑简公。

郑僖公是否真的死于"无礼"，这件事情还真不好说。有人大胆推测：郑成公去世的时候，叮嘱大臣们要牢记楚共王的恩情。公子騑踏实地执行了郑成公的遗愿，郑僖公却弃楚从晋，公子騑大概是因为劝谏无效才派人杀了郑僖公吧。

陈人患楚。庆虎、庆寅谓楚人曰："吾使公子黄往，而执之。"楚人从之。二庆使告陈侯于会，曰："楚人执公子黄矣。君若不来，群臣不忍社稷宗庙，惧有二图。"陈侯逃归。

鄬地之会是晋悼公为了救援陈国而组织的诸侯聚会，陈哀公当然也参加了。可是，陈国人始终害怕楚国甚于害怕晋国。道理很简单：楚国人就在家门口,朝发夕至;而晋国人山长水远,鞭长莫及。陈国的两位大夫庆虎、庆寅对楚国人说:"我们让公子黄(陈哀公的弟弟)去贵国,你们抓住他。"楚国人照办了。庆虎、庆寅二人又派使者到鄡地告诉陈哀公:"楚国人抓了公子黄啦!国君如果不回来,群臣不忍心看到社稷宗庙被灭亡,恐怕会有其他打算。"陈哀公于是就逃回来了。

正如士匄所预料的,晋国费了老鼻子劲,陈国还是回到了楚国的怀抱。对于晋国来说,陈国就是一块鸡肋,食之无味,弃之不忍,难啊!

鲁襄公八年

公元前 565 年,鲁襄公八年。

八年春,公如晋,朝,且听朝聘之数。

八年春,鲁襄公又屁颠儿屁颠儿地到晋国朝见,同时听取晋国要求朝贡的数额。若以现代公司而论,鲁国差不多就是晋国的一个子公司了,每年都要到晋国去领受生产经营任务,大概还会有考核指标和奖惩措施吧。

郑群公子以僖公之死也,谋子驷。子驷先之。夏四月庚辰,辟杀子狐、子熙、子侯、子丁。孙击、孙恶出奔卫。

郑国的公子们因为郑僖公死于非命,想要谋杀公子骓。公子骓对群公子先下手,于四月十二日采取行动,随便安一个罪名,杀死了公子狐、公子熙、公子侯、公子丁。公孙击和公孙恶逃往卫国。

庚寅,郑子国、子耳侵蔡,获蔡司马公子燮。郑人皆喜,唯子产不顺,曰:"小国无文德,而有武功,祸莫大焉。楚人来讨,能勿从乎? 从之,晋师必至。晋、楚伐郑,自今郑国不四五年弗得宁矣。"子国怒之曰:"尔何知! 国有大命,而有正卿,童子言焉,将为戮矣!"

四月二十二日,郑国的公子发、公孙辄(公子去疾之子,字子耳)入侵蔡国,俘虏蔡国的司马公子燮。由此不难看出,郑国在晋国和楚国面前虽然是个小国,但对付陈国、蔡国这样的国家却是绰绰有余。战争的胜利让郑国人沾沾自喜,唯有一个人保持沉默,不附和、不鼓掌。

这个人就是公子发的儿子,名侨,字子产,谥成,史书上有时写作公孙侨,有时写作公孙成子,但更多的时候是尊称其为子产。后人对子产的评价多如牛毛,基本上是歌功颂德,最有名的是这一句:"春秋上半部,得一管仲;春秋下半部,得一子产。"将其和管仲相提并论,可以说是相当推崇了。关于子产的事,接下来会一一讲到。需要说明的是,鲁襄公八年,子产还是个孩子,对于郑国当时的处境,已经有非常清醒的认识。他说:"小国不具备文德,却拥有武功,没有比这更大的祸事了。蔡国是楚国的属国,楚国人来兴师问罪,我们能够不顺从楚国吗? 顺从了楚国,晋军必然前来。晋国、楚国交替讨伐,郑国四五年内都不得安宁了。"

公子发大怒,骂他:"你知道个啥? 国家有出兵的重大命令,而且有执政大臣在那里,小孩子说这些话,是要掉脑袋的!"

公子发是因为子产说错了话而恼怒吗? 不是。是因为子产说对了。但是,从另一个方面讲,出兵是国家的大事,是执政大臣下的命令。如果事实证明出兵是错误的,让大臣们把脸往哪儿搁? 得罪了这些重臣,你还有好日子过? 政治从来不是闹着玩儿的,没有所谓的童言无忌。《韩非子》里则借公子发之口,进一步批评子产:"非待危己也,又且危父矣。"
意思是,你小孩子这样口无遮拦,不仅仅是自己倒霉,而且是坑爹啊!

五月甲辰,会于邢丘,以命朝聘之数,使诸侯之大夫听命。季孙宿、
齐高厚、宋向戌、卫宁殖、邾大夫会之。郑伯献捷于会,故亲听命。大夫
不书,尊晋侯也。

> 《春秋》记载,五月七日,"季孙宿会晋侯、郑伯、齐人、宋人、卫人、邾
> 人于邢丘"。主要目的是由晋国给各国下达朝贡的指标,让诸侯的大夫
> 们听取命令。鲁国的季孙宿、齐国的高厚、宋国的向戌、卫国的宁殖,以
> 及邾国的某位大夫参加会议。郑僖公则亲临会场,进献蔡国的战俘,亲
> 自听命——这当然是非礼的。蔡国不仅不是蛮夷之邦,而且是堂堂正正
> 的姬姓诸侯,岂有献蔡捷之理?
>
> 《春秋》不记载诸位大夫之名,是为了尊重晋悼公。

莒人伐我东鄙,以疆鄫田。

> 莒国的胆子越来越大,继消灭鄫国后,又入侵鲁国东部边境,以重新
> 划定鄫地的边界。

秋九月,大雩,旱也。

> 九月,鲁国举行盛大雩祭,这是因为发生了旱灾。

冬,楚子囊伐郑,讨其侵蔡也。
子驷、子国、子耳欲从楚,子孔、子蟜、子展欲待晋。子驷曰:"《周诗》

有之曰：'俟河之清，人寿几何？兆云询多，职竞作罗。'谋之多族，民之多违，事滋无成。民急矣，姑从楚，以纾吾民。晋师至，吾又从之。敬共币帛，以待来者，小国之道也。牺牲玉帛，待于二竟，以待强者而庇民焉。寇不为害，民不罢病，不亦可乎？"

子展曰："小所以事大，信也。小国无信，兵乱日至，亡无日矣。五会之信，今将背之，虽楚救我，将安用之？亲我无成，鄙我是欲，不可从也。不如待晋。晋君方明，四军无阙，八卿和睦，必不弃郑。楚师辽远，粮食将尽，必将速归，何患焉？舍之闻之：杖莫如信。完守以老楚，杖信以待晋，不亦可乎？"

子驷曰："《诗》云：'谋夫孔多，是用不集。发言盈庭，谁敢执其咎？如匪行迈谋，是用不得于道。'请从楚，騑也受其咎。"

冬天，楚国令尹公子贞入侵郑国，以讨伐郑国对蔡国的入侵。

郑国的群臣商量对策。公子騑、公子发、公孙辄主张臣服于楚国，公子嘉（郑穆公的儿子，字子孔）、公孙虿（公子偃的儿子，字子蟜）、公孙舍之（公子喜的儿子，字子展）主张等待晋国救援。

公子騑引用了一首古诗："俟河之清，人寿几何？兆云询多，职竞作罗。"大意是，人生苦短，哪里能够等到黄河水清？不停地问占问卜，不过是自织罗网罢了。又说："国家大事，这么多家族都来发表意见，百姓无所适从，事情更难成功。现在楚军就在眼前，百姓心急如焚。姑且听从楚国，以舒缓百姓的苦难。等到晋军来了，我们又听从晋国。恭敬地奉献财物，等待着大国来召唤，这就是小国的生存之道。准备好牺牲和玉帛，在晋国、楚国前来的边境上等待，等待强有力的国家来保护百姓。敌寇不为害我们，百姓不疲于奔命，不也是可以的吗？"

公孙舍之以为："小国以诚信来侍奉大国。小国不讲信用，战争和祸乱随时会到来，离灭亡也就不远了。近年来，我们与晋国五次会盟，而今将要背叛，就算楚国来救我们，又有何用？楚国亲近我们，没有带来什么好处，反而想把我们当作他们的边境城镇。楚国不可追随，不如等待晋国。晋侯正当贤明，四军装备整齐，八卿和睦共处，必定不会抛弃郑国。楚军远道而来，粮食将要用尽，一定会很快回去，有什么好怕的？我听说，有所依仗不如诚实守信。完善守备以使楚军疲惫，依靠诚信来等待晋军，不也是可以的吗？"

公子騑又引用了一句诗，大意是：出主意的太多，所以一事无成。满朝都发表意见，谁敢负责任？如同那些一边走一边和别人商量的，因此什么都得不到。公子騑非常强势地提出："请顺从楚国，有责任我背！"

乃及楚平，使王子伯骈告于晋，曰："君命敝邑：'修而车赋，儆而师徒，以讨乱略。'蔡人不从，敝邑之人不敢宁处，悉索敝赋，以讨于蔡，获司马燮，献于邢丘。今楚来讨曰：'女何故称兵于蔡？'焚我郊保，冯陵我城郭。敝邑之众，夫妇男女，不遑启处，以相救也。翦焉倾覆，无所控告。民死亡者，非其父兄，即其子弟。夫人愁痛，不知所庇。民知穷困，而受盟于楚。狐也与其二三臣不能禁止，不敢不告。"

知武子使行人子员对之曰："君有楚命，亦不使一个行李告于寡君，而即安于楚。君之所欲也，谁敢违君？寡君将帅诸侯以见于城下。唯君图之。"

郑国于是和楚国媾和，并派大夫王子伯骈向晋国通报，说："君侯命令敝国：'修整你们的军备，动员你们的部队，讨伐祸乱之人。'蔡国人不听从，敝国之人不敢安居，召集全部军队，以讨伐蔡国，俘虏他们的司马公子燮，进献到邢丘。现在楚国人来讨伐，说：'你们为什么要举兵攻蔡？'焚烧我们郊外的城堡，侵略我们的城郭。敝国的民众，男女老少，顾不上休息而互相救助。国家摇曳将要被颠覆，没有地方可以控诉。百姓死去和流亡的，不是父兄，就是子弟。人人愁苦，不知哪里可以庇护。百姓知道穷途末路，而接受楚国的盟约。孤和几位大臣也没有办法禁止，不敢不前来报告。"

郑国人历来精于辞令，就算是绝交信，也写得如此动人。只不过晋国人并不同情郑国的遭遇，更不体谅郑简公的迫不得已。中军元帅荀罃派行人子员对王子伯骈说："君侯受到楚国的讨伐，也不派一个行人来告诉寡君，便立即屈服于楚国。这就是君侯自己的意愿，谁又敢违背？寡君将带领诸侯在城下相见，君侯自己考虑吧！"

晋范宣子来聘，且拜公之辱，告将用师于郑。

公享之，宣子赋《摽有梅》。季武子曰："谁敢哉？今譬于草木，寡君在君，君之臭味也。欢以承命，何时之有？"武子赋《角弓》。宾将出，武子赋《彤弓》。宣子曰："城濮之役，我先君文公献功于衡雍，受彤弓于襄王，以为子孙藏。匄也，先君守官之嗣也，敢不承命？"君子以为知礼。

晋国派士匄访问鲁国，并且拜谢鲁襄公年初朝见晋悼公，告知将要对郑国用兵，也就是通知鲁国准备出兵了。鲁襄公设宴招待士匄。席间，士匄赋了《诗经·召南》中的《摽有梅》，其诗云：

"摽有梅，其实七兮。求我庶士，迨其吉兮。摽有梅，其实三兮。求我庶士，迨其今兮。摽有梅，顷筐塈之。求我庶士，迨其谓之。"

这是一首女孩子写给追求者的诗，鼓励追求者抓住时机，大胆求爱，不要等到梅子都掉光了还不行动。士匄的意思是，晋国讨伐郑国，鲁国出兵要及时。鲁襄公当时才十一岁，估计也听不懂什么"摽有梅"，只能由季孙宿代为回答："谁敢不及时？今天以草木打比方，寡君对于君侯来说，就是君侯的气味。开开心心地接受命令，哪里会有延迟？"

季孙宿以晋悼公为草木，鲁襄公为草木的气味，这个马屁拍得真是有点那味了。然而士匄很受用，于是季孙宿又赋了《诗经·小雅》中的

《角弓》一诗,其中有"兄弟婚姻,无胥远矣"之句,意思是鲁国和晋国本是兄弟之国,互相不要疏远。

宴会结束,士匄将要离席,季孙宿又赋了《彤弓》一诗。士匄说:"城濮之战,我先君晋文公在衡雍向天子报功献捷,从周襄王那里授受了彤弓,作为晋国的传国之宝,子孙世代相传。我士匄,是先君的官员的后代,岂敢不接受命令?"

六十多年前,晋文公通过城濮之战奠定霸主的地位,是晋国人一直引以为傲的历史。城濮之战后,周襄王赏赐给晋文公一批礼器,其中有彤弓一张,象征征伐大权。季孙宿这个时候赋《彤弓》之诗,还是在拍晋国人的马屁。士匄应对得体,君子自然认为他"知礼"了。

鲁襄公九年

公元前 564 年,鲁襄公九年。

九年春,宋灾。乐喜为司城以为政,使伯氏司里。火所未至,彻小屋,涂大屋,陈畚、挶,具绠、缶,备水器,量轻重,蓄水潦,积土涂,巡丈城,缮守备,表火道。使华臣具正徒,令隧正纳郊保,奔火所。使华阅讨右官,官庀其司。向戌讨左,亦如之。使乐遄庀刑器,亦如之。使皇郧命校正出马,工正出车,备甲兵,庀武守。使西鉏吾庀府守,令司宫、巷伯儆宫。二师令四乡正敬享,祝宗用马于四墉,祀盘庚于西门之外。

九年春,宋国发生火灾。前面已经提到过,天降之火叫作"灾",人为之火叫作"火"。当然并没有什么天降之火,只是不知道起火的原因,把责任推给老天爷罢了。

宋国的六卿的排名,依次为右师、左师、司马、司徒、司城、司寇。司城乐喜,虽然排名第五,但是为人公道,办事得力,所以受命主持工作。面对突如其来的火灾,乐喜安排工作有条不紊,应对自如:命大夫伯氏管理城内的大街小巷。大火还没有到的地方,把小房屋拆除,形成隔离带;大房屋一时拆不了,就用湿泥涂墙,相当于涂了一层防火材料。准备好畚(盛土的)、挶(运土的)、綆(绳索)、缶(打水的),以及各种各样的盛水器皿,估量各人力气的大小,蓄满备用的水源,堆积灭火的泥土,巡视城墙的四周,修缮守备的用具,标志走火的通道。要司徒华臣(华元的儿子)调度劳力,下令隧正(队长)调集郊外堡垒中的服役人员奔赴国都,投入火灾发生的地方。要右师华阅(也是华元的儿子)、左师向戌、司寇乐遄督导其官吏下属,各司其职,临危不乱。要司马皇郧(字椒)命令校正(马官)牵出马匹,工正(车官)摆出战车,准备好盔甲武器,治理武装守备。命大夫西鉏吾守卫府库,指派司宫(宫中宦官之长)、巷伯(主管宫中门巷的宦官)警备宫中。左师、右师下令首都四乡的乡正(乡长)祭祀神明,祝宗(主管祭祀的官员)在四城杀马祭祀,祭祀先祖盘庚于睢阳的西门之外。

晋侯问于士弱曰:"吾闻之,宋灾于是乎知有天道,何故?"对曰:"古之火正,或食于心,或食于咮,以出内火。是故咮为鹑火,心为大火。陶唐氏之火正阏伯居商丘,祀大火,而火纪时焉。相土因之,故商主大火。商人阅其祸败之衅,必始于火,是以日知其有天道也。"公曰:"可必乎?"对曰:"在道。国乱无象,不可知也。"

宋国的大火引起了国际上的关注。晋悼公问士弱(士渥浊之子,谥庄):"我听说,宋国发生火灾,以此而知道了天道,这是什么意思?"

士弱回答:"古代的火正(掌管火烛事务的官员)祭祀火星的时候,或者以心宿陪祭，或者以柳宿陪祭，这是因为火星出没在心宿和柳宿之间。（所以柳宿就是鹑火星，心宿就是大火星。）陶唐氏（尧帝）的火正阏伯居住在商丘，祭祀大火星，而根据火星的运行来确定时节。殷商的先祖相土沿袭此法，所以商朝以大火星为主祭之星。商人观察其祸乱失败的征兆，必从火星开始，所以过去就认为已经掌握了天道。"宋国是商朝的后裔，宋人即商人。士弱的意思，宋国人原来就自认为知道天道，并非这次才知道。

晋悼公又问："可以肯定是这样吗？"

士弱回答："在于道。如果国政紊乱，上天不给征兆，那也是不可知的。"这里的道，不是天道，而是治国之道。宋国人自认为知道天道，但是如果国家无道的话，天道也是不可知的。换句话说，天道由人道，没有人道就没有天道，这大概就是士弱想要告诉晋悼公的吧。

夏，季武子如晋，报宣子之聘也。

夏天，季孙宿前往晋国，作为对去年士匄来访的回报。感觉鲁国和晋国就在聊微信，你一言我一语，双方已互道"晚安"了，鲁国还要献上一束花。殷勤之意，绵绵不绝。

穆姜薨于东宫。始往而筮之，遇《艮》☶之八。史曰："是谓《艮》之《随》☱。《随》，其出也。君必速出！"姜曰："亡！是于《周易》曰：'《随》，元亨利贞，无咎。'元，体之长也；亨，嘉之会也；利，义之和也；贞，事之干也。体仁足以长人，嘉德足以合礼，利物足以和义，贞固足以干事。然，故不可诬也，是以虽《随》无咎。今我妇人，而与于乱。固在下位，而有不仁，不可谓元。不靖国家，不可谓亨。作而害身，不可谓利。弃位而姣，不可谓贞。有四德者，《随》而无咎。我皆无之，岂《随》也哉？

我则取恶，能无咎乎？必死于此，弗得出矣。"

鲁襄公的祖母穆姜在东宫去世。刚刚搬进东宫的时候，穆姜令人算卦，结果是"遇艮之八"。这个表述很少见，后人对此有各种各样的解释，但是都莫衷一是。倒是当时算卦的史官直接指出，这就是所谓的"遇艮之随"。

艮卦的上卦和下卦都是艮☶。随卦则上卦为兑☱，下卦为震☳。艮卦☶变为随卦☶，是一、三、四、五、六爻皆变，只有第二爻不变。史官以为："随卦，随人而行，有出走之象，您必须赶紧离开！"

穆姜颇通《周易》，反驳说："不用。这是《周易》里所说的'随，元、亨、利、贞，无咎'。元即首，是身体之长；亨即亨，是嘉礼相会；利即益，是道义结合；贞即固，是事物之本。本体为仁，足以为众人之长；品德美好，足以协调百礼；有利于人，足以协和道义；坚贞强固，足以办成大事。正因为如此，所以不可欺骗。所以说，虽然遇到随卦，亦无责难。而今我一介妇人，参与了乱局，本来地位低下，而又没有仁德，不可以说是'元'；使国家不得安宁，不可以说是'亨'；干了坏事而伤害自身，不可以说是'利'；不顾身份而修饰美色，不可以说是'贞'。有元、亨、利、贞四德的，遇随卦而没有责难。我都没有，岂能依于随德？我自取其恶，岂能没有责难？必定死在这里，出不去啦！"

穆姜在世的时候，与叔孙侨如私通，为了情夫的政治野心，处心积虑要驱除季孙氏和孟孙氏，造成鲁国的动乱。等到叔孙侨如出走，她也被软禁在东宫。至于为什么自认其咎，谁也猜不透，也许是听说叔孙侨如到了齐国又与声孟子私通，感觉自己不过是叔孙侨如的玩物，因而醒悟了吧。

秦景公使士雃乞师于楚，将以伐晋，楚子许之。子囊曰："不可。当今吾不能与晋争。晋君类能而使之，举不失选，官不易方。其卿让于善，其大夫不失守,其士竞于教,其庶人力于农穑,商、工、皂、隶不知迁业。韩厥老矣,知罃禀焉以为政。范匄少于中行偃而上之,使佐中军。韩起少于栾黡,而栾黡、士鲂上之,使佐上军。魏绛多功,以赵武为贤,而为之佐。君明、臣忠,上让、下竞。当是时也,晋不可敌,事之而后可。君其图之!"王曰:"吾既许之矣,虽不及晋,必将出师。"

秋,楚子师于武城,以为秦援。

秦人侵晋。晋饥,弗能报也。

秦景公派士雂请求楚国出兵,共同讨伐晋国。楚共王答应了。令尹公子贞以为不可,理由是:目前楚国还不能与晋国争强。晋悼公用人,按照能力分类而各使其长,选拔人才没有遗漏,重用官员不改变原则。他的卿谦让善人,他的大夫不失职守,他的士致力于教育百姓,他的庶人努力耕种,商人、工匠及至奴隶都不想改变职业。韩厥退休了,荀罃继任中军元帅,执掌国政。士匄比荀偃年轻而位在荀偃之上,为中军副帅。韩起比栾黡年轻,而栾黡、士鲂推让韩起,让他居于上位,为上军副帅。魏绛功劳很多,认为赵武贤能,而甘愿担任赵武的助手。由此看来,晋国目前国君圣明,臣工忠诚,上面谦让,下面努力。公子贞建议:"在这种情况下,晋国不可战胜,先侍奉他们然后再作打算,请您认真考虑!"

楚共王说:"我已经答应了,就算咱们比不过晋国,也一定要出兵。"

秋天,楚共王陈兵武城,作为秦国的后援。

秦国人入侵晋国。正好这一年晋国遭遇饥荒,不能报复秦国。

冬十月,诸侯伐郑。庚午,季武子、齐崔杼、宋皇郧从荀罃、士匄门于鄟门。卫北宫括、曹人、邾人从荀偃、韩起门于师之梁,滕人、薛人从栾黡、士鲂门于北门,杞人、郳人从赵武、魏绛斩行栗。甲戌,师于氾。令于诸侯曰:"修器备,盛糇粮,归老幼,居疾于虎牢,肆眚,围郑。"

郑人恐，乃行成。中行献子曰："遂围之，以待楚人之救也，而与之战。不然，无成。"知武子曰："许之盟而还师，以敝楚人。吾三分四军，与诸侯之锐，以逆来者，于我未病，楚不能矣。犹愈于战。暴骨以逞，不可以争。大劳未艾。君子劳心，小人劳力，先王之制也。"诸侯皆不欲战，乃许郑成。十一月己亥，同盟于戏，郑服也。

晋国不能报复秦国，但是不能放过郑国。十月，诸侯大军出发讨伐郑国。鲁国季孙宿、齐国崔杼、宋国皇郧跟随荀䓨、士匄率领的晋国中军进攻新郑的鄟门；卫国北宫括、曹国人、邾国人跟随荀偃、韩起率领的晋国上军进攻新郑的师之梁门；滕国人、薛国人跟随栾黡、士鲂率领的晋国下军进攻新郑的北门；杞国人、郳国人跟随赵武、魏绛率领的晋国新军砍伐新郑东门外的栗树。十月十五日，部队驻扎在氾水旁边，命令诸侯："修缮器具，备足干粮，让老人小孩回去，让生病的人住在虎牢，宽赦罪人，围攻郑国。"

晋国人摆出全面开战的架势，郑国人害怕了，于是求和。荀偃提出："完成包围，等待楚国人来救郑国，然后与楚国决战。否则的话，这事没完。"荀䓨的意见是："同意与郑国结盟而回师，让楚国讨伐郑国，让楚国人疲敝。我们将四军分为三部分，轮番作战，加上诸侯的精锐部队，迎击前来进犯的楚军。对于我们来说，三分四军，不会疲劳。楚军得不到休息，就会受不了。这样比决战要好。暴露将士们的白骨以逞一时之快，不能用这样的办法与敌争锋。还有更大的劳累在后面等着我们。君子用脑子，小人用蛮力，这是先王的教导啊！"

原文中，荀偃写作"中行献子"，荀䓨写作"知武子"。二荀原本出自一门。荀偃的祖父荀林父与荀䓨的父亲荀首是亲兄弟。荀林父在晋文公年代担任过中行元帅，其家族遂以官为氏，称为中行氏。荀首获封智地，智通知，所以又称为知氏。

荀偃的策略是与楚军决一死战，一劳永逸地解决问题；荀䓨的策略是采取车轮战术,将楚军拖垮。诸侯们都不想决战,于是荀罃的意见占了上风,同意与郑国媾和。十一月十日,在戏地举行会盟,那是因为郑国臣服了。

将盟,郑六卿,公子騑、公子发、公子嘉、公孙辄、公孙虿、公孙舍之及其大夫、门子,皆从郑伯。晋士庄子为载书,曰:"自今日既盟之后,郑国而不唯晋命是听,而或有异志者,有如此盟!"公子騑趋进曰:"天祸郑国,使介居二大国之间,大国不加德音,而乱以要之,使其鬼神不获歆其禋祀,其民人不获享其土利,夫妇辛苦垫隘,无所厎告。自今日既盟之后,郑国而不唯有礼与强可以庇民者是从,而敢有异志者,亦如之!"荀偃曰:"改载书!"公孙舍之曰:"昭大神要言焉。若可改也,大国亦可叛也。"知武子谓献子曰:"我实不德,而要人以盟,岂礼也哉?非礼,何以主盟?姑盟而退,修德、息师而来,终必获郑,何必今日?我之不德,民将弃我,岂唯郑?若能休和,远人将至,何恃于郑?"乃盟而还。

到了将要结盟的时候,郑国六卿——公子騑、公子发、公子嘉、公孙辄、公孙虿、公孙舍之和郑国的大夫、门子(不是看门的,而是卿的嫡子)都跟随郑简公前来。晋国的士弱准备盟书,说:"从今天完成结盟之后,郑国如果不对晋国唯命是从,或者有其他想法,有如此盟!"

"有如此盟"是春秋时期盟誓的常用语,意思是有这盟书为证,不可背叛诺言。类似的句子,《左传》中已经出现多次。比如鲁文公十三年,秦康公对士会发誓,用到了"有如河",意思是"有河神作证,如果我不守诺言,请河神惩罚我"。

听到士弱这么说,郑国的公子騑快步走上来,说:"上天降祸于郑国,让郑国夹在两个大国之间,大国不赐给我们有德之话,反而发动战乱来要挟我们,让我们的鬼神不能享受祭祀,百姓不能享受土地上的出产,男女都辛苦瘦弱，也没个地方诉苦。从今天完成结盟之后，郑国假如不对有礼而且强大可以庇护百姓的国家唯命是从，或者敢有其他想法，亦如此盟！"这就不是臣服于晋国，而是臣服于有德的强者了。荀偃立马跳起来反对，说："不能这么写，改盟书！"

公孙舍之说："盟书已经昭告神明了。如果可以修改，那么大国也可以背叛了。"

总体感觉，郑国人不是来结盟的，而是来砸场子的。荀罃对荀偃说："是我们确实没有德行，而要挟人家结盟，这难道合于礼吗？不合于礼，拿什么主持结盟？姑且结盟而后退兵，修养德行、整顿军队再来。我们最终还是会得到郑国，何必一定要在今天。我们如果没有德行，连晋国的百姓都会抛弃我们，难道只是郑国？如果能够美好和睦，远方的人将要前来臣服，有什么是必须依靠郑国的？"于是和郑国结盟，然后回国。

晋人不得志于郑，以诸侯复伐之。十二月癸亥，门其三门。闰月戊寅，济于阴阪，侵郑。次于阴口而还。子孔曰："晋师可击也，师老而劳，且有归志，必大克之。"子展曰："不可。"

对晋国人来说，戏之盟还真是"戏"之盟，相当于被郑国人调戏了一把，完全没有满足愿望。晋国人越想越不是滋味，于是又带领诸侯来讨伐郑国。十二月初五日，进攻新郑的三座城门。二十日，从阴阪渡河，入侵郑国。诸侯联军驻扎在阴口，然后回去。公子嘉说："可以追击晋军，因为他们长久在外而疲劳，而且有回去的念头，必然可以大败他们。"公孙舍之说："不可。"

郑军的实力历来不弱，追击晋军的话，大有胜算。但是，郑国的地理位置摆在那里了。自从齐国、楚国、晋国相继崛起，尤其是晋、楚争霸的大局定型，郑国就彻底失去了发展壮大的空间。郑庄公的子孙们常常能够打胜仗，但每一次胜仗都不过是战术上的胜利，不可能扭转乾坤。既然如此，又何必逞一时之快，引来晋国更猛烈的报复呢？

公送晋侯，晋侯以公宴于河上，问公年。季武子对曰："会于沙随之岁，寡君以生。"晋侯曰："十二年矣，是谓一终，一星终也。国君十五而生子，冠而生子，礼也。君可以冠矣。大夫盍为冠具？"武子对曰："君冠，必以裸享之礼行之，以金石之乐节之，以先君之祧处之。今寡君在行，未可具也，请及兄弟之国而假备焉。"晋侯曰："诺。"公还，及卫，冠于成公之庙，假钟磬焉，礼也。

诸侯联军解散的时候，鲁襄公送别晋悼公。晋悼公在黄河边上设宴招待鲁襄公，席间问及鲁襄公的年龄。季孙宿回答："沙随之会那一年，寡君出生。"（沙随之会在鲁成公十六年）晋悼公说："十二年了，这叫作一终，是岁星运行一周的终止。"

这里有必要说明一下，古人以木星为岁星。木星绕天一周，大约为十二年，经过十二个星次。星次的名字如"星纪""玄枵""大梁"等，便成为这一年的名字。所以在《左传》中，还出现了"岁在星纪""岁在鹑火"之类的记录。

晋悼公说："国君十五岁就应该生孩子。行冠礼之后生孩子，是合于礼的。君侯可以举行冠礼了。大夫何不准备举行冠礼的用具？"这就是想要鲁襄公当场举行冠礼了，而且有亲自操刀之意。那样的话，两国之间的关系当然更为亲近。只不过鲁襄公在晋悼公面前，也就确定了后生晚辈的地位，只能更加唯唯诺诺了。

季孙宿回答："国君举行冠礼，必须用裸享之礼（以香酒洒地）作为序幕，用钟磬演奏音乐表示有节度，在先君的宗庙里举行。现在寡君在旅途之中，没有办法完成准备，请等到了兄弟之国，借用这些用具再举行。"这个回答很有水平，一则告诉晋悼公，冠礼必须隆重，不可随意为之；二则对晋悼公的指示表示极度重视，不待回到鲁国，半路借用兄弟之国的用具就举行。

晋悼公只能同意。

鲁襄公回国途中经过卫国，就在卫成公的宗庙中举行冠礼，借用了卫国的乐器，这是合于礼的。

楚子伐郑，子驷将及楚平，子孔、子蟜曰："与大国盟，口血未干而背之，可乎？"子驷、子展曰："吾盟固云：'唯强是从。'今楚师至，晋不我救，则楚强矣。盟誓之言，岂敢背之？且要盟无质，神弗临也。所临唯信，信者，言之瑞也，善之主也，是故临之。明神不蠲要盟，背之，可也。"乃及楚平。公子罢戎入盟，同盟于中分。

楚庄夫人卒，王未能定郑而归。

楚共王讨伐郑国。公子騑不作任何抵抗的打算，就想与楚国媾和。公子嘉、公孙虿说："我们和晋国歃血为盟，嘴巴上的血还没有干就背叛，可以吗？"公子騑、公孙舍之说："我们的盟书本来就是说'唯有听从强国'。现在楚军来到，晋国不救我们，那就是楚国强大了。盟誓的话，岂敢背叛？而且被要挟结盟没有诚信，神明也不会降临。神明只因为诚信而降临。所谓信，是语言的凭据，善良的主体，所以神明降临。圣明的神不祝福被要挟的盟誓，背叛也是可以的。"于是和楚国媾和。楚国的公子罢戎到郑国结盟，在新郑的中分（城中地名）举行盟誓。

事实上，郑国臣服于楚国，也不过是表面文章。对于这一点，楚共王心知肚明。但是他没有进一步征服郑国就撤兵回国了，因为国内发生了一件大事——楚庄王夫人，也就是楚共王的母亲去世了。

晋侯归，谋所以息民。魏绛请施舍，输积聚以贷。自公以下，苟有积者，尽出之。国无滞积，亦无困人；公无禁利，亦无贪民。祈以币更，宾以特牲，器用不作，车服从给。行之期年，国乃有节。三驾而楚不能与争。

说到底，谁能真正收服诸侯，赢得这场旷日持久的争霸战，关键不在于武功而在于文德。晋悼公认识到了这一点，回国之后，就和大臣们谋划如何让老百姓休养生息。魏绛请求施舍，也就是把积聚的财物拿出来借给百姓。自晋悼公以下，只要是有积聚的，全都拿出来。国家没有滞留的财物，也没有穷困的百姓。公家不禁止百姓谋取利益，也没有贪婪的百姓。祈祷用钱币取代牺牲，招待宾客只用一种牲口，不制造新的器物，车马服饰只求够用。这些措施总结起来就是三点：加强流通、与民实利、勤俭节约。实行一年，国家就有了法度，此后三次出兵，楚国不能与之争锋。

鲁襄公十年

公元前 563 年，鲁襄公十年。

十年春，会于柤，会吴子寿梦也。

《春秋》记载：十年春，晋、鲁、宋、卫、曹、莒、邾、滕、薛、杞、小邾等诸侯和齐国的太子光在柤地相会，主题是会见吴王寿梦。

三月癸丑，齐高厚相大子光，以先会诸侯于钟离，不敬。士庄子曰："高子相大子以会诸侯，将社稷是卫，而皆不敬，弃社稷也，其将不免乎！"

三月二十六日，齐国的太子光在钟离先期会见诸侯，高厚作为太子光的相礼大臣，表现出不敬。士弱以为，高厚此行，本来是为了捍卫齐国的江山社稷，态度却不恭敬，这是抛弃了社稷，恐怕难逃祸患。

夏四月戊午，会于柤。

晋荀偃、士匄请伐偪阳，而封宋向戌焉。荀罃曰："城小而固，胜之不武，弗胜为笑。"固请。丙寅，围之，弗克。孟氏之臣秦堇父辇重如役。偪阳人启门，诸侯之士门焉。县门发，郰人纥抉之，以出门者。狄虒弥建大车之轮，而蒙之以甲，以为橹。左执之，右拔戟，以成一队。孟献子曰："《诗》所谓'有力如虎'者也。"主人县布，堇父登之，及堞而绝之。队，则又县之。苏而复上者三，主人辞焉，乃退。带其断以徇于军三日。

四月初一日，诸侯在柤地相会。

晋国的荀偃、士匄提出要进攻偪阳（柤地附近的小国），将其作为宋国向戌的封地。等等，这件事情与向戌何干？这个问题在以后的记载中有答案，这里先剧透一下：诸侯之中，只有宋国对晋国最为恭顺，而向戌在其中又起了重要的作用。晋国为了对向戌表示感谢，就想给他一座城！当然，这座城是抢来的。

荀罃表示反对："偪阳城小，而且坚固，攻下来不算武勇，攻不下来反而被人笑话。"荀偃和士匄坚持请战。于是四月初九日，诸侯大军围攻偪阳。荀罃的担心变成了现实：偪阳攻而不克。

三个鲁国人为联军挽回了些许面子：孟孙氏的家臣秦堇父拉着一辆重车来到战场——所谓重车，是用来拉军用物资的运输车辆，比一般的战车重很多，部队扎营的时候将其环列于外围，以为屏障。秦堇父能够拉动一辆重车，可谓神力也！抓住偪阳人开启城门的时机，诸侯部队趁机猛攻，有些人已经冲进去了，城内赶紧将城门放下，鲁国郰邑大夫叔梁纥冲上前，双手高举，托住城门，让将士们从门下退出。狄虒弥将大车的轮子立起来，蒙上皮甲作为大盾，左手举着它，右手持戟，领兵组成一队进攻。仲孙蔑赞叹："这就是《诗》上说的有力如虎之人啊！"偪阳守将仗着城池坚固，调戏鲁国人，将一匹布从城头悬下来。秦堇父一把抓住布头，向上攀登，快到墙垛的时候，城上就把布砍断。秦堇父摔下来，晕厥过去。城上又将布垂下来，秦堇父醒来，二话不说，抓住布头再登，快到墙垛的时候，城上又把布砍断。如此三次，守将为他的勇气所折服，请他不要再攀登了。秦堇父这才退回，拿着三块断布在营中巡行夸耀了三天。

说句题外话，郰邑大夫叔梁纥的祖上是宋国人，他有个儿子，名丘，字仲尼，世人尊称为孔子。

诸侯之师久于偪阳，荀偃、士匄请于荀罃曰："水潦将降，惧不能归，请班师。"知伯怒，投之以机，出于其间，曰："女成二事，而后告余。余恐乱命，以不女违。女既勤君而兴诸侯，牵帅老夫以至于此，既无武守，而又欲易余罪，曰：'是实班师。不然，克矣。'余赢老也，可重任乎？七日不克，必尔乎取之！"五月庚寅，荀偃、士匄帅卒攻偪阳，亲受矢石。甲午，灭之。书曰"遂灭偪阳"，言自会也。

偪阳久攻不下，荀偃、士匄向荀罃请示："大雨将至，到时恐怕不能回去，请下令退兵吧。"荀罃勃然大怒，拿着一具弩机向他们扔过去，从两人之间飞过，说："你们把攻偪阳、封向戌这两件事办成了再跟我来说话。当初你们要进攻，我是不同意的。但是担心诸帅不和，扰乱军令，所以才听从了你们。你们已经让国君辛劳而发动了诸侯，牵着老夫我来到这里，既没有坚持进攻，而又想归罪于我，说'是他下令退兵，不然就攻克了'。我已经又老又虚弱了，还能够再一次承担罪责吗？七天攻不下来，一定取你们的脑袋！"

五月初四日，荀偃、士匄率领将士进攻偪阳，亲冒箭矢和滚石，猛攻三日。到了初八日，终于攻破城池，消灭偪阳。《春秋》记载："逐灭偪阳。"是说从相地会盟后就立即进攻了偪阳。

以与向戌。向戌辞曰："君若犹辱镇抚宋国，而以偪阳光启寡君，群臣安矣，其何贶如之？若专赐臣，是臣兴诸侯以自封也，其何罪大焉？敢以死请。"乃予宋公。

按照原定计划，晋悼公打算将偪阳封给向戌。向戌辞谢："如果承蒙君侯安抚宋国，而以偪阳来扩大寡君的疆土，群臣都安心了，还有比这更好的赏赐吗？如果只是赐给下臣，那就是下臣发动诸侯来为自己讨封了，还有比这更大的罪吗？谨此冒死请求。"

向戌说得对，将偪阳送给宋国，皆大欢喜；将偪阳封给向戌，等于将他放到火上烤。晋悼公于是将偪阳送给了宋平公。

宋公享晋侯于楚丘，请以《桑林》。荀罃辞。荀偃、士匄曰："诸侯宋、鲁，于是观礼。鲁有禘乐，宾祭用之。宋以《桑林》享君，不亦可乎？"舞，师题以旌夏。晋侯惧而退入于房。去旌，卒享而还。及著雍，疾。卜，桑林见。荀偃、士匄欲奔请祷焉。荀罃不可，曰："我辞礼矣，彼则以之。犹有鬼神，于彼加之。"晋侯有间，以偪阳子归，献于武宫，谓之夷俘。偪阳，妘姓也。使周内史选其族嗣，纳诸霍人，礼也。

宋平公感恩戴德，在楚丘设宴招待晋悼公，请求用桑林之乐来伴奏。桑林即桑山之林，商朝的创建者成汤曾经在此祈雨，商人遂以桑林为圣地，并创作了桑林之乐来歌颂成汤。所以，桑林之乐是天子之乐，用来招待诸侯显然是超标了。荀罃不敢接受。荀偃、士匄却说："诸侯之中，宋国和鲁国用天子礼乐，所以别的国家都去参观。鲁国有禘乐，招待贵宾或祭祀时使用。宋国用桑林之乐招待咱们的国君,不也是可以的吗?"于是就真的用上了桑林之乐,表演了桑林之舞。乐官举着旌夏(五色羽毛的旌旗)引导乐队进入。晋悼公被这光怪陆离的景象吓坏了,赶紧退回厢房。等到主人撤掉旌夏,晋悼公才出来,领受了桑林乐舞,完成了所有的典礼程序,然后启程回国。

抵达晋国的著雍,晋悼公病倒了。命人占卜,则是桑林之神作祟。荀偃、士匄知道麻烦了,想要跑回宋国去祈祷。荀罃制止了他们:"我们已经辞谢了,是他们一定要用桑林之乐。假如真有鬼神的话,那也该归咎于他们才对。"

说来也怪,不久之后,晋悼公的病就好了,带着偪阳子(偪阳的国君)回到国都,进献于晋武公的宗庙,称之为"夷俘"。偪阳是妘姓小国。晋悼公又让周朝的内史选择偪阳子的宗族后裔,让他们居住在晋国的霍人(地名)。灭其国,而不灭其族,使其祖先不绝祭祀,这是合于礼的。

师归,孟献子以秦堇父为右。生秦丕兹,事仲尼。

> 鲁军从偪阳回国,仲孙蔑让秦堇父担任了自己的车右。秦堇父生了秦丕兹。秦丕兹师从孔子,据说就是孔门七十二弟子中的秦商。

六月,楚子囊、郑子耳伐宋,师于訾毋。庚午,围宋,门于桐门。

晋荀罃伐秦,报其侵也。

卫侯救宋,师于襄牛。郑子展曰:"必伐卫。不然,是不与楚也。得罪于晋,又得罪于楚,国将若之何?"子驷曰:"国病矣。"子展曰:"得罪于二大国,必亡。病,不犹愈于亡乎?"诸大夫皆以为然。故郑皇耳帅师侵卫,楚令也。

孙文子卜追之,献兆于定姜。姜氏问繇。曰:"兆如山陵,有夫出征,

而丧其雄。"姜氏曰："征者丧雄,御寇之利也。大夫图之!"卫人追之,孙蒯获郑皇耳于犬丘。

宋国和晋国打得火热,自然成了楚国的眼中钉。六月,楚国令尹公子贞和郑国的公孙辄讨伐宋国,驻军于訾毋。十四日,包围宋国国都睢阳,进攻睢阳的桐门。

晋国却没有救援宋国。晋国的中军元帅荀罃此时正率军讨伐秦国,作为对去年秦国入侵晋国的报复。但是晋国也不是撒手不管,而是下令卫国救援宋国。

卫献公驻军于襄牛。郑国的公孙舍之说："必须讨伐卫国,不然就是不亲附楚国了。已经得罪晋国,又得罪楚国的话,国家可怎么办?"公子骄说："国家已经很疲劳了。"公孙舍之说："得罪两个大国,必定灭亡。辛苦劳累,不也好过灭亡吗?"诸位大夫都觉得公孙舍之说得对。所以,郑国大夫皇耳率军入侵卫国,这是奉了楚国的命令。

卫国的孙林父为追击郑军而占卜,将灼烧过的龟壳拿给卫献公的母亲定姜看。定姜问占卜的爻辞,孙林父说："此兆有如山陵,有人出国征战,丧失他们的英雄。"定姜说："出征的人丧失英雄,有利于抵御入侵,请您好好谋划一下!"卫国人于是追击郑军,孙林父的儿子孙蒯在犬丘俘虏了皇耳。

秋七月,楚子囊、郑子耳伐我西鄙。还,围萧。八月丙寅,克之。九月,子耳侵宋北鄙。

孟献子曰："郑其有灾乎! 师竞已甚。周犹不堪竞,况郑乎! 有灾,其执政之三士乎!"

莒人间诸侯之有事也,故伐我东鄙。

楚国的战车滚滚向前。七月,楚国公子贞和郑国公孙辄入侵鲁国西部边境。回师途中，包围宋国的萧地。八月十一日，攻克萧地。九月，公孙辄又入侵宋国北部边境。

仲孙蔑评论："郑国恐怕有灾难了！军队争强已经太过分了。就算是王室也受不了这样屡屡用兵，何况是郑国？有灾难的话，应该是降临在他们的三位执政大臣身上吧！"

莒国人趁着诸侯之间混战，入侵鲁国东部边境。

诸侯伐郑，齐崔杼使大子光先至于师，故长于滕。己酉，师于牛首。

郑国追随楚国，四处进攻诸侯，终于招来了报复。《春秋》记载，这一年秋天，"（鲁襄）公会晋侯、宋公、卫侯、曹伯、莒子、邾子、齐世子光、滕子、薛伯、杞伯、小邾子伐郑"。齐灵公没有亲自到会，而是派太子光和崔杼出面代表齐国。崔杼又要太子光提早到达，所以在《春秋》的记载中，将太子光排到了滕子前面。九月二十五日，诸侯联军驻扎在郑国的牛首。

初，子驷与尉止有争，将御诸侯之师，而黜其车。尉止获，又与之争。子驷抑尉止曰："尔车非礼也。"遂弗使献。初，子驷为田洫，司氏、堵氏、侯氏、子师氏皆丧田焉。故五族聚群不逞之人因公子之徒以作乱。

于是子驷当国，子国为司马，子耳为司空，子孔为司徒。冬十月戊辰，尉止、司臣、侯晋、堵女父、子师仆帅贼以入，晨攻执政于西宫之朝，杀子驷、子国、子耳，劫郑伯以如北宫。子孔知之，故不死。书曰"盗"，言无大夫焉。

正如仲孙蔑所料，郑国的三位执政大臣遭到了报应。

当初，公子騑和尉止发生冲突，结下了梁子。等到将要出兵抵御诸侯联军的时候，公子骈又减少了尉止率领的战车。尉止在战场上有所俘获，公子骈又和他争功。公子骈压制尉止，说："你的战车数量不合规定。"于是不让他献俘计功。这真是处处刁难，说你不行就不行，行也不行。作为一国的执政卿，这样做也未免太小气了。

公子骈不只是和尉止有矛盾。当初，公子骈主持兴修水利，整顿田界，司氏、堵氏、侯氏、子师氏都损失了土地。鲁襄公八年，郑国的群公子阴谋作乱，公子骈先下手，诛杀公子狐、公子熙、公子侯、公子丁。于是尉氏、司氏、堵氏、侯氏、子师氏联合起来，聚集了一批郁郁不得志的人，依靠着群公子的党羽发动了政变。

此时，郑国由公子骈当国，公子发为司马，公孙辄为司空，公子嘉为司徒。十月十四日，尉止、司臣、侯晋、堵女父、子师仆带领叛贼进入新郑。清晨，在西宫的朝堂之上攻击诸位执政大臣，杀死了公子骈、公子发、公孙辄，将郑简公劫持到北宫。公子嘉提前知道了消息，所以逃过一死。《春秋》记载："冬，盗杀公子骈、公子发、公孙辄。"称政变者为"盗"，是因为他们都只是士，没有大夫参与。

子西闻盗，不儆而出，尸而追盗，盗入于北宫，乃归，授甲，臣妾多逃，器用多丧。子产闻盗，为门者，庀群司，闭府库，慎闭藏，完守备，成列而后出，兵车十七乘。尸而攻盗于北宫。子蟜帅国人助之，杀尉止、子师仆，盗众尽死。侯晋奔晋。堵女父、司臣、尉翩、司齐奔宋。

公子骈的儿子公孙夏（字子西）听到叛乱的消息，不设戒备就冲出来，收拾好父亲的尸骨，追杀叛贼。叛贼进入北宫，公孙夏又跑回去，给家臣和奴仆们发放盔甲，准备大战一场。可是这时候，男女奴隶们大部分都逃走了，家里的武具、器材等物品也大多丢失。

公子发的儿子子产的反应和公孙夏完全不同。他听到叛乱的消息，第一件事是布置家门的守卫，给各岗位配齐所有的人员，关闭府库，谨慎地收藏好重要的资料和物品，完善守备，才带着族兵排好队列出发，共计有兵车十七乘。先收殓好公子发的尸骨，而后向北宫的叛贼发动进攻。公孙虿带领新郑居民支援子产，诛杀尉止、子师仆，将这伙叛贼全部杀死。侯晋逃奔晋国，堵女父、司臣、尉翩、司齐出逃宋国。

这是子产第一次向国人展示他的领导才能：临危不乱，有条不紊。这正是一位出色的政治家应当具备的素质。

子孔当国，为载书，以位序，听政辟。大夫、诸司、门子弗顺，将诛之。子产止之，请为之焚书。子孔不可，曰："为书以定国，众怒而焚之，是众为政也，国不亦难乎?"子产曰："众怒难犯，专欲难成，合二难以安国，危之道也。不如焚书以安众，子得所欲，众亦得安，不亦可乎? 专欲无成，犯众兴祸，子必从之!"乃焚书于仓门之外，众而后定。

公子骓死后，公子嘉当国，制作盟书，规定官员各守其职，听取政令。卿大夫、各部门主管、卿之嫡子如有不顺从，就要诛杀他们。子产制止了他，并请求烧掉盟书。公子嘉不答应，说："制作盟书是为了安定国家，如果因为众怒而焚烧掉，那就是大众当政了，国家不也是很为难吗?"公子嘉有这样的想法，一点也不奇怪。作为领导者，谁不想自己一个人说了算呢? 但是子产不这么看，他说："众怒难犯，专权的欲望难以成功，把这两件难事合在一起来安定国家，这是非常危险的做法。不如烧掉盟书以安众人之心，您得以安定国家，大众也得以安心，这样不也是很好的吗? 专权的欲望不会成功，触怒大众带来祸害，您一定要听从他们的话!"

公子嘉醒悟过来，于是在新郑的仓门之外公开焚烧盟书，大伙这才安定下来。

春秋时期，中国人还没有大一统的观念。封建制度下，家族势力往往能够影响一个国家的政局。如何平衡各大家族的愿望，是执政者必须认真考虑的大事。没有深厚的群众基础而想一个人说了算，便是公子嘉的幼稚之处。通过焚烧盟书来缓和大伙的情绪,则是子产的高明之处。

诸侯之师城虎牢而戍之,晋师城梧及制,士鲂、魏绛戍之。书曰"戍郑虎牢",非郑地也,言将归焉。郑及晋平。

楚子囊救郑。十一月,诸侯之师还郑而南,至于阳陵。楚师不退。知武子欲退,曰:"今我逃楚,楚必骄,骄则可与战矣。"栾黡曰:"逃楚,晋之耻也。合诸侯以益耻,不如死。我将独进。"师遂进。己亥,与楚师夹颍而军。

子蟜曰:"诸侯既有成行,必不战矣。从之将退,不从亦退。退,楚必围我。犹将退也,不如从楚,亦以退之。"宵涉颍,与楚人盟。栾黡欲伐郑师,荀罃不可,曰:"我实不能御楚,又不能庇郑,郑何罪? 不如致怨焉而还。今伐其师,楚必救之。战而不克,为诸侯笑。克不可命,不如还也。"丁未,诸侯之师还,侵郑北鄙而归。楚人亦还。

郑国内部的问题基本解决,外部的压力却没有消失。根据既定的方针,晋国继续发动诸侯在虎牢筑城,并派兵驻守。除此之外,晋军又在虎牢附近修筑了梧城和制城,分别派士鲂和魏绛镇守。《春秋》记载:"戍郑虎牢。"虎牢其实已经不在郑国手上,但是晋国已经有归还给郑国的意思。当然,前提是郑国臣服于晋国——郑国果然就这么做了。

楚国也没闲着,派令尹公子贞救援郑国。这时候郑国已经和晋国媾和。十一月,诸侯部队绕过郑国南下,抵达阳陵。楚军不退。荀罃想要退兵,说:"今天我们避开楚军,楚国人必定骄傲,骄傲就可以与之一战了。"栾黡说:"逃避楚军,这是晋国的耻辱。会合诸侯来增加耻辱,不如死了。我将带领我的部队单独前进。"联军于是前进。十六日,与楚军在颍水两岸对峙。

话虽如此,诸侯还是不想与楚军作战。郑国的公孙虿看出了问题,说:"诸侯已经完成了退兵的准备,肯定不会开战了。跟随晋国,他们要撤退;不跟随晋国,他们也要撤退。退走之后,楚国必定围攻我们。同样是要退兵,不如顺从楚国,以此让楚国退兵。"于是夜里渡过颍水,与楚国人结盟。

栾黡想要进攻郑军,荀䓨不同意,说:"是我们不能抵御楚军,又不能保护郑国,郑国有什么罪过? 不如在这里留下怨恨而回去。今天如果进攻他们的部队,楚国必定救他们。战而不胜的话,反为诸侯所笑。没有必胜的把握,不如回去。"原文中的"不如致怨焉而还",是指郑国背叛晋国,晋国在此留下对郑国的怨恨,郑国理亏。荀䓨的意见占了上风。二十四日,诸侯撤军回国,但也没有空手而归,而是侵略了郑国北部边境。随后,楚军也撤退了。

王叔陈生与伯舆争政,王右伯舆。王叔陈生怒而出奔。及河,王复之,杀史狡以说焉。不入,遂处之。晋侯使士匄平王室,王叔与伯舆讼焉。王叔之宰与伯舆之大夫瑕禽坐狱于王庭,士匄听之。王叔之宰曰:"筚门闺窦之人而皆陵其上,其难为上矣。"瑕禽曰:"昔平王东迁,吾七姓从王,牲用备具,王赖之,而赐之骍旄之盟,曰:'世世无失职。'若筚门闺窦,其能来东厎乎? 且王何赖焉? 今自王叔之相也,政以贿成,而刑放于宠。官之师旅,不胜其富,吾能无筚门闺窦乎? 唯大国图之! 下而无直,则何谓正矣?"范宣子曰:"天子所右,寡君亦右之;所左,亦左之。"使王叔氏与伯舆合要,王叔氏不能举其契。王叔奔晋。不书,不告也。单靖公为卿士以相王室。

天子家里也不太平。王室的两位大臣——王叔陈生和伯舆争夺政权。周灵王站在伯舆这边。王叔陈生愤而出走,已经到了黄河边上,周灵王派使者追上来,请他回去,而且杀了史狡以取悦王叔陈生。

史狁不知何许人也，应该是王叔陈生挺讨厌的一个人吧。王叔陈生对周灵王的"和稀泥"并不满意，不肯回雒邑，就在黄河边上住下来。这件事情闹得影响很大，晋悼公听说之后，派士匄代表他前去调停解决王室纷争。于是，王叔陈生和伯舆在士匄面前打起了官司。

按照周礼，像王叔陈生和伯舆这种身份的人，是不能亲自上法庭的。所以王叔陈生派出了他的家宰，伯舆派出了属下的大夫瑕禽，在天子的朝堂之上相互辩论，由士匄来做决断。王叔陈生的家宰说："筚门闺窦的人都想凌驾于他上面的人，上面的人就很难办了。"

筚门即柴门，闺窦即小户。王叔陈生家世显赫，在其家宰眼中，伯舆家不过是柴门小户，根本没资格叫板。事实上，伯舆绝非泛泛之辈。早在鲁成公十一年，王室卿士周公楚也曾经与伯舆争夺政权，结果是"不胜"，导致周公楚"怒而出"，与王叔陈生如出一辙。就算伯舆真是柴门小户出身，他也已经在王室政坛上浸淫多年，凌驾许多人之上。拿出身来贬低伯舆，没有任何意义。更何况，伯舆的家世也不是那么简单。瑕禽当场反驳："当年周平王东迁雒邑，我等七姓家族追随天子，提供祭祀用的牺牲，全部都具备。天子信赖他们，以红牛祭祀，赐予盟约，说：'世世代代不要失职。'如果是柴门小户，能够到东方落地生根吗？而且天子为什么信赖他们呢？"

接着，瑕禽又攻击王叔陈生的为人："而今自从王叔把持朝政，政事全靠贿赂来完成，而将刑法放任给宠臣掌握，师、旅等官员富得流油，我们能够不是柴门小户吗？请大国明辨是非，如果在下位就不能理直气壮，那什么叫作公正呢？"

士匄一听就知道谁有理，于是做出判决，话说得很圆滑："天子支持的，寡君也支持；天子不支持的，寡君也不支持。"前面已经说过，周灵王支持伯舆，那么晋国的态度也是相当明确了。士匄要求双方"合要"，也就是对证讼辞，王叔陈生一方拿不出有利的文书，自然是败诉了。败诉的结果，是王叔陈生逃到了晋国——这显然是士匄的安排，判决人家败诉，但也给人家一条后路，真是方方面面，照顾周全。

《春秋》不记载此事,是因为没有通报鲁国。

紧接着,单靖公当了卿士以辅佐王室。换句话说,王叔陈生此后就没有再返回雒邑了。

鲁襄公十一年

公元前562年,鲁襄公十一年。

十一年春,季武子将作三军,告叔孙穆子曰:"请为三军,各征其军。"穆子曰:"政将及子,子必不能。"武子固请之。穆子曰:"然则盟诸?"乃盟诸僖闳,诅诸五父之衢。

正月,作三军,三分公室而各有其一。三子各毁其乘。季氏使其乘之人,以其役邑入者无征,不入者,倍征。孟氏使半为臣,若子若弟。叔孙氏使尽为臣,不然不舍。

十一年春,鲁国发生大事,季孙宿提出要"作三军",也就是将鲁国的武装力量编组为三军。

按照周朝的体制,天子六军,大国三军,次国二军,小国一军。一军的编制是一万二千五百人,但是到了春秋时期,各国的军并不一定严格按照编制来组成。鲁国原本有二军,现在编组为三军,除了增加人数,最大的变化在于季孙宿对叔孙豹说的"请编组三军,各征其军赋"。

换句话说,"三桓"每家一军,各自负责,包括征发兵员、收取赋税等,全部与公室脱钩,改由卿家代理。这真是一个大胆的想法,等于从军事上和经济上将公室架空了。叔孙豹听了,难免害怕,一则害怕舆论指责,二则害怕季孙宿算计他和仲孙蔑,于是回答:"政权始终会轮到您来执掌,您一定办不好这件事的。"意思是,你还年轻,我们却已经老了,日后你必定会执掌鲁国的政权,对内对外都要有所交代。对内而言,增加军赋势必引起百姓的不满;对外而言,扩充军备很容易引起晋国、楚国乃至齐国的不满,又何必给自己添麻烦?

季孙宿坚持要"作三军",叔孙豹便摆明了态度:"既然这样,那就为了这事盟誓吧!"

三家于是在鲁僖公的宗庙大门前举行盟誓,又跑到"五父之衢"去立下咒誓。

五父之衢在曲阜城外,何以得名,不得而知;有什么特别之处,亦不得而知。对照《左传》的后文来看,这是个发誓的"圣地"。为了"作三军",季孙氏、叔孙氏、孟孙氏在先君庙前发誓还不够,还要跑到五父之衢去立下咒誓,可见这件事情不是那么简单。

正月,鲁国组建三军,将原来至少是在名义上由公室统管的军队分为三份,"三桓"各有其一。国家武装变成了私人武装,原来的家族武装也就融入其中。所以三家"各毁其乘",不是拆毁战车,而是将家族的战车编入各自统率的军队里。三家的具体做法又各不相同:

季孙氏:下令编入"季军"的人员,如果其原本承担的赋税交给季孙氏,则不征其口赋;如果不交给季孙氏,则加倍征缴。说白了,就是逼百姓投靠季孙氏。

孟孙氏:下令编入"孟军"的人员,取其一半赋税交给孟孙氏——如果是儿子的赋税交给孟孙氏,则父亲的赋税仍交给公室;如果是弟弟的赋税交给孟孙氏,则哥哥的赋税仍然交给公室,算是给公室留了点口粮。

叔孙氏:下令编入"叔军"的人员,其赋税全部交给叔孙氏,否则这事就不干了。

作为鲁国名义上的主人,鲁襄公才十四岁。对于"三桓"的所作所为,自然只能听之任之。话说回来,就算是鲁襄公已经二十四岁、三十四岁又如何？"三桓"专鲁，已是大势所趋，没有谁能够力挽狂澜。

郑人患晋、楚之故，诸大夫曰："不从晋，国几亡。楚弱于晋，晋不吾疾也。晋疾，楚将辟之。何为而使晋师致死于我，楚弗敢敌，而后可固与也。"子展曰："与宋为恶，诸侯必至，吾从之盟。楚师至，吾又从之，则晋怒甚矣。晋能骤来，楚将不能，吾乃固与晋。"大夫说之，使疆之司恶于宋。宋向戍侵郑，大获。子展曰："师而伐宋可矣。若我伐宋，诸侯之伐我必疾，吾乃听命焉，且告于楚。楚师至，吾乃与之盟，而重赂晋师，乃免矣。"夏，郑子展侵宋。

诸侯之中，郑国最难。从地理位置上看，郑国西接王畿，南临楚国，处于中原的核心。楚国要入侵中原，郑国是桥头堡；楚国要挟天子以令诸侯，郑国是门户。反过来说，晋国要与楚国争霸，首先也必须控制郑国。双方你来我往，将郑国变成了杀戮的战场。楚军朝发夕至，占了地利；晋国则团结宋、鲁、卫、齐等诸侯，从西方、东方和北方对郑国形成战略威慑，占了人和。数十年来，郑国不是被晋国讨伐，就是被楚国入侵，郑国的卿大夫们对此很苦恼，聚在一起商量说："不听从晋国，国家几乎灭亡。现在楚国弱于晋国，所以晋国并不太在意我们。晋国如果很在意我们，楚国就会逃避。怎么样才能让晋国拼死攻打我们，楚国不敢抵挡，然后可以坚定地跟随晋国呢？"

乍一听，郑国的这班卿大夫们脑洞还真是很大。仔细一想，他们的想法却不无道理：晋楚争霸，郑国夹在中间，左右不是人。楚国倒是很在乎郑国，可是楚国现在力量弱于晋国，保护不了郑国。晋国现在很强大，可是晋国对郑国的态度总是若即若离，阴晴不定。对于郑国而言，死心塌地追随一方，而且是追随实力更强的一方，确实是当务之急。为此而想出不合常理的主意，也就不足为奇了。

公孙舍之建议："向宋国挑衅，诸侯必然到来，我们就听从他们，和他们结盟。楚军到来，我们又听从楚国。这样一来，晋国必然恼怒异常。晋军如果能够屡次前来，楚国将不能对敌，我们就坚决依附晋国。"

卿大夫们都觉得这个建议不错，于是派边境官吏向宋国挑衅。宋国派向戌入侵郑国，收获甚丰。公孙舍之说："可以出兵攻打宋国了。如果我们讨伐宋国，诸侯必定全力进攻我们。我们就听从他们的命令，同时向楚国报告。楚军来到，我们就和他们结盟，而且重重地贿赂晋军，于是可以免于祸患了。"

夏天，公孙舍之率军入侵宋国。

四月，诸侯伐郑。己亥，齐大子光、宋向戌先至于郑，门于东门。其莫，晋荀䓖至于西郊，东侵旧许。卫孙林父侵其北鄙。六月，诸侯会于北林，师于向。右还，次于琐。围郑；观兵于南门，西济于济隧。郑人惧，乃行成。

秋七月，同盟于亳。范宣子曰："不慎，必失诸侯。诸侯道敝而无成，能无贰乎?"乃盟，载书曰："凡我同盟，毋蕴年，毋壅利，毋保奸，毋留慝，救灾患，恤祸乱，同好恶，奖王室。或间兹命，司慎、司盟，名山、名川，群神、群祀，先王、先公，七姓十二国之祖，明神殛之，俾失其民，队命亡氏，踣其国家。"

郑国求仁得仁。四月，晋国果然号召诸侯讨伐郑国。十九日，齐国太子光、宋国向戌先期抵达，驻扎在新郑的东门之外。当天晚上，晋国荀䓖抵达新郑西郊，东侵许国旧地。卫国孙林父入侵郑国北部边境。六月，诸侯在北林相会，驻军于向地。联军向右，转向西北，驻扎在琐地，完成对新郑的包围，在新郑南门举行阅兵，炫耀武力。又有部队从西边渡过济隧(水名)，源源不断地开来。郑国人害怕了，于是请求和谈。

七月，诸侯在亳地会盟。这也不知道是第几次为了郑国的事而会盟了。士匄以为:"如果不慎重的话,必然会失去诸侯的拥护。诸侯在路上疲于奔命而没有成功,能够没有二心吗?"于是结盟,盟书上写着:"凡我同盟之国,不要囤积粮食,不要垄断利益,不要包庇罪人,不要容留邪恶,救济灾荒,平息祸乱,同好同恶,辅助王室。如果有谁违背这些誓言,司慎、司盟,名山、名川,群神、群祀,先王、先公,七姓十二国的祖先,圣明的神灵诛杀他,使他失去百姓,坠落命运,灭其宗族,亡其国家!"

司慎、司盟是天神中的监察官,前者纠察对神明不敬的,后者纠察对盟誓不忠的。名山、名川是山川之神,山川越是有名,神力越强。群神、群祀就是各种天神,各种享受祭祀的神祇。先王、先公无须解释。七姓十二国,是指参加会盟的十二个国家,分属姬、曹、子、姜、己、姒、任七姓。总之,能够想到的发誓对象都写在盟书上了,可谓神仙聚会,热闹非凡。

楚子囊乞旅于秦。秦右大夫詹帅师从楚子,将以伐郑。郑伯逆之。丙子,伐宋。

九月,诸侯悉师以复伐郑,郑人使良霄、大宰石㚟如楚,告将服于晋,曰:"孤以社稷之故,不能怀君。君若能以玉帛绥晋,不然,则武震以摄威之,孤之愿也。"楚人执之。书曰"行人",言使人也。

晋国大举伐郑,逼迫郑国求和,楚国当然不能坐视不管。令尹公子贞向秦国请求军队支援,秦国派右大夫詹带兵跟随楚共王去攻打郑国。郑国则按照既定的方针行事,郑简公亲自去迎接楚共王,表示臣服,并于二十七日与楚共王一道讨伐宋国。

九月,诸侯尽起大军,再度讨伐郑国。郑国派大夫良霄(公孙辄之子,字伯有)、太宰石㚟前往楚国,告知其郑国将要臣服于晋国,说:"孤因为社稷的缘故,不能留恋君王了。君王如果能用玉帛来安抚晋国⋯⋯不然的话,则请使用武力震慑他们。这是孤的愿望。"

郑国人善于辞令,这段话完整的意思是:"楚国最好向晋国求和,以后和平共处,也好让郑国松口气。不然的话,那就以武力征服晋国,但那显然是不太现实的。"为了避免过于刺激楚共王,良霄有意省略了"那是孤最愿意看到的"。饶是如此,楚共王还是大发雷霆,下令将郑国的使者抓起来。良霄并非行人,但是《春秋》记载:"楚人执郑行人良霄。"是说他们是使者,不应该被捕。

诸侯之师观兵于郑东门。郑人使王子伯骈行成。甲戌,晋赵武入盟郑伯。冬十月丁亥,郑子展出盟晋侯。十二月戊寅,会于萧鱼。庚辰,赦郑囚,皆礼而归之;纳斥候,禁侵掠。晋侯使叔肸告于诸侯。公使臧孙纥对曰:"凡我同盟,小国有罪,大国致讨,苟有以藉手,鲜不赦宥,寡君闻命矣。"

诸侯大军在新郑东门耀武扬威,郑国派王子伯骈请求媾和。二十六日,晋国派赵武进城和郑简公结盟。十月九日,郑国公孙舍之出城与晋悼公结盟。十二月初一日,诸侯在萧鱼会盟。初三日,赦免郑国的战俘,全部以礼相待,释放回国。收回在郑国境内的侦察部队,禁止侵害掠夺郑国人。晋悼公派羊舌肸(字叔向,又作叔肸)将上述命令遍告诸侯。鲁襄公派臧孙纥回应:"凡我同盟之国,小国有罪,大国就予以讨伐,如果稍有所得,很少有不加赦免的,寡君听到命令了。"

史上一般认为,萧鱼之会是晋悼公霸局已定的标志性事件。

郑人赂晋侯以师悝、师触、师蠲;广车、軘车淳十五乘,甲兵备,凡兵车百乘;歌钟二肆,及其镈、磬,女乐二八。

晋侯以乐之半赐魏绛,曰:"子教寡人和诸戎狄以正诸华。八年之中,九合诸侯,如乐之和,无所不谐,请与子乐之。"辞曰:"夫和戎狄,国之福也;八年之中,九合诸侯,诸侯无慝,君之灵也,二三子之劳也,臣何力之有焉？抑臣愿君安其乐而思其终也。《诗》曰：'乐只君子，殿天子之邦。乐只君子，福禄攸同。便蕃左右，亦是帅从。'夫乐以安德，义以处之，礼以行之，信以守之，仁以厉之，而后可以殿邦国、同福禄、来远人，所谓乐也。《书》曰：'居安思危。'思则有备，有备无患，敢以此规。"公曰："子之教，敢不承命！抑微子，寡人无以待戎，不能济河。夫赏，国之典也，藏在盟府，不可废也，子其受之！"魏绛于是乎始有金石之乐，礼也。

　　郑国人向晋悼公进献礼物，包括：

　　一、师悝、师触、师蠲，三位乐师。

　　二、广车、軘车各十五乘，并配备相应的盔甲和兵器。广车是进攻型战车，軘车是防御型战车，一乘广车配一乘軘车，称为一"淳"。加上其他战车，总计为一百乘。

　　三、歌钟两套，以及相配套的镈和磬。

　　四、能歌善舞的美女十六人。

　　晋悼公照单全收，将歌钟一套和美女八人赏赐给魏绛，说："您教寡人媾和诸部戎人，以整顿中原各国，八年间九次会合诸侯，有如音乐一般和谐，没有什么不协调的，请和寡人一起享用这些吧。"

　　魏绛不敢接受，说："媾和戎狄，是国家的福气。八年之间，九合诸侯，诸侯无怨，那是因为国君圣明，诸位卿大夫不辞辛劳，下臣有什么功劳呢？然而，下臣唯愿国君安享其乐的同时，还要思考最终会怎么样。"这是忠言。晋悼公征服郑国，奠定霸局，正是春风得意之时。这时候享受郑国献上的乐器和美女，既要考虑郑国反复无常，还会不会产生变化；更要居安思危，不可耽于享乐。

　　魏绛引用《诗经·小雅》的《采菽》中的诗句进一步劝谏："乐只君子，殿天子之邦。乐只君子，福禄攸同。便蕃左右，亦是帅从。"意思是：快乐的君子，镇抚天子之国，福禄与别人共享，治理好附近的小国，使他们都来服从。魏绛以为，音乐的作用在于稳定德行，以道义来对待它，以礼仪来推行它,以诚信来保持它,以仁爱来勉励它,然后可以用来镇抚家国,同享福禄,吸引远方的人前来朝贡,这就是所谓的快乐。又说:"《书》上说'居安思危',思危则有所防备,有备则无患,下臣谨以此规劝。"

晋悼公大为感动:"您的教诲,寡人岂敢不接受?然而如果没有您,寡人没有良策对待戎人,不能渡过黄河开创今天的局面。赏赐,是国家的典章规定,藏在盟府,不可废除。请您还是接受吧!"

魏绛从此享有钟磬之乐,这是合于礼的。

一千五百年后,宋朝的文豪苏东坡游石钟山,在游记中写道:"窾坎镗鞳者,魏庄子之歌钟也。"所谓"魏庄子之歌钟",就是晋悼公赏赐给魏绛的那一套乐器。

秦庶长鲍、庶长武帅师伐晋以救郑。鲍先入晋地,士鲂御之,少秦师而弗设备。壬午,武济自辅氏,与鲍交伐晋师。己丑,秦、晋战于栎,晋师败绩,易秦故也。

庶长是秦国的爵名。为了救援郑国,秦国的两位庶长鲍和武率领军队讨伐晋国。庶长鲍先进入晋国的领土。这时候晋悼公还在郑国。士鲂镇守国内,起兵抵御,认为秦军人数少而不加戒备。初五日,庶长武从辅氏渡河,与庶长鲍夹攻晋军。十二日,两军在栎地交战,晋军大败,这是因为轻视秦军的缘故。

看来,魏绛建议晋悼公居安思危,是有深意的啊!

鲁襄公十二年

公元前561年，鲁襄公十二年。

十二年春，莒人伐我东鄙，围台。季武子救台，遂入郓，取其钟以为公盘。

> 莒国人屡屡入侵鲁国。十二年春，莒国人又入侵鲁国东部边境，围攻台城。季孙宿救援台城，顺势攻入郓城，将莒国人放在那里的钟搬回来，改铸为鲁襄公洗澡用的浴盆。

夏，晋士鲂来聘，且拜师。

> 夏天，晋国的士鲂访问鲁国，并且拜谢鲁国出兵讨伐郑国。

秋，吴子寿梦卒。临于周庙，礼也。凡诸侯之丧，异姓临于外，同姓于宗庙，同宗于祖庙，同族于祢庙。是故鲁为诸姬，临于周庙。为邢、凡、蒋、茅、胙、祭，临于周公之庙。

> 秋天，吴王寿梦去世。吴祖泰伯，鲁祖周公，鲁或无泰伯之庙，以文王庙为周庙。鲁襄公在周文王的宗庙哭泣祭奠，这是合于礼的。等等，吴王寿梦去世，关鲁襄公什么事？老左解释：但凡诸侯办丧事，国君都要

哭泣祭奠，只是地点有所不同。如果是异姓诸侯去世，就在城外；如果是同姓诸侯，则在宗庙，宗庙即周庙；同宗的诸侯，则在祖庙（始封君之庙）；同族的诸侯，则在父庙。因此，鲁国为了姬姓诸侯的丧事，在周文王的宗庙里哭泣祭奠；为了邢、凡、蒋、茅、胙、祭各国（均为畿内诸侯，为周公旦的庶子们所建立），在周公的庙里（即祖庙）哭泣祭奠。

老左说得头头是道，就是没有解释：为什么这么多年来都没有鲁侯为诸侯哭丧的记录，偏偏吴王寿梦一死，鲁襄公就要哭呢？

还不是因为吴国现在受到晋国的重视？

说白了，鲁襄公哭寿梦，那也是哭给晋国看的。

冬，楚子囊、秦庶长无地伐宋，师于杨梁，以报晋之取郑也。

晋悼公霸局已定，战争却未停止。

冬天，楚国令尹公子贞、秦国的庶长无地讨伐宋国，军队驻扎在杨梁，这是对晋国征服郑国的报复。

灵王求后于齐，齐侯问对于晏桓子。桓子对曰："先王之礼辞有之。天子求后于诸侯，诸侯对曰：'夫妇所生若而人，妾妇之子若而人。'无女而有姊妹及姑姊妹，则曰：'先守某公之遗女若而人。'"齐侯许婚。王使阴里结之。

周灵王向齐国求婚，想娶个齐国公主当王后。齐灵公没经历过这种事，问晏弱要怎么应对。晏弱说："先王的礼仪辞令里有这样的话，天子向诸侯求娶王后，诸侯回答：'夫人所生的女儿有多少人，侧室所生的女儿有多少人。'如果没有女儿而有姐妹或者姑母，就说：'先君某公留下来的女儿有多少人。'"总而言之，天子向诸侯求婚，是诸侯的荣耀，赶紧报上女儿的数量就是了。如果没有女儿，就要报姐妹甚至是姑母的数量。

齐灵公答应将公主嫁给周灵王,周灵王派大夫阴里和齐国做了口头约定。

公如晋朝,且拜士匄之辱,礼也。

鲁襄公前往晋国朝见,并且拜谢士匄的屈尊来访,这是合于礼的。原文中的"辱",不是耻辱,而是纡尊降贵的意思。

秦嬴归于楚。楚司马子庚聘于秦,为夫人宁,礼也。

秦嬴是秦景公的妹妹,嫁给楚共王为夫人,这是很多年前的事了。现在,楚国派司马公子午(字子庚)访问秦国,是为了护送夫人归宁,这是合于礼的。

从《左传》的记载来看,诸侯的女儿嫁到外国,归宁的记录少之又少。楚共王夫人这时候归宁,恐怕不只是省亲那么简单,而是有隐藏的政治目的——晋国这些年来在争霸战中占了上风,楚国急于加强和秦国的联系,派夫人回娘家联络一下感情,也是理所当然的。

鲁襄公十三年

公元前560年,鲁襄公十三年。

十三年春,公至自晋,孟献子书劳于庙,礼也。

十三年春,鲁襄公从晋国回来,仲孙蔑在宗庙记载功勋,这是合礼的。

夏,邿乱,分为三。师救邿,遂取之。凡书取,言易也。用大师焉曰灭。弗地曰入。

邿是鲁国的附庸小国,妊姓。

夏天,邿国发生内乱,一分为三。鲁国派兵救援邿国,顺便将其攻占了。但凡《春秋》记载为"取",是说事情容易。如果使用了大军就叫"灭"。不攻占其土地叫作"入"。

荀罃、士鲂卒,晋侯蒐于绵上以治兵。使士匄将中军,辞曰:"伯游长。昔臣习于知伯,是以佐之,非能贤也。请从伯游。"荀偃将中军,士匄佐之。使韩起将上军,辞以赵武。又使栾黡,辞曰:"臣不如韩起,韩起愿上赵武,君其听之。"使赵武将上军,韩起佐之,栾黡将下军,魏绛佐之。新军无帅,晋侯难其人,使其什吏率其卒乘官属,以从于下军,礼也。晋国之民是以大和,诸侯遂睦。

君子曰:"让,礼之主也。范宣子让,其下皆让。栾黡为汰,弗敢违也。晋国以平,数世赖之,刑善也夫!一人刑善,百姓休和,可不务乎!《书》曰:'一人有庆,兆民赖之,其宁惟永。'其是之谓乎!周之兴也,其《诗》曰:'仪刑文王,万邦作孚。'言刑善也。及其衰也,其《诗》曰:'大夫不均,我从事独贤。'言不让也。世之治也,君子尚能而让其下,小人农力以事其上,是以上下有礼,而谗慝黜远,由不争也,谓之懿德。及其乱也,君子称其功以加小人,小人伐其技以冯君子,是以上下无礼,乱虐并生,由争善也，谓之昏德。国家之敝，恒必由之。”

晋国将星陨落，荀䓨、士鲂同时去世。晋悼公于是在绵上检阅部队，重整大军。任命士匄为中军元帅，士匄推辞说："伯游（荀偃字伯游）强过我。过去下臣熟悉他，因此而辅佐他，下臣不是贤能之辈，请让我跟从他。"于是荀偃任中军元帅，士匄任中军副帅。又命韩起为上军元帅，韩起推辞，要让给赵武。韩家和赵家的关系，晋悼公想必也知道得很清楚，没有答应，而是命栾黡为上军元帅。没想到栾黡也推辞，说："下臣不如韩起，韩起愿意赵武排在他上面，国君就听他的吧。"于是赵武任上军元帅，韩起任上军副帅，栾黡任下军元帅，魏绛任下军副帅。新军没有统帅，晋悼公一时也难以找到合适的人，便命新军的十吏（军尉、司马、司空、舆尉、候奄及各自副手）带领他们的手下，由下军代管，这是合于礼的。晋国的百姓因此大为团结，诸侯于是也极为和睦。

君子对此评论：谦让，是礼的主要表现形式。士匄谦让，自其以下都谦让。栾黡为人专横，也不敢违抗。晋国因此而团结，几世都得其利，这是因为取法于善啊！一人取法于善，百姓美好和睦，岂可不致力于此？《书》上说："一人有善，兆民得利，长治久安。"说的就是这件事吧！周朝兴起的时候，《诗》上说："效法文王，万邦信赖。"说的就是取法于善。等到周朝衰落的时候，《诗》上说："大夫不公平，我干活干得最多。"说的就是不谦让。天下大治的时候，君子崇尚贤能而谦让下面的人，小人努力工作以侍奉上面的人，所以上下有礼，而谗言邪恶被抛弃远离，这是因为不争，这就叫作美德。天下大乱的时候，君子夸耀自己的功劳以凌驾于小人，小人炫耀自己的技巧以凌驾于君子，因此上下无礼，动乱残暴并生，这是因为争相自夸，这就叫作昏德。国家的败亡，往往是因为这样。

君子说得很有道理，但是从另外一个角度来看，国君任命官员，官员之间却互相推让，晋国的事情到底谁说了算？很显然国君说了不算，卿家说了才算。晋国原来有四军八卿，死掉两个之后，晋悼公宁可空着新军正副元帅也不选拔新人上来，难道真是因为晋国无人吗？当然不是，而是他害怕世家大族们又同声同气,私下决定了新的人选,所以还不如不选。晋悼公是位明君,却改变不了卿大夫势力把持朝政的大局,只能睁一只眼闭一只眼,尽量维持着君臣之间的微妙平衡罢了。

楚子疾,告大夫曰:"不穀不德,少主社稷,生十年而丧先君,未及习师保之教训而应受多福。是以不德,而亡师于鄢;以辱社稷,为大夫忧,其弘多矣。若以大夫之灵,获保首领以殁于地,唯是春秋窀穸之事,所以从先君于祢庙者,请为'灵'若'厉'。大夫择焉。"莫对。及五命,乃许。

秋,楚共王卒。子囊谋谥。大夫曰:"君有命矣。"子囊曰:"君命以共,若之何毁之?赫赫楚国,而君临之,抚有蛮夷,奄征南海,以属诸夏,而知其过,可不谓共乎?请谥之'共'。"大夫从之。

晋国的卿大夫们互相谦让之际,楚共王也向世人展现了谦逊的美德。

楚共王病重,将卿大夫们召来说:"不穀没有德行,年少的时候就主持社稷,出生十年就失去了先君,没有来得及学习太师太保们的教育就接受了许多福禄。所以因为缺乏德行而在鄢陵打了败仗,让国家蒙羞,让大夫们担忧,这些事情太多了。假如凭借大夫们的福气,不穀得获保全首领而善终,在安排祭祀与安葬事务的时候,能够在宗庙中追随先君,只求谥为'灵'或者'厉',请大夫们选择吧。"

谥有谥法,灵和厉都是所谓的恶谥。灵的意思是"乱而不损",有专横、任性之意;厉的意思则是"杀戮不辜"。楚共王给自己选择这样的谥号,可以说是过于谦虚了。再说,所谓谥号,是后人对前人的盖棺论定,也不该由本人来做定论啊。当时没有人敢应对,楚共王一连说了五次,大伙才勉强答应下来。

秋天,楚共王去世了。公子贞和大家商量谥号。大伙说:"先君已经有命令了啊!"公子贞说:"先君是用'恭敬'来下达命令的,怎么能够不听？声名赫赫的楚国，君王在上统治，安抚蛮夷，征伐四海，让他们从属于华夏，而知道自己的过失，能不说是'恭敬'吗？请谥为'恭'。"

所谓"君命以共"，是个文字游戏，断章取义的话，既可以说是"先君以恭敬的态度来发布命令"，也可以说是"先君命令以'恭'为谥。"这样一来，大伙都没有了负担，听从了公子贞的建议。

古文中，"共"通"恭"，楚共王的谥号就这样决定下来了。

吴侵楚，养由基奔命，子庚以师继之。养叔曰："吴乘我丧，谓我不能师也，必易我而不戒。子为三覆以待我，我请诱之。"子庚从之。战于庸浦，大败吴师，获公子党。

君子以吴为不吊。《诗》曰："不吊昊天，乱靡有定。"

楚国办丧事，吴国趁火打劫，派兵入侵楚国。楚国起兵抵抗，命养由基为前锋，公子午率领大军跟在后面。养由基说："吴国乘着我国有丧事，认为我们不能整军抗战，必定轻视我军而不加戒备。您设好三批伏兵等待我，我请求前去诱敌。"公子午答应了。两军在庸浦交战，楚军大败吴军，俘获吴将公子党。

君子以为吴国不善。《诗》上说："上天认为你不善，动乱就没有结束的时候。"

冬，城防。书事，时也。于是将早城，臧武仲请俟毕农事，礼也。

冬天，鲁国在防地筑城。《春秋》记载这件事，是因为合于时令。当时其实是想早些时候筑城，臧孙纥请求等待农活干完了再动工，这是合于礼的。

郑良霄、大宰石㚤犹在楚。石㚤言于子囊曰："先王卜征五年，而岁习其祥,祥习则行。不习,则增修德而改卜。今楚实不竞,行人何罪？止郑一卿,以除其逼,使睦而疾楚,以固于晋,焉用之？使归而废其使,怨其君以疾其大夫,而相牵引也,不犹愈乎？"楚人归之。

郑国的良霄、石㚟自打前年出使楚国被扣留,现在还在楚国。石㚟对公子贞说:"先王为了出征而占卜五年,每年都得到吉兆,于是出兵。只要有一年征兆不吉,就增修德政,然后再占卜。而今楚国自己不强,行人有何罪过？扣留了郑国的一个卿,这就放弃了对郑国的威逼,让他们团结一致反对楚国,而坚决臣服于晋国,这有什么意义？让他带着未完成的使命回去,怨恨他的君主而仇恨他的同僚,从而互相牵制,不比现在这样好吗？"

楚国人于是将良霄放了回去。

(2020 年 10 月 9 日,第三卷初稿)

(2020 年 10 月 15 日,第三卷第一次修订)

(2021 年 2 月 20 日,第三卷定稿)